"互联网+"应用型院校"十四五"规划会计专业核心课程教材

财经法规与会计职业道德

（第三版）

会计专业精品教材编委会　编

立信会计出版社
LIXIN ACCOUNTING PUBLISHING HOUSE

图书在版编目(CIP)数据

财经法规与会计职业道德 / 会计专业精品教材编委会编. —3版. —上海：立信会计出版社，2023.1(2023.8重印)
ISBN 978-7-5429-7207-1

Ⅰ. ①财… Ⅱ. ①会… Ⅲ. ①财政法—中国—高等学校—教材②经济法—中国—高等学校—教材③会计人员—职业道德—高等学校—教材 Ⅳ. ①D922.2②F233

中国版本图书馆CIP数据核字(2022)第250928号

责任编辑　王斯龙
美术编辑　吴博闻

财经法规与会计职业道德(第三版)
CAIJING FAGUI YU KUAIJI ZHIYE DAODE

出版发行	立信会计出版社		
地　　址	上海市中山西路2230号	邮政编码	200235
电　　话	(021)64411389	传　　真	(021)64411325
网　　址	www.lixinaph.com	电子邮箱	lixinaph2019@126.com
网上书店	http://lixin.jd.com		http://lxkjcbs.tmall.com
经　　销	各地新华书店		

印　　刷	上海华业装璜印刷有限公司		
开　　本	787毫米×1092毫米	1/16	
印　　张	17.75		
字　　数	415千字		
版　　次	2023年1月第3版		
印　　次	2023年8月第2次		
书　　号	ISBN 978-7-5429-7207-1/D		
定　　价	44.90元		

第三版 前言

preface

“会计基础”“财经法规与会计职业道德”是会计类专业的核心课程。“互联网+”应用型院校“十四五”规划会计专业核心课程教材《会计基础》《财经法规与会计职业道德》及其配套训练题库自从出版以来，得到了广大师生的厚爱和认可。近期会计、财经政策变化很大，国家对会计人员的要求也有调整，所以我们组织相关专家按照最新政策修订了这套教材。

本套教材有以下特色。

一、落实立德树人，实施课程思政

根据《财政部关于印发〈会计人员职业道德规范〉的通知》(财会〔2023〕1号)，我国会计人员职业道德规范的内容包括：(1)坚持诚信，守法奉公；(2)坚持准则，守责敬业；(3)坚持学习，守正创新。学习本教材，要求学生提升会计职业道德修养。通过教导“坚持诚信，守法奉公”促使学生在未来会计工作中符合自律要求，通过教导“坚持准则，守责敬业”促使学生在未来会计工作中符合履职要求，通过教导“坚持学习，守正创新”促使学生在未来会计工作中符合发展要求。

二、严格依据新政策，用心编写新教材

本套教材严格按照最新会计准则、新会计法、新会计人员管理办法、全面营改增、增值税新税率(13%和9%)、新个人所得税法、新预算法实施条例等最新会计、财经政策编写。在编写过程中，作者态度认真，本着对学生负责的态度，用心编写。在教材中体现应用型院校所要求的专业课程知识体系和能力要求。并且，本教材在加印时会随着会计、财经政策的修订而及时修订，并在相关配套资源中体现。本次加印根据截至2023年8月8日的最新会计、财经政策修订。

三、理实一体、学做合一

为培养应用型人才，主教材在讲解知识的同时，配有大量例题和案例，并且加入点拨指导、特别提示、举例说明、答疑解惑、知识链接、知识拓展、归纳总结等模块，使得全书形成统一协调的知识体系，有利于学生全面、系统地掌握所学知识。教材案例及课后练习题丰富，再加上配套的《＜财经法规与会计职业道德(第三版)＞训练题库》，让学生真正做到理实一体、学做合一。

四、教学资源丰富

教材提供 PPT 电子课件、教学大纲等资源。

《财经法规与会计职业道德》(第三版)由会计专业精品教材编委会编写。其中，梁文涛担任主编，苏杉、梁文豪担任副主编，张清亮、薄异伟为参编。

本套教材的编写和出版，得到了立信会计出版社相关工作人员的大力支持与帮助，在此表示特别的感谢。本套教材在撰写过程中，参考、借鉴了大量相关教材和网站信息，在此向其作者表示由衷的感谢。本套教材如有不当之处，竭诚欢迎广大读者批评指正。

本套教材联系方式如下：电子邮箱为 caishuijiaocai@126.com，任课教师专用 QQ 群号为 437997599(仅供任课教师加入，加入时请说明单位、姓名)。

会计专业精品教材编委会

Contents 目录

第一章

会计法律制度

本章学习知识体系

- 会计法律制度
  - 会计法律制度的概念与构成
    - 会计法律制度的概念(★)
    - 会计法律制度的构成(★★)
  - 会计工作管理体制
    - 会计工作的行政管理(★★)
    - 会计工作的自律管理(★★)
    - 单位内部的会计工作管理(★★)
  - 会计核算
    - 总体要求(★★)
    - 会计凭证(★★★)
    - 会计账簿(★★★)
    - 财务会计报告(★★★)
    - 会计档案管理(★★★★)
  - 会计监督
    - 单位内部会计监督(★★★)
    - 会计工作的政府监督(★★★)
    - 会计工作的社会监督(★★★)
  - 会计机构与会计人员
    - 会计机构的设置(★★★)
    - 会计工作岗位设置(★★★)
    - 会计人员(★★★)
    - 会计工作交接(★★★★)
  - 法律责任
    - 法律责任概述(★★)
    - 不依法设置会计账簿等会计违法行为的法律责任(★★★)
    - 其他会计违法行为的法律责任(★★★)

第一节　会计法律制度的概念与构成

【学习指南】

学习本节内容，读者需要了解会计法律制度的概念，熟悉会计法律制度的构成，其中，需要重点学习会计法律、会计行政法规、会计部门规章和地方性会计法规对应的制定机关、法律地位；同时需要把本节中涉及的所有法律制度都标记出来，着重掌握这些法律制度属于哪一种会计法律制度的表现形式。

一、会计法律制度的概念

会计法律制度，简称会计法规，是指国家权力机关和行政机关制定的，用以调整会计关系的各种法律、法规、规章和规范性文件的总称。

会计法律制度是我国财经法律法规的重要组成部分，是调整会计关系的法律规范，是会计人员从事会计工作必须严格遵守的行为准则。目前，我国的会计法律制度基本形成了以《中华人民共和国会计法》（以下简称《会计法》）为主体的比较完善的会计法律体系，该体系主要包括会计法律、会计行政法规、会计部门规章和地方性会计法规这四个层次。

会计关系是指会计机构和会计人员在从事会计工作过程中以及国家在管理会计工作过程中发生的各种经济关系。为了规范会计行为和调整会计关系，保证会计工作有序进行，国家通过制定一系列会计法律制度，来调整和规范各种会计关系。

【举例说明】

经济关系包括供销关系、债权债务关系、分配关系、税款征纳关系、管理与被管理关系等。

二、会计法律制度的构成

我国会计法律制度主要包括会计法律、会计行政法规、会计部门规章和地方性会计法规。

（一）会计法律

会计法律是指由全国人民代表大会及其常务委员会经过一定立法程序制定的有关会计工作的法律。我国目前只有两部会计法律，分别是《会计法》和《中华人民共和国注册会计师法》（以下简称《注册会计师法》）。

1.《会计法》

《会计法》是会计法律制度中层次最高的法律规范，是制定其他会计法规的依据，也是指导会计工作的最高准则。它在 2017 年 11 月 4 日由全国人民代表大会常务委员会修正《会计法》的立法宗旨是规范会计行为，保证会计资料的真实和完整，促进经济管理和财务管理，提高经济效益，维护社会主义市场的经济秩序。

【知识链接】

我国的《会计法》在1985年1月21日制定，1993年进行第一次修正，1999年进行修订，2017年进行第二次修正。我国现行的《会计法》是于2017年11月5日起开始施行的。

【点拨指导】

《会计法》的适用范围：我国国家机关、社会团体、公司、企业、事业单位和其他组织都必须依照《会计法》办理会计事务。《会计法》的适用范围不包括个体工商户和中国香港、澳门、台湾地区。

2.《注册会计师法》

《注册会计师法》是规范注册会计师及其行业行为规范的最高准则。早在1986年，国务院就颁布了《中华人民共和国注册会计师条例》，但由于当时没有经过全国人民代表大会的审议，只以行政法规的形式发布；直到1993年10月31日，第八届全国人民代表大会常务委员会第四次会议审议通过了《注册会计师法》，并于1994年1月1日起开始施行，才正式成为法律。

【知识链接】

《注册会计师法》主要规定了注册会计师的考试与注册事项、注册会计师承办的业务范围和规则、注册会计师事务所、注册会计师协会的相关问题，并对注册会计师相关的法律责任作出了明确的规定。

【特别提示】

注册会计师并不是我们常说的会计，它属于监督会计工作的独立第三方，起到的是中介的作用；注册会计师从事的主要工作不是会计工作，而是审计工作。

【点拨指导】

《注册会计师法》的地位：《注册会计师法》是我国中介行业的第一部法律。

（二）会计行政法规

会计行政法规是指由国务院制定并发布，或者国务院有关部门拟定并经国务院批准发布，调整经济生活中某些方面会计关系的法律规范。

会计行政法规是由国务院制定的，其效力低于会计法律，高于会计部门规章和地方性会计法规，其制定依据是《会计法》。

我国目前已经施行的会计行政法规主要有两部，分别是《总会计师条例》和《企业财务会计报告条例》。

1.《总会计师条例》

《总会计师条例》是由国务院于1990年12月31日以第72号令颁布的，是对《会计法》中相关规定的细化和补充。《总会计师条例》主要规定了单位总会计师的职责、权限、任免、奖惩等。该条例规定，国有大、中型企业及国有资产占控股地位或者主导地位的大、中型企业，必须设置总会计师。

2.《企业财务会计报告条例》

《企业财务会计报告条例》是由国务院于2000年6月21日以第287号令颁布的，自2001年1月1日起施行。《企业财务会计报告条例》主要规定了企业财务会计报告的构成、编制和对外提供的要求、法律责任等。该条例是对《会计法》中相关财务会计报告的规定的细化。

（三）会计部门规章

会计部门规章是指国家主管会计工作的行政部门，即财政部以及其他相关部委根据法律和国务院的行政法规、决定、命令，在本部门的权限范围内制定的、调整会计工作中某些方面内容的国家统一的会计准则制度和规范性文件。它主要包括国家统一的会计核算制度、会计监督制度、会计机构和会计人员管理制度及会计工作管理制度等。

国务院其他部门根据其职责权限制定的会计方面的规范性文件也属于会计部门规章，但制定的规章必须报财政部审核或者备案。会计部门规章不得与宪法、法律和行政法规相违背，其效力低于宪法、法律和行政法规。

【点拨指导】

目前我国的会计部门规章主要有《会计人员管理办法》《代理记账管理办法》《会计基础工作规范》《企业会计准则》及其解释、《会计档案管理办法》《会计专业技术人员继续教育规定》等。

（四）地方性会计法规

地方性会计法规是指由省、自治区、直辖市人民代表大会或常务委员会在同宪法、会计法律、行政法规和国家统一的会计准则制度不相抵触的前提下，根据本地区情况制定发布的关于会计核算、会计监督、会计机构和会计人员以及会计工作管理的规范性文件。

地方性会计法规是会计法律制度的重要组成部分。例如，2010 年 7 月 30 日，辽宁省人民代表大会常务委员会公告第 30 号颁布的《辽宁省会计管理条例》就属于地方性会计法规。除此之外，计划单列市、经济特区的人民代表大会及其常务委员会，在宪法、会计法律、会计行政法规允许的范围内也可以制定会计规范性文件，如深圳市第四届人民代表大会常务委员会第十次会议通过的自 2007 年 3 月 1 日起开始施行的《深圳经济特区注册会计师条例》等。

【知识链接】

计划单列市的特点：收支直接与中央挂钩、由中央财政和地方财政两分，收入无须上缴到省级财政。目前，青岛、大连、宁波、厦门、深圳都属于计划单列市。

【点拨指导】

区分会计法律、会计行政法规、会计部门规章、地方性会计法规的技巧：“××法”均为会计法律（我国目前只有《会计法》和《注册会计师法》两部）；“××条例”若没有地方称谓，则均为会计行政法规（我国目前主要有《总会计师条例》和《企业财务会计报告条例》两部）；“××条例”若有地方称谓，则均为地方性会计法规（如《辽宁省会计管理条例》《深圳经济特区注册会计师条例》）；剩下的基本上均为会计部门规章（如《会计人员管理办法》《代理记账管理办法》等）。

【归纳总结】

法律效力排序：宪法＞会计法律＞会计行政法规＞会计部门规章＞地方性会计法规。

制定机关或者发布部门归纳如下：会计法律（全国人民代表大会及其常务委员会）；会计行政法规（国务院）；会计部门规章（财政部及国务院其他相关部委）；地方性会计法规（省、自治区、直辖市人民代表大会或常务委员会）。

第二节　会计工作管理体制

【学习指南】

学习本节内容，读者需要熟悉会计工作管理体制，包括会计工作的行政管理、会计工作的自律管理和单位内部的会计工作管理，其中，需要重点学习单位内部的会计工作管理中的“会计机构的设置”和“会计人员回避制度”。

会计工作管理体制是指国家管理会计工作的组织形式与基本制度，是贯彻落实国家会计法律、法规、规章、制度和方针政策的组织保障和制度保障。会计工作管理体制主要包括会计工作的行政管理、会计工作的自律管理和单位内部的会计工作管理。

一、会计工作的行政管理

(一) 会计工作行政管理体制

我国会计工作行政管理体制实行统一领导、分级管理的原则。国务院财政部门主管全国的会计工作。县级以上地方各级人民政府财政部门管理本行政区域内的会计工作。财政、审计、税务、银行监管、证券监管、保险监管等部门应当依照有关法律、行政法规规定的职责，对有关单位的会计资料实施监督检查。这一规定体现了财政部门与其他政府管理部门在管理会计事务中相互协作的关系。

(二)会计工作行政管理的内容

会计工作的行政管理主要包括：制定国家统一的会计制度（简称国家统一的会计制度）、会计市场管理、会计专业人才评价、会计监督检查。

1. 制定国家统一的会计制度

【特别提示】

国家统一的会计制度是指在全国范围内实施的会计工作管理方面的规范性文件，它主要包括以下四个方面的内容：①国家统一的会计核算制度；②国家统一的会计监督制度；③国家统一的会计机构和会计人员管理制度；④国家统一的会计工作管理制度。国家统一的会计准则制度的四个方面的内容，与前面“会计部门规章”包括的内容一致。

国家统一的会计制度及相关标准规范的制定和组织实施主要有以下四个要点：

(1) 国家统一的会计制度，是由国务院财政部门根据《会计法》制定并发布的。

(2) 国务院有关部门可以依照我国《会计法》和国家统一的会计制度，制定对会计核算和会计监督有特殊要求的行业实施国家统一会计制度的具体办法或者补充规定，报国务院财政部门审核批准。

(3) 中央军委后勤保障部可以依照《会计法》和国家统一的会计制度制定军队实施国家统一的会计制度的具体办法，报国务院财政部门备案。

【特别提示】

中央军委下辖的7个部(厅)、3个委员会、5个直属机构。中央军委下辖的7个部(厅),包括中央军委办公厅、中央军委联合参谋部、中央军委政治工作部、中央军委后勤保障部、中央军委装备发展部、中央军委训练管理部、中央军委国防动员部。其中,只有中央军委后勤保障部可以制定军队实施国家统一的会计制度的具体办法。

(4) 各地区、各部门可以在国务院财政部门制定的国家统一的会计制度的基础上,制定符合《会计法》要求且与其具体情况相适应的会计制度或者补充规定,报国务院财政部门审核批准或者备案后实施。

【区别比较】

有关部门制定具体办法或补充规定后要履行的程序不同:国务院有关部门——报国务院财政部门审核批准;中央军委后勤保障部——报国务院财政部门备案。

2. 会计市场管理

财政部门是会计工作和注册会计师行业的主管部门,履行相应的会计市场管理职责。财政部门对违反会计法律、行政法规规定以及扰乱会计秩序的行为,有权进行管理和规范。

会计市场的管理包括会计市场的准入管理、运行管理和退出管理三个方面。

【特别提示】

对会计出版市场、会计培训市场、境外会计"洋资格"的管理等也属于会计市场管理的范畴。

1) 会计市场的准入管理

会计市场的准入管理是指财政部门对代理记账机构的设立、注册会计师资格的取得及会计师事务所的设立等进行的条件设定。获准进入会计市场后,上述机构和人员还应当持续符合相关的资格和条件,并主动接受财政部门的监督检查。当这些机构和人员不再符合相关资格和条件时,原审批机关应当撤回行政许可。

【特别提示】

全国会计从业资格考试已经自2017年1月1日起暂停。根据国务院常务会议精神和《国务院关于取消一批职业资格许可和认定事项的决定》(国发〔2016〕68号),会计从业资格被列为建议取消的职业资格事项。取消会计从业资格涉及修订《会计法》,需要依照法定程序提请全国人民代表大会常务委员会修订相关法律规定。2017年11月4日,第十二届全国人民代表大会常务委员会第三十次会议决定,对《会计法》进行修正,修正后的新《会计法》删除了关于从事会计工作的人员必须取得会计从业资格证书等规定,对会计人员应当具备从事会计工作所需要的专业能力并遵守职业道德、违法会计人员5年内不得从事会计工作或者不得再从事会计工作等作出了规定。这是贯彻"放管服"改革要求、促进会计人员管理职能转变的重要措施。

2) 会计市场的运行管理

会计市场的运行管理,又称会计市场的过程监管,是指财政部门对获准进入会计市场的机构和人员是否遵守各项法律法规,是否依据相关准则、制度和规范执行业务所进行的监督和检查。

3）会计市场的退出管理

会计市场的退出管理是指财政部门对在会计工作和执业过程中发生的违反《会计法》《注册会计师法》《会计人员管理办法》《代理记账管理办法》等行为的机构和人员进行行政处罚或追究刑事责任，暂时或永久不得从事会计工作。

【点拨指导】

《会计人员管理办法》规定：(1)因违反《中华人民共和国会计法》有关规定受到行政处罚五年内不得从事会计工作的人员，处罚期届满前，单位不得任用(聘用)其从事会计工作。(暂时)(2)因发生与会计职务有关的违法行为被依法追究刑事责任的人员，单位不得任用(聘用)其从事会计工作。(永久)

【知识拓展】

根据我国相关法律的规定，①从事社会审计业务的人员必须具备注册会计师资格。②我国实行全国统一的注册会计师考试制度，考试成绩合格并从事审计业务工作两年以上的人员，才可以申请成为注册会计师。③注册会计师执行业务，必须加入会计师事务所。④会计师事务所的合伙人或股东应当具有取得注册会计师证书后最近连续五年在会计师事务所从事审计业务的经历。⑤设立会计师事务所，必须先由省级财政部门审批，批准后，报财政部进行备案。⑥会计师事务所、律师事务所以及从事证券投资咨询、资产评估、资信评级、财务顾问、信息技术系统服务的证券服务机构，应当勤勉尽责、恪尽职守，按照相关业务规则为证券的交易及相关活动提供服务。从事证券投资咨询服务业务，应当经国务院证券监督管理机构核准；未经核准，不得为证券的交易及相关活动提供服务。从事其他证券服务业务，应当报国务院证券监督管理机构和国务院有关主管部门备案。

3. 会计专业人才评价

会计专业人才是我国经济建设中不可或缺的重要力量，也是我国人才队伍的重要组成部分。目前我国已经基本形成阶梯式的会计专业人才评价机制，包括初级、中级、高级会计人才评价机制以及会计行业领军人才培养评价体系等。对先进会计工作者的表彰奖励也属于会计专业人才评价的范畴。

【特别提示】

财政部门是会计工作和注册会计师行业的主管部门，履行相应的对会计市场的管理职责。

4. 会计监督检查

财政部门实施的会计监督检查主要包括会计信息质量检查和会计师事务所执业质量检查两个方面。除此以外，财政部门对会计市场的监督还包括依法加强对会计行业自律组织的监督和指导。

财政部组织实施全国会计信息质量的检查工作，并依法对违法行为(主要是指违反《会计法》的行为)实施行政处罚；县级以上财政部门组织实施本行政区域内的会计信息质量检查工作，并依法对本行政区域单位或人员的违法行为(主要是指违反《会计法》的行为)实施行政处罚。

财政部组织实施全国会计师事务所的执业质量检查工作，并依法对违反《注册会计师法》的行为实施行政处罚。省、自治区、直辖市人民政府财政部门组织实施本行政区域内的会计师事务所执业质量检查工作，并依法对本行政区域内会计师事务所或注册会计师违反《注册会计师法》的行为实施行政处罚。

【归纳总结】

对会计师事务所的执业质量检查(包括对会计师事务所出具审计报告的程序和内容进行监督检查)的执法主体是省级(省、自治区、直辖市)以上(含省级)人民政府财政部门，不包括县级。而对会计信息质量检查的执法主体是县级以上(含县级)财政部门。

【例1-1】 甲公司是我国一家外商投资企业，该公司的负责人江某是英籍华人。本年[1]1月22日，甲公司被告知其所在地的市财政局准备对其会计工作情况进行例行检查。甲公司负责人江某认为，甲公司是外商投资企业，该市财政局无权运用中国的《会计法》来约束一家外商投资企业，当即表示不接受财政局的检查。

要求：根据上述资料，分析评价甲公司负责人江某的认识是否正确。

答：甲公司负责人江某的认识是错误的。《会计法》规定："国家机关、社会团体、公司、企业、事业单位和其他组织(以下统称单位)必须依照《会计法》办理会计事务。财政、审计、税务、银行监管、证券监管、保险监管等部门应当依照有关法律、行政法规规定的职责，对有关单位的会计资料实施监督检查。上述监督检查部门对有关单位的会计资料依法实施监督检查后，应当出具检查结论。有关监督检查部门已经作出的检查结论能够满足其他监督检查部门履行本部门职责需要的，其他监督检查部门应当加以利用，避免重复查账。依法对有关单位的会计资料实施监督检查的部门及其工作人员对在监督检查中知悉的国家秘密和商业秘密负有保密义务。各单位必须依照有关法律、行政法规的规定，接受有关监督检查部门依法实施的监督检查，如实提供会计凭证、会计账簿、财务会计报告和其他会计资料以及有关情况，不得拒绝、隐匿、谎报。"外商投资企业属于在中国注册的法人企业，应当遵守中国包括《会计法》在内的有关法律法规，并受其约束。因此，甲公司应当接受市财政局对其会计工作的检查。

二、会计工作的自律管理

会计工作的自律管理，又叫会计工作的行业管理或行业自律管理。我国会计工作的行业自律管理组织包括中国注册会计师协会、中国会计学会和中国总会计师协会。

【点拨指导】

《会计人员管理办法》规定，依法成立的会计人员自律组织，应当依据有关法律法规及其章程规定，指导督促会员依法从事会计工作，对违反有关法律法规、会计职业道德及其章程的会员进行惩戒。

(一) 中国注册会计师协会

中国注册会计师协会(简称中注协)成立于1988年11月，是在财政部党组领导下开展行业管理和服务的法定组织，依据《注册会计师法》和《社会团体登记管理条例》的有关规定设立，承担着《注册会计师法》赋予的职能和协会章程规定的职能。

---

① 若没有特殊说明，本书中的"本年"均指2023年。

（二）中国会计学会

中国会计学会创建于1980年，是财政部所属由全国会计领域各类专业组织，以及会计理论界、实务界专业人员自愿结成的学术性、专业性、非营利性社会组织。

（三）中国总会计师协会

中国总会计师协会（简称中总协）成立于1990年，是经民政部批准，跨地区、跨部门、跨行业的全国非营利一级社团组织，其业务指导单位是财政部。

【特别提示】

中国内部审计协会不是会计工作的自律管理机构。

【例1-2】 张某认为，中国注册会计师协会是在财政部党组领导下开展行业管理和服务的法定组织，因此只要是在会计师事务所从事专业工作的人员都可以申请加入。

要求：分析张某的观点是否正确。

答：《中国注册会计师协会章程》（2018年6月26日中国注册会计师协会第六次全国会员代表大会表决通过，民政部于2018年8月20日核准生效）规定："本会会员分为个人会员和单位会员。参加注册会计师全国统一考试全科合格者和原有依照规定考核合格者，可申请成为本会个人会员。注册会计师应当加入本会，为执业会员，其他个人会员为非执业会员。依法批准设立的会计师事务所，可申请成为本会单位会员。"就个人而言，只有参加注册会计师全国统一考试全科合格者和依照规定考核合格者，才可申请成为本会个人会员。因此，张某的观点不正确。

三、单位内部的会计工作管理

单位内部的会计工作管理主要包括单位负责人的职责、会计机构的设置、会计人员的选拔任用和会计人员回避制度四个方面的内容。

（一）单位负责人的职责

单位负责人并不是指具体从事经营管理事务的负责人，也不包括副职领导人。单位负责人，又称单位领导人，是指法定代表人或者法律、行政法规规定代表单位行使职权的主要负责人。单位负责人主要包括以下两类人员：

（1）单位的法定代表人（也称法人代表），是指依法代表法人单位行使职权的负责人，如国有工业企业的厂长（经理）、公司制企业的董事长、国家机关的最高行政官员等。

【特别提示】

公司制企业的董事长是单位负责人。公司制企业的总经理若兼为董事长，则是单位负责人；公司制企业的总经理若不兼为董事长，则不是单位负责人。

（2）按照法律、行政法规的规定代表单位行使职权的负责人，是指依法代表非法人单位行使职权的负责人，如代表合伙企业执行合伙企业事务的合伙人、个人独资企业的投资人等。

《会计法》规定的单位负责人的职责主要有以下三项：

（1）对本单位的会计工作和会计资料的真实性、完整性负责。

（2）应当保证财务会计报告真实、完整。

（3）应当保证会计机构、会计人员依法履行职责，不得授意、指使、强令会计机构和会计人员违法办理会计事项。

【特别提示】

对单位的会计工作和会计资料的真实性、完整性负责的并不是“会计机构负责人”，而是“单位负责人”。“单位负责人”才是单位的会计责任主体。

【点拨指导】

不同的法律、法规、规章和规范性文件，分别使用了单位负责人、单位领导人两种称谓，实际上两者为同义词，使用时一般不加区分。

【例1-3】 甲上市公司的董事长(单位负责人)李某为粉饰公司的业绩，授意公司的财务负责人采取虚提返利、推迟管理费用列账等不正当的手段，虚增会计利润8 500多万元，造成相当坏的社会影响。

要求：分析此案被相关部门查处后，甲上市公司的董事长李某能否以“自己不懂会计，会计工作应当由会计机构负责人承担责任”为由推脱责任？

答：我国《会计法》规定：“单位负责人对本单位的会计工作和会计资料的真实性、完整性负责；应当保证财务会计报告真实、完整；应当保证会计机构和会计人员依法履行职责，不得授意、指使、强令会计机构和会计人员违法办理会计事项。”因此，甲上市公司的董事长李某不能以“自己不懂会计，会计工作应当由会计机构负责人承担责任”为由推脱责任。

(二) 会计机构的设置

《会计法》规定，各单位应当根据会计业务的需要，设置会计机构，或者在有关机构中设置会计人员并指定会计主管人员；不具备设置条件的，应当委托经批准设立从事会计代理记账业务的中介机构代理记账。

一个单位是否需要单独设置会计机构，需要考虑的因素主要有以下三点：

(1) 单位规模的大小。一个单位的规模大小，决定了这个单位内部职能部门的设置，也决定了是否需要设置会计机构。一般来说，大中型企业、实行企业化管理的事业单位，应当设置会计机构；业务较多的行政单位、社会团体和其他组织，也应当设置会计机构。而规模较小的企业，业务和人员都不多的行政事业单位、社会团体和其他组织，可以不单独设置会计机构，而是在有关机构中设置会计人员并指定会计主管人员，或委托经批准设立从事会计代理记账业务的中介机构代理记账。

(2) 经济业务和财务收支的繁简。在是否设置会计机构的问题上，应考虑全面、合理、有效的原则。一般来说，多数大中型企业以及少数小型企业的经济业务复杂多样，财务收支频繁，应当设置会计机构；少数大中型企业以及多数小型企业的经济业务单一，财务收支简单，则不需要设置会计机构。

(3) 经营管理的需要。有效的经营管理是以信息的及时准确和全面系统为前提的。一个单位在经营管理上的要求越高，对会计信息系统的要求也就越高，则越有必要设置会计机构；反之就越不需要设置会计机构。

(三) 会计人员的选拔任用

财政部对从事会计工作人员的相关任职资格条件进行了统一规定。如《会计法》第三十八条规定，会计人员应当具备从事会计工作所需要的专业能力；担任单位会计机构负责人

(会计主管人员)的,应当具备会计师以上专业技术职务资格或者从事会计工作3年以上的经历。又如《总会计师条例》规定,总会计师的任职条件之一是取得会计师专业技术资格后,主管一个单位或者单位内部一个重要方面的财务会计工作的时间不少于3年。

会计机构负责人(会计主管人员)是指在一个单位内部具体负责会计工作的中层领导人员。设置会计机构的,应该配备会计机构负责人;未设置会计机构的,但在有关机构中配备专职会计人员的,应该在专职会计人员中指定会计主管人员。总会计师是单位行政领导成员,协助单位主要行政领导人工作,直接对单位主要行政领导人负责。国有和国有资产占控股地位或主导地位的大、中型企业必须设置总会计师。事业单位和业务主管部门根据需要,经批准也可以设置总会计师。凡是设置总会计师的单位,不应当再设置与总会计师职权重叠的行政副职。

【点拨指导】

《会计人员管理办法》规定:会计人员从事会计工作,应当符合下列要求:①遵守《中华人民共和国会计法》和国家统一的会计制度等法律法规;②具备良好的职业道德;③按照国家有关规定参加继续教育;④具备从事会计工作所需要的专业能力。

会计人员具有会计类专业知识,基本掌握会计基础知识和业务技能,能够独立处理基本会计业务,表明具备从事会计工作所需要的专业能力。单位应当根据国家有关法律法规和《会计人员管理办法》有关规定,判断会计人员是否具备从事会计工作所需要的专业能力。

单位应当根据《中华人民共和国会计法》等法律法规和《会计人员管理办法》有关规定,结合会计工作需要,自主任用(聘用)会计人员。

单位任用(聘用)的会计机构负责人(会计主管人员)、总会计师,应当符合《中华人民共和国会计法》《总会计师条例》等法律法规和《会计人员管理办法》有关规定。

单位应当对任用(聘用)的会计人员及其从业行为加强监督和管理。

【特别提示】

总会计师由本单位主要行政领导人提名,政府主管部门任命或者聘任。其免职或者解聘程序与任命或者聘任程序相同。

会计人员具备了相关资格或符合有关任职条件后,能否从事相关工作,由所在单位自行决定。单位根据法律、法规的规定选拔任用本单位的会计人员,负责对他们的管理,督促他们依法履行职责。

(四)会计人员回避制度

回避制度是指为了保证执业或者执法的公正性,对可能影响其公正性的执业或者执法人员实行职务回避和业务回避的一种制度。

《会计基础工作规范》对会计人员回避制度作出了规定,主要是从会计工作的特殊性出发,其具有一定的范围。具体来说,国家机关、国有企业、事业单位聘任会计人员应当实行回避制度。会计人员回避制度的内容主要包括以下两点:

(1)国家机关、国有企业、事业单位的单位负责人(单位领导人)的直系亲属不得担任本单位的会计机构负责人、会计主管人员。

(2)国家机关、国有企业、事业单位的会计机构负责人、会计主管人员的直系亲属不得在本单位会计机构中担任出纳工作。

需要回避的直系亲属包括夫妻关系、直系血亲关系、三代以内旁系血亲以及姻亲关系。

直系血亲关系还包括本来没有自然的或者直接的血缘关系，但法律上确定其地位与血亲相等的关系，如养父母和养子女的关系。

【点拨指导】

直系亲属（夫妻关系、直系血亲关系、三代以内旁系血亲以及姻亲关系），如图 1-1 所示。

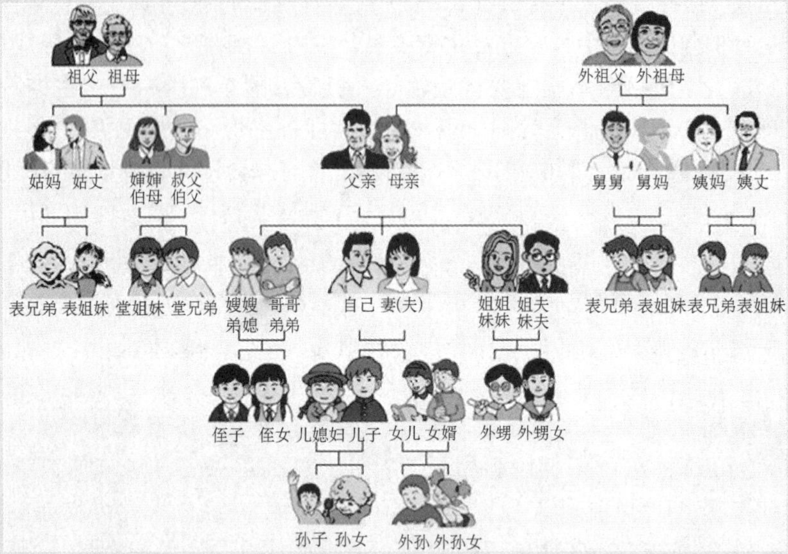

图 1-1 直系亲属（夫妻关系、直系血亲关系、三代以内旁系血亲以及姻亲关系）①

【特别提示】

目前，我国会计人员的任职回避制度仅适用于国家机关、国有企业和事业单位，而大量的“国家机关、国有企业和事业单位”以外的单位在会计人员的任职上则没有这种限制。

【例 1-4】 王某毕业于某大学中文系，毕业后一直在甲国有企业办公室从事管理工作，职位为办公室主任。到本年 1 月，甲国有企业决定任命办公室主任王某担任本单位财务科科长。本年 10 月，王某因身体不适辞去财务科科长的职务，经领导班子集体决定，改由厂长刘某的妻子张某担任本单位的财务科科长。经查，张某具有多年从事会计工作的经历，并且具备会计师职称。

要求：分析甲国有企业任命王某、张某担任财务科科长的行为是否符合我国《会计法》的规定？

答：(1) 甲国有企业不能任命王某担任本单位财务科科长（会计机构负责人）。我国《会计法》规定，担任会计机构负责人的，应当具备会计师以上专业技术职务资格或从事会计工作 3 年以上的经历。但是王某毕业后一直从事的不是会计工作，没有 3 年以上的会计工作经历，因此，不符合担任财务科科长（会计机构负责人）的条件。

(2) 甲国有企业不能任命厂长刘某的妻子张某担任本单位的财务科科长（会计机构负责人）。根据《会计基础工作规范》的规定，国有企业单位负责人的直系亲属不得担任本单位的会计机构负责人。直系亲属包括夫妻关系、直系血亲关系、三代以内的旁系血亲及姻

① 资料来源：http://www.ahkjksw.com/one/n_21859_222_143.html。

亲关系。因此，甲国有企业的厂长（单位负责人）刘某的妻子张某不符合担任财务科科长（会计机构负责人）的条件。

第三节 会计核算

【学习指南】

学习本节内容，读者需要掌握会计核算的总体要求、会计凭证、会计账簿、财务会计报告和会计档案管理等的相关内容。其中，读者需要重点学习会计档案管理的相关内容。

会计核算是以货币为主要计量单位，运用专门的会计方法，通过确认、计量、记录和报告等环节，对特定主体的生产经营活动或预算执行过程及其结果进行反映，并为经营决策和宏观经济管理提供依据的一项会计活动。

会计核算是会计最基本的职能。我国会计法律制度从会计信息质量要求、会计资料的基本要求以及会计年度、记账本位币、填制会计凭证、登记会计账簿、编制财务会计报告、财产清查、会计档案管理等方面对会计核算进行了统一规定。

一、总体要求

（一）会计核算的依据

各单位应当按照《会计法》和国家统一的会计制度规定建立会计账册，进行会计核算。各单位发生的各项经济业务事项应当统一进行会计核算，不得违反规定私设会计账簿进行登记、核算。各单位必须根据实际发生的经济业务事项进行会计核算，填制会计凭证，登记会计账簿，编制财务会计报告。任何单位不得以虚假的经济业务事项或者资料进行会计核算。

（1）以实际发生的经济业务事项为依据进行会计核算，是对会计核算最基本的要求，也是保证单位会计资料质量的关键。并非所有的经济活动都需要进行会计核算，与资金增减无关的经济活动，就不需要进行会计核算。

【举例说明】

甲企业在制订一项投资计划时不需要进行会计核算，因为这项计划尚未执行，也未引起资金的增减变化。只有在投资计划实施并引起资金变动时，甲企业才需要对这项投资活动按照实施的情况进行会计核算。

（2）以虚假的经济业务事项为核算对象，会导致所生成的会计资料与实际发生的经济业务事项不符，造成会计信息失真，侵害会计信息使用者的经济利益，扰乱社会经济秩序。因此，《会计法》作出禁止性规定："任何单位不得以虚假的经济业务事项或者资料进行会计核算。"以虚假的经济业务事项或者资料为依据进行会计核算的行为，均属于严重违法行为，将会受到法律的严厉制裁。

（二）对会计资料的基本要求

1. 会计资料的生成和提供必须符合国家统一的会计制度的规定

会计资料是指在会计核算过程中形成的，用来记录和反映实际发生的经济业务事项的会计专业资料，主要包括会计凭证、会计账簿、财务会计报告和其他会计资料。

会计资料作为记录会计核算过程和结果的重要载体，是国家进行宏观调控，经营者进行管理和投资者进行决策的重要依据。会计资料所记录和提供的信息也是一项重要的社会资源。会计资料必须符合国家统一的会计制度的规定。

使用电子计算机进行会计核算的，其软件及其生成的会计凭证、会计账簿、财务会计报告和其他会计资料，也必须符合国家统一的会计制度的规定。

目前，用于规范会计资料的国家统一的会计制度主要有《会计基础工作规范》《会计档案管理办法》《企业会计准则——基本准则》《企业会计制度》《金融企业会计制度》《小企业会计制度》《小企业会计准则》等。

2. 提供虚假的会计资料是违法行为

会计资料的真实性和完整性，是对会计资料最基本的质量要求，是会计工作的生命线，各单位必须严格按照《会计法》的要求执行，保证会计资料的真实和完整。任何单位和个人不得伪造、变造会计资料，不得提供虚假的财务会计报告。

会计资料的真实性，主要是指会计资料所反映的内容和结果应当同单位实际发生的经济业务的内容及其结果相一致。会计资料的完整性，主要是指构成会计资料的各项要素必须齐全，使得会计资料能够如实、全面地记录和反映单位经济业务发生情况，便于会计资料的使用者全面、准确地了解经济活动情况。

伪造会计凭证、会计账簿及其他会计资料，是指以虚假的经济业务或者资金往来为前提，编造不真实的会计凭证、会计账簿和其他会计资料的行为，即“以假充真”。其主要表现为：①伪造根本不存在的经济事项的原始凭证，或以实际存在的会计事项为基础，用夸大、缩小或隐匿事实的手段伪造原始凭证，如制作假发票、假收据、假工资表等假的原始凭证；②会计人员审核不严或者玩忽职守、丧失原则，以伪造的原始凭证为基础，填制记账凭证，如根据假发票填制记账凭证。

变造会计凭证、会计账簿及其他会计资料，是指用涂改、挖补等手段来更改会计凭证、会计账簿和其他会计资料的真实内容，歪曲事实真相的行为，即“篡改事实”。其主要表现为：①涂改原始凭证的日期、数量、单价、金额等内容，或利用现代化的工具，对原始凭证进行二次处理，如在原始凭证的金额数字上多加一个 0；②会计人员审核不严或者玩忽职守、丧失原则，以变造的原始凭证为基础，填制记账凭证，如根据涂改后的发票填制记账凭证。

提供虚假财务会计报告，是指通过编造虚假的会计凭证、会计账簿及其他会计资料或篡改财务会计报告上的真实数据，使财务会计报告不真实、不完整地反映财务状况和经营成果，借以误导和欺骗会计资料使用者的行为，即“以假乱真”。

【特别提示】

“伪造”是无中生有，以假充真，即经济业务或资金往来本来就不存在；而“变造”是采用“涂改、挖补”等手段，篡改事实。

【归纳总结】

伪造——以假充真；变造——篡改事实；提供虚假财务会计报告——以假乱真。

【例 1-5】 北京市朝阳区财政局例行执法检查时发现当地的甲公司的会计工作存在以

下问题：①甲公司会计人员孙某制作的工资单有问题。事后查明，甲公司会计人员孙某在单位负责人赵某的要求下，在工资单上将王某的工资由 3 500 元改为 4 500 元，而实际只向王某发放 3 500 元；②甲公司会计人员孙某在单位负责人赵某的要求下，在未向职工发放中秋福利的情况下，制作了与中秋福利相关的产品出库单。

要求：分析上述资料中出现的违法行为。

答：①甲公司会计人员孙某在单位负责人赵某的要求下，"在工资单上将徐某的工资由 3 500 元改为 4 500 元，而实际只向徐某发放 3 500 元"，属于变造会计凭证的违法行为；②甲公司会计人员孙某在单位负责人赵某的要求下，"在未向职工发放中秋福利的情形下，制作了与中秋福利相关的产品出库单"，属于伪造会计凭证的违法行为。

（三）会计核算的其他相关规定

我国会计法律制度还对会计年度、记账本位币、会计处理方法和会计记录文字等作了明确规定。

1. 会计年度

会计年度是指以年度作为单位进行会计核算的时间区间，是反映单位财务状况、核算经营成果的时间界限。

根据《会计法》第十一条的规定，会计年度自公历 1 月 1 日起至 12 月 31 日止。这一规定表明，我国以公历年度为会计年度，即以每年公历的 1 月 1 日起至 12 月 31 日止为一个会计年度。每一个会计年度还可以按照公历日期具体划分为半年度、季度和月度。

我国会计年度以公历年度为会计年度，是为了与我国的财政、计划、统计、税务等年度保持一致，从而便于国家进行宏观经济管理。各单位按会计年度提供的会计资料是国家进行宏观调控的重要依据。

【点拨指导】

小于年度的会计期间（如半年度、季度和月度）称为会计中期。

2. 记账本位币

记账本位币是指登记会计账簿和编制财务会计报告时用来计量的货币，也就是单位主要会计核算业务所使用的货币。根据《会计法》第十二条的规定，会计核算以人民币为记账本位币。业务收支以人民币以外的货币为主的单位，可以选定其中一种货币作为记账本位币，但是编报的财务会计报告应当折算为人民币。

3. 会计处理方法

会计处理方法是指在会计核算中所采用的具体方法，通常包括：收入确认的方法、企业所得税的会计处理方法、存货计价方法、坏账损失的核算方法、固定资产的折旧方法、编制合并会计报表的方法、外币折算的会计处理方法等。采用不同的会计处理方法，会影响会计资料的一致性和可比性，进而影响会计资料的使用情况。

因此，各单位的会计核算应当按照规定的会计处理方法进行，保证会计指标的口径一致、相互可比和会计处理方法的前后各期一致，不得随意变更；确有必要变更的，应当按照国家统一的会计制度的规定变更，并将变更的原因、情况及影响在财务会计报告中说明。

4. 会计记录文字

会计记录所使用的文字，是正确进行会计核算和描述各项会计资料的重要媒介。会计资料作为一种商业语言和信息资源，表述必须规范统一，而对会计资料起辅助说明作用的会计记录文字也必须通用，要为广大会计资料使用者所熟悉和认识。

我国的法定官方语言文字是中文。根据《会计法》第二十二条的规定："会计记录的文字应当使用中文。在民族自治地方，会计记录可以同时使用当地通用的一种民族文字。在中华人民共和国境内的外商投资企业、外国企业和其他外国组织的会计记录可以同时使用一种外国文字。"

【例1-6】 北京市海淀区财政局在对一家外商投资企业甲公司进行检查时发现：甲公司的股东为德国人，其母公司在德国，甲公司主要的购销业务面向欧洲市场。甲公司选择德文作为会计记录文字、欧元作为记账本位币，编制财务报表时以欧元反映。鉴于甲公司的做法，北京市海淀区财政局对甲公司作出整改要求。

要求：指出北京市海淀区财政局对甲公司提出整改的具体要求以及法律依据。

答：北京市海淀区财政局对甲公司提出整改的具体要求以及法律依据如下：

(1)《会计法》规定："会计记录的文字应当使用中文。在民族自治地方，会计记录可以同时使用当地通用的一种民族文字。在中华人民共和国境内的外商投资企业、外国企业和其他外国组织的会计记录可以同时使用一种外国文字。"鉴于甲公司是一家外商投资企业，其会计记录文字应当使用中文，可以同时使用德文。

(2)《会计法》规定："会计核算以人民币为记账本位币。业务收支以人民币以外的货币为主的单位，可以选定其中一种货币作为记账本位币，但是编报的财务会计报告应当折算为人民币。"鉴于甲公司的业务面向欧洲市场，业务收支以欧元为主，记账本位币可以使用欧元，但编制财务报表应当折算成人民币。

二、会计凭证

会计凭证是指记录经济业务发生或者完成情况的书面证明，是登记账簿的依据。每个企业都必须按一定的程序填制和审核会计凭证，根据审核无误的会计凭证进行账簿登记，如实反映企业的经济业务。《会计法》对会计凭证的种类、取得、审核、更正等内容进行了规定。

【点拨指导】

填制和审核会计凭证是会计核算的首要环节，对会计核算过程、会计资料质量都起着至关重要的作用。

会计凭证按填制程序和用途不同，分为原始凭证和记账凭证。

(一) 原始凭证

1. 原始凭证的概念

原始凭证，又称单据，是指在经济业务发生时，由业务经办人员直接取得或者填制，用以表明某项经济业务已经发生或完成情况并明确有关经济责任的一种原始凭据，如发票。

2. 原始凭证的种类

原始凭证可按不同的方式进行分类，具体情况如表1-1所示。

表 1-1 原始凭证的分类

分类标准	分类
取得的来源	自制原始凭证和外来原始凭证
填制的手续和内容	一次原始凭证、累计原始凭证和汇总原始凭证
格式	专用原始凭证和通用原始凭证

3. 原始凭证的内容

原始凭证的内容必须具备:①凭证的名称;②填制凭证的日期;③填制凭证的单位名称或者填制人姓名;④经办人员的签名或者盖章;⑤接受凭证单位名称;⑥经济业务内容;⑦数量、单价和金额。

4. 原始凭证的填制和取得的基本要求

(1) 从外单位取得的原始凭证,必须盖有填制单位的公章;从个人手中取得的原始凭证,必须有填制人员的签名或盖章;自制原始凭证必须有经办单位领导人或者其指定的人员签名或盖章;对外开出的原始凭证必须加盖本单位公章。

(2) 凡原始凭证上填有大写和小写金额的,大、小写金额必须相符(如果不符,则原始凭证无效);购买实物的原始凭证,必须有实物的验收证明(如外购材料,必须提供材料入库单);支付款项的原始凭证,必须有收款单位和收款人的收款证明。

(3) 一式几联的原始凭证,应当注明各联次的用途,只能以一联作为报销凭证。

(4) 发生销货退回的,除填制退货发票外,还必须有退货验收证明;退款时,必须取得对方的收款收据或者汇款银行的凭证,不得以退货发票代替对方开具的收款收据。

(5) 职工公出借款凭据,必须附在记账凭证之后。收回借款时,应当另开收据或者退还借据副本,不得退还原借款收据。

【特别提示】

借款时,记账凭证后附借款凭据;收回借款时,另开收据或退还借据副本。

(6) 经上级有关部门批准的经济业务,应当将批准文件作为原始凭证附件。如果批准文件需要单独归档的,应当在凭证上注明批准机关名称、日期和文件字号。

5. 原始凭证的审核

会计机构及会计人员必须按照国家统一的会计制度的规定对原始凭证进行审核,对不真实、不合法的原始凭证,会计机构及会计人员有权不予接受,并向单位负责人报告;对记载不准确、不完整的原始凭证予以退回,并要求按照国家统一会计制度的规定更正、补充。

6. 原始凭证错误的更正方式

(1) 原始凭证记载的各项内容均不得涂改。

(2) 原始凭证金额有错误的,应当由出具单位重开,不得在原始凭证上更正。

(3) 原始凭证上除金额以外的其他事项有错误的,应当由出具单位重开或者更正,更正处应当加盖出具单位印章。

7. 原始凭证的保管

(1) 对于数量过多的原始凭证,可以单独装订保管。各种经济合同、存出保证金收据以及涉外文件等重要原始凭证,应当另编目录,单独登记保管,并在有关的记账凭证上相互注明日期和编号。

(2) 原始凭证不得外借，其他单位如因特殊原因需要使用本单位的原始凭证时，经本单位会计机构负责人、会计主管人员批准，可以复制。向外单位提供的原始凭证复制件，应当在专设的登记簿上登记，并由提供人员和收取人员共同签名或者盖章。

【特别提示】

各单位保存的会计档案不得外借。如外单位有特殊需要的，经本单位负责人批准后，可以提供查阅或者复制，并办理登记手续。

(3) 各种经济合同、存出保证金收据以及涉外文件等重要原始凭证，应当另编目录，单独登记保管，并在有关的记账凭证和原始凭证上相互注明日期和编号。

(4) 从外单位取得的原始凭证如有遗失，应当取得原开出单位盖有公章的证明，并注明原来凭证的凭证编号、金额和记载内容等，由经办单位(本单位)会计机构负责人、会计主管人员和单位负责人批准后，才能代作原始凭证。如果确实无法取得证明的，如火车、轮船、飞机票等原始凭证，应当由当事人写明详细情况，由经办单位(本单位)会计机构负责人、会计主管人员和单位领导人批准后，代作原始凭证。

(二) 记账凭证

1. 记账凭证的概念

记账凭证，又称传票，是指对经济业务事项按其性质加以归类，确定会计分录，并据以登记会计账簿的凭证。记账凭证具有分类归纳原始凭证和满足登记会计账簿需要的作用。

2. 记账凭证的种类

记账凭证可按不同的方式进行分类，具体情况如表 1-2 所示。

表 1-2　记账凭证的分类

分类标准	分类
内容	收款凭证、付款凭证和转账凭证
填列的方式	单式记账凭证和复式记账凭证
用途	专用记账凭证和通用记账凭证

3. 记账凭证的内容

记账凭证的内容必须具备：①填制凭证的日期；②凭证编号；③经济业务摘要；④会计科目；⑤金额；⑥所附原始凭证张数；⑦填制凭证人员、稽核人员、记账人员、会计机构负责人(会计主管人员)签名或者盖章。收款和付款记账凭证还应当由出纳人员签名或者盖章。

4. 记账凭证的填制和取得的基本要求

(1) 记账凭证应当根据经过审核的原始凭证及相关资料进行填制。

(2) 收款和付款记账凭证还应当由出纳人员签名或者盖章。

(3) 记账凭证应连续编号。一笔经济业务需要填制两张以上记账凭证的，可以采用分数编号法编写。

(4) 记账凭证可以根据每一张原始凭证填制，或根据若干张同类原始凭证汇总填制，也可以根据原始凭证汇总表填制。但不得将不同内容和类别的原始凭证汇总填制在一张记账凭证上。

（5）除结账和更正错误的记账凭证可以不附原始凭证外，其他记账凭证必须附有原始凭证。

（6）如果一张原始凭证涉及几张记账凭证，可以把原始凭证附在一张主要的记账凭证后面，并在其他记账凭证上注明附有该原始凭证的记账凭证的编号或者附原始凭证复印件。

（7）一张原始凭证所列支出需要几个单位共同负担的，应当将其他单位负担的部分以原始凭证分割单的方式交由对方结算。原始凭证分割单必须具备原始凭证的基本内容。

【特别提示】

具体来说，一张原始凭证所列的支出需要由多个单位共同负担时，应当由保存该原始凭证的单位开具原始凭证分割单给其他应负担的单位。

（8）记账凭证填制完经济业务事项后，如有空行，应当自金额栏最后一笔金额数字下的空行处至合计数上的空行处划线注销。

（9）填制会计凭证，字迹必须清晰、工整，并符合相关规定的要求。

5. 记账凭证的审核

记账凭证的审核内容主要包括编制依据是否真实、填写项目是否齐全、金额计算是否正确、书写是否清楚等。

实行会计电算化的单位，对于机制记账凭证也要认真审核，做到会计科目使用正确，数字准确无误。打印出来的机制记账凭证要加盖制单人员、审核人员、记账人员及会计机构负责人、会计主管人员的印章或者签字。

6. 记账凭证错误的更正

（1）如果在填制记账凭证时发生错误，应当重新填制。

（2）已经登记入账的记账凭证，在当年内发现填写错误时，可以用红字填写一张与原内容相同的记账凭证，在摘要栏注明"注销某月某日某号凭证"字样，同时再用蓝字重新填制一张正确的记账凭证，注明"订正某月某日某号凭证"字样。

（3）如果会计科目没有错误，只是金额错误，也可以将正确数字与错误数字之间的差额，另编一张调整的记账凭证，调增金额用蓝字，调减金额用红字。

（4）发现以前年度记账凭证有错误的，应当用蓝字填制一张更正的记账凭证。

7. 记账凭证的保管

记账凭证应当连同所附的原始凭证或者原始凭证汇总表，按照编号顺序折叠整齐，按期装订成册，并加装封面，注明单位名称、年度、月份和起讫日期、凭证种类、起讫号码，由装订人在装订线封签处签名或盖章。

【知识拓展】

（1）电子会计凭证，是指单位从外部接收的电子形式的各类会计凭证，包括电子发票、财政电子票据、电子客票、电子行程单、电子海关专用缴款书、银行电子回单等电子会计凭证。

（2）来源合法、真实的电子会计凭证与纸质会计凭证具有同等法律效力。

（3）除法律和行政法规另有规定外，同时满足下列条件的，单位可以仅使用电子会计凭证进行报销入账归档：①接收的电子会计凭证经查验合法、真实；②电子会计凭证的传输、存储安全、可靠，对电子会计凭证的任何篡改能够及时被发现；③使用的会计核算系统能够准确、完整、有效接收和读取电子会计凭证及其元数据，能够按照国家统一的会计制度完成会计核算业务，能够按照国家档案行政管理部门规定格式输出电子会计凭证及其元数据，设定了经办、审核、审批等必要的审签程序，且能有效防止电子会计凭证重复入账；④电子会计凭证的归档及管理符合《会计档案管理办法》（财政部 国家档案局令第 79 号）等要求。

（4）单位以电子会计凭证的纸质打印件作为报销入账归档依据的，必须同时保存打印该纸质件的电子会计凭证。

（5）符合档案管理要求的电子会计档案与纸质档案具有同等法律效力。除法律、行政法规另有规定外，电子会计档案可不以纸质形式保存。

（6）单位和个人在电子会计凭证报销入账归档中存在违反有关规定行为的，县级以上人民政府财政部门、档案行政管理部门应当依据《会计法》《中华人民共和国档案法》等有关法律、行政法规进行处罚。

【例 1-7】 本年 9 月 10 日，北京甲机械有限公司收到一张法院传票，经询问得知，这是北京丙石油液化气公司将其告上了法庭，要求北京甲机械有限公司支付本年 5 月向北京丙石油液化气公司采购的液化气款项 130 000 元。

在法庭审理中，北京甲机械有限公司作为被告承认购货事实，但坚称已经于本年 6 月 10 日以其自产的设备抵付了该笔货款，并提供原告（北京丙石油液化气公司）向其开具的增值税普通发票为证。但原告北京丙石油液化气公司认为，他们至今没有收到北京甲机械有限公司的设备以及相关发票，且并未向北京甲机械有限公司开具与石油液化气相关的增值税普通发票。经过核对北京甲机械有限公司提供的增值税普通发票，发现发票上发票专用章的供货商名称是“北京丙液化气公司”，比原告名称“北京丙石油液化气公司”少了“石油”两个字。

要求：（1）分析被告北京甲机械有限公司是否要支付 130 000 元款项或者提供相应款项的设备给原告，并说明原因。

（2）根据本案例，我们可以吸取哪些经验教训？

答：（1）从法律事实来看，被告北京甲机械有限公司需要支付 130 000 元款项或者提供相应款项的设备给原告。《会计法》规定，会计机构、会计人员必须按照国家统一的会计制度的规定对原始凭证进行审核，对不真实、不合法的原始凭证有权不予接受，并向单位负责人报告；对记载不准确、不完整的原始凭证予以退回，并要求按照国家统一的会计制度的规定更正、补充。本案中的发票，不能作为具有法律效力的原始凭证，表明被告已经付款或者提供相应款项的设备。

（2）根据本案例，我们可以吸取的经验教训是：经办人员支付货款时，对发票的任何项目都应仔细审查，如果收取了伪造或变造的发票，发生经济损失就不可避免了。发票的经办人员未必是会计人员，一般是采购人员等。以发票的经办人员是采购人员为例，采购人员支付货款时，需要对取得发票的所有项目进行仔细的审查，确认无误后才能收下；之后，采购人员还应当将发票交给采购部门，由采购部门进一步审核；最后再交给财务部门，由财务部门进行最终审核。

三、会计账簿

会计账簿是指由一定格式的账页组成的，以经过审核的会计凭证为依据，全面、系统、连续地记录各项经济业务的簿籍。会计账簿是会计资料的重要组成部分，也是会计信息的主要载体之一。

(一) 会计账簿的设置及分类

各单位必须依法设置会计账簿，并保证其真实、完整。各单位会计账簿的设置和登记应当符合有关法律、行政法规和国家统一的会计制度的规定以及单位会计业务的需要。各单位发生的各项经济业务事项应当在依法设置的会计账簿上统一登记、核算，不得违反《会计法》和国家统一的会计制度的规定私设会计账簿登记、核算。

会计账簿按不同的方式分类如表 1-3 所示。

表 1-3 会计账簿分类一览表

属　　性	类　　型
按用途分类	序时账簿：普通日记账、特种日记账
	分类账簿：总分类账簿、明细分类账簿
	备查账簿
按账页格式分类	两栏式账簿
	三栏式账簿
	多栏式账簿
	数量金额式账簿
	横线登记式账簿
按外形特征分类	订本式账簿
	活页式账簿
	卡片式账簿

【特别提示】

总分类账簿、库存现金日记账、银行存款日记账必须采用订本式账簿。其中，库存现金日记账、银行存款日记账须逐日结出余额；明细分类账簿多采用活页式账簿；固定资产明细账多采用卡片式账簿。

(二) 会计账簿的登记规则

(1) 会计人员应当以经过审核无误的会计凭证作为登记账簿的依据。

(2) 各种账簿按页次顺序连续登记，不得跳行、隔页。如果发生跳行、隔页，应当将空行、空页划线注销，或者注明“此行空白”“此页空白”字样，并由记账人员签名或者盖章。

(3) 实行会计电算化的单位，其会计账簿的登记、更正，也应当符合国家统一的会计制度的规定。

(4) 禁止账外设账(即禁止私设账簿)。

【知识拓展】

私设账簿主要表现为在法定会计账簿之外,另外设置一套或多套账簿,用于登记没有纳入法定会计账簿之内统一核算的其他经济业务事项,以实现非法目的。例如,私设小金库便属于私设账簿,账外设账是一种极为严重的违法行为。

(三) 账目核对

单位的对账工作每年至少进行一次。

(1) 各单位应当定期将会计账簿记录与实物、款项的实有数相互核对,以保证账实相符。

(2) 各单位应当定期将会计账簿记录与会计凭证的相关内容相互核对,以保证账证相符。

(3) 各单位应当定期将会计账簿之间的对应记录相互核对,以保证账账相符。

(4) 各单位应当定期将会计账簿记录与会计报表的相关内容相互核对,以保证账表相符。

【特别提示】

账目核对的主要内容包括账账核对、账实核对、账证核对、账表核对。本套教材之《会计基础》中的"对账"不涉及账表核对。

(四) 结账

(1) 各单位应当按照规定定期结账,不得提前或者延迟。

(2) 年度结账日为公历年度的每年12月31日。

(3) 半年度、季度和月度结账日分别为公历年度每半年、每季度、每月的最后一天。

四、财务会计报告

财务会计报告是对企业财务状况、经营成果和现金流量的结构性表述。

(一) 财务会计报告的类型

一套完整的财务会计报告至少应该包括下列组成部分:①资产负债表;②利润表;③现金流量表;④所有者权益(或者股东权益,下同)变动表;⑤附注。财务会计报告的上述组成部分具有同等的重要程度。其中,资产负债表主要反映企业在某一特定日期的财务状况;利润表主要反映企业在一定会计期间的经营成果;现金流量表主要反映企业在一定会计期间现金和现金等价物的流入和流出情况;所有者权益变动表反映一定会计期间构成所有者权益各个组成部分当期的增减变动情况;附注是对会计报表的补充说明,也是财务会计报告的重要组成部分。附注主要包括两类内容:①对会计报表各要素的补充说明;②对会计报表中无法描述的其他财务信息的补充说明。

资产负债表、利润表、现金流量表是企业的基本报表,它们反映的是财务会计报告使用者所共同关心的一些信息。

财务会计报告可以按照不同的标准进行分类:

（1）按编制期间的不同，财务会计报告可以分为中期财务会计报告和年度财务会计报告。

（2）按编制主体的不同，财务会计报告可以分为个别财务会计报告和合并财务会计报告。

（二）财务会计报告的编制要求

财务会计报告的编制主要有以下五项要求：

（1）企业应当依照法律、行政法规和国家统一的会计制度关于财务会计报告的编制要求、提供对象和提供期限的规定，及时对外提供财务会计报告。

（2）向不同的会计资料使用者提供的财务会计报告，其编制依据应当一致。

（3）有关法律、行政法规规定会计报表、会计报表附注和财务情况说明书须经注册会计师审计的，注册会计师及其所在的会计师事务所出具的审计报告应当随同财务会计报告一并提供。

（4）对外报送的财务会计报告，应当依次编写页码，加具封面，装订成册，加盖公章。封面上应当注明：单位名称，单位地址，财务报告所属年度、季度、月度，送出日期，财务会计报告应当由单位负责人和主管会计工作的负责人、会计机构负责人（会计主管人员）签名并盖章；设置总会计师的单位，还须由总会计师签名并盖章。

【特别提示】

上述人员应当在财务会计报告上"签名并盖章"，而非"签名或盖章"。

【点拨指导】

单位负责人（单位领导人）对财务会计报告的合法性、真实性负法律责任。

（5）接受企业财务会计报告的组织或者个人，在企业财务会计报告未正式对外披露前，应当对其内容保密。

五、会计档案管理

《会计档案管理办法》对会计档案的内容、管理部门、归档、移交、查阅、保管期限及会计档案的销毁等内容均有明确规定，各单位必须遵照执行。

（一）会计档案的内容

会计档案是指单位在进行会计核算等过程中接收或形成的，记录和反映单位经济业务事项的，具有保存价值的文字、图表等各种形式的会计资料，包括通过计算机等电子设备形成、传输和存储的电子会计档案。其具体包括：

（1）会计凭证，包括原始凭证、记账凭证。

（2）会计账簿，包括总分类账簿、明细分类账簿、日记账、固定资产卡片及其他辅助性账簿。

【特别提示】

注意固定资产卡片属于会计账簿中的"卡片式账簿"，简称"卡片账"，因此也应当归为"会计账簿类"。

【点拨指导】

各单位的预算、计划、制度等文件资料属于文书档案，不属于会计档案。

(3) 财务会计报告,包括月度、季度、半年度、年度财务会计报告。

(4) 其他会计资料,包括银行存款余额调节表、银行对账单、纳税申报表、会计档案移交清册、会计档案保管清册、会计档案销毁清册、会计档案鉴定意见书及其他具有保存价值的会计资料。

(二) 会计档案的管理部门

财政部和国家档案局主管全国会计档案工作,共同制定全国统一的会计档案工作制度,对全国会计档案工作实行监督和指导。

县级以上地方人民政府财政部门和档案行政管理部门管理本行政区域内的会计档案工作,并对本行政区域内会计档案工作实行监督和指导。

(三) 会计档案的归档

单位从外部接收的电子会计资料附有符合《中华人民共和国电子签名法》规定的电子签名的,可仅以电子形式归档保存,形成电子会计档案。

【点拨指导】

单位可以利用计算机、网络通信等信息技术手段管理会计档案。同时满足下列条件的,单位内部形成的属于归档范围的电子会计资料可仅以电子形式保存,形成电子会计档案:

(1) 形成的电子会计资料来源真实有效,由计算机等电子设备形成和传输。

(2) 使用的会计核算系统能够准确、完整、有效接收和读取电子会计资料,能够输出符合国家标准归档格式的会计凭证、会计账簿、财务会计报表等会计资料,设定了经办、审核、审批等必要的审签程序。

(3) 使用的电子档案管理系统能够有效接收、管理、利用电子会计档案,符合电子档案的长期保管要求,并建立了电子会计档案与相关联的其他纸质会计档案的检索关系。

(4) 采取有效措施,防止电子会计档案被篡改。

(5) 建立电子会计档案备份制度,能够有效防范自然灾害、意外事故和人为破坏的影响。

(6) 形成的电子会计资料不属于具有永久保存价值或者其他重要保存价值的会计档案。

单位的会计机构或会计人员所属机构(以下统称单位会计管理机构)按照归档范围和归档要求,负责定期将应当归档的会计资料整理立卷,编制会计档案保管清册。

(四) 会计档案的移交

1. 单位内部会计档案的移交

当年形成的会计档案,在会计年度终了后,可由单位会计管理机构临时保管一年,再移交单位档案管理机构保管。因工作需要确需推迟移交的,应当经单位档案管理机构同意。单位会计管理机构临时保管会计档案最长不超过 3 年。出纳人员不得兼管会计档案。

单位会计管理机构在办理会计档案移交时,应当编制会计档案移交清册,并按照国家档案管理的有关规定办理移交手续。纸质会计档案移交时,应当保持原卷的封装。

【特别提示】

电子会计档案移交时应当将电子会计档案及其元数据一并移交，特殊格式的电子会计档案应当与其读取平台一并移交。单位档案管理机构接收电子会计档案时，应当对电子会计档案的准确性、完整性、可用性、安全性进行检测，符合要求的才能接收。

2. 单位之间会计档案的移交

单位之间交接会计档案时，交接双方应当办理会计档案交接手续。

移交会计档案的单位，应当编制会计档案移交清册，列明应当移交的会计档案名称、卷号、册数、起止年度、档案编号、应保管期限和已保管期限等内容。

交接会计档案时，交接双方应当办理会计档案交接手续。交接会计档案时，交接双方应当按照会计档案移交清册所列内容逐项交接，并由交接双方的单位有关负责人负责监督。交接完毕后，交接双方经办人和监督人应当在会计档案移交清册上签名或盖章。

【特别提示】

单位之间交接会计档案的，应由交接双方的单位负责人负责监交。

（五）会计档案的查阅、复制和借出

各单位应当建立健全会计档案查阅登记制度。

单位应当严格按照相关制度利用会计档案，在进行会计档案查阅、复制、借出时履行登记手续，严禁篡改和损坏。

单位保存的会计档案一般不得对外借出。确因工作需要且根据国家有关规定必须借出的，应当严格按照规定办理相关手续。

会计档案借用单位应当妥善保管和利用借入的会计档案，确保借入会计档案的安全完整，并在规定时间内归还。

单位保存的会计档案及其复制件需要携带、寄运或传输至境外的，应当按照国家有关规定执行。

（六）会计档案的保管期限

会计档案的保管期限分为永久和定期两类。定期保管期限一般分为10年和30年。会计档案的保管期限，从会计年度终了后的第一天算起。各类会计档案的保管期限原则上应当按照《会计档案管理办法》附表执行，本办法规定的会计档案保管期限为最低保管期限。单位会计档案的具体名称如有同本办法附表所列档案名称不相符的，应当比照类似档案的保管期限办理。会计档案的内容及保管期限的规定如表1-4和表1-5所示。

表1-4　企业和其他组织会计档案保管期限表

序号	档案名称	保管期限	备　注
一	会计凭证		
1	原始凭证	30年	
2	记账凭证	30年	
二	会计账簿		
3	总分类账簿	30年	

（续表）

序号	档案名称	保管期限	备　注
4	明细分类账簿	30 年	
5	日记账	30 年	
6	固定资产卡片		固定资产报废清理后保管 5 年
7	其他辅助性账簿	30 年	
三	财务会计报告		
8	月度、季度、半年度财务会计报告	10 年	
9	年度财务会计报告	永久	
四	其他会计资料		
10	银行存款余额调节表	10 年	
11	银行对账单	10 年	
12	纳税申报表	10 年	
13	会计档案移交清册	30 年	
14	会计档案保管清册	永久	
15	会计档案销毁清册	永久	
16	会计档案鉴定意见书	永久	

表 1-5　财政总预算、行政单位、事业单位和税收会计档案保管期限表

序号	档案名称	保管期限			备　注
		财政总预算	行政单位事业单位	税收会计	
一	会计凭证				
1	国家金库编送的各种报表及缴库退库凭证	10 年		10 年	
2	各收入机关编送的报表	10 年			
3	行政单位和事业单位的各种会计凭证		30 年		包括原始凭证、记账凭证和传票汇总表
4	财政总预算拨款凭证和其他会计凭证	30 年			包括拨款凭证和其他会计凭证
二	会计账簿				
5	日记账		30 年	30 年	
6	总分类账簿	30 年	30 年	30 年	
7	税收日记账(总账)			30 年	
8	明细分类、分户账簿或登记簿	30 年	30 年	30 年	
9	行政单位和事业单位固定资产卡片				固定资产报废清理后保管 5 年

（续表）

序号	档案名称	保管期限			备　　注
		财政总预算	行政单位事业单位	税收会计	
三	财务会计报告				
10	政府综合财务报告	永久			下级财政、本级部门和单位报送的保管2年
11	部门财务报告		永久		所属单位报送的保管2年
12	财政总决算	永久			下级财政、本级部门和单位报送的保管2年
13	部门决算		永久		所属单位报送的保管2年
14	税收年报(决算)			永久	
15	国家金库年报(决算)	10年			
16	基本建设拨、贷款年报(决算)	10年			
17	行政单位和事业单位会计月、季度报表		10年		所属单位报送的保管2年
18	税收会计报表			10年	所属税务机关报送的保管2年
四	其他会计资料				
19	银行存款余额调节表	10年	10年		
20	银行对账单	10年	10年	10年	
21	会计档案移交清册	30年	30年	30年	
22	会计档案保管清册	永久	永久	永久	
23	会计档案销毁清册	永久	永久	永久	
24	会计档案鉴定意见书	永久	永久	永久	

注：税务机关的税务经费会计档案保管期限，按行政单位会计档案保管期限规定办理。

（七）会计档案的鉴定和销毁

1. 会计档案的鉴定

单位应当定期对已到保管期限的会计档案进行鉴定，并形成会计档案鉴定意见书。经鉴定，仍需继续保存的会计档案，应当重新划定保管期限；对保管期满，确无保存价值的会计档案，可以销毁。

会计档案鉴定工作应当由单位档案管理机构牵头，组织单位会计、审计、纪检监察等机构或人员共同进行。

2. 会计档案的销毁程序

经鉴定可以销毁的会计档案，应当按照以下程序销毁：

（1）单位档案管理机构编制会计档案销毁清册，列明拟销毁会计档案的名称、卷号、册数、起止年度、档案编号、应保管期限、已保管期限和销毁时间等内容。

（2）单位负责人、单位档案管理机构负责人、会计管理机构负责人、档案管理机构经办人、会计管理机构经办人在会计档案销毁清册上签署意见。

（3）单位档案管理机构负责组织会计档案销毁工作，并与会计管理机构共同派员监销。监销人在会计档案销毁前，应当按照会计档案销毁清册所列内容进行清点核对；在会计档案销毁后，应当在会计档案销毁清册上签名或盖章。

电子会计档案的销毁还应当符合国家有关电子档案的规定，并由单位档案管理机构、会计管理机构和信息系统管理机构共同派员监销。

3. 不得销毁的会计档案

保管期满但未结清的债权债务会计凭证和涉及其他未了事项的会计凭证不得销毁。纸质会计档案应当单独抽出立卷，电子会计档案单独转存，保管到未了事项完结时为止。

单独抽出立卷或转存的会计档案，应当在会计档案鉴定意见书、会计档案销毁清册和会计档案保管清册中列明。

【例1-8】 本年6月，甲公司拟销毁一批保管期限已满的会计档案，其中包括一张债权债务还没有结清的原始凭证。甲公司新来的会计人员王某认为只要保管期满的会计档案就可以销毁，出纳人员李某建议王某将这张债权债务还没有结清的原始凭证予以保存，等债权债务结清后再进行销毁。为此，两人发生争执。

要求：分析王某和李某的观点哪一个正确，并说明理由。

答：李某的观点正确。根据我国《会计档案管理办法》的规定，保管期满但未结清的债权债务会计凭证和涉及其他未了事项的会计凭证不得销毁。纸质会计档案应当单独抽出立卷，电子会计档案单独转存，保管到未了事项完结时为止。

第四节　会 计 监 督

【学习指南】

学习本节内容，读者需要掌握单位内部会计监督、会计工作的政府监督和社会监督，其中，需要重点学习内部控制的目标、原则、责任人、内容和控制措施（方法），内部审计的相关要求。

会计监督是指单位内部的会计机构和会计人员、依法享有经济监督检查职权的政府有关部门、依法批准成立的社会审计中介组织，对国家机关、社会团体、企事业单位经济活动的合法性、合理性和会计资料的真实性、完整性以及本单位内部预算执行情况所进行的监督。

会计监督可以分为单位内部监督、政府监督和社会监督。《会计法》等法律、行政法规、规章对单位内部会计监督、政府监督和社会监督都作出了相应的规定。

一、单位内部会计监督

（一）单位内部会计监督的概念

单位内部会计监督是指会计机构、会计人员依照法律的规定，通过会计手段对单位的经济活动的合法性、合理性和有效性进行的一种监督。

（1）会计机构、会计人员必须依法开展会计核算和会计监督，对于违反《会计法》和国家统一的会计制度规定的会计事项，有权拒绝办理或者按照职权予以纠正。

（2）会计机构、会计人员发现账簿记录与实物、款项及有关资料不相符的，按照国家统一的会计制度的规定，有权自行处理的，应当及时处理；无权自行处理的，应当立即向单位负责人报告，请求查明原因，作出处理。

（3）单位负责人应当保证会计机构、会计人员依法履行职责，不得授意、指使、强令会计机构、会计人员违法办理会计事项。

【点拨指导】

《会计法》第五条规定，任何单位或者个人不得以任何方式授意、指使、强令会计机构、会计人员伪造、变造会计凭证、会计账簿和其他会计资料，提供虚假财务会计报告。任何单位或者个人不得对依法履行职责、抵制违反本法规定行为的会计人员实行打击报复。

【特别提示】

单位内部会计监督的最终责任承担者是单位负责人。单位内部会计监督的主体有各单位的会计机构、会计人员。单位内部会计监督的对象是单位的经济活动。

（二）建立单位内部会计监督制度的要求

各单位应当建立、健全本单位内部会计监督制度。单位内部会计监督制度应当符合以下要求：

（1）记账人员与经济业务事项和会计事项的审批人员、经办人员、财物保管人员的职责权限应当明确，并相互分离、相互制约。

【特别提示】

记账人员不得兼任审批人员、经办人员和财物保管人员。

（2）重大对外投资、资产处置、资金调度和其他重要经济业务事项的决策和执行的相互监督、相互制约程序应当明确。

（3）财产清查的范围、期限和组织程序应当明确。

（4）对会计资料定期进行内部审计的办法和程序应当明确。

（三）内部控制

1. 内部控制的概念与目标

对企业而言，内部控制是指由企业董事会、监事会、经理层和全体员工实施的，旨在实现控制目标的过程。对行政事业单位而言，内部控制是指单位为实现控制目标，通过制定制度、实施措施和执行程序，对经济活动的风险进行防范和管控。

企业内部控制的目标主要包括：合理保证企业经营管理合法合规、资产安全、财务报告及相关信息真实完整，提高经营效率和效果，促进企业实现发展战略。行政事业单位内部控制的目标主要包括：合理保证单位经济活动合法合规、资产安全和使用有效、财务信息真实完整，有效防范舞弊和预防腐败，提高公共服务的效率和效果。

【特别提示】

在企业的内部控制中，“全体员工”都要参与；企业内部控制的目标和行政事业单位内部控制的目标中的保证程度只能是“合理保证”，而不是“绝对保证”。

2. 内部控制的原则

1）企业内部控制的原则

企业建立与实施内部控制，应当遵循下列原则：

（1）全面性原则。内部控制应当贯穿决策、执行和监督全过程，覆盖企业及其所属单位的各种业务和事项。

（2）重要性原则。内部控制应当在全面控制的基础上，关注重要业务事项和高风险领域。

（3）制衡性原则。内部控制应当在治理结构、机构设置及权责分配、业务流程等方面形成相互制约、相互监督，同时兼顾运营效率。

（4）适应性原则。内部控制应当与企业经营规模、业务范围、竞争状况和风险水平等相适应，并随着情况的变化及时加以调整。

（5）成本效益原则。内部控制应当权衡实施成本与预期效益，以适当的成本实现有效控制。

2）行政事业单位内部控制的原则

行政事业单位建立与实施内部控制，应当遵循下列原则：

（1）全面性原则。内部控制应当贯穿单位经济活动的决策、执行和监督全过程，实现对经济活动的全面控制。

（2）重要性原则。在全面控制的基础上，内部控制应当关注单位重要经济活动和经济活动的重大风险。

（3）制衡性原则。内部控制应当在单位内部的部门管理、职责分工、业务流程等方面形成相互制约和相互监督。

（4）适应性原则。内部控制应当符合国家有关规定和单位的实际情况，并随着外部环境的变化、单位经济活动的调整和管理要求的提高，不断修订和完善。

【点拨指导】

企业、行政事业单位建立与实施内部控制，均应遵循全面性原则、重要性原则、制衡性原则和适应性原则。此外，企业还应遵循成本效益原则。

3. 内部控制的责任人

（1）企业内部控制的责任人。对企业而言，董事会负责内部控制的建立健全和有效实施。监事会对董事会建立与实施的内部控制进行监督。经理层负责组织领导企业内部控制的日常运行。企业应当成立专门机构或者指定适当的机构具体负责组织协调内部控制的建立实施及日常工作。

（2）行政事业单位内部控制的责任人。对行政事业单位而言，单位负责人对本单位内部控制的建立健全和有效实施负责。单位应当建立适合本单位实际情况的内部控制体系，并组织实施。

4. 内部控制的内容

内部控制的内容又称为内部控制要素。

1）企业内部控制的内容

企业建立与实施有效的内部控制，应当包括下列要素：

（1）内部环境。内部环境规定企业的纪律与架构，影响经营管理目标的制定，塑造企业文化氛围并影响员工的控制意识，是企业建立与实施内部控制的基础。一般包括治理结构、机构设置及权责分配、内部审计机制、人力资源政策、企业文化等。

（2）风险评估。风险评估是指企业应及时识别、系统分析经营活动中与实现内部控制目标相关的风险，合理确定风险应对的策略。风险评估是实施内部控制的重要环节，主要包括目标设定、风险识别、风险分析和风险应对。

（3）控制活动。控制活动是指企业根据风险评估结果，采用相应的控制措施，将风险控制在可承受范围之内，是实施内部控制的具体方式。常见的控制措施包括不相容职务分离控制、授权审批控制、会计系统控制、财产保护控制、预算控制、运营分析控制和绩效考评控制等。

（4）信息与沟通。信息与沟通是企业及时、准确地收集、传递与内部控制相关的信息，确保信息在企业内部、企业与外部之间进行有效沟通。信息与沟通是实施内部控制的重要条件，主要包括信息质量、沟通制度、信息系统、反舞弊机制。

（5）内部监督。内部监督是指企业对内部控制的建立与实施情况进行监督检查，评价内部控制的有效性，发现内部控制缺陷并及时加以改进。内部监督是实施内部控制的重要保证，包括日常监督和专项监督。日常监督是指企业对建立与实施内部控制的情况进行常规、持续的监督检查。专项监督是指在企业发展战略、组织结构、经营活动、业务流程、关键岗位员工等发生较大调整或变化的情况下，对内部控制的某一或者某些方面进行有针对性的监督检查。专项监督的范围和频率应当根据单位的风险评估结果以及日常监督的有效性等予以确定。日常监督是专项监督的基础，专项监督是日常监督的补充。

2）行政事业单位内部控制的内容

行政事业单位建立与实施内部控制的具体工作包括梳理单位各类经济活动的业务流程，明确业务环节，系统分析经济活动风险，确定风险点，选择风险应对策略，在此基础上根据国家有关规定建立健全单位各项内部管理制度并督促相关工作人员认真执行。

5. 企业内部控制的控制措施

企业内部控制措施一般包括不相容职务分离控制、授权审批控制、会计系统控制、财产保护控制、预算控制、运营分析控制和绩效考评控制等。

（1）不相容职务分离控制。不相容职务，是指如果由同一个人担任，既可能发生错误舞弊行为，又可能掩盖其错误舞弊行为的职务。不相容职务分离控制要求企业全面系统地分析、梳理业务流程中所涉及的不相容职务，实施相应的分离措施，形成各司其职、各负其责、相互制约的工作机制。

【举例说明】

不相容职务主要包括授权批准与业务经办、业务经办与会计记录、会计记录与财产保管、业务经办与稽核检查、授权批准与监督检查等。

（2）授权审批控制。授权审批控制要求企业根据常规授权和特别授权的规定，明确各岗位办理业务和事项的权限范围、审批程序和相应责任。企业应当编制常规授权的权限指引，规范特别授权的范围、权限、程序和责任，严格控制特别授权。

常规授权是指企业在日常经营管理活动中按照既定的职责和程序进行的授权。特别授权是指企业在特殊情况、特定条件下进行的授权。企业各级管理人员应当在授权范围内行使职权和承担责任。

【点拨指导】

对于重大的业务和事项，企业应当实行集体决策审批或者联签制度，任何个人不得单独进行决策或擅自改变集体决策。

（3）会计系统控制。会计系统控制要求企业严格执行国家统一的会计制度，加强会计基础工作，明确会计凭证、会计账簿和财务会计报告的处理程序，保证会计资料真实完整。

【知识链接】

企业应当依法设置会计机构，配备会计从业人员。会计人员应当具备从事会计工作所需要的专业能力。会计机构负责人应当具备会计师以上专业技术职务资格或者从事会计工作三年以上经历。大中型企业应当设置总会计师。设置总会计师的企业，不得设置与其职权重叠的副职。

（4）财产保护控制。财产保护控制要求企业建立财产日常管理制度和定期清查制度，采取财产记录、实物保管、定期盘点、账实核对等措施，确保财产安全。

【特别提示】

企业应当严格限制未经授权的人员接触和处置财产。

（5）预算控制。预算控制要求企业实施全面预算管理制度，明确各责任单位在预算管理中的职责权限，规范预算的编制、审定、下达和执行程序，强化预算约束。

（6）运营分析控制。运营分析控制要求企业建立运营情况分析制度，经理层应当综合运用生产、购销、投资、筹资、财务等方面的信息，通过因素分析、对比分析、趋势分析等方法，定期开展运营情况分析，发现存在的问题，及时查明原因并加以改进。

（7）绩效考评控制。绩效考评控制要求企业建立和实施绩效考评制度，科学设置考核指标体系，对企业内部各责任单位和全体员工的业绩进行定期考核和客观评价，将考评结果作为确定员工薪酬以及职务晋升、评优、降级、调岗和辞退等的依据。

6. 行政事业单位内部控制的控制方法

行政事业单位内部控制的控制方法一般包括不相容岗位相互分离、内部授权审批控制、归口管理、预算控制、财产保护控制、会计控制、单据控制和信息内部公开等。

（1）不相容岗位相互分离。不相容岗位相互分离要求单位合理设置内部控制关键岗位，明确划分职责权限，实施相应的分离措施，形成相互制约、相互监督的工作机制。

（2）内部授权审批控制。内部授权审批控制要求单位明确各岗位办理业务和事项的权限范围、审批程序和相关责任，建立重大事项集体决策和会签制度。相关工作人员应当在授权范围内行使职权、办理业务。

（3）归口管理。归口管理要求单位根据自身情况，按照权责对等的原则，采取成立联合工作小组并确定牵头部门或牵头人员等方式，对有关经济活动实行统一管理。

（4）预算控制。预算控制要求单位强化对经济活动的预算约束，使预算管理贯穿于单位经济活动的全过程。

（5）财产保护控制。财产保护控制要求单位建立资产日常管理制度和定期清查机制，采取资产记录、实物保管、定期盘点和账实核对等措施，确保资产安全完整。

(6) 会计控制。会计控制要求单位建立并健全本单位财会管理制度，加强会计机构建设，提高会计人员业务水平，强化会计人员岗位责任制，规范会计基础工作，加强会计档案管理，明确会计凭证、会计账簿和财务会计报告处理程序。

(7) 单据控制。单据控制要求单位根据国家有关规定和单位经济活动的业务流程，在内部管理制度中明确界定各项经济活动所涉及的表单和票据，要求相关工作人员按照规定填制、审核、归档、保管单据。

(8) 信息内部公开。信息内部公开要求建立并健全经济活动相关信息内部公开制度，根据国家有关规定和单位的实际情况，确定信息内部公开的内容、范围、方式和程序。

【特别提示】

企业与行政事业单位内部控制的措施和方法中，完全相同或基本相同的项目包括不相容职务分离控制(不相容岗位相互分离)、授权审批控制(内部授权审批控制)、会计系统控制(会计控制)、财产保护控制、预算控制。

(四) 内部审计

1. 内部审计的概念

内部审计是一种独立、客观的确认和咨询活动，它通过运用系统、规范的方法，审查和评价组织(组织可以理解为单位，下同)的业务活动、内部控制和风险管理的适当性和有效性，以促进组织完善治理、增加价值和实现目标。

【特别提示】

各类组织的内部审计机构、内部审计人员是内部审计活动的主体。其他组织或者人员接受委托、聘用，也可以承办或者参与内部审计业务。

2. 内部审计的一般要求

组织应当设置与其目标、性质、规模、治理结构等相适应的内部审计机构，并配备具有相应资格的内部审计人员。

内部审计的目标、职责和权限等内容应当在组织的内部审计章程中明确规定。

内部审计机构和内部审计人员应当保持独立性和客观性，不得负责被审计单位的业务活动、内部控制和风险管理的决策与执行。内部审计人员应当具备相应的专业胜任能力，并通过后续教育加以保持和提高。内部审计人员应当履行保密义务，对于实施内部审计业务中所获取的信息保密。

3. 内部审计的作业要求

内部审计机构和内部审计人员应当全面关注组织风险，以风险为基础组织实施内部审计业务。内部审计人员应当充分运用重要性原则，考虑差异或者缺陷的性质、数量等因素，合理确定重要性水平。

内部审计机构应当根据组织的风险状况、管理需要及审计资源的配置情况，编制年度审计计划。内部审计人员根据年度审计计划确定的审计项目编制项目审计方案。内部审计机构应当在实施审计的 3 日前，向被审计单位或者被审计人员送达审计通知书，做好审计准备工作。

内部审计人员应当深入了解被审计单位的情况，审查和评价业务活动、内部控制和风险管理的适当性和有效性，关注信息系统对业务活动、内部控制和风险管理的影响。内部审计人员应当关注被审计单位业务活动、内部控制和风险管理中的舞弊风险，对舞弊行为进行检查和报告。内部审计人员可以运用审核、观察、监盘、访谈、调查、函证、计算和分析程序等方法，获取相关、可靠和充分的审计证据，以支持审计结论、意见和建议。内部审计人员应当在审计工作底稿中记录审计程序的执行过程、获取的审计证据以及作出的审计结论。

【特别提示】

内部审计人员应当以适当方式提供咨询服务，改善组织的业务活动、内部控制和风险管理。

4. 内部审计的报告要求

内部审计机构应当在实施必要的审计程序后，及时出具审计报告。

审计报告应当客观、完整、清晰，具有建设性并体现重要性原则。审计报告应当包括审计概况、审计依据、审计发现、审计结论、审计意见和审计建议，还应包含是否遵循内部审计准则的声明。如存在未遵循内部审计准则的情形，应当在审计报告中作出解释和说明。

5. 内部审计的内部管理要求

内部审计机构应当接受董事会或者最高管理层的领导和监督，并保持与董事会或者最高管理层及时、高效的沟通。

内部审计机构应当建立合理、有效的组织结构，多层级组织的内部审计机构可以实行集中管理或者分级管理。内部审计机构应当根据内部审计准则及相关规定，结合本组织的实际情况制定内部审计工作手册，指导内部审计人员的工作。内部审计机构应当对内部审计质量实施有效控制，建立指导、监督、分级复核和内部审计质量评估制度，并接受内部审计质量外部评估。

内部审计机构应当编制中长期审计规划、年度审计计划、本机构人力资源计划和财务预算。内部审计机构应当建立激励约束机制，对内部审计人员的工作进行考核、评价和奖惩。内部审计机构应当在董事会或者最高管理层的支持和监督下，做好与外部审计的协调工作。

【特别提示】

内部审计机构负责人应当对内部审计机构管理的适当性和有效性负主要责任。

二、会计工作的政府监督

（一）会计工作政府监督的概念

会计工作的政府监督主要是指财政部门代表国家对单位和单位中相关人员的会计行为实施的监督检查，以及对发现的违法会计行为实施的行政处罚。

【点拨指导】

会计工作的政府监督是一种外部监督。

财政部门是会计工作政府监督的实施主体。除财政部门外，审计、税务、银行监管、证券监管、保险监管等部门依照有关法律、行政法规规定的职责，可以对有关单位的会计资料实施监督检查。

【特别提示】

《会计人员管理办法》规定：县级以上地方人民政府财政部门、新疆生产建设兵团财政局、中央军委后勤保障部、中共中央直属机关事务管理局、国家机关事务管理局应当采用随机抽取检查对象、随机选派执法检查人员的方式，依法对单位任用（聘用）会计人员及其从业情况进行管理和监督检查，并将监督检查情况及结果及时向社会公开。

（二）财政部门会计监督的主要内容

财政部门实施会计监督检查的内容主要包括以下几点。

1. 单位是否依法设置会计账簿

单位是否依法设置会计账簿，具体包括：

（1）按照法律、行政法规和国家统一的会计制度的规定，应当设置会计账簿的单位是否设置账簿。

（2）是否存在伪造、变造会计账簿的行为。

（3）设置会计账簿的单位，其设置的账簿是否符合法律、行政法规和国家统一的会计制度的要求。

（4）单位是否存在账外私设账簿等违法行为。

2. 会计凭证、会计账簿、财务会计报告和其他会计资料是否真实、完整

会计凭证、会计账簿、财务会计报告和其他会计资料是否真实、完整，具体包括：

（1）应当依法办理会计手续、进行会计核算的事项是否如实在会计凭证、会计账簿、财务会计报告和其他会计资料上反映。

（2）填制的会计凭证、登记的会计账簿、编制的财务会计报告与实际发生的经济业务事项是否相符。

（3）财务会计报告的内容是否符合相关法律、行政法规、国家统一的会计准则制度的规定。

（4）其他会计资料是否真实完整。

（5）使用的会计电算化软件及其生成的会计资料是否符合法律、行政法规和国家统一的会计制度的规定等。

3. 会计核算是否符合《会计法》和国家统一的会计制度的规定

会计核算是否符合《会计法》和国家统一的会计制度的规定，具体包括：

（1）采用的会计年度、使用的记账本位币和会计记录的文字是否符合法律、行政法规和国家统一的会计制度的规定。

（2）填制或取得的原始凭证、编制的记账凭证、登记的会计账簿是否符合法律、行政法规和国家统一的会计制度的规定。

（3）财务报告的编制程序、报送对象和报送期限是否符合法律、行政法规和国家统一的会计制度的规定。

（4）会计处理方法的采用和变更是否符合法律、行政法规和国家统一的会计制度的规定。

（5）单位是否按照法律、行政法规和国家统一的会计制度的规定建立并实施内部会计监督制度。

(6) 会计档案的建立、保管、销毁是否符合法律、行政法规和国家统一的会计制度的规定。

(7) 会计核算是否有其他违法会计行为等。

4. 从事会计工作的人员是否具备专业能力、遵守职业道德

从事会计工作的人员是否具备专业能力、遵守职业道德，具体包括：

(1) 会计人员是否具有会计类专业知识，是否基本掌握会计基础知识和业务技能，是否能够独立处理基本会计业务，以表明其具备从事会计工作所需要的专业能力。

(2) 会计机构负责人、会计主管人员是否具备下列基本条件：①坚持原则，廉洁奉公；②具备会计师以上专业技术职务资格或者从事会计工作不少于 3 年；③熟悉国家财经法律、法规、规章和方针、政策，掌握本行业业务管理的有关知识；④有较强的组织能力；⑤身体状况能够适应本职工作的要求。

(3) 从事会计工作的人员是否遵守职业道德。

另外，财政部门有权对会计师事务所出具审计报告的程序和内容进行监督。具体来说，国务院财政部门及其派出机构和省、自治区、直辖市人民政府财政部门依法对会计师事务所出具的审计报告的程序和内容实施监督检查。这是对社会中介组织监督职能的再监督，有利于会计监督职能的强化和完善。

【特别提示】

财政部门对各单位实施会计监督的内容中没有对"税收"的监督，也没有对"单位是否设置会计机构"的监督。

三、会计工作的社会监督

（一）会计工作社会监督的概念

会计工作的社会监督主要是指由注册会计师及其所在的会计师事务所依法对委托单位的经济活动进行审计、鉴证的一种监督制度。

【特别提示】

社会监督的主体是注册会计师及其所在的会计师事务所。

此外，单位和个人检举违反《会计法》和国家统一的会计制度规定的行为，也属于会计工作社会监督的范畴。为保护检举人的合法权益，收到检举处理和处理检举的部门及其相关人员应当为检举人保密，不得将检举人姓名和检举材料转给被检举单位和被检举个人。

会计工作的社会监督是一种外部监督，是对单位内部监督的再监督，其特征是监督行为的独立性和有偿性。社会监督以其特有的中介性和公正性而得到法律认可，具有很强的权威性、公正性。

【点拨指导】

社会监督的特征包括独立性、有偿性、中介性、公正性、权威性。

（二）注册会计师审计与内部审计的关系

注册会计师审计与内部审计既有联系又有区别。

1. 注册会计师审计与内部审计的联系

（1）注册会计师审计与内部审计都是现代审计体系的重要组成部分。

（2）注册会计师审计与内部审计都注重内部控制的健全性和有效性。

（3）注册会计师审计中可能会涉及对内部审计成果的利用等。

2. 注册会计师审计与内部审计的区别

（1）审计独立性不同。内部审计为组织内部服务，接受单位管理层的领导，独立性较弱。注册会计师审计为需要可靠信息的第三方提供服务，不受被审计单位管理层的领导和制约，独立性较强。

（2）审计方式不同。内部审计由本单位组织实施，具有较大的灵活性，内部审计人员遵循的是《中国内部审计准则》；注册会计师审计是接受委托进行审计，注册会计师遵循的是《注册会计师法》《中国注册会计师执业准则》等。

（3）审计的职责和作用不同。内部审计的结果（内部审计报告）只对本单位负责，只作为本部门、本单位加强和改善经营管理的参考，且内部审计的结果不对外公开；注册会计师审计需要对被审计单位的投资者、债权人及其他各利益相关者负责，对外出具的审计报告具有鉴证作用。

（4）接受审计的自愿程度不同。内部审计是代表本单位管理层实施的组织内部监督，是单位内部控制的重要组成部分，单位内部的组织必须接受单位内部审计人员的监督；注册会计师审计是以独立的第三方对被审计单位进行的审计，委托人可以自由选择会计师事务所，会计师事务所也可以自行决定是否接受委托。

（三）注册会计师的审计业务范围和审计报告

1. 注册会计师、会计师事务所可以承办的审计业务

（1）审查企业会计报表，出具审计报告。

（2）验证企业资本，出具验资报告。

（3）办理企业合并、分立、清算事宜中的审计业务，出具有关的报告。

（4）法律、行政法规规定的其他审计业务。

2. 注册会计师审计报告

1）审计报告的概念和要素

审计报告，是指注册会计师根据审计准则的规定，在执行审计工作的基础上，对被审计单位财务报表发表审计意见的书面文件。

【特别提示】

注册会计师应当就财务报表是否在所有重大方面按照适用的财务会计报告编制基础编制并实现公允反映形成审计意见。

【点拨指导】

审计不是为了查账，也不是为了纠错，而是为了针对财务会计报告的合法性和公允性发表意见。

审计报告应当包括下列要素：标题，收件人，审计意见，形成审计意见的基础，管理层对财务报表的责任，注册会计师对财务报表审计的责任，按照相关法律法规的要求报告的事项（如适用），注册会计师的签名和盖章，会计师事务所的名称、地址和盖章，报告日期。

2) 审计报告的种类和审计意见的类型

审计报告分为无保留意见审计报告和非无保留意见审计报告。

无保留意见，是指当注册会计师认为财务报表在所有重大方面按照适用的财务报告编制基础的规定编制并实现公允反映时发表的审计意见。非无保留意见，是指对财务报表发表的保留意见、否定意见或无法表示意见。

当存在下列情形之一时，注册会计师应当在审计报告中发表非无保留意见：①根据获取的审计证据，得出财务报表整体存在重大错报的结论；②无法获取充分、适当的审计证据，不能得出财务报表整体不存在重大错报的结论。

非无保留意见具体来说包含以下情况：

(1) 当存在下列情形之一时，注册会计师应当发表保留意见：①在获取充分、适当的审计证据后，注册会计师认为错报单独或汇总起来对财务报表影响重大，但不具有广泛性；②注册会计师无法获取充分、适当的审计证据以作为形成审计意见的基础，但认为未发现的错报(如存在)对财务报表可能产生的影响重大，但不具有广泛性。

(2) 在获取充分、适当的审计证据后，如果认为错报单独或汇总起来对财务报表的影响重大且具有广泛性，注册会计师应当发表否定意见。

(3) 如果无法获取充分、适当的审计证据以作为形成审计意见的基础，但认为未发现的错报(如存在)对财务报表可能产生的影响重大且具有广泛性，注册会计师应当发表无法表示意见。在极少数情况下，可能存在多个不确定事项。尽管注册会计师对每一个单独的不确定事项获取了充分、适当的审计证据，但由于不确定事项之间可能存在相互影响，以及可能对财务报表产生累积影响，注册会计师不可能对财务报表形成审计意见。在这种情况下，注册会计师应当发表无法表示意见。

(四) 与注册会计师审计相关的其他规定

(1) 法律、行政法规规定须经注册会计师进行审计的单位，应当向受委托的会计师事务所如实提供会计凭证、会计账簿、财务会计报告和其他会计资料以及有关情况(即会计责任)。

(2) 任何单位或者个人不得以任何方式要求或者示意注册会计师及其所在的会计师事务所出具不实或者不当的审计报告。

(3) 注册会计师进行审计时，仅对其出具的审计报告负责(即审计责任)。注册会计师审计不能替代或减轻单位负责人对会计资料真实性、完整性承担的责任(即会计责任)。

【答疑解惑】

会计责任与审计责任有什么区别？

答：被审计单位接受注册会计师审计，应当区分会计责任和审计责任。会计责任是指被审计单位对建立健全和有效执行本单位的内部控制制度，保证本单位提交的会计资料的真实性、合法性和完整性，保护本单位资产的安全与完整等所负有的责任。审计责任要求注册会计师依法独立实施审计程序、获取充分适当的审计证据，依法出具审计报告，清楚地表达对审计单位财务会计报告整体的意见，并对出具的审计报告负责。

注册会计师的审计责任不能替代、减轻或免除单位负责人的会计责任。一个单位会计信息严重失真，存在重大错误、舞弊或违法行为的，单位负责人首先要承担会计责任。

【归纳总结】

三类会计监督的主体和对象如表1-6所示。

表1-6　三类会计监督的主体和对象

监督类型	监督主体	监督对象
单位内部会计监督	单位的会计机构、会计人员	单位的经济活动
政府监督	财政部门	单位的会计行为(包括会计资料)
	审计、税务、银行监管、证券监管、保险监管等部门	单位的会计资料
社会监督	注册会计师及其所在的会计师事务所	委托单位的经济活动
	单位和个人(通过检举方式)	违法行为

第五节　会计机构与会计人员

【学习指南】

学习本节内容，读者需要掌握会计机构的设置、会计工作岗位的设置、会计人员和会计工作交接的相关内容。其中，需要重点学习会计工作交接的相关内容。

一、会计机构的设置

(一) 办理会计事务的组织方式

会计机构是指各单位内部设置的办理会计事务的职能部门。会计人员，是指根据《会计法》的规定，在国家机关、社会团体、企业、事业单位和其他组织(统称单位)中从事会计核算、实行会计监督等会计工作的人员。

《会计法》第三十六条规定："各单位应当根据会计业务的需要，设置会计机构，或者在有关机构中设置会计人员并指定会计主管人员；不具备设置条件的，应当委托经批准设立从事会计代理记账业务的中介机构代理记账。"由此可见，各单位应当根据本单位经营管理的实际要求和会计业务的繁简情况决定是否设置会计机构。

各单位办理会计事务的组织方式有以下三种。

1. 单独设置会计机构

单独设置会计机构是指单位依法设置独立负责会计事务的内部机构，负责会计核算工作，实行会计监督，拟定本单位办理会计事务的具体办法，参与拟订经济计划、业务计划，考核、分析预算、财务计划的实行情况，办理其他会计事务等。会计机构内部应当建立稽核制度。会计机构应当配备会计机构负责人。

【知识链接】

各单位可以根据本单位会计业务的繁简情况决定是否设置会计机构，通常取决于单位规模的大小、经济业务和财务收支的繁简以及经营管理的需要等因素。

【例 1-9】 周某了解到，我国《会计法》规定："单位负责人对本单位的会计工作和会计资料的真实性、完整性负责。"所以他个人认为，一个单位是否需要单独设置会计机构应该由单位负责人说了算。

要求：分析周某的想法是否正确。

答：周某的想法是错误的。一个单位是否需要单独设置会计机构，通常应当考虑的因素包括单位规模的大小、经济业务和财务收支的繁简以及经营管理的要求。我国的《会计法》虽然规定单位负责人对本单位会计工作和会计资料的真实性、完整性负责，但单位是否需要单独设置会计机构，并不能由单位负责人的意愿来决定。

2. 在有关机构中设置会计人员并指定会计主管人员

不具备单独设置会计机构条件的，应当在有关机构中设置会计人员，并指定会计主管人员。会计主管人员，是不设置会计机构的单位在会计人员中指定的会计工作负责人，不同于我们平常所说的会计主管、主管会计、主办会计。

不具备单独设置会计机构条件的单位，主要是指财务收支数额不大、会计业务比较简单的企业、机关、团体、事业单位和个体工商户等。这些单位虽然不设置会计机构，而只设置会计人员，但也必须具有健全的财务会计制度和严格的财务手续，其会计人员的专业职能不能被其他职能所替代。

【区别比较】

会计机构负责人和会计主管人员的不同：设置会计机构——配备会计机构负责人；不设置会计机构（在有关机构中配备专职会计人员）——在专职会计人员中指定会计主管人员。

3. 实行代理记账

《会计基础工作规范》第八条规定："没有设置会计机构和配备会计的单位，应当根据《代理记账管理暂行办法》委托会计师事务所或者持有代理记账许可证书的其他代理记账机构进行代理记账。"此项规定适用于不具备设置会计机构和不配备会计人员的小型经济组织。

（二）代理记账

代理记账机构是指依法取得代理记账资格，从事代理记账业务的机构。代理记账是指代理记账机构接受委托办理会计业务。

1. 代理记账机构的设立条件

（1）为依法设立的企业。

（2）专职从业人员不少于 3 名。

（3）主管代理记账业务的负责人具有会计师以上专业技术职务资格或者从事会计工作不少于 3 年，且为专职从业人员。

（4）有健全的代理记账业务内部规范。

【特别提示】

代理记账机构从业人员应当具有会计类专业基础知识和业务技能，能够独立处理基本会计业务，并由代理记账机构自主评价认定。专职从业人员是指仅在一个代理记账机构从事代理记账业务的人员。

【点拨指导】

会计师事务所及其分所可以依法从事代理记账业务。除会计师事务所以外的机构从事代理记账业务应当经县级以上地方人民政府财政部门(以下简称审批机关)批准,领取由财政部统一规定样式的代理记账许可证书。具体审批由省、自治区、直辖市、计划单列市人民政府财政部门确定。另外,自2021年7月23日起,我国实施代理记账资格行政审批制度改革,其中,自由贸易试验区取消代理记账资格行政审批。

【特别提示】

自2021年7月23日起,在全国范围内(不含自由贸易试验区,下同)对代理记账资格行政审批按照实行告知承诺方式推进行政审批制度改革,同时在自由贸易试验区进一步加大改革力度,试点取消代理记账资格行政审批。

(1) 实行告知承诺。全国范围内代理记账资格行政审批实行告知承诺方式后,各省级财政部门应当明确具体办事流程,制作并以适当方式公布告知承诺书格式文本,一次性告知申请人许可条件和所需材料,对申请人自愿作出承诺并按要求提交材料的,受理申请的财政部门应当当场作出行政许可决定。

(2) 直接取消审批。自由贸易试验区试点取消代理记账资格行政审批后,注册地在自由贸易试验区的企业取得营业执照后即可接受其他单位委托,遵照《会计法》和《代理记账管理办法》等法律法规和国家统一的会计制度的规定开展代理记账业务,并接受具有行政管辖权的财政部门的管理。自由贸易试验区内原已按照《代理记账管理办法》有关规定取得代理记账许可证书的企业,其证书依然有效。

申请人应当自取得代理记账许可证书之日起20日内通过企业信用信息公示系统向社会公示。

代理记账机构设立分支机构的,分支机构应当及时向其所在地的审批机关办理备案登记。

2. 代理记账机构的业务范围

(1) 根据委托人提供的原始凭证和其他相关资料,按照国家统一的会计准则制度的规定进行会计核算,包括审计原始凭证、填制记账凭证、登记会计账簿、编制财务会计报告等。

(2) 对外提供财务会计报告。

(3) 向税务机关提供税务资料。

(4) 委托人委托的其他会计业务。

3. 委托人的义务

(1) 对本单位发生的经济业务事项,应当填制或者取得符合国家统一的会计准则制度规定的原始凭证。

(2) 应当配备专人负责日常货币收支和保管。

(3) 及时向代理记账机构提供真实、完整的原始凭证和其他相关资料。

(4) 对于代理记账机构退回的,要求按照国家统一的会计制度的规定进行更正、补充的原始凭证,应当及时予以更正、补充。

4. 代理记账机构及其从业人员的义务

(1) 遵守有关法律、法规和国家统一的会计制度的规定,按照委托合同办理代理记账业务。

(2) 对在执行业务中知悉的商业秘密予以保密。

(3) 对委托人要求其作出不当的会计处理，提供不实的会计资料，以及其他不符合法律、法规和国家统一的会计制度行为的，予以拒绝。

(4) 对委托人提出的有关会计处理相关问题予以解释。

二、会计工作岗位的设置

(一) 会计工作岗位的概念

会计工作岗位是指单位会计机构内部根据业务分工而设置的从事会计工作、办理会计事项的具体职位。

在会计机构内部设置会计工作岗位，有利于明确各类会计业务分工和确定岗位职责，建立和实施岗位责任制；有利于会计人员熟悉和钻研业务，提高工作效率和质量；有利于会计工作的规范化和程序化，加强会计基础工作；还有利于发挥会计的管理职能，提高会计工作的作用；同时，也是配备合适数量和适当层次的会计人员的客观依据之一。

(二) 会计工作岗位设置的要求

单位会计机构内部设置会计工作岗位的要求有以下几点。

1. 按需设岗

各单位会计工作岗位的设置应与本单位规模的大小、经济业务和财务收支的繁简、经营管理的需要相适应。通常情况下，单位规模大、经济业务和财务收支繁琐、经营管理要求高的单位，其会计机构相应较大，会计机构内部的分工相应较细，会计人员和岗位数量也相应较多；相反，单位规模相对较小、经济业务和财务收支相对简单、经营管理要求相对不高的单位，其会计机构相应较小，会计机构内部的分工相应较粗，会计人员和岗位数量也就相应较少。

【特别提示】

一般而言，小型企业大都采用“一人一岗”或“一人多岗”的形式，而大中型企业“一岗多人”的情况比较普遍。

2. 符合内部牵制的要求

会计机构内部牵制制度在国际上也称为会计责任分离，它是通过实施岗位分离以主动实现账面间的相互核对来保证相关账目正确无误的一种控制制度。会计机构内部牵制制度是内部控制制度的重要内容之一，主要包括：①内部牵制制度的原则，即机构分离、职务分离、钱账分离、物账分离等；②对出纳等岗位的职责确定和限制性规定；③有关部门或领导对限制性岗位的定期检查办法。

会计工作岗位可以一人一岗、一人多岗或者一岗多人。但出纳人员不得兼管(兼任)稽核、会计档案保管和收入、费用、债权债务账目的登记工作。出纳以外的人员不得经管库存现金、有价证券、票据。

【点拨指导】

内部牵制制度要求单位的出纳人员不得兼管(兼任)稽核、会计档案保管和收入、费用、债权债务账目的登记工作(不包括库存现金日记账和银行存款日记账的登记)。出纳以外的工作人员不得经管库存现金、有价证券和票据。

当然，出纳人员不是完全不能进行记账工作，除了收入、费用、债权债务等直接与单位资金收支增减往来有关的账目，其他的记账工作还是可以承担的，如有些单位出纳人员业务不多，可以兼记单位的固定资产明细账、低值易耗品明细账。

3. 建立岗位责任制

会计岗位责任制是指明确各项会计工作的职责范围、具体内容和要求，并落实到每一个会计工作岗位或会计人员的一种会计工作责任制度。会计岗位责任制可以有效地保证单位会计人员履行会计工作岗位职责，提高工作效率。因此，各单位应当建立会计岗位责任制。

4. 建立轮岗制度

会计人员的工作岗位应当有计划地进行轮换。会计人员轮岗不仅是会计工作本身的需要，也是加强会计人员队伍建设的需要。定期、不定期地轮换会计人员的工作岗位，不仅有利于会计人员全面熟悉单位的会计业务，不断提高业务的素质和水平，而且有利于增强会计人员之间的团结协作意识，进一步完善单位内部的会计控制制度。

（三）主要会计工作岗位

会计工作岗位一般可分为：①会计机构负责人或者会计主管人员；②出纳；③财产物资核算；④工资核算；⑤成本费用核算；⑥财务成果核算；⑦资金核算；⑧往来结算；⑨总账报表；⑩稽核；⑪档案管理等岗位。

【特别提示】

上述“档案管理”是指会计机构内负责会计档案管理的岗位。

开展会计电算化和管理会计的单位，可以根据需要设置相应的工作岗位，也可以与其他工作岗位相结合。

【点拨指导】

单位应当根据有关法律法规、内部控制制度要求和会计业务需要设置会计岗位，明确会计人员职责权限。

【知识链接】

会计机构中对正式移交之前的会计档案进行保管的工作岗位属于会计岗位，但档案管理部门中对正式移交之后的会计档案进行保管的岗位不再属于会计岗位。另外，医院挂号收费员、药品库房记账员、商场收银员也不属于会计工作岗位。单位内部审计、社会审计、政府审计工作也不属于会计工作岗位。

【例 1-10】　甲公司是一家小型企业，规模较小、业务量较少，会计业务的核算相对简单。单位负责人王某为了压缩开支，决定由刚刚大学毕业的孙某担任出纳，负责单位现金的收付、记账、会计报表的编制以及会计档案的保管工作，并要求孙某每一笔账务的处理都要经过他的审核，以避免出现账务问题。

要求：分析王某的做法是否正确。

答：王某的做法是错误的。他违反了会计机构内部牵制制度的要求。《会计法》第三十七条规定：“会计机构内部应当建立稽核制度。出纳人员不得兼任稽核、会计档案保管和收入、支出、费用、债权债务账目的登记工作。”

三、会计人员

（一）会计人员的概念和范围

会计人员，是指根据《会计法》的规定，在国家机关、社会团体、企业、事业单位和其他组织（以下统称单位）中从事会计核算、实行会计监督等会计工作的人员。会计人员包括从事下列具体会计工作的人员：①出纳；②稽核；③资产、负债和所有者权益（净资产）的核算；④收入、费用（支出）的核算；⑤财务成果（政府预算执行结果）的核算；⑥财务会计报告（决算报告）编制；⑦会计监督；⑧会计机构内会计档案管理；⑨其他会计工作。担任单位会计机构负责人（会计主管人员）、总会计师的人员，属于会计人员。

（二）对会计人员的一般要求

（1）会计人员从事会计工作，应当符合下列要求：①遵守《会计法》和国家统一的会计制度等法律法规；②具备良好的职业道德；③按照国家有关规定参加继续教育；④具备从事会计工作所需要的专业能力。

【点拨指导】

会计人员具有会计类专业知识，基本掌握会计基础知识和业务技能，能够独立处理基本会计业务，表明具备从事会计工作所需要的专业能力。

（2）会计机构负责人或会计主管人员，是指在一个单位内具体负责会计工作的中层领导人员。担任单位会计机构负责人（会计主管人员）的，应当具备会计师以上专业技术职务资格或者从事会计工作3年以上经历。

（三）会计人员的禁入规定

（1）因有提供虚假财务会计报告，做假账，隐匿或者故意销毁会计凭证、会计账簿、财务会计报告，贪污，挪用公款，职务侵占等与会计职务有关的违法行为被依法追究刑事责任的人员，不得再从事会计工作。

（2）因伪造、变造会计凭证、会计账簿，编制虚假财务会计报告，隐匿或者故意销毁依法应当保存的会计凭证、会计账簿、财务会计报告，尚不构成犯罪的，5年内不得从事会计工作。

（3）会计人员具有违反国家统一的会计准则制度的一般违法行为，情节严重的，5年内不得从事会计工作。

（四）会计专业职务与会计专业技术资格

1. 会计专业职务

会计专业职务也称会计人员职称。根据《关于深化会计人员职称制度改革的指导意见》（人社部发〔2019〕8号），会计人员职称层级分为初级、中级、副高级和正高级。初级职称只设助理级，高级职称分设副高级和正高级，形成初级、中级、高级层次清晰、相互衔接、体系完整的会计人员职称评价体系。初级、中级、副高级和正高级职称名称依次为助理会计师、会计师、高级会计师和正高级会计师。

【特别提示】

会计专业职务不包括“总会计师”，也不包括“注册会计师”。

2. 会计专业技术资格

会计专业技术资格，是指担任会计专业职务的任职资格，简称“会计资格”。会计专业技术资格分为初级资格、中级资格和高级资格三个级别，分别对应初级、中级、副高级和正高级会计职称（会计专业职务）的任职资格。目前，初级、中级资格实行全国统一考试制度，副高级会计师资格实行考试与评审相结合制度，正高级会计师资格实行评审制度。

通过全国统一考试取得初级或中级会计专业技术资格的会计人员，表明其已具备担任相应级别会计专业技术职务的任职资格。用人单位可根据工作需要和德才兼备的原则，从获得会计专业技术资格的会计人员中择优聘任。

（五）会计专业技术人员继续教育

1. 继续教育参加人员

根据《会计专业技术人员继续教育规定》，国家机关、企业、事业单位以及社会团体等组织（以下称单位）具有会计专业技术资格的人员，或不具有会计专业技术资格但从事会计工作的人员（以下简称会计专业技术人员）享有参加继续教育的权利和接受继续教育的义务。

2. 继续教育科目

继续教育内容包括公需科目和专业科目。

（1）公需科目包括专业技术人员应当普遍掌握的法律法规、理论政策、职业道德、技术信息等基本知识。

（2）专业科目包括会计专业技术人员从事会计工作应当掌握的财务会计、管理会计、财务管理、内部控制与风险管理、会计信息化、会计职业道德、财税金融、会计法律法规等相关专业知识。

3. 学分要求

会计专业技术人员参加继续教育实行学分制管理，每年参加继续教育取得的学分不少于 90 学分。其中，专业科目一般不少于总学分的 2/3。

4. 用人单位责任

（1）用人单位应当保障专业技术人员参加继续教育的权利。

（2）用人单位应当建立本单位会计专业技术人员继续教育与使用、晋升相衔接的激励机制，将参加继续教育情况作为会计专业技术人员考核评价、岗位聘用的重要依据。

四、会计工作交接

（一）会计工作交接的概念与责任

1. 会计工作交接的概念

会计工作交接，是指会计人员调动工作、离职或者因故暂时不能工作时，与接管人员办理交接手续的一种工作程序。

2. 会计工作交接的责任

（1）会计人员工作调动或者因故离职，必须将本人所经管的会计工作全部移交给接替人员。移交人员对所移交的会计凭证、会计账簿、会计报表和其他有关资料的合法性、真实性承担法律责任。接替人员应当认真接管移交工作，并继续办理移交的未了事项。

【点拨指导】

不论是会计人员彻底离开会计工作岗位，还是因故暂时离开会计工作岗位，均应办理交接手续。没有办清交接手续的，不得调动或者离职。

【特别提示】

即便接替人员在交接时因疏忽没有发现所接会计资料在合法性、真实性方面的问题，如事后发现仍应由原移交人员承担法律责任，原移交人员不应以会计资料已移交而推脱责任。

(2) 会计人员临时离职或者因病不能工作且需要接替或者代理的，会计机构负责人（会计主管人员）或者单位领导人必须指定有关人员接替或者代理，并办理交接手续。

(3) 临时离职或者因病不能工作的会计人员恢复工作的，应当与接替或者代理人员办理交接手续。

(4) 移交人员因病或者其他特殊原因不能亲自办理移交的，经单位领导人批准，可由移交人员委托他人代办移交，但委托人应当承担对所移交的会计凭证、会计账簿、会计报表和其他有关资料的合法性、真实性的法律责任。

(5) 单位撤销时，必须留有必要的会计人员，会同有关人员办理清算工作，编制决算。未移交前，会计人员不得离职。接收单位和移交日期由主管部门确定。单位合并、分立的，其会计工作交接手续比照上述有关规定办理。

(二) 会计工作移交前的准备工作

会计人员办理移交手续前，必须及时做好以下工作：①已经受理的经济业务尚未填制会计凭证的，应当填制完毕。②尚未登记的账目，应当登记完毕，并在最后一笔余额后加盖经办人员印章。③整理应该移交的各项资料，对未了事项写出书面材料。④编制移交清册，列明应当移交的会计凭证、会计账簿、会计报表、印章、现金、有价证券、支票簿、发票、文件、其他会计资料和物品等内容；实行会计电算化的单位，从事该项工作的移交人员还应当在移交清册中列明会计软件及密码、会计软件数据磁盘（磁带等）及有关资料、实物等内容。

(三) 会计工作交接的监交与会计工作交接要求

1. 会计工作交接的监交

(1) 会计人员办理交接手续，必须有监交人负责监交。一般会计人员办理交接手续，由会计机构负责人（会计主管人员）监交。

(2) 会计机构负责人（会计主管人员）办理交接手续，由单位负责人监交，必要时主管单位可以派人会同监交。

2. 会计工作交接要求

(1) 移交人员在办理移交时，要按移交清册逐项移交；接替人员要逐项核对点收。具体来说：①现金、有价证券要根据会计账簿有关记录进行点交。库存现金、有价证券必须与会计账簿记录保持一致。不一致时，移交人员必须限期查清。②会计凭证、会计账簿、会计报表和其他会计资料必须完整无缺。如有短缺，必须查清原因，并在移交清册中注明，由移交人员负责。③银行存款账户余额要与银行对账单核对，如不一致，应当编制银行存款余额调节表调节相符，各种财产物资和债权债务的明细账户余额要与总账有关账户余额核对相符；

必要时，要抽查个别账户的余额，与实物核对相符，或者与往来单位、个人核对清楚。④移交人员经管的票据、印章和其他实物等，必须交接清楚；移交人员从事会计电算化工作的，要对有关电子数据在实际操作状态下进行交接。⑤会计机构负责人（会计主管人员）移交时，还必须将全部财务会计工作、重大财务收支和会计人员的情况等，向接替人员详细介绍。对需要移交的遗留问题，应当写出书面材料。

（2）交接完毕后，交接双方和监交人要在移交清册上签名或者盖章，并应在移交清册上注明：单位名称，交接日期，交接双方和监交人的职务、姓名，移交清册页数以及需要说明的问题和意见等。

（3）移交清册一般应当填制一式三份，交接双方各执一份，存档一份。

（4）接替人员应当继续使用移交的会计账簿，不得自行另立新账，以保持会计记录的连续性。

【例1-11】 20×8年6月，A市财政局派出检查组对市属甲国有企业（以下简称甲企业）的会计工作进行检查，检查中了解到以下情况。

（1）20×7年1月，该企业档案科会同会计科共同编制会计档案销毁清册。经甲企业负责人张某同意签字后，按规定程序进行了监销。经查实，销毁的会计档案中有一些是保管期限已满但未结清债权债务的原始凭证。

（2）20×7年3月，出纳李某申请调离甲企业，企业的人事部门在其没有办理清楚会计工作交接手续的情况下，便为其办理了工作调动手续。

（3）20×7年5月，出纳李某离职后，甲企业负责人张某将朋友大学刚毕业的儿子王某，调入财务部接替李某从事出纳工作。一段时间后，甲企业档案管理员又离职。王某又被任命兼管会计档案保管员。王某学的是会计专业，且具备从事会计工作所需要的专业能力。

（4）20×7年8月，会计刘某由于工作变动，需要离开该岗位，但其移交的一些会计凭证、会计账簿存在问题。在追究刘某的责任时，刘某辩解说：会计凭证、会计账簿既然已经移交给了财务部部长赵某，就应当由赵某承担所有相关责任，与自己没有任何关系。

要求：指出上述资料中哪些行为存在不妥之处，并说明理由。

答：（1）销毁保管期满但未结清债权债务的原始凭证的行为不符合规定。根据有关规定，保管期满但未结清的债权债务会计凭证和涉及其他未了事项的会计凭证不得销毁。纸质会计档案应当单独抽出立卷，电子会计档案单独转存，保管到未了事项完结时为止。

（2）出纳李某没有办清会计工作交接手续即办理调动手续的行为不符合规定。根据有关规定，会计人员工作调动或者因故离职，必须将本人所经管的会计工作全部移交给接替人员。没有办清交接手续的，不得调动或者离职。

（3）企业负责人张某将王某调入会计科担任出纳，后又兼管会计档案保管工作的行为不符合规定。根据有关规定，出纳人员不得兼管稽核、会计档案保管等工作。

（4）刘某的说法错误，根据有关规定，"移交人员对所移交的会计凭证、会计账簿、会计报表和其他有关资料的合法性、真实性承担法律责任。接替人员应当认真接管移交工作，并继续办理移交的未了事项"。即使接替人员在交接时因疏忽没有发现所接会计资料在合法性、真实性方面存在的问题，如事后发现，仍应当由原移交人员负责，原移交人员不应以会计资料已经移交而推脱责任，接替人员不对移交过来的资料合法性、真实性负法律上的责任。

第六节 法律责任

【学习指南】

学习本节内容，读者需要熟悉法律责任的概念，其中，需要重点学习各种会计法律责任的两种形式即行政责任和刑事责任；掌握各种具体会计违法行为的具体情形及其对应的法律责任。

一、法律责任概述

法律责任是指违反法律规定的行为应当承担的法律后果。法律责任通常包括民事责任、行政责任和刑事责任。为了保证我国《会计法》的有效实施，惩治会计违法行为，《会计法》规定了明确的法律责任，主要规定了两种责任形式：一种是行政责任，另一种是刑事责任。

【特别提示】

违反《会计法》的法律责任只涉及行政责任和刑事责任，而不涉及民事责任。

【点拨指导】

《会计人员管理办法》规定：因发生与会计职务有关的违法行为被依法追究刑事责任的人员，单位不得任用（聘用）其从事会计工作。

因违反《中华人民共和国会计法》有关规定受到行政处罚5年内不得从事会计工作的人员，处罚期届满前，单位不得任用（聘用）其从事会计工作。

上述违法人员行业禁入期限，自其违法行为被认定之日起计算。

（一）行政责任

行政责任是指犯有一般违法行为的单位或个人，依照法律、法规的规定应承担的法律责任。行政责任主要有行政处罚和行政处分两种方式。

1. 行政处罚

行政处罚是指行政机关依法对违反行政管理秩序的公民、法人或者其他组织，以减损权益或者增加义务的方式予以惩戒的行为。自2021年7月15日起施行新修订的《中华人民共和国行政处罚法》（以下简称《行政处罚法》）对行政处罚的种类和实施作出了如下规定：

（1）行政处罚的种类包括：①警告、通报批评；②罚款、没收违法所得、没收非法财物；③暂扣许可证件、降低资质等级、吊销许可证件；④限制开展生产经营活动、责令停产停业、责令关闭、限制从业；⑤行政拘留；⑥法律、行政法规规定的其他行政处罚。

【特别提示】

违反《会计法》而给予的行政处罚的类别仅包括：①罚款；②责令限期改正；③五年内不得从事会计工作等。

（2）行政处罚由违法行为发生地的行政机关管辖。行政处罚由县级以上地方人民政府具有行政处罚权的行政机关管辖。行政机关实施行政处罚时，应当责令当事人改正或限期改正违法行为。

(3) 对当事人的同一个违法行为,不得给予两次以上罚款的行政处罚。同一个违法行为违反多个法律规范应当给予罚款处罚的,按照罚款数额高的规定处罚。

(4) 行政机关在作出行政处罚决定之前,应当告知当事人拟作出的行政处罚内容及事实、理由、依据,并告知当事人依法享有的陈述、申辩、要求听证等权利。

(5) 行政处罚决定依法作出后,当事人应当在行政处罚决定书载明的期限内,予以履行。

2. 行政处分

行政处分是国家行政机关依法对国家工作人员违反法律、法规、规章以及行政机关的决定和命令的行为实施的法律制裁。行政处分的对象仅限于直接负责的国家工作人员。

行政处分的形式主要有:①警告;②记过;③记大过;④降级;⑤撤职;⑥开除。

【特别提示】

违反《会计法》而给予的行政处分的类别仅包括:①降级;②撤职;③开除。

【知识链接】

行政处分的对象是行政主体(直接负责的国家工作人员);行政处罚的对象是行政相对人(违反行政法上的强制性义务、违反行政管理程序的单位或个人)。行政处分的实施机关一般是国家工作人员所在单位或者有关单位。

(二) 刑事责任

刑事责任是指犯罪行为应当承担的法律责任,即对犯罪分子依照刑事法律的规定追究其法律责任。刑事责任包括主刑和附加刑两种。

(1) 主刑。主刑是对犯罪分子适用的主要刑罚方法,只能独立适用,不能附加适用,对同一犯罪分子只能判处一种主刑。主刑分为管制、拘役、有期徒刑、无期徒刑和死刑。

(2) 附加刑。附加刑是既可独立适用又可以附加适用的刑罚方法。也就是说,对同一犯罪行为既可以在主刑之后判处一个或两个以上的附加刑,也可以独立判处一个或两个以上的附加刑。附加刑分为罚金、剥夺政治权利和没收财产。对犯罪的外国人,也可以独立或附加适用驱除出境。

【特别提示】

罚金是刑事责任,罚款是行政责任。

【归纳总结】

行政责任与刑事责任的主要区别如表 1-7 所示。

表 1-7　行政责任与刑事责任的区别

区　别	刑事责任	行政责任
追究的违法行为不同	犯罪行为	一般违法行为
追究责任的机关不同	由司法机关依照《刑法》的规定追究	由国家特定的行政机关依照有关法律法规的规定决定
承担法律责任的后果不同	最严厉的制裁,最高可以判处死刑	相对刑事责任要轻一些

二、不依法设置会计账簿等会计违法行为的法律责任

（一）不依法设置会计账簿等会计违法行为的范围

（1）不依法设置会计账簿是指违反《会计法》和国家统一的会计制度的规定，应当设置会计账簿的单位不设置会计账簿或者未按规定的种类、形式及要求设置会计账簿的行为。

（2）私设会计账簿是指不在依法设置的会计账簿上对经济业务事项进行统一会计核算，而另外私自设置会计账簿进行会计核算的行为，即俗称的“两本账”“账外设账”。

（3）未按照规定填制、取得原始凭证或者填制、取得的原始凭证不符合规定。

（4）以未经审核的会计凭证为依据登记会计账簿或者登记会计账簿不符合规定。

（5）随意变更会计处理方法。

（6）向不同的会计资料使用者提供的财务会计报告编制依据不一致。

（7）未按照规定使用会计记录文字或者记账本位币。

【知识链接】

会计记录的文字应当使用中文。在民族自治地区，会计记录可以同时使用当地通用的一种民族文字。在中华人民共和国境内的外商投资企业、外国企业和其他外国组织的会计记录可以同时使用一种外国文字。

（8）未按照规定保管会计资料，致使会计资料毁损、灭失。

（9）未按照规定建立并实施单位内部会计监督制度或者拒绝依法实施的监督或者不如实提供有关会计资料及有关情况。

（10）任用会计人员不符合《会计法》的规定。

【点拨指导】

任用会计人员包括任用一般会计人员、会计机构负责人（会计主管人员）、总会计师等。

【点拨指导】

上述会计违法行为不包括违反“税法”的行为，但违反“税法”的行为往往同时也会存在会计违法行为。

【特别提示】

在上述会计违法行为中，(1)～(8)项和会计核算相关，(9)(10)项和会计监督相关。在(1)～(8)项中，(1)(2)项涉及会计账簿，(3)(4)项涉及会计凭证，(5)项涉及会计处理方法，(6)项涉及会计报表，(7)项涉及记账文字和货币，(8)项涉及会计档案。

（二）不依法设置会计账簿等会计违法行为应承担的法律责任

根据《会计法》的规定，不依法设置会计账簿等会计违法行为应当承担以下法律责任：

（1）责令限期改正。所谓责令限期改正，是指要求违法行为人在一定期限内停止违法行为，并将其违法行为恢复到合法状态。县级以上人民政府财政部门有权责令违法行为人限期改正，停止违法行为。

（2）罚款。县级以上人民政府财政部门在责令违法行为人限期改正的同时，可以对单位并处 3 000 元以上 50 000 元以下的罚款；对其直接负责的主管人员和其他直接责任人员，可以处 2 000 元以上 20 000 元以下的罚款。

（3）5年内不得从事会计工作。会计人员有不依法设置会计账簿等会计违法行为之一，情节严重的，5年内不得从事会计工作。

（4）给予行政处分。对上述不依法设置会计账簿等会计违法直接负责的主管人员或其他直接责任人员中的国家工作人员，视情节轻重，由其所在单位或者有关单位依法给予行政处分。

（5）追究刑事责任。不依法设置会计账簿等会计违法行为构成犯罪的，依法追究刑事责任。

【例1-12】 财政部门对甲合伙企业进行会计监督时，遇到以下情况：

（1）甲合伙企业经营规模不大，未建立完整的账项记录。该合伙企业认为，合伙企业无独立企业法人地位，且每位合伙人均依法承担无限连带责任，可以不用建账。

（2）甲合伙企业中无国有资产投入。该合伙企业认为，本企业无须接受国家监督，财政部门进行的会计监督属于政府对合伙企业正常经营的干涉。

（3）甲合伙企业准备将部分已超过法定保管期的会计档案销毁，但财政部门人员发现，其中有两张原始凭证虽然保管期满，但是涉及的债权债务尚未结清，要求保留这两张批准销毁的原始凭证。

要求：根据上述资料，回答下列问题。

（1）甲合伙企业是否应依法建账？

（2）甲合伙企业是否应接受财政部门的监督？

（3）对已保管到期但涉及的债权债务尚未结清的原始凭证应如何处理？

答：（1）合伙企业必须依法建账。我国《会计法》规定，国家机关、社会团体、公司、企业、事业单位和其他组织，都应按照《会计法》的规定设置账簿，进行会计核算。

（2）合伙企业必须依法接受财政部门的监督。《会计法》规定，财政部门对各单位的下列情况实施监督：是否依法设置会计账簿；会计凭证、会计账簿、财务会计报告和其他会计资料是否真实、完整；会计核算是否符合本法和国家统一的会计制度的规定；从事会计工作的人员是否具备专业能力、遵守职业道德。财政、审计、税务、银行监管、证券监管、保险监管等部门应当依照有关法律、行政法规规定的职责，对有关单位的会计资料实施监督检查。各单位必须依照有关法律、行政法规的规定，接受有关监督检查部门依法实施的监督检查，如实提供会计凭证、会计账簿、财务会计报告和其他会计资料以及有关情况，不得拒绝、隐匿、谎报。

（3）《会计档案管理办法》规定，保管期满但未结清的债权债务会计凭证和涉及其他未了事项的会计凭证不得销毁。纸质会计档案应当单独抽出立卷，电子会计档案应当单独转存，保管到未了事项完结时为止。

【例1-13】 甲企业的仓储部门工作人员将原材料的包装箱等废弃料每月定期出售给废品回收站，每月所得的收入用于补充仓库管理部门管理费用及员工福利。同时，甲企业管理层也默许这种做法，不将此项收入纳入企业统一的会计核算，而另设会计账簿进行核算。甲企业管理层认为，这种处理方法对仓库管理也是一种激励。

要求：分析甲企业及相关人员的做法是否违法。

答：（1）我国《会计法》规定，各单位必须依法设置会计账簿，并保证其真实、完整。单位负责人对本单位的会计工作和会计资料的真实性、完整性负责。各单位发生的各项经济业务事项应当在依法设置的会计账簿上统一登记、核算，不得违反本法和国家统一的会计准则制度的规定私设会计账簿登记、核算。甲企业仓储部门出售原材料包装箱等废品的收入不纳入企业统一核算，而是另设会计账簿进行核算，属于私设会计账簿（私设“小金库”）的行为，属于会计违法行为。

(2) 根据《会计法》的规定,上述违法行为应由县级以上人民政府财政部门责令限期改正,可以对单位并处 3 000 元以上 50 000 元以下的罚款;对其直接负责的主管人员和其他直接责任人员,可以处 2 000 元以上 20 000 元以下的罚款;属于国家工作人员的,还应当由其所在单位或者有关单位依法给予行政处分;构成犯罪的,依法追究刑事责任。会计人员有不依法设置会计账簿、私设会计账簿等会计违法行为,情节严重的,5 年内不得从事会计工作。

三、其他会计违法行为的法律责任

(一) 伪造、变造会计凭证、会计账簿,编制虚假财务会计报告的法律责任

1. 行为特征

(1) 伪造会计凭证的行为,是指以虚假的经济业务或者资金往来为前提,编制虚假的会计凭证的行为。

(2) 变造会计凭证的行为,是指采取涂改、挖补以及其他方法改变会计凭证真实内容的行为。

(3) 伪造会计账簿的行为,是指违反《会计法》和国家统一会计准则制度的规定,根据伪造或者变造的虚假会计凭证登记会计账簿,或者不按要求登记账簿,或者对内对外采用不同的确认标准、计量方法等手段编造虚假的会计账簿的行为。

(4) 变造会计账簿的行为,是指采取涂改、挖补或者其他手段改变会计账簿的真实内容的行为。

(5) 编制虚假财务会计报告的行为,是指违反《会计法》和国家统一会计准则制度的规定,根据伪造或变造的虚假会计账簿记录编制财务会计报告,或者凭空捏造虚假的财务会计报告及对财务会计报告擅自进行没有依据的修改的行为。

2. 刑事责任

上述行为构成犯罪的,依法追究刑事责任。

【特别提示】

因有提供虚假财务会计报告,做假账,隐匿或者故意销毁会计凭证、会计账簿、财务会计报告,贪污,挪用公款,职务侵占等与会计职务有关的违法行为被依法追究刑事责任的人员,不得再从事会计工作。

3. 行政责任

上述行为尚不构成犯罪的,由县级以上人民政府财政部门按照《会计法》的规定处理。

(1) 通报(由县级以上人民政府财政部门予以通报)。

(2) 罚款(可以对单位并处 5 000 元以上 100 000 元以下的罚款;对其直接负责的主管人员和其他直接责任人员,可以处 3 000 元以上 50 000 元以下的罚款)。

(3) 行政处分(属于国家工作人员的,应由其所在单位或者有关单位依法给予撤职直至开除的行政处分)。

(4) 5 年内不得从事会计工作(其中的会计人员,5 年内不得从事会计工作)。

(二) 隐匿或者故意销毁依法应当保存的会计凭证、会计账簿、财务会计报告的法律责任

1. 行为特征

隐匿,是指故意转移、隐藏依法应当保存到会计凭证、会计账簿、财务会计报表的行为。故意销毁,是指故意将依法应当保存的会计凭证、会计账簿、财务会计报表予以销毁的行为。

2. 刑事责任

构成犯罪的，依法追究刑事责任。

3. 行政责任

尚不构成犯罪的，由县级以上人民政府财政部门按照《会计法》的规定处理：

(1) 通报(由县级以上人民政府财政部门予以通报)。

(2) 罚款(可以对单位并处5 000元以上100 000元以下的罚款；对其直接负责的主管人员和其他直接责任人员，可以处3 000元以上50 000元以下的罚款)。

(3) 行政处分(属于国家工作人员的，应由其所在单位或者有关单位依法给予撤职直至开除的行政处分)。

(4) 5年内不得从事会计工作(其中的会计人员，5年内不得从事会计工作)。

【点拨指导】

"伪造、变造会计凭证、会计账簿，编制虚假财务会计报告"和"隐匿或者故意销毁依法应当保存的会计凭证、会计账簿、财务会计报告"所承担的行政责任完全一致。

(三) 授意、指使、强令会计机构、会计人员及其他人员伪造、变造会计凭证、会计账簿，编制虚假财务会计报告或者隐匿、故意销毁依法应当保存的会计凭证、会计账簿、财务会计报告的法律责任

1. 行为特征

授意，是暗示他人按其意思行事；指使，是通过明示方式，指示他人按其意思行事；强令，是明知其命令是违反法律的，而强迫他人执行其命令。

2. 刑事责任

构成犯罪的，依法追究刑事责任。

3. 行政责任

尚不构成犯罪的，由县级以上人民政府财政部门按照《会计法》的规定处理：

(1) 罚款(对违法行为人处以5 000元以上50 000元以下的罚款)。

(2) 行政处分(属于国家工作人员，由其所在单位或者有关单位依法给予降级、撤职、开除的行政处分)。

【特别提示】

对国家工作人员行政处分的具体类型注意区分：对"授意、指使、强令会计机构、会计人员及其他人员伪造、变造会计凭证、会计账簿，编制虚假财务会计报告或者隐匿、故意销毁依法应当保存的会计凭证、会计账簿、财务会计报告"的会计违法行为的行政处分是"降级、撤职或者开除的行政处分"，而对"伪造、变造会计凭证、会计账簿，编制虚假财务会计报告"和"隐匿或者故意销毁依法应当保存的会计凭证、会计账簿、财务会计报告"的会计违法行为的行政处分是"撤职直至开除的行政处分"。

(四) 单位负责人对会计人员实行打击报复的法律责任，以及对受打击报复的会计人员的补救措施

1. 行为特征

"打击报复"是指单位负责人对依法履行职责、抵制违反《会计法》的会计人员，通过降级、撤职、调动工作岗位、解聘或者开除等方式进行打击报复的行为。

2. 刑事责任

情节恶劣的,构成打击报复会计人员罪。根据《刑法》的规定,对犯有打击报复会计人员罪的单位负责人,处3年以下有期徒刑或者拘役。

3. 行政责任

单位负责人对依法履行职责、抵制违反《会计法》规定行为的会计人员实行打击报复,情节轻微,危害性不大,尚不构成犯罪的,应当按照《会计法》的有关规定,由其所在单位或者有关单位依法给予相应的行政处分。

【特别提示】

单位负责人对会计人员实施打击报复的法律责任不包括行政处罚,只有行政处分。

4. 对受打击报复的会计人员的补救措施

对会计人员进行打击报复的,除对单位负责人依法进行处罚外,还应当按照《会计法》的有关规定,对受到打击报复的会计人员,采取必要的补救措施,主要如下:

(1) 恢复其名誉。受打击报复的会计人员名誉受到损害的,其所在单位或者其上级单位及有关部门应当要求打击报复者向受打击报复的会计人员赔礼道歉,并澄清事实,消除不良影响,恢复会计人员的名誉。

(2) 恢复原有职务、级别。会计人员受到打击报复,被调离工作岗位、解聘或者开除的,应当在征得会计人员同意的前提下,恢复其工作;被撤职的,应当恢复其原有职务;被降级的,应当恢复其原有级别。

【特别提示】

恢复原有职务、级别,不包括恢复"会计职称"等内容,当然"打击报复"也不会把"会计职称"等给吊销。

【点拨指导】

单位负责人对会计人员实施打击报复的法律责任如下:刑事责任为3年以下有期徒刑或拘役,行政责任只有行政处分而没有行政处罚,对受打击报复的会计人员的补救措施为恢复其名誉和恢复原有职务、级别。

【归纳总结】

各类会计违法行为行政处罚中罚款的总结如表1-8所示。

表1-8 各类会计违法行为行政处罚中的罚款　　单位:元

会计违法行为	不依法设置会计账簿等会计违法行为	伪造、变造会计凭证、会计账簿,编制虚假财务会计报告	隐匿或者故意销毁依法应当保存的会计资料	授意、指使、强令会计机构、会计人员及其他人员伪造、变造会计凭证、会计账簿,编制虚假财务会计报告或者隐匿、故意销毁依法应当保存的会计资料	单位负责人对会计人员实行打击报复
单位	3 000～50 000	5 000～100 000	5 000～100 000	—	—
直接责任人	2 000～20 000	3 000～50 000	3 000～50 000	5 000～50 000	—

【例 1-14】　甲厂为国有企业，下设办公室、行政科、会计科、档案科等部门。20×8 年 7 月，经上级主管单位任命，会计科科长 A 的丈夫 B 担任该厂厂长。同月，A 的侄女 C 调到该厂会计科担任出纳工作。

8 月，厂长 B 对该厂行政机构和人员进行了调整和精简。撤销原来的档案科，原由档案科保管的会计档案移交给会计科保管。档案科移交会计档案前，会同会计科对保管期满的会计档案进行销毁。档案科科长 F 与会计科科长 A 共同在会计档案销毁清册上签署意见，单位档案科负责组织会计档案销毁工作，并与会计科共同派员监销。监销人在会计档案销毁前，按照会计档案销毁清册所列内容进行清点核对；在会计档案销毁后，在会计档案销毁清册上签名或盖章。之后，会计科科长 A 指定出纳 C 兼管会计档案保管工作。9 月，C 调到当地一家外贸公司的财务部工作，调离前与接任的 D 自行办理了会计工作交接手续。10 月，A 办理退休手续。A 与新任会计科科长 E 办理交接手续，上级主管单位派人与厂长 B 会同监交。后 E 发现 A 移交的会计资料存在问题，遂找 A 询问。A 认为，会计资料已移交，自己不应再承担责任。

要求：根据上述资料，回答下列问题。

(1) 按照回避制度的规定，会计科科长 A 与其丈夫厂长 B 是否应当回避？说明理由。

(2) C 担任该厂出纳工作是否符合相关法律规定？说明理由。

(3) 档案科与会计科在销毁会计档案过程中有哪些不符合法律规定之处？

(4) 会计科科长 A 指定出纳 C 兼管会计档案保管工作是否符合法律规定？说明理由。

(5) C 自行与 D 办理会计工作交接手续是否符合法律规定？说明理由。

(6) A 认为会计资料已移交 E，自己不应再承担责任的观点是否符合法律规定？说明理由。

答：(1) 会计科科长 A 与其丈夫厂长 B 应当回避。根据《会计基础工作规范》的规定，国有单位负责人的(直系)亲属不得担任本单位的会计机构负责人。

(2) C 担任该厂出纳工作不符合法律规定。根据《会计基础工作规范》的规定，会计机构负责人的直系亲属不得在本单位会计机构中担任出纳工作。

(3) 档案科与会计科在销毁会计档案过程中的不符合法律规定之处是：单位负责人、档案管理机构经办人、会计管理机构经办人未在会计档案销毁清册上签署意见。根据《会计档案管理办法》的规定，单位负责人、档案管理机构负责人、会计管理机构负责人、档案管理机构经办人、会计管理机构经办人在会计档案销毁清册上签署意见。

(4) 会计科科长 A 指定出纳 C 兼管会计档案保管工作不符合法律规定。根据我国《会计法》和《会计基础工作规范》的规定，出纳人员不得兼管会计档案保管工作。

(5) C 自行与 D 办理会计工作交接手续不符合法律规定。根据《会计基础工作规范》的规定，一般会计人员办理交接手续，由单位的会计机构负责人负责监交。

(6) A 认为会计资料已移交 E，自己不应再承担责任的观点不符合法律规定。根据《会计基础工作规范》的规定，会计人员工作调动或者因故离职，必须将本人所经管的会计工作全部移交给接替人员。移交人员对所移交的会计凭证、会计账簿、会计报表和其他有关资料的合法性、真实性承担法律责任。接替人员应当认真接管移交工作，并继续办理移交的未了事项。

【例 1-15】　A 县甲公司是一家国有企业。李某 5 年前开始担任该公司总经理。本年

5月,因甲公司业绩突出,组织部门准备提拔李某担任该县某局副局长。在考核过程中,组织部门接到群众实名举报李某任职期间有指使和放任会计人员做假账、打击压制坚持原则的会计人员等问题。随即该县财政、审计等部门组成联合调查组对甲公司近几年尤其是李某任总经理期间的会计资料进行了全面检查,结果发现:

(1) 甲公司设置大小两套账,大账对外,小账对内。

(2) 甲公司未按法律规定保管会计资料,导致部分会计原始资料毁损、灭失严重。

(3) 3个月前,李某因不满会计赵某多次不听从其做假账的指令,尤其不满赵某向上级主管部门反映真实情况,将其调至后勤保卫科。

(4) 李某任命没有初级会计资格证书但具备从事会计工作所需要的专业能力的宋某担任会计。

(5) 甲公司近3年的账目中存在伪造、变造会计凭证虚增利润等违法问题,经确认系会计人员宋某在李某的强令下所为。

调查组向县财政局通报上述情况。县财政局据此对甲公司作出责令限期改正的处罚,并罚款8.6万元,要求甲公司立即恢复赵某的会计职务和会计级别待遇。对李某的相关违法行为根据《会计法》生成书面意见,反馈给组织部门,最后将李某移送检察院。

要求:从会计法律制度的角度,分析甲公司存在的问题。

答:(1) 甲公司"设置大小两套账,大账对外,小账对内"属于私设会计账簿的会计违法行为。

(2)"不按规定进行会计资料的保管,致使原始资料被毁损、灭失严重"违反了《会计档案管理办法》中"会计档案的保管期限"的相关规定。

根据《会计法》的规定,"私设会计账簿、未按照规定保管会计资料,致使会计资料毁损、灭失的"等违法行为,应由县级以上人民政府财政部门责令限期改正,可以对单位并处3 000元以上50 000元以下的罚款;对其直接负责的主管人员和其他直接责任人员,可以处2 000元以上20 000元以下的罚款;属于国家工作人员的,还应当由其所在单位或者有关单位依法给予行政处分;构成犯罪的,依法追究刑事责任。会计人员有不依法设置会计账簿、私设会计账簿等会计违法行为,情节严重的,5年内不得从事会计工作。

(3)"李某因不满会计赵某多次不听从做假账的指令,尤其不满其向上级主管部门反映真实情况,将其调至后勤保卫科"属于单位负责人对依法履行职责、抵制违反《会计法》规定行为的会计人员实行打击报复的行为。《会计法》规定,单位负责人对依法履行职责、抵制违反本法规定行为的会计人员以降级、撤职、调离工作岗位、解聘或者开除等方式实行打击报复,构成犯罪的,依法追究刑事责任;尚不构成犯罪的,由所在单位或有关单位依法给予行政处分。对受打击报复的会计人员,应当恢复其名誉和原有职务、级别。

(4)"任命没有初级会计资格证书但具备从事会计工作所需要的专业能力的宋某担任会计"符合《会计法》的规定。《会计法》规定,会计人员应当具备从事会计工作所需要的专业能力。

(5)"发现甲公司近3年的账目中存在伪造、变造会计凭证虚增利润等违法问题,经确认系会计人员宋某在李某的强令下所为"属于"授意、指使、强令会计机构、会计人员及其他人员伪造、变造会计凭证、会计账簿,编制虚假财务会计报告或者隐匿、故意销毁依法应当保存的会计凭证、会计账簿、财务会计报告行为"。《会计法》规定,授意、指使、强令会计机构、会计人员及其他人员伪造、变造会计凭证、会计账簿，编制虚假财务会计报告或者隐匿、故意销毁依法应当保存的会计凭证、会计账簿、财务会计报告，构成犯罪的，依法追究刑事责任；尚不构成犯罪的，可以处 5 000 元以上 50 000 元以下的罚款；属于国家工作人员的，还应当由其所在单位或者有关单位依法给予降级、撤职、开除的行政处分。

【本章小结】

会计法律制度的主要内容包括会计制度的概念与构成、会计工作管理体制、会计核算、会计监督、会计机构和会计人员以及法律责任六个方面的内容。本章为本门课程的重点，其知识点较多，学习本章时要先梳理知识点间的关系，再在理解的基础上进行记忆。

【过关训练】

一、单项选择题

1. 根据《会计法》的规定，主管全国会计工作的部门是(　　)。

A. 全国人民代表大会常务委员会　　B. 中国会计学会

C. 中国总会计师协会　　D. 国务院财政部门

2. 下列各项中，可以不单独设置会计机构的是(　　)。

A. 有限责任公司　　B. 业务和人员都不多的行政事业单位

C. 业务较多的社会团体　　D. 集团公司

3. 单位负责人对依法履行职责、抵制违反《会计法》规定行为的会计人员实行打击报复，情节轻微，危害性不大，尚不构成犯罪的，应当按照《会计法》的有关规定，由其所在单位或者有关单位依法给予(　　)。

A. 1 倍以上 5 倍以下的罚金　　B. 5 倍以下的罚金

C. 3 年以上 7 年以下有期徒刑　　D. 相应的行政处分

4. 下列关于会计工作岗位的表述中，不正确的是(　　)。

A. 一人一岗　　B. 一人多岗　　C. 多岗多人　　D. 一岗多人

5. 根据《会计法》的规定，对随意变更会计处理方法的单位，由县级以上人民政府财政部门责令限期改正的同时，可以对单位并处(　　)。

A. 3 000 元以上 50 000 元以下的罚款　　B. 2 000 元以上 20 000 元以下的罚款

C. 4 000 元以上 50 000 元以下的罚款　　D. 5 000 元以上 50 000 元以下的罚款

6. 会计档案的保管期限分为永久、定期两类。定期保管期限一般分为(　　)。

A. 10 年和 20 年　　B. 15 年和 20 年

C. 10 年和 30 年　　D. 15 年和 30 年

二、多项选择题

1. 下列关于会计档案保管期限的表述中，正确的有(　　)。

A. 年度财务会计报告应永久保管

B. 月度、季度、半年度财务会计报告的保管期限为 10 年

C. 总账、明细账和其他辅助性账簿的保管期限为 10 年

D. 会计凭证的保管期限为 30 年

2. 下列关于会计机构和会计人员的说法中，正确的有(　　)。

A. 某些单位可以不设置会计机构

B. 从事会计工作的人员必须首先取得会计从业资格证书，才能从事会计工作

C. 会计人员办理交接手续，必须由单位负责人负责监交

D. 国有企业单位负责人的直系亲属不得担任本单位的会计机构负责人

3. 下列各项中，必须按照《会计法》办理会计事务的有(　　)。

A. 事业单位　　B. 个体工商户　　C. 社会团体　　D. 民营企业

4. 根据会计内部牵制制度的规定，会计工作岗位可以(　　)。

A. 一人一岗　　B. 多人多岗　　C. 一人多岗　　D. 一岗多人

5. 下列各项中，企业和其他组织需要永久保存的会计档案有(　　)。

A. 会计档案销毁清册　　B. 会计档案保管清册

C. 年度财务会计报告　　D. 涉及外事的会计凭证

6. 根据《会计法》的规定，下列情形中，对于"随意变更会计处理方法"的行为，应当承担的法律责任有(　　)。

A. 由县级以上的人民政府财政部门责令限期改正

B. 对单位处以 3 000 元以上 50 000 元以下的罚款

C. 构成犯罪的，依法追究刑事责任

D. 对其直接负责的主管人员可以处以 5 000 元以上 20 000 元以下的罚款

三、判断题

1. 会计人员对本单位的会计工作和会计资料的真实性、完整性负责。(　　)

2. 主刑只能独立适用，附加刑既可以独立适用又可以附加适用。(　　)

3. 保管期满但未结清的债权债务会计凭证，经会计主管人员批准后可以销毁。(　　)

4. 向不同的会计资料使用者提供的财务会计报告，其编制依据可以不一致。(　　)

5. 会计机构及会计人员必须按照国家统一的会计制度的规定对原始凭证进行审核，会计人员对不真实、不合法的原始凭证，有权不予接受。(　　)

6. 出纳人员可以兼管(兼任)稽核、会计档案保管和收入、费用、债权债务账目的登记工作。(　　)

7. 我国是以公历年度为会计年度，即以每年公历的 1 月 1 日起至 12 月 31 日止为一个会计年度。每一个会计年度还可以按照公历日期具体划分为半年度、季度和月度。(　　)

8. 各单位保存的会计档案不得外借。如外单位有特殊需要的，经本单位负责人批准后，可以提供查阅或者复制，并办理登记手续。(　　)

四、案例分析题

甲钢铁厂是一家大型国有企业，本年发生了以下事项：

(1) 经调整后，新的企业领导班子上任，决定精简内设机构，将会计部门撤并到厂部办公室，同时任命办公室主任林某兼任会计主管人员。撤并以后，会计主要工作重新分工如

下:原会计部门主办会计继续留任会计岗位,林某的朋友李某(曾在其他单位担任出纳人员)应聘出任出纳工作,兼任会计档案的保管。林某自从参加工作以来一直从事办公室文秘的工作。

(2) 办理会计交接手续,由厂部纪检、监察部门严格监交。

(3) 乙司法单位因工作需要暂时借用甲钢铁厂上一年的会计档案,对有关原始凭证做了摘录或复制。林某积极配合,并办理了详细的外借登记手续。

要求:根据上述资料,回答下列问题。

(1) 下列说法中,错误的有(　　)。

A. 李某可以兼任会计档案保管

B. 林某的朋友李某可以出任出纳工作

C. 可以任命林某为会计主管人员

D. 李某不可以兼任会计档案保管

(2) 甲钢铁厂作为大型企业,应当(　　)。

A. 单独设置会计机构

B. 不设置会计机构

C. 委托中介机构代理记账

D. 在有关机构中配备专职会计人员

(3) 林某兼任会计主管人员不符合(　　)的条件。

A. 具备助理会计师以上专业技术职务资格

B. 具备会计师以上专业技术职务资格

C. 从事会计工作 3 年以上经历

D. 会计专业大专以上学历

(4) 甲钢铁厂进行一般会计人员的交接工作,负责监交的应该是(　　)。

A. 组织科科长　　B. 纪检书记

C. 会计机构负责人(会计主管人员)　　D. 厂长

(5) 乙司法单位因工作需要暂时借用甲钢铁厂上一年的会计档案,对有关原始凭证做了摘录或复制。林某积极配合,并办理了详细的外借登记手续。下列说法中,正确的有(　　)。

A. 各单位保存的会计档案不得外借

B. 如外单位有特殊需要的,经本单位负责人批准后,可以提供查阅或者复制,并办理登记手续

C. 各单位保存的会计档案可以外借

D. 如外单位有特殊需要的,经本单位会计机构负责人(会计主管人员)批准后,可以提供查阅或者复制,并办理登记手续

第二章

结算法律制度

本章学习知识体系

- 结算法律制度
  - 现金结算
    - 现金结算的概念与特点(★)
    - 现金结算的渠道(★)
    - 现金结算的范围(★★)
    - 现金使用的限额(★★★)
    - 现金收支的基本要求(★★★)
  - 支付结算概述
    - 支付结算的概念和特征(★)
    - 支付结算的主要法律依据(★)
    - 支付结算的基本原则(★★)
    - 办理支付结算的要求(★★)
  - 银行结算账户
    - 银行结算账户的概念与分类(★★★)
    - 银行结算账户管理的基本原则(★★)
    - 银行结算账户的开立、变更与撤销(★★★)
    - 违反银行账户管理法律制度的法律责任(★★)
  - 票据结算方式
    - 票据结算概述(★★)
    - 支票(★★★★)
    - 商业汇票(★★★★)
    - 银行汇票(★★★)
    - 银行本票(★★★)
  - 银行卡
    - 银行卡的概念与分类(★★)
    - 银行卡账户与交易(★★★)
  - 其他结算方式
    - 汇兑(★★)
    - 委托收款(★★)
    - 托收承付(★★)
    - 国内信用证(★★)
  - 电子支付
    - 网上银行(★★)
    - 条码支付(★★)

第一节 现 金 结 算

【学习指南】

学习本节内容，读者需要了解现金结算的概念、特点和现金结算的渠道，熟悉现金结算的范围，掌握现金使用的限额和现金收支的基本要求。

一、现金结算的概念与特点

（一）现金结算的概念

现金结算是指在商品交易、劳务供应等经济往来中，直接使用现金进行应收应付款项结算的一种行为。在我国现金结算主要适用于单位与个人之间的款项收付，以及单位之间的转账结算起点金额以下的零星小额款项收付。

（二）现金结算的特点

和转账结算相比，现金结算具有以下特点。

1. 直接便利

在现金结算方式下，商品交易的购销双方一手交钱、一手交货，当面钱货两清，无需通过第三方进行交易，对购销双方而言是最为直接和便利的；在劳务供应、信贷存放和资金调拨等方面，现金结算同样是既直接又便利，可以被社会大众广泛接受和认可。

2. 不安全性

由于人们使用现金结算非常直接和便利，因此很容易被不法分子盗窃、诈骗、贪污和挪用。在现实经济生活中，很多经济犯罪活动都与现金有关。此外，现金还容易因遗失、火灾、虫蛀、鼠咬、霉烂等发生损失。

3. 不易宏观控制和管理

由于现金结算大部分不需要通过银行结算、网上支付等方式进行，因此国家很难对现金结算进行宏观控制和管理，也为不法分子暗地交易提供了条件。另外，过多地使用现金结算会使流通中的现钞过多，在一定程度上容易造成通货膨胀，导致物价增长。

4. 费用较高

单位和个人使用现金结算，虽然可以减少银行结算、网上支付等方式的手续费用，但对现金的保管、清点、运送、费用较高。对整个国家来说，过多的现金结算大大增加了印制、保管、清点、运送现金和回收废旧现金等工作的费用，浪费了大量人力、物力和财力。因此，各个国家一般都实行现金管理，限制现金结算的范围。

二、现金结算的渠道

现金结算的渠道有：①付款人直接将现金支付给收款人；②付款人委托银行、非银行金融机构或者非金融机构将现金支付给收款人。

三、现金结算的范围

开户单位可以在下列范围内使用现金：

(1) 职工工资、津贴。

(2) 个人劳务报酬(包括稿费和讲课费及其他专门工作报酬等)。

(3) 根据国家规定颁发给个人的科学技术、文化艺术、体育等各种奖金。

(4) 各种劳保、福利费用以及国家规定的对个人的其他支出。

(5) 向个人收购农副产品和其他物资的价款。

(6) 出差人员必须随身携带的差旅费。

(7) 结算起点(1 000 元)以下的零星支出。

(8) 中国人民银行确定需要支付现金的其他支出。

上述款项的结算起点为 1 000 元。结算起点的调整,由中国人民银行确定,报国务院备案。除上述(5)(6)项外,开户单位支付给个人的款项,超过现金使用限额的部分,应当以支票或者银行本票支付;确需全额支付现金的,经开户银行审核后,予以支付现金。

【点拨指导】

现金结算范围中的(1)～(6)项的共同特点是支付给"个人"。(5)(6)项超过现金使用限额又需全额支付现金的,不必经开户银行审核。具体可以这样理解:向个人收购农副产品,虽然可能超过了结算起点 1 000 元,但为了方便对方,一般也不会给对方支票或银行本票,而是直接全额用现金支付;出差人员一般不会用支票或银行本票支付差旅费,而是直接全额用现金支付,金额可能会超过 1 000 元。

【特别提示】

单位与单位之间在转账结算起点金额(1 000 元)以下的零星小额收付,才能使用现金结算。

四、现金使用的限额

现金使用的限额是指为了满足开户单位日常各项零星开支的需要,按国家规定允许开户单位留存现金的最高数额。开户银行应当根据实际需要,核定开户单位 3～5 天的日常零星开支所需的库存现金限额。边远地区和交通不便地区的开户单位的库存现金限额,可以多于 5 天,但不得超过 15 天的日常零星开支。经核定的库存现金限额,开户单位必须严格遵守。需要增加或者减少库存现金限额的,应当向开户银行提出申请,由开户银行核定。

【点拨指导】

"日常零星开支"是指除去定期的大额现金支出(如发放职工工资等)和不定期的大额现金支出(如新闻出版单位的支付稿费等)以外的零星费用支出。

对没有在银行单独开立账户的附属单位也要实行现金管理,必须保留的现金,也要核定限额,其限额包括在开户单位的使用限额之内。商业和服务行业的找零备用现金也要根据营业额核定定额,但不包括在开户单位的现金使用限额之内。

【特别提示】

一个单位在几家银行开户的,只能在一家银行开设现金结算账户支取现金,并由该家开户银行负责核定开户单位的现金使用限额并进行现金管理监督。

五、现金收支的基本要求

开户单位现金收支按下列规定办理：

（1）开户单位现金收入应当于当日送存开户银行，当日送存确有困难的，由开户银行确定送存时间。

（2）开户单位支付现金，可以从本单位现金使用限额中支付或者从开户银行提取，不得从本单位的现金收入中直接支付(即“坐支”)。

【特别提示】

因特殊情况需要坐支现金的单位，应当事先报经开户银行审查批准，由开户银行核定坐支范围和限额。坐支单位必须在现金账上如实反映坐支金额，并按月向开户银行报送坐支金额和使用情况。

（3）开户单位从开户银行提取现金时，应当写明用途，由本单位财会部门负责人签字盖章，并经开户银行审查批准后予以支付。

（4）因采购地点不固定、交通不便、生产或者市场急需、抢险救灾以及其他特殊情况，办理转账结算不够方便，必须使用现金的开户单位，应向开户银行提出书面申请，由本单位财会部门负责人签字盖章，开户银行审查批准后，予以支付现金。

【点拨指导】

根据《现金管理暂行条例》第二十一条和《现金管理暂行条例实施细则》第十二条的规定，开户单位必须建立健全现金账目，逐笔记载现金收付，账目要日清月结，做到账款相符。不准用不符合财务制度的凭证顶替库存现金；不准用转账凭证套换现金；不准单位之间相互借用现金；不准谎报用途套取现金；不准利用银行账户代其他单位和个人存入或支取现金；不准将单位收入的现金以个人名义存入储蓄；不准保留账外公款(即小金库)；禁止发行变相货币，不准以任何票券代替人民币在市场上流通。

第二节　支付结算概述

【学习指南】

学习本节内容，读者需要了解支付结算的概念、特征、主要法律依据，熟悉支付结算的基本原则、办理支付结算的要求。

一、支付结算的概念与特征

（一）支付结算的概念

支付结算是指单位、个人在社会经济活动中使用票据、银行卡和汇兑、托收承付、委托收款、信用证等结算方式进行货币给付及其资金清算的行为。

银行(指银行业金融机构)、单位(含个体工商户)和个人是办理支付结算的主体。其中，银行是支付结算和资金清算的中介机构。

我国传统的人民币非现金支付工具主要包括“三票一卡”和结算方式。“三票一卡”是指汇票、本票、支票和银行卡，结算方式包括汇兑、托收承付和委托收款。

【点拨指导】

理解支付结算的概念应注意以下三个层次的问题：第一，单位和个人都可以参与支付结算；第二，支付结算的方式有票据、信用卡和汇兑、托收承付、委托收款、信用证等；第三，支付结算包括货币给付与资金清算。

【特别提示】

现金结算不属于支付结算的范畴。

【知识链接】

上述支付结算的定义指的是广义的支付结算；狭义的支付结算仅指银行转账结算，即1997年9月中国人民银行发布的《支付结算办法》中所指的“支付结算”。

【特别提示】

票据和汇兑是我国单位和个人广泛使用的重要支付工具，在大额支付中占据主导地位；银行卡、第三方支付在小额支付中占据主导地位；托收承付在我国的使用量越来越少。随着网络的发展，网上银行、第三方支付等电子化支付方式得到了快速发展。我国已经形成了以票据和银行卡为主体、以电子支付为发展方向的非现金支付工具体系。

（二）支付结算的特征

支付结算的特征主要有以下五点。

1. 支付结算必须通过中国人民银行批准的金融机构进行

银行是办理支付结算和资金清算的中介机构。未经中国人民银行批准的非银行机构和其他单位不得作为中介机构经营支付结算业务。但法律、行政法规另有规定的除外。

2. 支付结算的发生取决于委托人的意志

银行作为办理支付结算和资金清算的中介机构，在支付结算和资金清算的过程中处于受托人地位。银行在办理支付结算时，必须遵循委托人意愿，按照委托人的委托，保证所收款项支付给委托人确定的收款人。银行只要以善意且符合规定的正常操作程序进行审查，对伪造、变造的票据和结算凭证上的签章以及需要检验个人有效证件，未发现异常而支付金额的，银行对出票人或付款人不再承担受委托付款的责任；对持票人或者收款人不再承担付款的责任。

银行依法为单位、个人在银行开立的各种存款账户的存款保密，维护其资金的自主支配权。对单位、个人在银行开立存款账户的存款，除国家法律、行政法规另有规定外，银行不得为任何单位或者个人查询；除国家法律另有规定外，银行不得为任何单位或个人冻结、扣款，不得停止单位、个人存款的正常支付。

3. 支付结算实行统一领导和分级管理相结合的管理体制

（1）中国人民银行总行负责制定统一的支付结算制度，组织、管理、监督全国的支付结算工作，调解、处理银行之间的支付结算纠纷。

（2）中国人民银行省、自治区、直辖市分行根据统一的支付结算制度制定实施细则，报总行备案；根据需要可以制定单项支付结算办法，报经中国人民银行总行批准后执行。中国人民银行分、支行负责组织、协调、管理、监督本辖区的支付结算工作，调解、处理本辖区银行之间的支付结算纠纷。

(3) 政策性银行、商业银行总行可以根据统一的支付结算制度，结合本行情况，制定具体管理实施办法，报经中国人民银行总行批准后执行。政策性银行、商业银行负责组织、管理、协调本行内的支付结算工作，调解、处理本行内分支机构之间的支付结算纠纷。

4. 支付结算是一种要式行为

要式行为，是指法律规定必须依照一定形式或履行一定程序才能够成立或进行的行为。如果该行为不符合法定的形式或程序要件，即为无效。为保证支付结算的准确、安全和及时，使其相关经济业务得以正常进行，中国人民银行对票据的印制和结算凭证的格式都作了统一规定，对正确填写票据和结算凭证的方法作出了基本规定。

5. 支付结算必须依法进行

支付结算当事人必须依法进行支付结算活动。《支付结算办法》第五条规定，银行(指银行业金融机构)以及单位和个人(含个体工商户)，办理支付结算必须遵守国家的法律、行政法规和本办法的各项规定，不得损害社会公共利益。

二、支付结算的主要法律依据

支付结算方面的法律、法规和制度主要包括《票据法》《票据管理实施办法》《支付结算办法》《现金管理暂行条例》《银行卡业务管理办法》《人民币银行结算账户管理办法》《异地托收承付结算办法》《电子支付指引(第一号)》等。

三、支付结算的基本原则

支付结算的基本原则有以下三点。

(一) 恪守信用，履约付款的原则

现代社会是信用社会，支付结算则是建立在信用基础上的货币给付行为。根据该原则，各单位之间、单位与个人之间发生支付结算行为时，应当相互信赖，严格遵守信用，足额按时履行付款义务。这一原则对履行付款义务的当事人具有约束力，是维护合同效力、保证当事人经济利益、保障经济畅通运行的重要保证。

(二) 谁的钱进谁的账，由谁支配的原则

银行作为办理支付结算和资金清算的中介机构，在办理结算时，对他人支付给收款人的资金，必须遵循存款人的委托，将款项支付给其指定的收款人。对存款人存放在银行账户的资金，除国家法律法规另有规定外，必须由存款人自由支配，其他任何单位、个人以及银行都不得对其资金擅自动用、冻结、处理或转移，否则就侵犯存款人的合法权益，就应当承担相应的法律责任。这一原则既保护了存款人对存款资金的所有权、控制权和自主支配权，又加强了银行办理结算的责任。

(三) 银行不垫款的原则

银行仅仅是办理支付结算和资金清算的中介机构，在办理结算过程中，其责任在于办理资金在结算当事人之间的转移手续，银行不能为结算当事人中的任何一方垫付资金。该原则主要在于划清银行自有资金与存款人资金的界限，既有利于保护银行自有资金的所有权、

控制权和自主支配权，又有利于促使结算当事人直接对自己的债权债务负责。

上述三个基本原则既能够单独发挥作用，又作为一个有机的整体，分别从不同角度强调了付款人、收款人和银行在结算过程中的权利和义务，能够切实保障支付结算活动的正常进行。

四、办理支付结算的要求

（一）办理支付结算的基本要求

（1）单位、个人和银行办理支付结算，必须使用按中国人民银行统一规定的票据和统一规定的结算凭证。未使用按中国人民银行统一规定印制的票据，票据无效；未使用中国人民银行统一规定格式的结算凭证，银行不予受理。

【特别提示】

未使用按中国人民银行统一规定印制的票据，导致的结果是“票据无效”；未使用中国人民银行统一规定格式的结算凭证，导致的结果是“银行不予受理”。

【点拨指导】

“票据和结算凭证”作为银行、单位和个人据以记账的会计凭证，是记载经济业务和明确经济责任的一种书面证明，是办理支付结算和现金收付的重要依据。也就是说，“票据和结算凭证”是办理支付结算的工具。

（2）单位、个人和银行应当按照《人民币银行结算账户管理办法》和《企业银行结算账户管理办法》的规定开立、使用账户。在银行开立存款账户的单位和个人办理支付结算，账户内须有足够的资金保证支付。银行依法为单位、个人在银行开立的存款账户内的存款保密，维护其资金的自主支配权。

（3）票据和结算凭证上的签章和其他记载事项应当真实，不得伪造、变造。票据和结算凭证上的签章，为签名、盖章或者签名并盖章。单位、银行在票据上的签章和单位在结算凭证上的签章，为该单位、银行的盖章加其法定代表人或者其授权的代理人的签名或者盖章。个人在票据和结算凭证上的签章，应为该个人本名的签名或者盖章。

伪造是指无权限人假冒他人或虚构他人名义签章的行为；变造是指无权更改票据内容的人对票据上签章以外的记载事项加以改变的行为。变造票据的方法多是在合法票据的基础上对票据加以剪接、挖补、涂改，从而非法改变票据原本的票面记载事项。

【特别提示】

签章的变造属于伪造。

伪造、变造票据属于欺诈行为，构成犯罪的，应追究其刑事责任。票据上有伪造、变造的签章的，不影响票据上其他当事人真实签章的效力。票据上其他记载事项被变造的，在变造之前签章的人，对原记载事项负责；在变造之后签章的人，对变造之后的记载事项负责；不能辨别是在票据被变造之前或者之后签章的，视同在变造之前签章。

票据和结算凭证的金额、出票或签发日期、收款人名称不得更改，更改的票据无效；更改的结算凭证，银行不予受理。对票据和结算凭证上的其他记载事项，原记载人可以更改，更改时应当由原记载人在更改处签章证明。

（二）支付结算凭证填写的要求

（1）收款人名称填写应当规范。单位和银行的名称应当记载全称或者规范化简称。规范化简称必须具有排他性，与全称在实质上具有同一性。

（2）票据的出票日期必须使用中文大写。月为壹、贰和壹拾的，日为壹至玖和壹拾、贰拾和叁拾的，应在其前加“零”；日为拾壹至拾玖的，应在其前加“壹”。

【归纳总结】

票据出票日期的中文大写书写要求归纳如表2-1所示。

表2-1　出票日期的中文大写方式

日期	中文大写方式
月为壹、贰和壹拾	在日或月前加“零”
日为壹至玖和壹拾、贰拾和叁拾	在日或月前加“零”
日为拾壹至拾玖	在日前加“壹”

【举例说明】

如10月16日，月为壹拾，前面加“零”，日为拾陆，前面加“壹”，则大写为“零壹拾月壹拾陆日”；又如1月20日，月为壹，日为贰拾，前面均加“零”，则大写为“零壹月零贰拾日”。

（3）填写金额应当规范。票据和结算凭证金额以中文大写和阿拉伯数码同时记载，两者必须一致，两者不一致的票据无效；两者不一致的结算凭证，银行不予受理。

【归纳总结】

会导致票据无效或银行不予受理的情况如下：①未使用按中国人民银行统一规定印制的票据，票据无效；未使用中国人民银行统一规定格式的结算凭证，银行不予受理。②票据和结算凭证的金额、出票或签发日期、收款人名称不得更改，更改的票据无效；更改的结算凭证，银行不予受理。③票据和结算凭证金额以中文大写和阿拉伯数码同时记载，两者必须一致，两者不一致的票据无效；两者不一致的结算凭证，银行不予受理。

（4）中文大写金额数字应用正楷或行书填写，不得自造简化字。如果金额数字书写中使用繁体字，也应受理。

【点拨指导】

中文大写金额数字的正确书写方法：壹、贰、叁、肆、伍、陆、柒、捌、玖、拾、佰、仟、万、亿、元、角、分、零、整（正）等。

（5）中文大写金额数字前应标明“人民币”字样，大写金额数字应紧接“人民币”字样填写，不得留有空白。大写金额数字前未印“人民币”字样的，应加填“人民币”三字。

（6）中文大写金额数字到“元”为止的，在“元”之后应写“整”（或“正”）字；到“角”为止的，在“角”之后可以不写“整”（或“正”）字；大写金额数字有“分”的，“分”后面不写“整”（或“正”）字。

【举例说明】

如￥[1]60.00元，中文大写应为“人民币陆拾元整（或正）”；人民币60.40元，中文大写应为“人民币陆拾元肆角整（或正）”，也可写成“人民币陆拾元肆角”；60.26元，只能写成“人民币陆拾元贰角陆分”，不能写成“人民币陆拾元贰角陆分整（或正）”。

① “￥”为人民币符号，填写在阿拉伯小写金额数字前面。见下面的（7）。

(7) 阿拉伯小写金额数字前面,均应填写人民币符号“¥”。阿拉伯小写金额数字要认真填写,不得连写。

(8) 阿拉伯小写金额数字中有“0”的,中文大写应按照汉语语言规律、金额数字构成和防止涂改的要求进行书写。具体要求如下:

第一,阿拉伯小写金额数字中间有“0”时,中文大写金额数字要写“零”字。

【举例说明】

如¥2 604.50,应写成“人民币贰仟陆佰零肆元伍角整(或正)”或写成“人民币贰仟陆佰零肆元伍角”。

第二,阿拉伯小写金额数字角位是“0”,而分位不是“0”时,中文大写金额数字“元”后面应写“零”字。

【举例说明】

如¥23 507.08,应写成“人民币贰万叁仟伍佰零柒元零捌分”;又如¥478.02,应写成“人民币肆佰柒拾捌元零贰分”。

第三,阿拉伯小写金额数字中间连续有几个“0”时,中文大写金额数字中间可以只写一个“零”字。

【举例说明】

如¥7 004.63,应写成“人民币柒仟零肆元陆角叁分”。

第四,阿拉伯小写金额数字万位或元位是“0”,或数字中间连续有几个“0”,万位、元位也是“0”,但千位、角位不是“0”时,中文大写金额数字中可以只写一个“零”字,也可以不写“零”字。

【举例说明】

如¥308 780.45,应写成“人民币叁拾万捌仟柒佰捌拾元零肆角伍分”,或写成“人民币叁拾万捌仟柒佰捌拾元肆角伍分”。又如¥308 700.45,应写成“人民币叁拾万捌仟柒佰元零肆角伍分”,或写成“人民币叁拾万捌仟柒佰元肆角伍分”。再如¥308 000.45,应写成“人民币叁拾万捌仟元零肆角伍分”,或写成“人民币叁拾万捌仟元肆角伍分”。

【归纳总结】

阿拉伯小写金额数字中有“0”时,中文大写金额数字的书写归纳如表 2-2 所示。

表 2-2 阿拉伯小写金额数字中有“0”时的中文大写金额数字

阿拉伯小写金额数字	中文大写金额数字
中间有“0”时	要(应)写“零”字
角位是“0”,而分位不是“0”时	
中间连续有几个“0”时	可以只写一个“零”字
万位或元位是“0”,但千位、角位不是“0”时	可以只写一个“零”字,也可以不写“零”字
中间连续有几个“0”,万位、元位也是“0”,但千位、角位不是“0”时	

【例 2-1】 2022 年 3 月 5 日，甲公司购进材料一批，货款金额共计 3 609.04 元，以支票结算。甲公司新来的出纳张某，在填写支票时将日期写为“2022 年 3 月 5 日”，金额大写为“人民币叁仟陆佰零玖元肆分整”。

要求：分析张某填写的支票是否正确。

答：张某填写的支票不正确。根据相关规定，票据的出票日期必须使用中文大写，应写为“贰零贰贰年叁月零伍日”；金额大写应为“人民币叁仟陆佰零玖元零肆分”。

第三节　银行结算账户

【学习指南】

学习本节内容，读者需要了解银行结算账户的概念；熟悉银行结算账户管理的基本原则；掌握银行结算账户的分类、违反银行账户管理法律制度的法律责任，银行结算账户的开立、变更和撤销。

一、银行结算账户的概念与分类

（一）银行结算账户的概念

银行结算账户是指银行为存款人开立的办理资金收付结算的活期存款账户。

【特别提示】

“银行”是指在中国境内经批准经营支付结算业务的银行业金融机构；“存款人”是指在中国境内开立银行结算账户的机关、团体、部队、企业、事业单位、其他组织（以下统称单位）、个体工商户和自然人。

（二）银行结算账户的分类

银行结算账户按开立主体分为单位银行结算账户和个人银行结算账户。其中，单位银行结算账户按用途分为基本存款账户、一般存款账户、专用存款账户和临时存款账户。银行结算账户按开户地分为本地银行结算账户和异地银行结算账户。

【特别提示】

单位银行结算账户是存款人以单位名称开立的银行结算账户；个人银行结算账户是存款人凭个人身份证件以自然人名称开立的银行结算账户。

1. 基本存款账户

1）基本存款账户的概念及使用范围

基本存款账户是指存款人因办理日常转账结算和现金收付需要而开立的银行结算账户。

下列存款人，可以申请开立基本存款账户：①企业法人；②非法人企业；③机关、事业单位；④团级（含）以上军队、武警部队及分散执勤的支（分）队；⑤社会团体；⑥民办非企业组织；⑦异地常设机构；⑧外国驻华机构；⑨个体工商户；⑩居民委员会、村民委员会、社区委员会；⑪单位设立的独立核算的附属机构，包括食堂、招待所、幼儿园；⑫其他组织，即按照现行的法律、行政法规规定可以成立的组织，如业主委员会、村民小组等组织；⑬境外组织。

基本存款账户是存款人的主办账户，一个单位只能开立一个基本存款账户。存款人日常经营活动的资金收付及其工资、奖金和现金的支取，应通过基本存款账户办理。

【知识链接】

存款人应先开立基本存款账户，然后才能申请开立一般存款账户、专用存款账户、临时存款账户等。

2）基本存款账户的开户要求

存款人申请开立基本存款账户，应向银行出具下列证明文件：

（1）企业法人，应出具企业法人营业执照。

（2）非法人企业，应出具企业营业执照。

（3）机关和实行预算管理的事业单位，应出具政府人事部门或编制委员会的批文或登记证书和财政部门同意其开户的证明。非预算管理的事业单位，应出具政府人事部门或编制委员会的批文或登记证书。

（4）军队、武警团级（含）以上单位以及分散执勤的支（分）队应出具军队军级以上单位财务部门、武警总队财务部门的开户证明。

（5）社会团体，应出具社会团体登记证书，宗教组织应出具宗教事务管理部门的批文或证明。

（6）民办非企业组织，应出具民办非企业登记证书。

（7）外地常设机构，应出具其驻在地政府主管部门的批文。对于已经取消对外地常设机构审批的省（市），应出具派出地政府部门的证明文件。

【特别提示】

异地常设机构可以开立基本存款账户，异地临时机构不能开立基本存款账户。

（8）外国驻华机构，应出具国家有关主管部门的批文或证明；外资企业驻华代表处、办事处，应出具国家登记机关颁发的登记证明。

（9）个体工商户，应出具个体工商户营业执照。

【特别提示】

个体工商户可以开立基本存款账户，自然人不能开立基本存款账户。

（10）居民委员会、村民委员会、社区委员会，应出具其主管部门的批文或证明。

（11）单位附属独立核算的食堂、招待所、幼儿园，应出具其主管部门的基本存款账户开户许可证或基本存款账户编号和批文。

【点拨指导】

分公司（属于非企业法人），单位设立的独立核算的食堂、招待所、幼儿园可以开立基本存款账户。

（12）按照现行法律法规规定成立的业主委员会、村民小组等组织，应出具政府主管部门的批文或证明。

（13）境外机构，应出具其在境外合法注册成立的证明文件，及其在境内开展相关活动所依据的法规制度或政府主管部门的批准文件等开户资料。证明文件等开户资料为非中文的，还应同时提供对应的中文翻译。

开户时，应出具法定代表人或单位负责人有效身份证件。法定代表人或单位负责人授权他人办理的，还应出具法定代表人或单位负责人的授权书以及被授权人的有效身份证件。

2. 一般存款账户

1）一般存款账户的概念及使用范围

一般存款账户是指存款人因借款或者其他结算需要，在基本存款账户开户银行以外的银行营业机构开立的银行结算账户。

一般存款账户用于办理存款人借款转存、借款归还和其他结算的资金收付。一般存款账户可以办理现金缴存，但不得办理现金支取。

2）一般存款账户的开户要求

开立基本存款账户的存款人都可以开立一般存款账户，且没有数量限制。开立一般存款账户应按照规定的程序办理并提交有关证明文件。存款人申请开立一般存款账户，应向银行出具其开立基本存款账户规定的证明文件、基本存款账户开户许可证或基本存款账户编号和下列证明文件：

(1) 存款人因向银行借款需要，应出具借款合同。

(2) 存款人因其他结算需要，应出具有关证明。

【例2-2】 甲公司在中国工商银行开立基本存款账户，因业务需要在中国建设银行开立一般存款账户。本年3月5日，该公司签发了一张金额为45万元的现金支票，向中国建设银行提示付款，中国建设银行的工作人员拒绝办理该笔业务。

要求：分析中国建设银行工作人员的做法是否正确。

答：中国建设银行工作人员的做法是正确的。因为根据相关规定，一般存款账户用于存款人借款转存、借款归还和其他结算的资金收付，该账户可以办理现金缴存，但不得办理现金支取。

3. 专用存款账户

1）专用存款账户的概念及使用范围

专用存款账户是指存款人按照法律、行政法规和规章，对其特定用途资金进行专项管理和使用而开立的银行结算账户。

专用存款账户用于办理各项专用资金的收付，适用于对下列资金的管理和使用：①基本建设资金；②更新改造资金；③粮、棉、油收购资金；④证券交易结算资金；⑤期货交易保证金；⑥信托基金；⑦政策性房地产开发资金；⑧住房基金；⑨社会保障基金；⑩收入汇缴资金和业务支出资金；⑪党、团、工会设在单位的组织机构经费；⑫其他需要专项管理和使用的资金。

2）专用存款账户的开户要求

存款人申请开立专用存款账户，应向银行出具其开立基本存款账户规定的证明文件、基本存款账户开户许可证或基本存款账户编号和下列证明文件：

(1) 基本建设资金、更新改造资金、政策性房地产开发资金、住房基金、社会保障基金，应出具主管部门批文。

(2) 粮、棉、油收购资金，应出具主管部门批文。

(3) 证券交易结算资金，应出具证券公司或证券管理部门的证明。

(4) 期货交易保证金,应出具期货公司或期货管理部门的证明。

(5) 收入汇缴资金和业务支出资金,应出具基本存款账户存款人有关的证明。

(6) 党、团、工会设在单位的组织机构经费,应出具该单位或有关部门的批文或证明。

(7) 其他按规定需要专项管理和使用的资金,应出具有关法规、规章或政府部门的有关文件。

【点拨指导】

同一个证明文件,只能开立一个专用存款账户。

对于合格境外机构投资者在境内从事证券投资开立的人民币特殊账户和人民币结算资金账户,均纳入专用存款账户管理。其开立人民币特殊账户时应出具国家外汇管理部门的批复文件;开立人民币结算资金账户时,应出具证券管理部门的证券投资业务许可证。

4. 临时存款账户

1) 临时存款账户的概念及使用范围

临时存款账户是指存款人因临时需要并在规定期限内使用而开立的银行结算账户。临时存款账户用于办理临时机构以及存款人临时经营活动发生的资金收付。

【特别提示】

基本存款账户、临时存款账户可以支取现金,一般存款账户不得办理现金支取。

有下列情况的,存款人可以申请开立临时存款账户:设立临时机构(如设立工程指挥部、摄制组、筹备领导小组等);异地临时经营活动(如建筑施工及安装单位等在异地的临时经营活动);注册验资、增资;军队、武警单位承担基本建设或者异地执行作战、演习、抢险救灾、应对突发事件等临时任务。

【特别提示】

异地常设机构可以申请开立基本存款账户;异地临时经营活动可以申请开立临时存款账户。

2) 临时存款账户的开户要求

存款人申请开立临时存款账户,应向银行出具下列证明文件:

(1) 临时机构,应出具其驻在地主管部门同意设立临时机构的批文。

(2) 异地建筑施工及安装单位,应出具其营业执照正本或其隶属单位的营业执照正本、施工及安装地建设主管部门核发的许可证或建筑施工及安装合同,以及基本存款账户开户登记证。

(3) 异地从事临时经营活动的单位,应出具其营业执照、临时经营地市场监督管理部门的批文,以及基本存款账户开户登记证。

(4) 境内单位在异地从事临时活动的,应出具政府有关部门批准其从事该项活动的证明文件。

(5) 境外(含我国港、澳、台地区)机构在境内从事经营活动的,应出具政府有关部门批准其从事该项活动的证明文件。

(6) 军队、武警单位因执行作战、演习、抢险救灾、应对突发事件等任务需要开立银行账户时,开户银行应当凭军队、武警团级以上单位后勤(联勤)部门出具的批件或证明,先予开户并同时启用,后补办相关手续。

（7）注册验资资金，应出具市场监督管理部门核发的企业名称预先核准通知书或有关部门的批文。

（8）增资验资资金，应出具股东会或董事会决议等证明文件。

【点拨指导】

存款人为临时机构的，只能在其驻地开立一个临时存款账户，不得开立其他银行结算账户；存款人在异地从事临时活动的，只能在其临时活动地开立一个临时存款账户；建筑施工及安装单位在异地同时承建多个项目的，可以根据建筑施工及安装合同开立不超过项目合同个数的临时存款账户。

3）临时存款账户使用中应当注意的问题。

临时存款账户使用中应当注意以下问题：①临时存款账户应根据有关开户证明文件确定的期限或存款人的需要确定其有效期限，最长不得超过2年。②临时存款账户支取现金，应按照国家现金管理的规定办理。③注册验资的临时存款账户在验资期间只收不付。

5. 个人银行结算账户

1）个人银行结算账户的概念及使用范围

个人银行结算账户是指存款人因投资、消费、结算等需要而凭个人身份证件以自然人名称开立的银行结算账户。个人银行账户分为Ⅰ类银行账户、Ⅱ类银行账户和Ⅲ类银行账户。

个人银行结算账户用于办理个人转账收付和现金存取。下列款项可以转入个人银行结算账户：①工资、奖金收入；②稿费、演出费等劳务收入；③债券、期货、信托等投资的本金和收益；④个人债权或产权转让收益；⑤个人贷款转存；⑥证券交易结算资金和期货交易保证金；⑦继承、赠与款项；⑧保险理赔、保费退还等款项；⑨纳税退还；⑩农、副、矿产品销售收入；⑪其他合法款项。

单位从其银行结算账户支付给个人银行结算账户的款项，每笔超过5万元（不包含5万元）的，应向其开户银行提供下列付款依据：①代发工资协议和收款人清单；②奖励证明；③新闻出版、演出主办等单位与收款人签订的劳务合同或支付给个人款项的证明；④证券公司、期货公司、信托投资公司、奖券发行或承销部门支付或退还给自然人款项的证明；⑤债权或产权转让协议；⑥借款合同；⑦保险公司的证明；⑧税收征管部门的证明；⑨农、副、矿产品购销合同；⑩其他合法款项的证明。

【特别提示】

从单位银行结算账户支付给个人银行结算账户的款项应纳税的，税收代扣单位付款时应向其开户银行提供完税证明。

当个人持出票人为单位的支票向开户银行委托收款，将款项转入其个人银行结算账户的，或个人持申请人为单位的银行汇票和银行本票向开户银行提示付款，将款项转入其个人银行结算账户的，个人应出具上述①～⑩项中规定的有关收款依据。存款人应对其提供的收款依据或付款依据的真实性、合法性负责。

从单位银行结算账户向个人银行结算账户支付款项单笔超过5万元人民币时，付款单位若在付款用途栏或备注栏注明事由，可不再另行出具付款依据，但付款单位应对支付款项事由的真实性、合法性负责。但是，具有下列一种或多种特征的可疑交易，银行应关闭单位银行结算账户的网上银行转账功能，要求存款人到银行网点柜台办理转账业务，并出具书面付款依据或相关证明文件，如存款人未提供相关依据或相关依据不符合规定的，银行应拒绝办理转账业务：①账户资金集中转入，分散转出，跨区域交易；②账户资金快进快出，不留余额或者留下一定比例余额后转出，过渡性质明显；③拆分交易，故意规避交易限额；④账户资金金额较大，对外收付金额与单位经营规模、经营活动明显不符；⑤其他可疑情形。

2）个人银行结算账户的开户要求

根据个人银行账户实名制的要求，存款人申请开立个人银行结算账户时，应向银行出具本人有效身份证件。银行通过有效身份证件仍无法准确判断开户申请人身份的，应要求其出具辅助身份证明材料。

有效身份证件包括：①在中华人民共和国境内已登记常住户口的中国公民为居民身份证；不满十六周岁的，可以使用居民身份证或户口簿；②中国香港、澳门特别行政区居民为港澳居民往来内地通行证；③中国台湾地区居民为台湾居民来往大陆通行证；④定居国外的中国公民为中国护照；⑤外国公民为护照或者外国人永久居留证（外国边民，按照边贸结算的有关规定办理）；⑥法律、行政法规规定的其他身份证明文件。

辅助身份证明材料包括但不限于：①中国公民为户口簿、护照、机动车驾驶证、居住证、社会保障卡、军人和武装警察身份证件、公安机关出具的户籍证明、工作证；②中国香港、澳门特别行政区居民为中国香港、澳门特别行政区居民身份证；③中国台湾地区居民为在中国台湾居住的有效身份证明；④定居国外的中国公民为定居国外的证明文件；⑤外国公民为外国居民身份证、使领馆人员身份证件或者机动车驾驶证等其他带有照片的身份证件；⑥完税证明、水电煤缴费单等税费凭证。

军人、武装警察尚未领取居民身份证的，除出具军人和武装警察身份证件外，还应出具军人保障卡或所在单位开具的尚未领取居民身份证的证明材料。

6. 异地银行结算账户

1）异地银行结算账户的概念及使用范围

异地银行结算账户，是存款人在其注册地或住所地行政区域之外（跨省、市、县）开立的银行结算账户。异地银行结算账户包括异地银行结算账户和异地个人银行结算账户。

存款人有下列情形之一的，可以在异地开立有关银行结算账户：

（1）营业执照注册地与经营地不在同一行政区域（跨省、市、县），需要开立基本存款账户的。

（2）办理异地借款和其他结算需要开立一般存款账户的。

（3）存款人因附属的非独立核算单位或派出机构发生的收入汇缴或业务支出需要开立专用存款账户的。

（4）异地临时经营活动需要开立临时存款账户的。

（5）自然人根据需要在异地开立个人银行结算账户的。

异地银行结算账户应按照开设的不同账户的使用规定进行使用。

2）异地银行结算账户的开户要求

存款人需要在异地开立单位银行结算账户，除出具属地账户管理规定的有关证明文件外，还应出具下列相应的证明文件：

（1）异地借款的存款人，在异地开立一般存款账户的，应出具在异地取得贷款的借款合同及基本存款账户开户许可证或基本存款账户编号。

(2) 因经营需要，在异地办理收入汇缴和业务支出的存款人，在异地开立专用存款账户的，应出具隶属单位的证明。

存款人需要在异地开立个人银行结算账户，应出具在住所地开立账户所需的证明文件。

二、银行结算账户管理的基本原则

银行结算账户管理应当遵守以下基本原则。

1. 一个基本账户原则

一个基本账户原则是指单位银行结算账户的存款人只能在一家金融机构开立一个基本存款账户。

2. 自主选择原则

自主选择原则是指存款人可以根据需要自主选择开立银行，除国家法律、行政法规和国务院另有规定外，任何单位和个人不得强令存款人到指定银行开立银行结算账户。

3. 守法合规原则

守法合规原则是指银行结算账户的开立和使用应当遵守法律、行政法规，不得利用银行结算账户进行偷逃税款、逃避债务、套取现金及其他违法犯罪活动。

4. 存款信息保密原则

存款信息保密原则是指银行必须依法为存款人的银行结算账户信息保密。除国家法律、行政法规另有规定外，银行有权拒绝任何单位或个人查询其他单位或个人的存款信息。

三、银行结算账户的开立、变更与撤销

(一) 银行结算账户的开立

1. 开户银行的选择

存款人应在注册地或住所地开立银行结算账户。符合异地(跨省、市、县)开户条件的，也可以在异地开立银行结算账户。

【特别提示】

存款人可以自主选择银行开立银行结算账户，除国家法律、行政法规和国务院规定外，任何单位和个人不得强令存款人到指定银行开立银行结算账户。

2. 银行结算账户申请书的开立与审查

(1) 存款人填写“开立银行结算账户申请书”(简称“开户申请书”)。存款人申请开立银行结算账户时，应填制开户申请书。开立单位银行结算账户时，应填写“开立单位银行结算账户申请书”，并加盖单位公章和法定代表人(单位负责人)或其授权代理人的签名或者盖章。存款人有组织机构代码、上级法人或主管单位的，应在“开立单位银行结算账户申请书”上如实填写相关信息。存款人有关联企业的，应填写“关联企业登记表”。申请开立个人银行结算账户时，存款人应填写“开立个人银行结算账户申请书”，并加其个人签章。

(2) 开户银行审查存款人的开户申请书。银行应对存款人的开户申请书填写的事项和相关证明文件的真实性、完整性、合规性进行认真审查。

3. 开户核准与备案

(1) 对于核准类账户，如果开户申请书填写的事项齐全，符合开立核准类账户条件的，

银行应将存款人的开户申请书、相关的证明文件和银行审核意见等开户资料报送中国人民银行当地分支机构，经其核准并核发开户许可证后办理开户手续。

中国人民银行当地分支机构应于2个工作日内对开户银行报送的核准类账户的开户资料的合规性予以审核，符合开户条件的，予以核准，颁发相关开户许可证。不符合开户条件的，应在开户申请书上签署意见，连同有关证明文件一并退回报送银行，由报送银行转送存款人。

【特别提示】

需要中国人民银行核准的结算账户包括：①企业法人、非法人企业和个体工商户以外的其他单位开立的基本存款账户；②企业法人、非法人企业和个体工商户以外的其他单位开立的临时存款账户（因注册验资和增资验资开立的除外）；③预算单位专用存款账户；④合格境外机构投资者在境内从事证券投资开立的人民币特殊账户和人民币结算资金账户。

【点拨指导】

开户许可证是中国人民银行依法准予申请人在银行开立核准类银行结算账户的行政许可证件，是核准类银行结算账户合法性的有效证明。开户许可证有正本和副本之分，正本由申请人保管；副本由申请人开户银行留存。

（2）对于备案类账户，在中国人民银行当地分支机构备案的要求如下：①企业（在境内设立的企业法人、非法人企业和个体工商户，下同）开立基本存款账户、企业开立临时存款账户已取消核准制，由银行向中国人民银行当地分支机构备案，无须颁发开户许可证。银行完成企业基本存款账户信息备案后，账户管理系统生成基本存款账户编号。银行应打印“基本存款账户信息”和存款人查询密码并交付企业。②持有基本存款账户编号的企业申请开立一般存款账户、专用存款账户、临时存款账户时，应当向银行提供基本存款账户编号。③符合开立一般存款账户、非预算单位专用存款账户和个人银行结算账户条件的，银行应办理开户手续，并向中国人民银行当地分支机构备案。④备案类结算账户的变更和撤销也应通过账户管理系统向中国人民银行当地分支机构报备。

【特别提示】

需要中国人民银行备案的结算账户包括：①企业开立的基本存款账户；②企业开立的临时存款账户；③一般存款账户；④非预算单位专用存款账户；⑤个人银行结算账户。

4. 签订账户管理协议

开立银行结算账户时，银行应与存款人签订银行结算账户管理协议，明确双方的权利与义务。

（1）企业申请开立基本存款账户的，银行应当向企业法定代表人或单位负责人核实企业开户意愿，并留存相关工作记录。核实开户意愿，可采取面对面、视频等方式，具体方式由银行根据客户风险程度选择。

【特别提示】

银行与企业签订的银行结算账户管理协议内容包括但不限于：银行与开户申请人办理银行结算账户业务应当遵守法律、行政法规以及人民银行的有关规定，不得利用银行结算账户从事各类违法犯罪活动；企业银行结算账户信息变更及撤销的情形、方式、时限；银行控制账户交易措施的情形和处理方式；其他需要约定的内容。

(2) 对存在法定代表人或者负责人对单位经营规模及业务背景等情况不清楚、注册地和经营地均在异地等异常情况的单位，银行应当与其法定代表人或者负责人面签银行结算账户管理协议，并留存视频、音频资料等，开户初期原则上不开通非柜面业务，待后续了解后再审慎开通。

(3) 银行在为存款人开通非柜面转账业务时，双方应签订协议，约定非柜面渠道向非同名银行账户和支付账户转账的日累计限额、笔数和年累计限额等，超出限额和笔数的，应当到银行柜面办理。

(4) 预留签章的有关规定：①银行应建立存款人预留签章卡片，并将签章式样和有关证明文件的原件或复印件留存归档。②存款人为单位的，其预留签章为该单位的公章或财务专用章加其法定代表人(单位负责人)或其授权的代理人的签名或者盖章。③存款人为个人的，其预留签章为该个人的签名或者盖章。

5. 账户名称的要求

存款人在申请开立单位银行结算账户时，其申请开立的银行结算账户的账户名称、出具的开户证明文件上记载的存款人名称以及预留银行签章中公章或财务专用章的名称应保持一致，但以下情形除外：

(1) 因注册验资开立的临时存款账户，其账户名称为市场监督管理部门核发的“企业名称预先核准通知书”或政府有关部门批文中注明的名称，其预留银行签章中公章或财务专用章的名称应是存款人与银行在银行结算账户管理协议中约定的出资人名称。

(2) 预留银行签章中公章或财务专用章的名称依法可使用简称的，账户名称应与其保持一致。

(3) 没有字号的个体工商户开立的银行结算账户，其预留签章中公章或财务专用章应是“个体户”字样加营业执照上载明的经营者的签字或盖章。

6. 银行账户的开立之日与业务办理

企业银行结算账户自开立之日即可办理收付款业务。

【特别提示】

(1) 对于核准类银行结算账户，“正式开立之日”为中国人民银行当地分支机构的核准日期。

(2) 对于备案类银行结算账户，“正式开立之日”为开户银行为存款人办理开户手续的日期。

(二) 银行结算账户的变更

银行结算账户的变更，是指存款人的账户信息资料发生的变化或改变，主要为存款人变更账户名称、单位的法定代表人或主要负责人、住址以及其他开户资料的变更。

(1) 存款人变更账户名称、单位的法定代表人或主要负责人、住址等其他开户资料后，应及时向开户银行办理变更手续，填写“变更银行结算账户申请书”。银行发现企业名称、法定代表人或者单位负责人发生变更的，应当及时通知企业办理变更手续；企业自通知送达之日起在合理期限内仍未办理变更手续，且未提出合理理由的，银行有权采取措施适当控制账户交易。企业营业执照、法定代表人或者单位负责人有效身份证件列明有效期限的，银行应当于到期日前提示企业及时更新，有效期到期后，在合理期限内企业仍未更新，且未提出合理理由的，银行应当按规定中止其办理业务。属于申请变更单位银行结算账户的，应加盖单位公章和法定代表人（单位负责人）或其授权代理人的签名或者盖章；属于申请变更个人银行结算账户的，应加其个人签章。

（2）存款人更改名称，但不改变开户银行及账号的，应于5个工作日内向开户银行提出银行结算账户的变更申请，并出具有关部门的证明文件。

（3）单位的法定代表人或主要负责人、住址以及其他开户资料发生变更时，应于5个工作日内书面通知开户银行并提供有关证明。

（4）属于变更开户许可证记载事项的，存款人办理变更手续时，应交回开户许可证，由中国人民银行当地分支行换发新的开户许可证。对因办理变更手续收回开户许可证原件的企业，不再换发新的开户许可证。对企业名称、法定代表人或者单位负责人变更的，账户管理系统重新生成新的基本存款账户编号，银行应当打印基本存款账户信息并交付企业。企业遗失或损毁在取消许可前取得的基本存款账户开户许可证，企业可出具相关说明，人民银行分支机构不再补发。企业可向基本存款账户开户银行申请打印基本存款账户信息。

（三）银行结算账户的撤销

银行结算账户的撤销是指存款人因开户资格或其他原因终止银行结算账户使用的行为。

1. 应当撤销账户的情形

出现以下情形之一的，存款人应向开户银行提出撤销银行结算账户的申请：

（1）被撤并、解散、宣告破产或关闭的。

（2）注销、被吊销营业执照的。

（3）因迁址，需要变更开户银行的。

【特别提示】

“迁址”，如不需要变更开户银行的，办理变更手续即可。

（4）其他原因需要撤销银行结算账户的。

存款人有上述第（1）、第（2）项情形的，应于5个工作日内向开户银行提出撤销银行结算账户的申请。

【特别提示】

银行得知存款人有第（1）、第（2）项情形的，存款人超过规定期限未主动办理撤销银行结算账户手续的，银行有权停止其银行结算账户的对外支付。存款人因第（3）、第（4）项情形撤销基本存款账户后，需要重新开立基本存款账户的，应在撤销其原基本存款账户后10日内申请重新开立基本存款账户。

2. 撤销银行结算账户的程序

（1）存款人申请撤销银行结算账户时，应填写“撤销银行结算账户申请书”。属于申请撤销单位银行结算账户的，应加盖单位公章和法定代表人（单位负责人）或其授权代理人的签名或者盖章；属于申请撤销个人银行结算账户的，应加其个人签章。

（2）银行在收到存款人撤销银行结算账户的申请后，对于符合销户条件的，应在2个工作日内办理撤销手续。

（3）存款人撤销银行结算账户，必须与开户银行核对银行结算账户存款余额，交回各种重要空白票据及结算凭证和开户许可证（不含取消企业银行账户许可之后无开户许可证的企业),银行核对无误后方可办理销户手续。企业因转户原因撤销基本存款账户的,银行还应打印“已开立银行结算账户清单”并交付企业。

(4) 存款人撤销核准类银行结算账户时,应交回开户许可证。

3. 撤销顺序

撤销银行结算账户时,应先撤销一般存款账户、专用存款账户、临时存款账户,将账户资金转入基本存款账户后,方可办理基本存款账户的撤销。

4. 不得撤销银行结算账户的情形

存款人尚未清偿其开户银行债务的,不得申请撤销该银行结算账户。

5. 强制撤销

对于按照账户管理规定应撤销而未办理销户手续的单位银行结算账户,银行通知该单位银行结算账户的存款人自发出通知之日起 30 日内办理销户手续,逾期视同自愿销户,未划转款项列入久悬未取专户管理。

四、违反银行账户管理法律制度的法律责任

(一) 存款人违反账户管理制度的处罚

存款人违反账户管理制度的处罚如表 2-3 所示。

表 2-3 存款人违反账户管理制度的处罚

序号	类型	适用情形	处罚
1	存款人在开立、撤销银行结算账户中的违法行为	(1) 违反规定开立银行结算账户 (2) 伪造、变造证明文件欺骗银行开立银行结算账户 (3) 违反规定不及时撤销银行结算账户	(1) 对非经营性的存款人,给予警告并处以 1 000 元的罚款 (2) 对经营性的存款人,给予警告并处以 10 000 元以上 30 000 元以下的罚款 (3) 构成犯罪的,移交司法机关依法追究刑事责任
2	存款人使用银行结算账户中的违法行为	(1) 违反规定将单位款项转入个人银行结算账户 (2) 违反规定支取现金 (3) 利用开立银行结算账户逃避银行债务 (4) 出租、出借银行结算账户 (5) 从基本存款账户之外的银行结算账户转账存入、将销货收入存入或现金存入单位信用账户 (6) 存款人的法定代表人或主要负责人、存款人地址以及其他开户资料的变更事项未在规定期限内通知银行	(1) 对有前述(1)~(5)项情形的非经营性的存款人,给予警告并处以 1 000 元罚款 (2) 对有前述(1)~(5)项情形的经营性的存款人,给予警告并处以 5 000 元以上 30 000 元以下的罚款 (3) 对有前述(6)项情形的存款人,给予警告并处以 1 000 元的罚款
3	伪造、变造、私自印制开户许可证	(1) 伪造开户许可证 (2) 变造开户许可证 (3) 私自印制开户许可证	(1) 对非经营性存款人,处以 1 000 元罚款 (2) 对经营性存款人,处以 10 000 元以上 30 000 元以下的罚款 (3) 构成犯罪的,移交司法机关依法追究刑事责任

【归纳总结】

三种不同类型的违法行为中，对非经营性存款人的罚款数额都一样(1 000 元)。

(二) 银行及其有关人员违反账户管理制度的处罚

银行及其有关人员违反账户管理制度的处罚如表 2-4 所示。

表 2-4　银行及其有关人员违反账户管理制度的处罚

序号	类型	适用情形	处罚
1	银行在银行结算账户开立中的违法行为	(1) 违反规定为存款人多头开立银行结算账户 (2) 明知或应知是单位资金，而允许以自然人名称开立账户存储	(1) 给予警告，并处以 50 000 元以上 300 000 元以下的罚款 (2) 对该银行直接负责的高级管理人员、其他直接负责的主管人员、直接责任人员按规定给予纪律处分 (3) 情节严重的，中国人民银行有权停止对其开立基本存款账户的核准，责令该银行停业整顿或者吊销经营金融业务许可证 (4) 构成犯罪的，移交司法机关依法追究刑事责任
2	银行在银行结算账户使用中的违法行为	(1) 提供虚假开户申请资料欺骗中国人民银行许可开立基本存款账户、临时存款账户、预算单位专用存款账户 (2) 开立或撤销单位银行结算账户，未按规定在其基本存款账户开户许可证上予以登记、签章或通知相关开户银行 (3) 违反规定办理个人银行结算账户转账结算 (4) 为储蓄账户办理转账结算 (5) 违反规定为存款人支付现金或办理现金存入 (6) 超过期限或未向中国人民银行报送账户开立、变更、撤销等资料	(1) 给予警告，并处以 5 000 元以上 30 000 元以下的罚款 (2) 对该银行直接负责的高级管理人员、其他直接负责的主管人员、直接责任人员按规定给予纪律处分 (3) 情节严重的，中国人民银行有权停止对其开立基本存款账户的核准 (4) 构成犯罪的，移交司法机关依法追究刑事责任

第四节　票据结算方式

【学习指南】

学习本节内容，读者需要熟悉票据的概念、种类、特征与功能，掌握票据的行为、当事人、权利与责任，票据记载事项，票据丧失的补救，支票、商业汇票、银行汇票和银行本票的相关知识，其中，需要重点学习支票、商业汇票的相关知识。

一、票据结算概述

(一) 票据的概念与种类

一般来讲，票据具有支付、汇兑、信用、结算和融资等职能。票据结算是支付结算的重要内容。广义的票据包括各种有价证券，如股票、债券、发票、提单等。狭义的票据仅指以支付金钱为目的的有价证券，即由出票人依法签发的，约定自己或者委托付款人在见票时或指定的日期向收款人或持票人无条件支付一定金额的有价证券。本节所说的票据是指狭义的票据。

在我国，票据主要包括银行汇票、商业汇票、银行本票和支票。

【特别提示】

我国《票据法》规定的票据包括汇票（包括银行汇票和商业汇票）、本票（特指银行本票）和支票。

（二）票据的特征与功能

1. 票据的特征

1）票据是"完全有价证券"

完全有价证券，是指票据权利完全证券化，票据所表示的权利与票据不可分离。票据权利的产生、行使、转让和消灭都离不开票据。完全有价证券这一特征可以通过票据的以下具体特征来体现：

（1）设权证券。票据上所表示的权利，是由出票这种行为所创设的。没有票据，就没有票据上的权利。因此，票据是一种设权证券。

【补充】

证权证券，是指证券是权利的一种物化的外在形式，它是权利的载体，权利是已经存在的。设权证券，是指权利的发生必须首先作成证券。

（2）提示证券。票据权利的享有必须以占有票据为前提，行使票据权利必须出示票据。

（3）交付证券。转让票据权利时必须交付票据。

（4）缴回证券。票据权利实现后，票据应缴回付款人，付款人因付款而免责。

2）票据是"文义证券"

文义证券，是指票据上的一切票据权利义务必须严格依照票据记载的文义而定，不得以文义之外的任何理由、事项来主张票据权利。

【特别提示】

即使票据记载的文义有错，也不得用票据之外的其他证明方法变更或补充。

3）票据是"无因证券"

无因证券，是指证券效力与作成证券的原因完全分离，证券权利的存在和行使，不以作成证券的原因为要件。票据的持票人行使票据权利时，不必证明其取得票据的原因，以及票据权利发生的原因。这些原因存在与否、有效与否，与票据权利原则上互不影响。票据的持票人仅依据票据上所载文义就可以请求给付一定金额的货币。

【特别提示】

当票据债务人根据《票据法》第十二条的规定，认为持票人是以欺诈、偷盗或者胁迫等手段取得票据的，或者明知有上述情形出于恶意取得票据的，或者因为重大过失取得票据的，持票人应当对自己持票的合法性负责举证。

4）票据是"金钱债权证券"

金钱债权证券，是指持票人可以就票据上所记载的金额向特定票据债务人行使请求权，其性质是债权，并且请求支付的一定是金钱而不是物品。

5）票据是“要式证券”

要式证券，是指票据必须具备法定格式才能有效。除《票据法》另有规定者外，不具备法定格式的，不发生票据的效力。票据格式表现为票据必须记载的事项、票据用纸（包括纸质、纸色、尺寸）、书写方法、书写用具及墨水颜色等。法定必须记载的事项不齐备而又被《票据法》所不容许的，票据无效；票据用纸、书写等不符合规定的，票据无效。

【特别提示】

票据的制作、形式、文义都有规定的格式和要求，必须符合《票据法》的规定。

6）票据是“流通证券”

流通证券，是指票据可以流通转让，并且只有通过流通转让，票据的功能才能得以充分发挥。

【区别比较】

与一般财产权相比，流通证券的特点体现在：票据权利的转让灵活简便，无须通知债务人，就可通过背书行为直接转让。

2. 票据的功能

（1）支付功能。票据的支付功能表现在票据可以代替现金作为支付工具，不仅能够避免清点现钞时可能产生的错误，而且能够节省清点现钞的时间。

（2）汇兑功能。票据的汇兑功能表现在票据可以代替货币在不同的地方之间运送，方便异地之间的支付。

（3）信用功能。票据的信用功能表现在票据当事人可以凭借某人的信誉，就未来可以取得的金钱，作为现在的金钱使用。

【举例说明】

A公司购买B公司货物，A公司暂时款项不足，便凭借自己的信誉签发了一张以“B公司”为收款人、以自己的开户银行为付款人、约定3个月后付款的票据给B公司。此时，A公司实际上是将3个月后才能筹足的款项以票据的形式提前使用。

（4）结算功能。票据的结算功能即债务抵销能力。

【举例说明】

互有债务的双方当事人A和B各签发一张银行本票，待两张银行本票都到了到期日，就可以相互抵销债务。如果有差额，则由一方以现金支付给另一方。

（5）融资功能。票据的融资功能即融通资金或调度资金的功能。票据的融资功能是通过票据的贴现、转贴现和再贴现实现的。

【知识拓展】

贴现是指票据持票人在票据未到期前为获得现金向银行贴付一定利息而发生的票据转让行为。

转贴现是指商业银行在资金临时不足时，将已经贴现但仍未到期的票据，交给其他商业银行或贴现机构给予贴现，以取得资金融通。

再贴现是指中央银行通过买进商业银行持有的已贴现但尚未到期的商业汇票，向商业银行提供融资支持的行为。

（三）票据行为

票据行为是指票据当事人以发生票据债务为目的、以在票据上签名或盖章为权利与义务成立要件的法律行为，包括出票、背书、承兑和保证四种。

1. 出票

出票是指出票人签发票据并将其交付给收款人的行为。出票包括如下两个行为，这两个行为缺一不可。

（1）出票人依照《票据法》的规定做成票据，即在原始票据上记载法定事项并签章。

（2）交付票据，即将做成的票据交付给他人占有。

2. 背书

背书是指持票人为将票据权利转让给他人或者将一定的票据权利授予他人行使，而在票据背面或者粘单上记载有关事项并签章的行为。背书按照目的不同，分为转让背书和非转让背书。

（1）转让背书是以持票人将票据权利转让给他人为目的。背书转让的汇票，背书应当连续。

【知识链接】

背书连续是指在票据转让过程中，转让票据的背书人与受让票据的被背书人在票据上的签章依次前后衔接。即第一次背书转让的背书人是票据上记载的收款人，前次背书转让的被背书人是后一次背书转让的背书人，依次前后衔接，最后一次背书转让的被背书人是票据的最后持票人。

（2）非转让背书是将一定的票据权利授予他人行使，包括委托收款背书和质押背书。委托收款背书是背书人委托被背书人代替自己行使票据权利、收取票据金额的背书，委托收款背书的被背书人有权代背书人行使被委托的票据权利，但背书中的被背书人不得再背书转让票据权利。质押背书是以担保债务在票据上设定质权为目的而进行的背书，质押背书中的被背书人依法实现其债权时，可以行使票据权利。

无论何种目的，都应当记载背书事项并交付票据。

3. 承兑

承兑是指汇票付款人承诺在汇票到期日支付汇票金额并签章的行为。承兑仅适用于商业汇票。汇票未按照规定期限提示承兑的，持票人丧失对其前手的追索权。付款人承兑汇票，不得附有条件；承兑附有条件的，视为拒绝承兑。付款人承兑汇票后，应承担到期付款的责任。

4. 保证

保证是指票据债务人以外的人，为担保特定债务人履行票据债务而在票据上记载有关事项并签章的行为。被保证的票据，保证人应当与被保证人对持票人承担连带责任。保证人为两人以上的，保证人之间承担连带责任。票据到期后得不到付款的，持票人有权向保证人请求付款，保证人应当足额付款。保证人清偿票据债务后，可以行使持票人对被保证人及其前手的追索权。

【举例说明】

甲向乙签发一张银行承兑汇票，该汇票由甲的开户行A银行承兑，乙将该汇票背书转让给丙，同时B保证人为乙的背书转让行为提供票据保证。在此票据流转过程中，甲的行为是出票行为，乙的行为是背书行为，A银行的行为是承兑行为，B保证人的行为是保证行为。

【点拨指导】

票据行为有四种，即出票、背书、承兑和保证，没有“付款”。

（四）票据当事人

票据当事人是指票据法律关系中享有票据权利、承担票据义务的当事人，也称票据法律关系主体。票据当事人可以分为基本当事人和非基本当事人。

1. 基本当事人

基本当事人是指在票据做成和交付时就已经存在的当事人，是构成票据法律关系的必要主体，包括出票人、付款人和收款人三种。基本当事人不存在或不完全的，票据上的法律关系就不能成立，票据就无效。

（1）出票人，是指以法定方式签发票据并将票据交付给收款人的人。

（2）收款人，是指票据到期后有权收取票据所载金额的人，又称票据权利人。

（3）付款人，是指由出票人委托付款或自行承担付款责任的人。①汇票的付款人有两种：商业承兑汇票的付款人是合同中应给付款项的一方当事人，也是该汇票的承兑人；银行承兑汇票的付款人是承兑银行，但是其款项来源还是与该票据有关的合同中应付款方的存款。②支票的付款人是出票人的开户银行。③本票的付款人就是出票人。

【点拨指导】

汇票、支票的基本当事人包括出票人、收款人和付款人；本票（特指银行本票）的基本当事人只包括出票人和收款人（因为银行本票的付款人就是出票人，均为出票银行）。

【归纳总结】

银行汇票的出票人为出票银行；商业汇票（包括商业承兑汇票和银行承兑汇票）的出票人为银行以外的企业和其他组织；银行本票的出票人为出票银行；支票的出票人为在银行开立支票存款账户的企业、其他组织和个人。

银行汇票的付款人为出票银行；商业承兑汇票的付款人是汇票的承兑人；银行承兑汇票的付款人是承兑银行；支票的付款人是出票人的开户银行。另外，虽然本票（特指银行本票）的基本当事人无“付款人”，但银行本票的付款人就是出票人（即出票银行）。

2. 非基本当事人

非基本当事人是指在票据作成并交付后，通过一定的票据行为加入票据关系而享有一定权利、承担一定义务的当事人。由于票据上的非基本当事人在各种票据行为中都有自己特定的名称，因此，同一当事人可以有两个名称，即可以具有双重身份，如汇票付款人在承兑汇票后为承兑人，第一次背书中的被背书人是第二次背书中的背书人。

票据的非基本当事人包括：

（1）承兑人，是指接受汇票出票人的付款委托，同意承担支付票款义务的人，又称汇票主债务人。

（2）背书人，是指在转让票据时，在票据背面或粘单上签字或盖章并将该票据交付给受让人的票据收款人或持有人。

（3）被背书人，是指被记名受让票据或接受票据转让的人。

（4）保证人，是指为票据债务提供担保的人，由票据债务人以外的第三人担当。保证人在被保证人不能履行票据付款责任时，以自己的金钱履行票据付款义务，之后取得持票人的权利，再向票据债务人追索。

【点拨指导】

并非所有的票据当事人一定同时出现在某一张票据上，除基本当事人外，非基本当事人是否存在，完全取决于相应票据行为是否发生。不同票据上可能出现的票据当事人也有所不同。

【例2-3】 甲、乙双方签订一份买卖合同，甲方为支付货款而签发一张商业汇票给乙方，后该买卖合同因违反法律、法规被人民法院确认无效。

要求：分析该票据关系是否有效。

答：根据我国《票据法》的相关规定，票据行为内容的合法，主要是指票据行为本身的记载事项、程序的合法，至于形成该票据关系的基础关系所涉及的行为是否合法，则与此无关。在本例中，甲、乙双方签订的买卖合同因违反法律、法规被人民法院确认无效，但是，由该买卖合同而形成的票据关系仍然是有效的，并不因此而受任何影响。

（五）票据权利与责任

1. 票据权利

1）票据权利的概念

票据权利是指票据持票人向票据债务人请求支付票据金额的权利，包括付款请求权和追索权。

付款请求权是指持票人向汇票的承兑人、本票的出票人、支票的付款人出示票据要求付款的权利。付款请求权是第一顺序权利。行使付款请求权的持票人可以是票据记载的收款人或最后被背书人；担负付款请求权付款义务的主要是主债务人。

票据追索权是指票据当事人行使付款请求权遭到拒绝或有其他法定原因存在时，向其前手请求偿还票据金额及其他法定费用的权利。票据追索权是第二顺序权利。行使追索权的当事人除票据记载的收款人和最后被背书人外，还可能是代为清偿票据债务的保证人、背书人。

【点拨指导】

行使追索权的当事人除票据记载的收款人和最后被背书人之外，还可能是代为清偿票据债务的保证人、背书人。

【特别提示】

票据权利的行使是有先后顺序的，当第一顺序权利即付款请求权得不到履行时才会行使第二顺序权利即票据追索权。

2）票据权利的时效

票据权利因在下列期限内不行使而消灭：

（1）持票人对票据的出票人和承兑人的权利，自票据到期日起2年；见票即付的汇票、本票，自出票日起2年。

（2）持票人对支票出票人的权利，自出票日起6个月。

【归纳总结】

票据权利的消灭时效，如表 2-5 所示。

表 2-5 票据权利的消灭时效

<table>
<tr><th colspan="2">票据种类</th><th>提示承兑期限</th><th>提示付款期限</th><th>票据权利的消灭时效</th></tr>
<tr><td rowspan="4">商业汇票</td><td>见票即付</td><td>无须提示承兑</td><td>出票日起 1 个月</td><td>出票日起 2 年</td></tr>
<tr><td>定日付款</td><td rowspan="2">到期日前</td><td rowspan="3">到期日起 10 日</td><td rowspan="3">到期日起 2 年</td></tr>
<tr><td>出票后定期付款</td></tr>
<tr><td>见票后定期付款</td><td>出票日起 1 个月</td></tr>
<tr><td colspan="2">银行汇票(见票即付)</td><td>无须提示承兑</td><td>出票日起 1 个月</td><td>出票日起 2 年</td></tr>
<tr><td colspan="2">银行本票(见票即付)</td><td>无须提示承兑</td><td>自出票日起不得超过 2 个月</td><td>出票日起 2 年</td></tr>
<tr><td colspan="2">支票(见票即付)</td><td>无须提示承兑</td><td>自出票日起 10 日</td><td>出票日起 6 个月</td></tr>
</table>

(3) 持票人对前手的追索权，自被拒绝承兑或者被拒绝付款之日起 6 个月。

(4) 持票人对前手的再追索权，自清偿或者被提起诉讼之日起 3 个月。

持票人因超过票据权利时效或者因票据记载事项欠缺而丧失票据权利的，仍享有民事权利，可以请求出票人或者承兑人返还其与未支付的票据金额相当的利益。

【例 2-4】 甲将票据转让给乙(14 周岁)，乙又将票据转让给丙。

要求：分析丙向付款人请求付款并遭到拒绝的情况下，丙可向谁追索？

答：根据我国《票据法》的规定，票据行为人必须具有从事票据行为的能力，无民事行为能力人或者限制民事行为能力人在票据上签章的，其签章无效。其他票据当事人也不得据此签章向无民事行为能力人或者限制行为能力人主张票据权利。在本例中，乙的年龄是 14 周岁，属于限制民事行为能力人，其票据转让行为无效。丙只能向甲追索，而不能向乙追索。

3) 票据权利的行使与保全

票据权利的行使是指持票人请求票据的付款人支付票据金额的行为。行使付款请求权以获得票款，行使追索权以请求清偿法定的金额和费用等，均属于票据权利的行使。

票据权利的保全是指票据持票人为了防止票据权利的丧失而依法采取的措施。依据《票据法》的规定，按照规定期限提示承兑、要求承兑人或付款人提供拒绝承兑或拒绝付款的证明以保全追索权等，均属于票据权利的保全。

【点拨指导】

由于票据权利的保全行为多数情况下又同时是票据权利的行使行为，因此，《票据法》在一般情况下将两者一并进行规定。

票据权利行使和保全的方法通常包括“按期提示”和“依法证明”两种。

(1) 按期提示，是指票据持票人要按照规定期限向票据债务人提示票据，包括提示承兑或提示付款，以及时保全或行使追索权。

【点拨指导】

《票据法》第四十条规定，汇票未按照规定期限提示承兑的，持票人丧失对其前手的追索权；第七十九条规定，本票的持票人未按照规定期限提示见票的，丧失对出票人以外的前手的追索权。

【特别提示】

逾期提示承兑的，丧失对出票人以外其他前手的追索权；逾期提示付款的，将丧失对一般前手的追索权，但不丧失对出票人、承兑人（如果有）的追索权。

（2）依法证明，是指票据持票人为证明其曾经依法行使票据权利而被拒绝或者根本无法行使票据权利而以法律规定的时间和方式取得相关的证据。

【点拨指导】

《票据法》第六十五条规定，持票人不能出示拒绝证明、退票理由书或者未按照规定期限提供其他合法证明的，丧失对其前手的追索权。

4）票据权利行使的时间和地点

由于票据具有流通性，法律对票据责任的兑现场所和时间有所规定，以便持票人行使票据权利。票据权利的行使场所一般是银行营业点，其时间就是银行营业的时间，即票据时效的最后期限是以银行的营业结束时间为限，而不能以当日的24小时为限。《票据法》规定，持票人对票据债务人行使票据权利，或者保全票据权利，应当在票据当事人的营业场所和营业时间内进行，票据当事人无营业场所的，应当在其住所进行。

5）票据权利的抗辩

票据债务人可以在下列情况下对持票人行使抗辩权：

（1）与票据债务人有直接债权债务关系并且不履行约定义务的。

【点拨指导】

票据债务人可以对不履行约定义务的与自己有直接债权债务关系的持票人，进行抗辩。但不得以自己与出票人或者与持票人的前手之间的抗辩事由，对抗持票人。当然，若持票人明知存在抗辩事由而取得票据的除外。

（2）以欺诈、偷盗或者胁迫等非法手段取得票据，或者明知有前列情形，出于恶意取得票据的。

（3）明知票据债务人与出票人或者与持票人的前手之间存在抗辩事由而取得票据的。

（4）因重大过失取得不符合《票据法》规定的票据的。

（5）其他依法不得享有票据权利的。

2. 票据责任

票据责任主要是指票据债务人向持票人支付票据金额的责任。它是基于债务人特定的票据行为（如出票、背书、承兑等）而应承担的责任，一般包括以下四种情况：

（1）汇票承兑人因承兑而应承担付款义务。

（2）本票出票人因出票而承担自己付款的义务。

（3）支票付款人在与出票人有资金关系时承担付款义务。

（4）汇票、本票、支票的背书人，汇票、支票的出票人、保证人，在票据不获承兑或不获付款时的付款清偿义务。

（六）票据签章

票据签章是指票据有关当事人在票据上签名、盖章或签名加盖章的行为。票据签章是票据行为生效的重要条件，也是票据行为表现形式中必须记载的事项。如果票据缺少当事人的签章，将会导致票据无效或该项票据行为无效。

票据上的签章因票据行为的性质不同，签章当事人也不相同。具体来说，票据签发时，由出票人签章；票据转让时，由背书人签章；票据承兑时，由承兑人签章；票据保证时，由保证人签章；持票人行使票据权利时，由持票人签章。

一般来讲，出票人在票据上的签章不符合法律规定的，票据无效；背书人在票据上的签章不符合法律规定的，其签章无效，但不影响其前手符合规定签章的效力；承兑人、保证人在票据上的签章不符合法律规定的，其签章无效，但不影响其他符合规定的签章的效力。

（七）票据记载事项

1. 必须记载事项

必须记载事项，也称必要记载事项或者绝对记载事项，是指《票据法》规定必须记载的，如果不记载，票据行为即为无效的事项。

【举例说明】

出票时表明票据种类的事项，必须记明"汇票""本票""支票"，否则票据无效。再如，票据行为当事人必须按照法定程序在票据上签章，出票人在票据上的签章不符合《票据法》规定的，票据无效；承兑人、保证人在票据上的签章不符合《票据法》规定的，其签章无效，但不影响其他符合规定签章的效力；背书人在票据上的签章不符合《票据法》规定的，其签章无效，但不影响其前手符合规定签章的效力。

2. 相对记载事项

相对记载事项，是指除了必须记载事项以外，《票据法》规定的其他应当记载的事项，但这些事项如果未记载，则由法律另行规定予以明确，并不影响票据的效力。

【举例说明】

《票据法》规定，背书由背书人签章并记载背书日期。背书未记载日期的，视为在票据到期日前背书。这里的"背书日期"就属于相对记载事项；未记载背书日期的，根据《票据法》的规定视同背书日期为"到期日前"，并不影响票据的效力。

3. 任意记载事项

任意记载事项，是指《票据法》未要求必须记载，若不记载则不影响票据效力，若记载则产生票据效力的事项。

【举例说明】

《票据法》规定，出票人在汇票上记载"不得转让"字样的，汇票不得转让。其中的"不得转让"事项即为任意记载事项。

4. 记载不产生《票据法》上的效力的事项

记载不产生《票据法》上的效力的事项，是指除了必须记载事项、相对记载事项、任意记载事项外，法律未要求记载但可以记载的一些事项，不过这些事项不具有票据效力，银行不负审查责任。

【知识拓展】

不得记载事项是指按照《票据法》规定不得在票据上记载的事项。这类事项分为两种：一是该类记载无效的事项。该项记载无效，票据仍然有效。例如，支票限于见票即付，不得另行记载付款日期，另行记载付款日期的，该记载无效。二是使票据无效的事项。这些事项记载后，不仅记载本身无效，而且使得整个票据无效。例如，各国都规定票据金额必须是无条件支付，如果在票据上记载了支付条件，则整个票据无效。

(八) 票据丧失的补救

票据丧失是指票据因灭失、遗失、被盗等原因而使票据权利人脱离其对票据的占有。票据一旦丧失，票据的债权人不通过一定的方法就不能阻止债务人向拾获者或偷取者履行义务，从而造成正当票据权利人经济上的损失。因此，票据丧失后需要进行补救。票据丧失后，失票人可以采取挂失止付、公示催告、普通诉讼三种形式进行补救。

1. 挂失止付

挂失止付是指失票人将丧失票据的情况通知付款人或代理付款人，由接受通知的付款人或代理付款人审查后暂停支付的一种方式。只有确定付款人或代理付款人的票据丧失时，才可以进行挂失止付，具体包括：已承兑的商业汇票、支票、填明“现金”字样和代理付款人的银行汇票、填明“现金”字样的银行本票四种。挂失止付并不是票据丧失后采取的必经措施，而仅仅是一种暂时的预防措施，最终要通过申请公示催告或提起普通诉讼来补救。

2. 公示催告

公示催告是指失票人在票据丧失后向人民法院提出申请，请求人民法院以公告方式通知不确定的利害关系人限期申报权利，逾期未申报者，则权利失效，而由法院通过除权判决宣告所丧失的票据无效的一种制度或程序。根据《票据法》的规定，失票人应当在通知挂失止付后的 3 日内，也可以在票据丧失后，依法向人民法院申请公示催告，或者向人民法院提起诉讼。

人民法院决定受理公示催告申请，应当同时通知付款人及代理付款人停止支付，并自立案之日起 3 日内发出公告，催促利害关系人申报权利。付款人或者代理付款人收到人民法院发出的止付通知，应当立即停止支付，直至公示催告程序终结。非经发出止付通知的人民法院许可，擅自解付的，不得免除票据责任。

人民法院决定受理公示催告申请后发布的公告应当在全国性的报纸或者其他媒体上刊登，并于同日公布于人民法院公告栏内。人民法院所在地有证券交易所的，还应当同日在该交易所公布。公告期间不得少于 60 日，且公示催告期间届满日不得早于票据付款日后 15 日。

3. 普通诉讼

普通诉讼是指失票人作为原告，以承兑人或出票人为被告，请求法院判决其向失票人付款的诉讼活动。如果与票据上的权利有利害关系的人是明确的，无须公示催告，可按一般的票据纠纷向法院提起诉讼。

【知识链接】

失票人应当在通知挂失止付后 3 日内，也可以在票据丧失后，依法向人民法院申请公示催告，或者向人民法院提起诉讼。

二、支票

（一）支票的概念及适用范围

支票是出票人签发的，委托办理支票存款业务的银行在见票时无条件支付确定的金额给收款人或者持票人的票据。

【点拨指导】

支票没有金额起点和最高限额。

支票的基本当事人包括出票人、付款人和收款人。单位和个人的各种款项结算，均可以使用支票。支票在全国范围内可以互通使用。

【点拨指导】

支票的出票人即存款人，是在批准办理支票业务的银行机构开立可以使用支票的存款账户的单位和个人；付款人是出票人的开户银行；持票人是票据上填明的收款人，也可以是经背书转让的被背书人。

支票与汇票和本票相比，有以下三个特点：

（1）以银行等金融机构作为付款人。

（2）见票即付。

（3）支票可以背书转让，但用于支取现金的支票不能背书转让。

【特别提示】

用于支取现金的支票不能背书转让，是因为用于支取现金的支票仅限于票面上记载的收款人向付款人提示付款。

【归纳总结】

汇兑、委托收款、银行汇票、银行本票、支票，单位和个人均可使用；而国内信用证、托收承付、商业汇票，单位可以使用，但个人不能使用。

（二）支票的种类

按照支付票款的方式，可以将支票分为现金支票、转账支票和普通支票。

（1）现金支票。支票上印有“现金”字样的为现金支票，现金支票只能用于支取现金。

（2）转账支票。支票上印有“转账”字样的为转账支票，转账支票只能用于转账，不得用于支取现金。

（3）普通支票。未印有“现金”或“转账”字样的支票为普通支票，普通支票既可用于支取现金，也可用于转账。在普通支票左上角划两条平行线的，为划线支票，划线支票只能用于转账，不能用于支取现金。

【点拨指导】

划线支票仅作为普通支票的特殊形式，不属于支票的种类之一。

（三）支票的出票

1. 支票的必须记载事项

支票的必须记载事项如下：①表明“支票”的字样；②无条件支付的委托；③确定的金额；

④付款人名称;⑤出票日期;⑥出票人签章。其中,支票上的金额、收款人名称可以由出票人授权补记,未补记前不得背书转让和提示付款。也就是说,出票人若未填写支票的金额或收款人名称,经出票人授权,由收款人自己来填写支票的金额、收款人名称,支票也同样具有法律效力。

【点拨指导】

为了发挥支票灵活便利的优势,《票据法》规定了支票的两项必须记载事项可以通过出票人授权补记的方式记载:一是支票上的金额。在支票使用过程中,如果事先就确定金额,会出现票面所载金额与实际所用金额不一致的情况,给支票使用人造成极大的不便。《票据法》规定,支票上的金额可以由出票人授权补记,未补记前的支票,不得使用。即支票上的金额未经出票人授权补记,支票不得背书转让和提示付款。二是支票上的收款人名称。在支票使用过程中,出票人往往不能事先确定收款人,无法在出票时记载收款人名称。《票据法》规定,支票上未记载收款人名称的,经出票人授权,可以补记。即支票上的收款人名称未经出票人授权补记前,支票不得背书转让和提示付款。此外,实践中存在出票人同时又是收款人的情况,如单位签发现金支票向其开户银行提现。因此《票据法》规定,出票人可以在支票上记载自己为收款人。

【知识链接】

票据和结算凭证的金额、出票或签发日期、收款人名称不得更改,更改的票据无效;更改的结算凭证,银行不予受理。

2. 支票的相对记载事项

支票的相对记载事项如下:①付款地。支票上未记载付款地的,付款人的营业场所为付款地。②出票地。支票上未记载出票地的,出票人的营业场所、住所或者经常居住地为出票地。此外,支票上可以记载非法定记载事项,如记载"用途、合同编号"等,但这些事项并不发生支票上的效力。

3. 支票出票的效力

出票人作成支票并交付之后,对出票人产生相应的法律效力。支票出票后,出票人必须按照签发的支票金额承担保证向持票人付款的责任,具体包括:①支票的出票人所签发的支票金额不得超过其付款时在付款人处实有的存款金额;②出票人签发的支票金额超过其付款时在付款人处实有的存款金额的,为空头支票。

【特别提示】

禁止签发空头支票。

(四)支票的付款

支票的付款是指付款人根据持票人的请求向其支付支票金额的行为。支票限于见票即付,不得另行记载付款日期,另行记载付款日期的,该记载无效,但不影响支票的效力。

1. 提示付款期限

支票的持票人应当自出票日起10日内提示付款。持票人可以委托开户银行收款或直接向付款人提示付款。用于支取现金的支票仅限于收款人向付款人提示付款。支票的持票人超过提示付款期限提示付款的,付款人可以不予付款;但是付款人不予付款的,出票人仍应当对持票人承担票据责任。

【点拨指导】

支票的持票人超过提示付款期限提示付款的，出票人的开户银行不予受理，付款人不予付款，持票人将丧失对"出票人"以外的前手的追索权。

2. 付款

出票人必须按照签发的支票金额承担保证向该持票人付款的责任。出票人在付款人处的存款足以支付支票金额时，付款人应当在见票当日足额付款。

3. 付款责任的解除

付款人依法支付支票金额的，对出票人不再承担受委托付款的责任，对持票人不再承担付款的责任。但是，付款人以恶意或者有重大过失付款的除外。恶意或者有重大过失付款是指付款人在收到持票人提示的支票时，明知持票人不是真正的票据权利人、支票的背书以及其他签章系属伪造，或者付款人不按照正常的操作程序审查票据等情形。在这样的情况下，付款人不能解除付款责任，由此造成损失的，由付款人承担赔偿责任。

(五) 支票的办理要求

1. 签发支票的要求

(1) 签发支票应当使用碳素墨水或墨汁填写，中国人民银行另有规定的除外。

(2) 签发现金支票和用于支取现金的普通支票，必须符合国家现金管理的规定。

(3) 支票的出票人签发支票的金额不得超过付款时(非"出票时""签发时""开具时")在付款人处实有的存款金额。禁止签发空头支票。

【举例说明】

出票人要签发一张40万元的现金支票，那么存款账户中必须有40万元以上的存款，如实际只有20万元存款，则在付款时会提示账户金额不足，待出票人补齐存款后才能进行付款。

(4) 支票的出票人预留银行签章是银行审核支票付款的依据；银行也可以与出票人约定使用支付密码作为银行审核支付支票金额的条件。

(5) 出票人不得签发与其预留银行签章不符的支票；使用支付密码的，出票人不得签发支付密码错误的支票。

(6) 出票人签发空头支票或者签发与其预留签章不符的支票，不以骗取财务为目的的，由中国人民银行处以票面金额5%但不低于1 000元的罚款；持票人有权要求出票人赔偿支票金额2%的赔偿金。对屡次签发的，银行应停止其签发支票。

【例2-5】 甲电子公司本年1月15日签发一张面额为16 000元的支票，用于向乙展览馆支付展览费用。1月20日，该展览馆向银行提示付款。银行发现甲电子公司签发的支票为空头支票，由中国人民银行对甲电子公司处以1 000元的罚款。乙展览馆要求甲电子公司除支付其16 000元展览费外，还需支付3 200元赔偿金。

要求：根据上述资料，回答下列问题。

(1) 中国人民银行对甲电子公司签发空头支票处以1 000元罚款是否符合法律规定？请简要说明理由。

(2) 乙展览馆能否以甲电子公司签发空头支票为由要求其支付3 200元赔偿金？请简

要说明理由。

答:《票据管理实施办法》第三十一条规定:“签发空头支票或者签发与其预留的签章不符的支票,不以骗取财物为目的的,由中国人民银行处以票面金额5%但不低于1 000元的罚款;持票人有权要求出票人赔偿支票金额2%的赔偿金。”

票面金额的5%=16 000×5%=800(元),所以,中国人民银行对甲电子公司签发空头支票处以1 000元罚款符合“票面金额5%但不低于1 000元的罚款”的规定。

支票金额的2%=16 000×2%=320(元),所以,乙展览馆不能以甲电子公司签发空头支票为由,要求其支付3 200元的赔偿金,而只能要求其支付320元的赔偿金。

【例2-6】 甲公司本年3月20日银行存款账户余额为10万元。当日甲公司从乙厂购入A材料一批,金额为25万元,并给乙厂签发了面额为25万元的转账支票一张。

要求:根据上述资料,回答下列问题。

(1) 甲公司开出的这张转账支票属于什么性质的支票?

(2) 中国人民银行是否可以对甲公司进行罚款?罚款金额是多少?

(3) 乙厂是否有权要求甲公司对其进行赔偿?赔偿金额是多少?

答:(1) 甲公司开出的这张支票票面金额大于在付款人处实有存款金额,属于空头支票。

(2) 中国人民银行可以对甲公司进行罚款,罚款金额是12 500元(250 000×5%)。

(3) 乙厂有权要求甲公司对其进行赔偿,赔偿金额是5 000元(250 000×2%)。

2. 兑付支票的要求

(1) 持票人可以委托开户银行收款或直接向付款人提示付款。用于支取现金的支票仅限于收款人向付款人提示付款。

(2) 持票人委托开户银行收款时,应作委托收款背书,在支票背面背书人签章栏签章,记载“委托收款”字样、背书日期,在被背书人栏记载开户银行名称,并将支票和填制的进账单送交开户银行。

(3) 持票人持用于转账的支票向付款人提示付款时,应在支票背面背书人签章栏签章,并将支票和填制的进账单交送出票人开户银行。

收款人持用于支取现金的支票向付款人提示付款时,应在支票背面“收款人签章”处签章,持票人为个人的,还需交验本人身份证件,并在支票背面注明证件名称、号码及发证机关。

三、商业汇票

(一) 商业汇票的概念和种类

商业汇票是指由出票人签发的,委托付款人在指定日期无条件支付确定的金额给收款人或者持票人的票据。

【点拨指导】

汇票是出票人签发的、委托付款人在见票时或者指定日期无条件支付确定的金额给收款人或者持票人的票据。汇票通常可以按以下标准进行划分。

(1) 根据出票人的不同,汇票可以分为银行汇票和商业汇票。

(2) 根据付款期限的不同,汇票可分为即期汇票和远期汇票。

银行汇票是即期汇票,商业汇票是远期汇票,但未记载付款日期的商业汇票也视同即期汇票。

根据承兑人不同,商业汇票分为商业承兑汇票和银行承兑汇票。商业承兑汇票由银行以外的付款人承兑,银行承兑汇票由银行承兑。商业汇票的付款人为承兑人,也就是说承兑人是商业汇票的主债务人。商业汇票的付款期限,最长不得超过6个月;商业汇票的提示付款期限,为自汇票到期日起10日内。

【特别提示】

电子商业汇票是指出票人依托上海票据交易所电子商业汇票系统(以下简称电子商业汇票系统),以数据电文形式制作的,委托付款人在指定日期无条件支付确定的金额给收款人或者持票人的票据。电子商业汇票分为电子银行承兑汇票和电子商业承兑汇票。电子银行承兑汇票由银行业金融机构、财务公司承兑;电子商业承兑汇票由金融机构以外的法人或其他组织承兑。

1. 商业承兑汇票

商业承兑汇票是指由收款人签发,经付款人承兑,或者由付款人签发并承兑的汇票。

在商业承兑汇票中,汇票上的当事人包括:①出票人是交易中的收款人,即卖方。②承兑人,出票人如是卖方,承兑人为买方;出票人如是买方,本人为承兑人。③付款人,是买方的开户银行。④收款人,是交易中的收款人,即卖方。

2. 银行承兑汇票

银行承兑汇票是指由收款人或承兑申请人签发,并由承兑申请人向开户银行提出申请,经银行审查同意承兑的,保证在指定日期无条件支付确定金额给收款人或持票人的汇票。

在银行承兑汇票中,汇票上的当事人包括:①出票人是承兑申请人,即买方;②付款人是承兑银行,即承兑申请人的开户银行;③收款人是与出票人签订购销合同的收款人,即卖方。

(二)商业汇票的出票

1. 出票人的确定

(1)商业承兑汇票的出票人,为在银行开立存款账户的法人以及其他组织,与付款人具有真实的委托付款关系,具有支付汇票金额的可靠资金来源。

(2)银行承兑汇票的出票人必须是在承兑银行开立存款账户的法人以及其他组织,并与承兑银行具有真实的委托付款关系,资信状况良好,具有支付汇票金额的可靠资金来源。

【特别提示】

个人不能使用商业汇票的支付结算方式。

【点拨指导】

出票人办理电子商业汇票业务,还应同时具备签约开办对公业务的企业网银等电子服务渠道、与银行签订《电子商业汇票业务服务协议》。

【特别提示】

自2017年1月1日起,单张出票金额在300万元以上的商业汇票应全部通过电票办理;自2018年1月1日起,原则上单张出票金额在100万元以上的商业汇票应全部通过电票办理。

【例2-7】 甲网络公司接受了客户乙公司转让的一张银行承兑汇票,金额为6万元。甲网络公司为了支付下一季度的员工宿舍的房租,随即将该银行承兑汇票转让给了房东张某。

张某因为在农村承包了几十亩林地，欠丙农资公司 6 万元农资费用，于是又将该银行承兑汇票转让给了丙农资公司。丙农资公司的财务看到该汇票后，拒绝接受。

要求：分析丙农资公司拒绝接受该银行承兑汇票的原因。

答：银行承兑汇票是我国商业汇票的一种，而商业汇票的使用主体，目前在我国仅限于在银行开立存款账户的法人以及其他组织，自然人不能使用商业汇票。本例中，张某作为自然人接受并转让银行承兑汇票，不符合我国《票据法》上关于商业汇票使用主体的规定。因此丙农资公司拒绝接受该银行承兑汇票的做法是正确的。

2. 商业汇票的必须记载事项

商业汇票的必须记载事项是指由《票据法》等规定的必须在票据上记载的事项，若欠缺记载下列事项之一者，商业汇票无效。

1）纸质商业汇票的必须记载事项

纸质商业汇票的必须记载事项如下：

(1) 表明商业承兑汇票或银行承兑汇票的字样。票据上必须记载足以表明该票据是汇票的文字，即表明“商业承兑汇票”或“银行承兑汇票”的字样，如果没有该类字样，则票据无效。

(2) 无条件支付的委托。汇票上须表明出票人委托付款人支付汇票金额是不附带任何条件的。

(3) 确定的金额。汇票上记载的金额必须是固定的数额，如果汇票上记载的金额为“10 万元以下”，则汇票无效。

(4) 付款人名称。付款人是汇票的主债务人，因此汇票上未记载付款人的，则汇票无效。

(5) 收款人名称。收款人是出票人在汇票上记载的受领汇票金额的最初票据权利人。

(6) 出票日期。出票日期是指出票人必须在汇票上记载的签发汇票的日期。

(7) 出票人签章。出票人签章为该法人或者该单位的财务专用章或者公章，加其法定代表人、单位负责人或授权代理人的签名或者盖章。

2）电子商业汇票的必须记载事项

电子商业汇票信息以电子商业汇票系统的记录为准。电子商业汇票的必须记载事项如下：

(1) 表明“电子商业承兑汇票”(或“电子银行承兑汇票”)的字样。

(2) 无条件支付的委托。

(3) 确定的金额。

(4) 出票人名称。

(5) 付款人名称。

(6) 收款人名称。

(7) 出票日期。

(8) 票据到期日。

(9) 出票人签章。

【特别提示】

电子商业汇票与纸质商业汇票相比，必须记载事项多了“出票人名称”和“票据到期日”。

【知识链接】

与支票相比较，商业汇票的必须记载事项多了一项“收款人名称”；而支票的收款人名称不是其必须记载事项。支票的收款人名称可以由出票人授权补记，未补记前不得背书转让和提示付款。

3. 汇票的相对记载事项

【特别提示】

汇票包括商业汇票和银行汇票。“商业汇票的相对记载事项”和“银行汇票的相对记载事项”规定一致。因此这里统一阐述“汇票的相对记载事项”。

相对记载事项也是汇票上应该记载的内容，但如果未在汇票上记载相对记载事项，并不影响汇票本身的效力，汇票仍然有效。相对记载事项的主要内容如下：

(1) 付款日期。付款日期是指支付汇票金额的日期，根据我国《票据法》的规定，汇票上未记载付款日期的，视为见票即付。

(2) 付款地。付款地是指汇票金额的支付地点，汇票上未记载付款地的，付款人的营业场所、住所或经常居住地为付款地。

(3) 出票地。出票地是指出票人签发票据的地点，汇票上未记载出票地的，出票人的营业场所、住所或者经常居住地为出票地。

【知识链接】

汇票的必须记载事项和相对记载事项可以与支票的必须记载事项和相对记载事项对比起来记忆。对于相对记载事项来说，两者的主要区别在于，汇票的相对记载事项多了一项“付款日期”。

4. 汇票的非法定记载事项

【特别提示】

汇票包括商业汇票和银行汇票。“商业汇票的非法定记载事项”和“银行汇票的非法定记载事项”规定一致。因此这里统一阐述“汇票的非法定记载事项”。

汇票上可以记载法定事项以外的其他出票事项，但是该记载事项不具有汇票上的效力。如汇票上记载的签发票据的原因或用途、该票据项下交易的合同号码、开户银行名称及账号等。

【例 2-8】　天祥商贸有限责任公司(简称天祥公司)从华润公司购进一批货物，同时开具一张商业承兑汇票给华润公司，用于货款结算。

天祥公司开具商业承兑汇票时，粗心的会计人员误将付款人“天祥商贸有限责任公司”填写为“天详商贸有限责任公司”。错误被发现后，天祥公司的会计人员遂将“详”字改为“祥”字，交予华润公司。华润公司的财务人员拿到该汇票时又发现，该汇票的“收款人”未填写。

要求：根据上述资料，回答下列问题。

(1) 指出天祥公司在更改付款人名称行为中的不当之处，简要说明理由。

(2) 天祥公司开具商业承兑汇票未填写收款人名称是否影响该票据效力？请简要说明理由。

答：(1) 天祥公司更改付款人名称但未予以签章是错误的。根据《票据法》的规定，票据和结算凭证的金额、出票或签发日期、收款人名称不得更改，更改的票据无效；更改的结算凭证，银行不予受理。对票据和结算凭证上的其他记载事项，原记载人可以更改，更改时应当由原记载人在更改处签章证明。因此，票据上的付款人可以更改，更改时应该由原记载人在更改处签章。

（2）天祥公司开具商业承兑汇票未填写收款人名称，将影响票据效力。根据《票据法》的规定，收款人名称是商业承兑汇票的必须记载事项（或绝对记载事项），未填写收款人名称的商业承兑汇票无效。

5. 商业汇票出票的效力

出票是以创设票据权利为目的的票据行为。因此，出票人依照《票据法》的规定完成出票行为之后，即产生票据上的效力。这一效力表现为创设票据权利和引起票据债务的发生，这种权利义务因汇票当事人地位的不同而不同。商业汇票出票的效力如下：

（1）对收款人的效力。收款人取得出票人发出的汇票后，即取得票据权利。它主要表现在：一方面就票据金额享有付款请求权；另一方面，在付款请求权不能满足时，即享有追索权。同时，收款人也享有依法转让票据的权利。

（2）对付款人的效力。出票行为是单方行为，付款人并不因此而有付款义务。只是基于出票人的付款委托使其具有承兑人的地位，在其对汇票进行承兑后，即成为汇票上的主债务人。

（3）对出票人的效力。出票人签发汇票后，便承担了保证该汇票承兑和付款的责任。出票人在汇票得不到承兑或者付款时，应当向持票人清偿法律规定的金额和费用。也就是说，收款人或持票人在向付款人行使票据权利而得不到满足时，出票人必须就此承担票据责任。

【特别提示】

出票人出票后承担担保责任，担保汇票的承兑和付款。

（三）商业汇票的承兑

承兑是指汇票付款人承诺在汇票到期日支付汇票金额的票据行为。承兑是汇票特有的制度。商业承兑汇票可以由付款人签发并承兑，也可以由收款人签发交由付款人承兑。

1. 承兑的程序

1）提示承兑

定日付款或者出票后定期付款的汇票，持票人应当在汇票到期日前向付款人提示承兑；见票后定期付款的汇票，持票人应当自出票日起1个月内向付款人提示承兑；汇票未按规定期限提示承兑的，持票人丧失对其前手的追索权；见票即付的汇票无需提示承兑。

【归纳总结】

与提示承兑相关的知识点归纳如表2-6所示。

表2-6 与提示承兑相关的知识点

汇票类型	是否需要承兑	提示承兑的期限	不按期承兑的后果
见票即付的汇票	无需	见票即付	无
定日付款或者出票后定期付款的汇票	需要	持票人应当在汇票到期日前向付款人提示承兑	持票人丧失对其前手的追索权
见票后定期付款的汇票	需要	持票人应当自出票日起1个月内向付款人提示承兑	

2）承兑成立

（1）承兑时间。付款人对向其提示承兑的汇票，应当自收到提示承兑的汇票之日起3日内承兑或者拒绝承兑。如果付款人在3日内不作承兑与否表示的，则应视为拒绝承兑。持票人可以请求其作出拒绝承兑证明，向其前手行使追索权。

（2）接受承兑。付款人收到持票人提示承兑的汇票时，应当向持票人签发收到汇票的回单。回单上应当记明汇票提示承兑日期并签章。回单是付款人向持票人出具的已收到请求承兑汇票的证明。

（3）承兑的格式。付款人承兑汇票的，应当在汇票正面记载"承兑"字样和承兑日期并签章；见票后定期付款的汇票，应当在承兑时记载付款日期。汇票上未记载承兑日期的，以3天承兑期的最后一日为承兑日期。与此同时，见票后定期付款的汇票，付款人还应当在承兑时记载付款日期。上列应记载事项必须记载于汇票的正面，而不能记载于汇票的背面或粘单上。

【特别提示】

对于汇票的承兑而言，承兑字样和承兑人签章属于必须记载事项，而承兑日期则属于相对记载事项。

（4）退回已承兑的汇票。付款人依承兑格式填写应记载事项并将已承兑的汇票退回持票人后才产生承兑的效力。

2. 承兑的效力

①承兑人于汇票到期日必须向持票人无条件地支付汇票上的金额，否则必须承担迟延付款责任；②承兑人必须对汇票上的一切权利人承担责任，该权利人包括付款请求权人和追索权人；③承兑人不得以其与出票人之间的资金关系来对抗持票人，即不能拒绝向持票人支付汇票金额；④承兑人的票据责任不因持票人未在法定期限提示付款而解除。

【点拨指导】

商业汇票一经承兑，承兑人就变成了票据的主债务人，要承担所有的票据责任，因此必须在到期日无条件向持票人付款。承兑人的责任是一种绝对责任。

【举例说明】

甲向乙签发了一张出票后3个月内付款的商业承兑汇票，且由丙进行承兑。后来乙将汇票背书转让给了丁。甲是出票人，丁是持票人，丙是承兑人。持票人丁找承兑人丙提示付款，则丙必须无条件地承担付款责任，不能因为其与出票人甲之间的资金关系而拒绝向持票人丁付款。

3. 承兑不得附有条件

（1）付款人承兑商业汇票，不得附有条件；承兑附有条件的，视为拒绝承兑。

【知识链接】

背书附有条件的，所附条件不具有汇票上的效力，不影响背书行为本身的效力，被背书人仍可依该背书取得票据权利，即条件无效，背书有效；保证不得附条件，附条件的，不影响对汇票的保证责任，即条件无效，保证有效。

（2）银行承兑汇票的承兑银行，应当按照票面金额的一定比例向出票人收取手续费。银行承兑汇票的手续费为市场调节价。

(四) 商业汇票的付款

商业汇票的付款是指付款人依据票据文义支付票据金额，以消灭票据关系的行为。

【点拨指导】

付款人的付款行为，与出票人、背书人等的偿还义务行为不同。前者是支付票据金额的行为，并以消灭票据关系为目的；后者则并不以票据金额为依据而支付，不能引起票据关系的消灭。

1. 提示付款

持票人应当按照下列法定期限提示付款：①见票即付的汇票，自出票日起 1 个月内向付款人提示付款；②定日付款、出票后定期付款或者见票后定期付款的汇票，自到期日起 10 日内向承兑人提示付款。

【特别提示】

(1) 持票人未按照上述规定期限提示付款的，在作出说明后，承兑人或者付款人仍应当继续对持票人承担付款责任。

(2) 通过委托收款银行或者通过票据交换系统向付款人提示付款的，视同持票人提示付款。

2. 支付票款

持票人按照上述规定向付款人或者承兑人进行付款提示后，付款人依法审查无误后必须无条件地在当日按票据金额足额支付给持票人。如果付款人或承兑人不能当日足额付款的，应承担迟延付款的责任。

持票人获得付款的，应当在汇票上签收，并将汇票交给付款人。在实践中，持票人和付款人的收款或付款行为往往是通过委托银行代理进行的。受托收款或付款的银行不是汇票的当事人，只是代理人，因此，他们只能依照当事人的委托，按汇票上的内容进行资金结算。

付款人及其代理付款人付款时，应当审查汇票背书的连续，并审查提示付款人的合法身份证明或者有效证件。如果付款人及其代理付款人恶意或者有重大过失付款的，应当自行承担责任。如果付款人对定日付款、出票后定期付款或者见票后定期付款的汇票在到期日前付款，由付款人自行承担所产生的责任。

3. 付款的效力

付款人依法足额付款后，全体汇票债务人的责任解除。但是，如果付款人的付款存在瑕疵，即未尽审查义务而不符合法定形式的票据付款，或其存在恶意或重大过失而付款的，则不发生上述法律效力，付款人的义务不能解除，其他债务人也不能解除责任。

(五) 商业汇票的背书

商业汇票的背书是指以转让商业汇票权利或者将一定的商业汇票权利授予他人行使为目的，按照法定的事项和方式在商业汇票背面或者粘单上记载有关事项并签章的票据行为。汇票转让只能采用背书的方式，而不能仅凭单纯交付方式，否则就不产生票据转让的效力。如果出票人在汇票上记载“不得转让”字样，则该汇票不得转让。

1. 背书的事项(形式)

背书是一种要式行为，必须符合法定的形式，即记载有关事项。背书的记载事项具体如下。

(1) 必须记载事项有：背书人签章，委托收款背书和质押背书还应当记载“委托收款”“质押”字样。

【特别提示】

背书人背书时，必须在票据上签章，背书才能成立；否则，背书行为无效。

（2）可以补记事项有：被背书人名称。以背书转让或者以背书将一定的汇票权利授予他人行使时，必须记载被背书人名称。背书人未记载被背书人名称即将票据交付他人的，持票人在票据被背书人栏内记载自己的名称与背书人记载具有同等法律效力。

（3）相对记载事项（未记载适用法律推定）有：背书日期。背书未记载日期的，视为在汇票到期日前背书。

【特别提示】

票据凭证不能满足背书人记载事项的需要，可以加附粘单，粘附于票据凭证上。粘单上的第一记载人，应当在票据和粘单的粘接处签章。

（4）禁止背书的记载（属于任意记载事项）。禁止背书包括出票人的禁止背书和背书人的禁止背书：①出票人的禁止背书。出票人的禁止背书应记载在汇票的正面。出票人记载“不得转让”字样的票据不得背书转让。②背书人的禁止背书。背书人的禁止背书应记载在汇票的背面。背书人在票据上记载“不得转让”字样，其后手再背书转让的，原背书人对后手的被背书人不承担保证责任，其只对直接的被背书人承担责任。

【点拨指导】

出票人和背书人在票据上记载“不得转让”字样的法律效力是不同的，要会区分。

【例 2-9】　甲公司出票给乙公司，乙公司将票据背书转让给丙公司，并在票据背面记载了“不得转让”字样，而丙公司又将该票据背书转让给了丁公司。

要求：根据上述资料，分析甲、乙、丙、丁四家公司之间的票据责任。

答：甲公司对乙公司承担票据责任，甲公司、乙公司对丙公司承担票据责任，甲公司、丙公司对丁公司承担票据责任。丁公司向银行提示付款后，如果被拒绝，则丁公司只能向甲公司、丙公司进行追索，乙公司作为原背书人对后手丙公司的被背书人丁公司不承担保证责任。

（5）背书时粘单的使用。票据凭证不能满足背书人记载事项的需要，可以加附粘单，黏附于票据凭证上。第一位使用粘单的背书人必须将粘单粘接在票据上，并且在汇票和粘单的粘接处签章，否则该粘单记载的内容即为无效。

（6）背书不得记载的内容。背书不得记载的内容有两项：一是附有条件的背书；二是部分背书。背书不得附有条件，背书附有条件的，所附条件不具有汇票上的效力；部分背书是指背书人在背书时，将汇票金额的一部分或者将汇票金额分别转让给两人以上的背书。部分背书的，该背书无效。

【归纳总结】

背书的相关记载事项总结如表 2-7 所示。

表 2-7　背书的相关记载事项

类型	具体事项
必须记载事项	（1）背书人签章 （2）被背书人名称 【点拨指导】出票人在票据被背书人栏内记载自己的名称与背书人记载具有同等法律效力。

（续表）

类型	具体事项
相对记载事项	背书日期 【点拨指导】 背书未记载日期的，视为在汇票到期日前背书。
任意记载事项	(1)“出票人”在汇票的正面记载“不得转让”字样，票据不得背书转让 (2)“背书人”在汇票的背面记载“不得转让”字样，其后手再背书转让的，原背书人对后手的被背书人不承担保证责任，其只对直接的被背书人承担责任
不得记载事项	(1) 附条件背书(条件无效，背书有效) (2) 部分背书(部分背书无效)

2. 背书连续

背书连续是指在票据转让过程中，转让汇票的背书人与受让汇票的被背书人在汇票上的签章必须依次前后衔接。票据的第一背书人为票据“收款人”，最后的持票人为“最后背书的被背书人”，中间的背书人为前手背书的被背书人。

我国《票据法》规定，以背书转让的汇票，背书应当连续。持票人以背书的连续，证明其票据权利。非经背书转让，而以其他合法方式取得票据的，依法举证，证明其票据权利。如果背书不连续的，付款人可以拒绝向持票人付款，否则付款人将自行承担票据责任。

背书连续主要是指背书在形式上连续，如果背书在实质上不连续，如有伪造签章等，付款人仍应对持票人付款。但是，如果付款人明知持票人不是真正票据权利人，则不得向持票人付款，否则应自行承担责任。对于非经背书转让，而以其他合法方法取得汇票，如因税收、继承、赠与等方式取得票据的，只要取得票据的人依法举证，表明其合法取得票据的方式，证明其汇票权利，就能享有票据权利。

【例 2-10】 图 2-1 所示是一张 A 银行转账支票的背面背书签章示意图。

要求：分析该支票的背书关系。

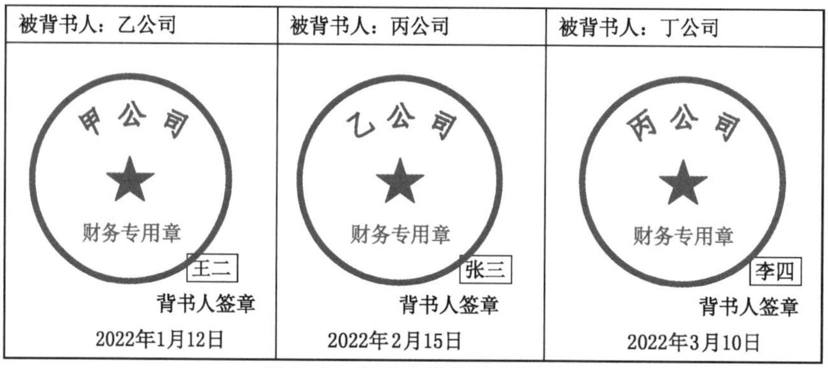

图 2-1　支票背书签章示意图

答：A 银行转账支票背面背书签章的示意图表明，该转账支票背书连续。① 第一次背书的背书人甲公司在第二次背书中不再出现。②第一次背书的被背书人乙公司是第二次背书的背书人；第二次背书的背书人乙公司在第三次背书中不再出现，第二次背书的被背书人丙公司则成为第三次背书的背书人，以此类推。③如果背书违反上述次序，则认为背书是不连续的，这种情况下付款人可以拒绝向持票人付款。

3. 法定禁止背书

法定禁止背书是指根据《票据法》的规定而禁止背书转让的情形。根据《票据法》的规定，法定禁止背书的情形有三种：①被拒绝承兑的汇票；②被拒绝付款的汇票；③超过付款提示期限的汇票。由于法律规定在某些情况下，汇票不得背书转让，因此，如果背书人将此类汇票以背书方式转让的，应当承担法律责任。

4. 背书的效力

背书人以背书转让汇票后，便承担保证其后手所持汇票承兑和付款的责任。背书人在汇票得不到承兑或者付款时，应当向持票人清偿《票据法》规定的汇票金额、利息和费用。

（六）商业汇票的保证

票据的保证是指票据债务人之外的人，为担保特定票据债务人的债务履行，以负担同一内容的票据债务为目的，在票据上记载有关事项并签章的票据行为。

1. 保证的当事人

保证的当事人为保证人与被保证人。商业汇票的债务可以由保证人承担保证责任。保证应由汇票债务人以外的他人承担，已成为票据债务人的，不得再作为票据上的保证人。

2. 保证的事项

（1）保证的必须记载事项有：①表明“保证”字样；②保证人签章。

【特别提示】

保证人未在票据或者粘单上记载“保证”字样而另行签订保证合同或者保证条款的，不属于票据保证。

（2）保证的相对记载事项有：①保证人名称和住所；②被保证人的名称；③保证日期。

【特别提示】

①保证人在票据或者粘单上未记载“保证人名称和住所”的，可以依法推定。②保证人在票据或者粘单上未记载“被保证人的名称”的，已承兑的票据，承兑人为被保证人；未承兑的票据，出票人为被保证人。③保证人在票据或者粘单上未记载“保证日期”的，出票日期为保证日期。

【特别提示】

票据保证事项必须记载于汇票或粘单上。如果另行签订保证合同或者保证条款的，不属于票据保证，不适用《票据法的规定》，人民法院应当适用《担保法》的有关规定。

【点拨指导】

保证不得附有条件；附有条件的，所附条件不影响对汇票的保证责任，即所附条件无效，保证本身仍然具有效力。

3. 保证的效力

（1）保证人的责任。保证人对合法取得的持票人所享有的汇票权利，承担保证责任。但是，被保证人的债务因汇票记载事项欠缺而无效的除外。被保证的汇票，保证人应当与被保证人对持票人承担连带责任。汇票到期后得不到付款的，持票人有权向保证人请求付款，保证人应当足额付款。

（2）共同保证人的责任。保证人为两人以上的，保证人之间承担连带责任。也就是说，在共同保证的情况下，持票人可以不分先后向保证人中的一人或者数人或者全体就全部票据金额及有关费用行使票据权利，共同保证人不得拒绝。

(3) 保证人的追索权。保证人清偿汇票债务后，可以行使持票人对被保证人及其前手的追索权。

【知识链接】

商业汇票结算流程如图 2-2 所示。

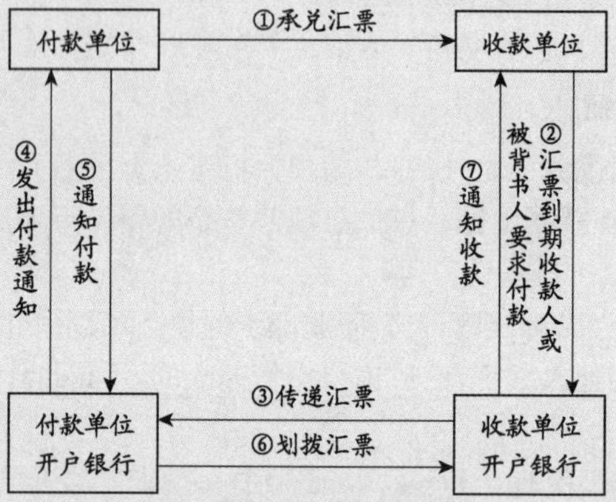

图 2-2　商业汇票结算流程

【例 2-11】　甲签发一张由 A 商业银行承兑的汇票给乙，汇票上记载的收款人为乙、保证人为丙。乙将该汇票背书转让给丁，丁又将该汇票背书转让给戊，戊在法定期限内向付款人请求付款时，未获付款。

要求：根据上述资料，回答下列问题。

(1) 戊可以向哪些对象追索票据权利？

(2) 如果戊要求甲承担票据责任，那么戊可不可以再要求其他人承担票据权利？

答：(1) 戊可以将汇票的出票人(甲)、背书人(乙、丁)、承兑人(A 商业银行)以及保证人(丙)列为追索对象；追索时戊可以不按照先后顺序选择向甲、乙、丙、丁和 A 商业银行中的一人、数人或者全体行使追索权。

(2) 如果戊已经要求甲承担票据责任，只要甲尚未清偿票款，戊依然有权向乙、丙、丁、A 商业银行进行追索。

四、银行汇票

(一) 银行汇票的概念和适用范围

银行汇票是由出票银行签发的，由其在见票时按照实际结算金额无条件支付给收款人或者持票人的票据。

银行汇票一式四联：第一联为银行汇票(卡片)，在承兑行支付票款时用作付出传票；第二联为银行汇票，与第三联银行汇票(解讫通知)一并由汇款人自带，在兑付行兑付汇票后此联作联行往来账付出传票；第三联为银行汇票(解讫通知)，在兑付行兑付后随报单寄到签发行，由签发行作余款收入传票；第四联为银行汇票(多余款收账通知)，并在签发行结清后交汇款人。

【点拨指导】

银行汇票有出票金额和实际结算金额两个金额，而支付按照实际结算金额支付。

【特别提示】

对于汇兑、委托收款、银行汇票、银行本票、支票，单位和个人均可使用；对于国内信用证、托收承付、商业汇票，个人不能使用。

（二）银行汇票的记载事项

银行汇票的记载事项有：①表明"银行汇票"的字样；②无条件支付的承诺；③出票金额；④付款人名称；⑤收款人名称；⑥出票日期；⑦出票人签章。

汇票上未记载上述事项之一的，汇票无效，即上述事项均为必须记载事项。

【特别提示】

银行汇票与商业汇票的记载事项内容基本相同。

（三）银行汇票的基本规定

（1）银行汇票可以用于转账，标明"现金"字样的银行汇票也可以提取现金。

【点拨指导】

签发现金银行汇票，申请人和收款人必须均为个人。申请人或者收款人为单位的，银行不得为其签发现金银行汇票。

（2）银行汇票的付款人为银行汇票的出票银行，银行汇票的付款地为代理付款人或出票人所在地。

（3）银行汇票的出票人在票据上的签章，应为经中国人民银行批准使用的该银行汇票专用章加其法定代表人或其授权经办人的签名或者盖章。

（4）银行汇票的提示付款期限为自出票日起1个月内。持票人超过付款期限提示付款的，代理付款人（银行）不予受理。

【知识链接】

商业汇票的持票人未按照规定期限提示付款的，在作出说明后，承兑人或者付款人仍应当继续对持票人承担付款责任。

（5）银行汇票可以背书转让，但填明"现金"字样的银行汇票不得背书转让。银行汇票的背书转让以不超过出票金额的实际结算金额为准。未填写实际结算金额或实际结算金额超过出票金额的银行汇票不得背书转让。

【点拨指导】

银行汇票无论是用于支付还是用于背书转让，都应以不超出出票金额的实际结算金额为准。

（6）填明"现金"字样和代理付款人的银行汇票丧失，可以由失票人通知付款人或者代理付款人挂失止付。

（7）银行汇票丧失，失票人可以凭人民法院出具的其享有票据权利的证明，向出票银行请求付款或退款。

【知识链接】

票据丧失的补救措施如下：

(1) 挂失止付。只有确定付款人或代理付款人的票据丧失后，才可以挂失止付，具体包括已承兑的商业汇票、支票、填明“现金”字样和代理付款人的银行汇票和银行本票四种。

(2) 公示催告。

(3) 普通诉讼。

(四) 申办银行汇票的基本程序和规定

银行汇票申办时需要注意以下几点：

(1) 申请人使用银行汇票，应向出票银行填写“银行汇票申请书”，填明收款人名称、汇票金额、申请人名称、申请日期等事项并签章，其签章为预留银行的签章。申请人或收款人为单位的，不得在“银行汇票申请书”上填明“现金”字样。

(2) 银行汇票的签发并交付。出票银行受理银行汇票申请书，收妥款项后签发银行汇票，并将银行汇票和解讫通知一并交给申请人。

(3) 现金银行汇票的申请人和收款人必须均为个人，银行收妥申请人交存的现金后，在银行汇票“出票金额”栏先填写“现金”字样，后填写出票金额，并填写代理付款人名称。申请人或收款人为单位的，银行不得为其签发现金银行汇票。

(4) 申请人应将银行汇票和解讫通知一并交付给汇票上记明的收款人。

(5) 银行汇票的实际结算金额低于出票金额的，其多余金额由出票银行退交申请人。

(6) 申请人因银行汇票超过付款提示期限或其他原因要求退款时，应将银行汇票和解讫通知同时提交到出票银行，并提供本人身份证件或单位证明。申请人缺少解讫通知要求退款的，出票银行应于银行汇票提示付款期满 1 个月后办理。

(五) 兑付银行汇票的基本程序和规定

银行汇票兑付时需要注意以下几点：

(1) 审查事项。收款人受理银行汇票时，应审查下列事项：①银行汇票和解讫通知是否齐全，汇票号码和记载的内容是否一致；②收款人是否确为本单位或本人；③银行汇票是否在提示付款期限内；④必须记载的事项是否齐全，出票人签章是否符合规定，是否有压数机压印的出票金额，并与大写出票金额一致；⑤出票金额、出票日期、收款人名称是否更改，更改的其他记载事项是否有原记载人签章证明。

被背书人受理银行汇票时，除审查上述收款人应审查的事项外，还应审查下列事项：①银行汇票是否记载实际结算金额、有无更改、其金额是否超过出票金额；②背书是否连续，背书人签章是否符合规定，背书使用的粘单是否按规定签章；③背书人为个人的，应验证其个人身份证件。

(2) 收款人对申请人交付的银行汇票审查无误后，应在出票金额以内，根据实际需要的款项办理结算，并将实际结算金额和多余金额准确、清晰地填入银行汇票和解讫通知的有关栏内。未填明实际结算金额和多余金额或实际结算金额超过出票金额的，银行不予受理。银行汇票的实际结算金额不得更改，更改实际结算金额的银行汇票无效。

(3) 持票人向银行提示付款时，必须同时提交银行汇票和解讫通知，缺少任何一联，银行不予受理。在银行开立存款账户的持票人向开户银行提示付款时，应在汇票背面“持票人向银行提示付款签章”处签章，签章须与预留银行签章相同，并将银行汇票和解讫通知、进账单送交开户银行。银行审查无误后办理转账。

(4) 持票人超过提示付款期限向代理付款银行提示付款不获付款的，必须在票据权利时效内向出票银行作出说明，并提供本人身份证件或单位证明，持银行汇票和解讫通知向出票银行请求付款。

五、银行本票

(一) 银行本票的概念

本票是出票人签发的，承诺自己在见票时无条件支付确定的金额给收款人或者持票人的票据。本票分为商业本票和银行本票。商业本票是由工商企业或个人签发的本票，也称为普通本票。银行本票是银行签发的，承诺自己在见票时无条件支付确定的金额给收款人或者持票人的票据。我国《票据法》规定的本票是指银行本票。

商业本票可分为即期商业本票和远期商业本票，正常不具有再贴现条件，特别是中小企业或个人开出的远期本票，因信用保证不高，因而很难流通。银行本票都是即期的。在国际商业运算中运用的本票大多是银行本票。

【点拨指导】

银行本票(由出票人本人付款)的基本当事人只包括出票人、收款人。

(二) 银行本票的适用范围

单位和个人在同一票据交换区域需要支付的各种款项，均可以使用银行本票。银行本票可以用于转账，注明“现金”字样的银行本票可以用于支取现金。

【特别提示】

申请人或者收款人为单位的，银行不得为其签发现金银行本票。银行汇票也是如此。

(三) 银行本票的记载事项

(1) 银行本票的必须记载事项有：①表明“银行本票”的字样；②无条件支付的承诺；③确定的金额；④收款人名称；⑤出票日期；⑥出票人签章。

(2) 银行本票的相对记载事项有：①付款地。本票上未记载付款地的，出票人的营业场所为付款地。②出票地。本票上未记载出票地的，出票人的营业场所为出票地。

(3) 银行本票的任意记载事项有：①本票到期后的利率、利息的计算；②本票是否允许转让；③是否缩短付款的提示期限；④在发生拒绝付款时，对其他债务人通知事项的约定等。

【特别提示】

本票的任意记载事项与汇票的任意记载事项相同，目的均在于提高本票的信用和保证其流通的顺利进行。

【归纳总结】

各类票据的必须记载事项一般都包括表明“某某票据”的字样、无条件支付的承诺、确定的金额、出票日期、出票人签章。支票在前述的基础上多了一项“付款人名称”，银行本票多了“收款人名称”，商业汇票和银行汇票则是两者都要有。各类票据的必须记载事项如表2-8所示。

（续上）

表 2-8 各类票据的必须记载事项

内容	汇票（包括商业汇票和银行汇票）	本票（我国只有银行本票）	支票（包括现金支票、转账支票和普通支票）
表明"××"的字样	√	√	√
无条件支付的委托/承诺	√	√	√
确定的金额	√	√	√
付款人名称	√	×	√
收款人名称	√	√	×
出票日期	√	√	√
出票人签章	√	√	√

（四）银行本票的提示付款期限

(1) 银行本票见票即付。银行本票的提示付款期限自出票日起最长不得超过 2 个月。持票人超过付款期限提示付款的，代理付款人不予受理。

(2) 银行本票的出票人在持票人提示见票时，必须承担付款的责任。持票人超过提示付款期限不获付款的，在票据权利时效内（自出票之日起 2 年）向出票银行作出说明，并提供本人身份证件或单位证明，可持银行本票向出票银行请求付款。

【点拨指导】

本票的持票人未按照规定期限提示见票的，丧失对出票人以外的前手的追索权。

第五节 银 行 卡

【学习指南】

学习本节内容，读者需要熟悉银行卡的概念与分类，掌握银行卡账户与交易的各种操作。

一、银行卡的概念与分类

（一）银行卡的概念

银行卡是指经批准由商业银行（含邮政金融机构）向社会发行的，具有消费信用、转账结算、存取现金等全部或部分功能的信用支付工具。

（二）银行卡的分类

1. 按照是否具有透支功能，银行卡分为信用卡和借记卡

信用卡按是否向发卡银行交存备用金分为贷记卡和准贷记卡两类。贷记卡是指发卡银行给予持卡人一定的信用额度，持卡人可在信用额度内先消费、后还款的信用卡。准贷记卡

是指持卡人须先按发卡银行要求交存一定金额的备用金,当备用金账户余额不足支付时,可在发卡银行规定的信用额度内透支的信用卡。

借记卡是指先存款后消费(或取现),没有透支功能的银行卡。按功能不同,借记卡可分为转账卡(含储蓄卡)、专用卡及储值卡。转账卡是实时扣账的借记卡,具有转账结算、存取现金和消费等功能。专用卡是具有专门用途、在特定区域使用的借记卡,具有转账结算、存取现金功能。其中,专门用途是指在百货、餐饮、饭店、娱乐行业使用以外的用途。储值卡是发卡银行根据持卡人要求将其资金转至卡内储存,交易时直接从卡内扣款的预付钱包式借记卡。

【点拨指导】

信用卡可以透支,借记卡不具备透支功能。借记卡的主要功能包括消费、存取款、转账、代收付、外汇买卖、投资理财、网上支付等。

【举例说明】

在同样是消费 10 000 元的情况下,借记卡上有 10 000 元钱才能消费 10 000 元;贷记卡上一分钱也没有,也能在信用额度内消费 10 000 元(假设发卡银行给予持卡人的信用额度为 10 000 元或以上);准贷记卡是先要交存一定金额的备用金,如按银行要求交 3 000 元备用金,当备用金账户余额不足支付时,才能在信用额度内消费 10 000 元(假设发卡银行给予持卡人的信用额度为 10 000 元或以上)。

2. 按照账户币种的不同,银行卡分为人民币卡和外币卡

人民币卡是指存款、信用额度均为人民币,并且应当以人民币偿还的银行卡。外币卡是持卡人与发卡银行以除人民币以外的货币作为清算货币的银行卡。

【举例说明】

目前国内商户可受理维萨(VISA)、万事达(Master Card)、美国运通(American Express)、大来(Diners Club)等外币卡。

3. 按照发行对象的不同,银行卡分为单位卡和个人卡

单位卡是指发卡银行向企业、机关、事业单位和社会团体法人签发的,并由法人授权特定人使用的银行卡。个人卡是指发卡银行向个人发行的银行卡。

4. 按照信息载体的不同,银行卡分为磁条卡和芯片卡

磁条卡是以液体磁性材料或磁条为信息载体,将液体磁性材料涂覆在卡片上(如存折)或将磁条压贴在卡片上(如常见的银联卡)的银行卡。芯片卡容量大,其工作原理类似于微型计算机,能够同时具备多种功能。芯片卡又分为纯芯片卡和磁条芯片复合卡,现在正以其高安全性和多功能应用成为全球银行卡的发展趋势。

二、银行卡交易

(一) 银行卡交易的基本规定

(1) 发卡银行应当遵守信用卡业务风险控制指标。

(2) 持卡人透支消费享受免息还款期和最低还款额待遇的条件和标准等,由发卡机构自主确定。

(3) 发卡银行通过下列途径追偿透支款项和诈骗款项：①扣减持卡人保证金、依法处理抵押物和质押物；②向保证人追索透支款项；③通过司法机关的诉讼程序进行追偿。

(二) 银行卡的资金来源

单位卡在使用过程中，需要向其账户续存资金的，一律从其基本存款账户转账存入，不得交存现金，不得将销货收入的款项存入其账户。

个人人民币卡账户的资金以其持有的现金存入或以其工资性款项、属于个人合法的劳务报酬、投资回报等收入转账存入。严禁将单位的款项存入个人卡账户。

(三) 银行卡的计息和收费

1. 计息

(1) 发卡银行对准贷记卡及借记卡(不含储值卡)账户内的存款，按照中国人民银行规定的同期同档次存款利率及计息办法计付利息。

(2) 发卡银行对贷记卡账户的存款、储值卡(含 IC 卡的电子钱包)内的币值不计付利息。

(3) 贷记卡持卡人的非现金交易享受如下优惠条件：

第一，免息还款期待遇。银行记账日至发卡行规定的到期还款日之间为免息还款期。

第二，最低还款额待遇。持卡人在到期还款日前偿还所使用全部银行款项有困难的，可按发卡行规定的最低还款额还款。

【特别提示】

贷记卡持卡人非现金交易可享受免息还款期和最低还款额待遇(两者享受其一)。

(4) 自 2021 年 1 月 1 日起，信用卡透支利率由发卡机构与持卡人自主协商确定，取消信用卡透支利率上限和下限管理。信用卡透支的计结息方式，以及对信用卡溢缴款是否计付利息及其利率标准，由发卡机构自主确定。

【特别提示】

发卡机构应在信用卡协议中以显著方式提示信用卡利率标准和计结息方式。

2. 收费

收费是指商业银行办理银行卡收单业务向商户收取结算手续费。银行卡收单业务，是指收单机构与特约商户签订银行卡受理协议，在特约商户按约定受理银行卡并与持卡人达成交易后，为特约商户提供交易资金结算服务的行为。

银行卡收单机构，主要包括：①从事银行卡收单业务的银行业金融机构(例如，各大银行)；②获得银行卡收单业务许可、为实体特约商户提供银行卡受理并完成资金结算服务的支付机构(如快钱、拉卡拉)；③获得网络支付业务许可、为网络特约商户提供银行卡受理并完成资金结算服务的支付机构(如支付宝、财付通)。

3. 违约金和服务费用

取消信用卡滞纳金，对信用卡持卡人违约逾期未还款的行为，发卡机构应与持卡人通过协议约定是否收取违约金，以及相关收取方式和标准。发卡机构向持卡人提供超过授信额度用卡服务的，不得收取超限费。发卡机构对向持卡人收取的违约金、年费、取现手续费、货币兑换费等服务费用不得计收利息。

4. 信用卡预借现金业务

信用卡预借现金业务包括现金提取、现金转账和现金充值。

现金提取，是指持卡人通过柜面和自动柜员机(ATM)等自助机具，以现钞形式获得信用卡预借现金额度内资金；现金转账，是指持卡人将信用卡预借现金额度内资金划转到本人银行结算账户；现金充值，是指持卡人将信用卡预借现金额度内资金划转到本人在非银行支付机构开立的支付账户。

持卡人通过 ATM 等自助机具办理现金提取业务，每卡每日累计不得超过人民币 1 万元；持卡人通过柜面办理现金提取业务、通过各类渠道办理现金转账业务的每卡每日限额，由发卡机构与持卡人通过协议约定；发卡机构可自主确定是否提供现金充值服务，并与持卡人协议约定每卡每日限额。发卡机构不得将持卡人信用卡预借现金额度内资金划转至其他信用卡，以及非持卡人的银行结算账户或支付账户。

发卡银行应当对借记卡持卡人在自动柜员机(ATM)取款设定交易上限，每卡每日累计提款不得超过 2 万元人民币。储值卡的面值或卡内币值不得超过 1 000 元人民币。

5. 非本人授权交易的处理

持卡人提出存在伪卡交易和账户盗用等非本人授权交易时，发卡机构应及时引导持卡人留存证据，按照相关规则进行差错争议处理，并定期向持卡人反馈处理进度。鼓励发卡机构通过商业保险合作和计提风险补偿基金等方式，依法对持卡人的损失予以合理补偿，切实保障持卡人合法权益。

(四) 银行卡的申领、注销和挂失

1. 银行卡的申领

(1) 单位或个人申领信用卡。单位或个人申领信用卡，应按规定填制申请表，连同有关资料一并送交发卡银行。发卡银行可根据申请人的资信程度，要求其提供担保。担保的方式可采用保证、抵押或质押。

【特别提示】

信用卡仅限于合法持卡人本人使用，持卡人不得出租或转借信用卡。

(2) 单位申领单位卡。凡在中国境内金融机构开立基本存款账户的单位，可凭中国人民银行核发的开户许可证或基本存款账户编号申领单位卡。银行卡及其账户只限经发卡银行批准的持卡人本人使用，不得出租和转借。单位卡可申领若干张，持卡人资格由申领单位法定代表人或其委托的代理人书面指定和注销。

(3) 个人申领银行卡(储值卡除外)。个人申领银行卡(储值卡除外)，应当向发卡银行提供公安部门规定的本人有效身份证件，经发卡银行审查合格后，为其开立记名账户。

(4) 个人申领贷记卡。个人申领贷记卡时，应当满足下列要求：①年满 18 周岁，有固定职业和稳定收入，工作单位和户口在常住地的城乡居民；②填写申请表，并在持卡人处亲笔签字；③向发卡银行提供本人及附属卡持卡人、担保人的身份证复印件；④外地、境外人员及现役军官以个人名义领卡应出具当地公安部门签发的临时户口或有关部门开具的证明，并须提供具备担保条件的担保单位或有当地户口、在当地工作的担保人。

2. 银行卡的注销

持卡人在还清全部交易款项、透支本息和有关费用后，可申请办理销户。发卡行受理注销申请之日起45日后，被注销信用卡账户方能清户。

发卡机构调整信用卡利率标准的，应至少提前45天通知持卡人。持卡人有权在新利率标准生效之日前选择销户，并按照已签订的协议偿还相关款项。发卡银行办理销户，应当收回信用卡。有效信用卡无法收回的，应当将其止付。

3. 银行卡的挂失

持卡人丢失银行卡，应立即持本人身份证件或其他有效证明，并按规定提供有关情况，向发卡银行或代办银行申请挂失，发卡银行或代办银行审核后办理挂失手续。

第六节　其他结算方式

【学习指南】

学习本节内容，读者需要熟悉汇兑、委托收款、托收承付和国内信用证结算方式的相关内容，其中，需要重点学习汇兑的办理程序、撤销和退汇。

一、汇兑

（一）汇兑的概念和分类

汇兑是汇款人委托银行将其款项支付给收款人的结算方式。

汇兑结算适用于各种经济内容的异地提现和结算，可以广泛用于企业向外地的单位、个体工商户和个人支付各种款项。

汇兑根据划转款项的方法不同以及传递方式的不同可分为电汇和信汇两种，由汇款人自行选择。

1. 电汇

电汇是汇款人将一定款项交存汇款银行，汇款银行通过电报或电传传给目的地的分行或代理行（汇入行），指示汇入行向收款人支付一定金额的一种汇款方式。

2. 信汇

信汇是汇款人向银行提出申请，同时交存一定金额及手续费，汇出行将信汇委托书以邮寄方式寄给汇入行，授权汇入行向收款人解付一定金额的一种汇兑结算方式。

在这两种汇兑结算方式中，信汇费用较低，但速度相对较慢；而电汇速度快，但汇款人要负担较高的电报电传费用。因而电汇通常只在紧急情况下或者金额较大时适用。另外，为了确保电报的真实性，汇出行在电报上加注双方约记的密码；而信汇则不须加密码，签字即可。

【特别提示】

汇兑结算适用于各种经济内容的异地提现和结算，单位、个体工商户和个人均可以使用。

【点拨指导】

随着网络的发展和普及，电汇已成为主要的汇兑方式。

（二）办理汇兑的程序

1．签发汇兑凭证

签发汇兑凭证必须记载下列事项：①表明“信汇”或“电汇”的字样；②无条件支付的委托；③确定的金额；④收款人名称；⑤汇款人名称；⑥汇入地点、汇入行名称；⑦汇出地点、汇出行名称；⑧委托日期；⑨汇款人签章。

汇兑凭证上欠缺上列记载事项之一的，银行不予受理。汇兑凭证记载的汇款人、收款人在银行开立存款账户的，必须记载其账号；欠缺账号记载的，银行不予受理。

汇款人和收款人均为个人，需要在汇入银行支取现金的，应在信汇、电汇凭证的汇款金额大写栏，先填写“现金”字样，后填写汇款金额。

2．银行受理

汇出银行受理汇款人签发的汇兑凭证，经审查无误后，应及时向汇入银行办理汇款，并向汇款人签发汇款回单。汇款回单只能作为汇出银行受理汇款的依据，不能作为该笔汇款已转入收款人账户的证明。

【特别提示】

取得汇款回单只能证明银行受理了汇款业务，不代表收款人已经收款，并不能作为银行将款项确已收入收款人账户的凭据。收账通知才能作为银行将款项确已收入收款人账户的凭据。

3．汇入处理

（1）汇入银行对开立存款账户的收款人，应将汇入款项直接转入收款人账户，并向其发出收账通知。收账通知是银行将款项确已收入收款人账户的凭据。

【特别提示】

银行进账单是收款人开户银行交给收款人的收账通知。

（2）支取现金的，信汇、电汇凭证上必须有按规定填明的“现金”字样才能办理。未填明“现金”字样，需要支取现金的，由汇入银行按照国家现金管理规定审查支付。

（3）收款人需要委托他人向汇入银行支取款项的，应在取款通知上签章，注明本人身份证件名称、号码、发证机关和代理字样以及代理人姓名。代理人代理取款时，也应在取款通知上签章，注明其身份证件名称、号码及发证机关，并同时交验代理人和被代理人的身份证件。

（4）转账支付的，应由原收款人向银行填制支款凭证，并由本人交验其身份证件办理支付款项。该账户的款项只能转入单位或个体工商户的存款账户，严禁转入储蓄和信用卡账户。转汇的，应由原收款人向银行填制信汇、电汇凭证，并由本人交验其身份证件。转汇的收款人必须是原收款人。原汇入银行必须在信汇、电汇凭证上加盖“转汇”戳记。

（三）汇兑的撤销和退汇

1．汇兑的撤销

汇兑的撤销是指汇款人对汇出银行尚未汇出的款项，向汇出银行申请撤销的行为。

汇款人对汇出银行尚未汇出的款项才可以申请撤销。申请撤销时，应出具正式函件或本人身份证件及原信、回单。汇出银行查明确未汇出款项的，收回原信、电汇回单后，方可办理撤销。

2. 汇兑的退汇

汇兑的退汇是指汇款人对汇出银行已经汇出的款项申请退回汇款的行为。

汇款人对汇出银行已经汇出的款项才可以申请退汇。转汇银行不得受理汇款人或汇出银行对汇款的撤销或退汇。

对在汇入银行开立存款账户的收款人，由汇款人与收款人自行联系退汇；对未在汇入银行开立存款账户的收款人，汇款人应出具正式函件或本人身份证件以及原信、电汇回单，由汇出银行通知汇入银行，经汇入银行核实汇款确未支付，并将款项退回汇出银行，方可办理退汇。汇入银行对于收款人拒绝接受的汇款，应立即办理退汇。汇入银行对于向收款人发出取款通知，经过2个月无法交付的汇款，应主动办理退汇。

【特别提示】

对于汇出银行尚未汇出的款项，汇款人可以申请撤销；如果汇出银行已经将款项汇出了，那么汇款人只能申请退汇。

二、委托收款

（一）委托收款的概念

委托收款是指收款人委托银行向付款人收取款项的结算方式。单位和个人凭已承兑的商业汇票、债券、存单等付款人债务证明办理款项的结算，均可以使用委托收款结算方式。

委托收款在同城、异地均可以使用，其结算款项的划回方式分为邮寄和电报两种，由收款人选用。邮寄是以邮寄方式由收款人开户银行向付款人开户银行转送委托收款凭证、提供收款依据的方式；电报则是以电报方式由收款人开户银行向付款人开户银行转送委托收款凭证，提供收款依据的方式。

（二）委托收款的记载事项

签发托收凭证（委托收款凭证）必须记载下列事项：①表明“委托收款”的字样；②确定的金额；③付款人名称；④收款人名称；⑤委托收款凭据名称及附寄单证张数；⑥委托日期；⑦收款人签章。欠缺记载上列事项之一的，银行不予受理。

委托收款人以银行以外的单位为付款人的，委托收款凭证必须记载付款人开户银行的名称。

（三）委托收款的结算规定

1. 委托收款的办理方法

收款人办理委托收款应向银行提交委托收款凭证和有关的债务证明；银行接到寄来的委托收款凭证及债务证明，审查无误后方可办理付款。

（1）以银行为付款人的，银行应在当日将款项主动支付给收款人。

（2）以单位为付款人的，银行通知付款人后，付款人应于接到通知当日书面通知银行付款。

银行在办理划款时，付款人存款账户不能足额支付的，应通过被委托银行向收款人发出未付款项通知书。

2. 委托收款的注意事项

(1) 付款人审查有关债务证明后，对收款人委托收取的款项需要拒绝付款的，有权提出拒绝付款。

(2) 收款人收取公用事业费，具有收付双方事先签订的经济合同的，由付款人向开户银行授权，并经开户银行同意，报经中国人民银行当地分支行批准，可以使用同城特约委托收款。

三、托收承付

(一) 托收承付的概念

托收承付是指根据购销合同由收款人发货后委托银行向异地付款人收取款项，由付款人向银行承付的结算方式。

【归纳总结】

汇兑用于异地，单位和个人都能使用；委托收款可用于同城和异地，单位和个人都能使用；托收承付用于异地，特定的单位才能使用，个人不能使用。

托收承付结算每笔的金额起点为1万元，新华书店系统每笔的金额起点为1 000元。

【特别提示】

汇兑、委托收款、托收承付这三种结算方式中，只有托收承付有结算起点的限制。

(二) 托收承付的结算规定

托收承付凭证需要记载下列事项：①表明"托收承付"的字样；②确定的金额；③付款人的名称和账号；④收款人的名称和账号；⑤付款人的开户银行名称；⑥收款人的开户银行名称；⑦托收附寄单证张数或册数；⑧合同名称、号码；⑨委托日期；⑩收款人签章。

使用托收承付结算方式的收款单位和付款单位，必须是国有企业、供销合作社以及经营管理较好并经开户银行审查同意的城乡集体所有制工业企业。

办理托收承付结算的款项，必须是商品交易以及因商品交易而产生的劳务供应的款项。代销、寄销、赊销商品的款项均不得办理托收承付结算。

收付双方使用托收承付结算方式必须签有符合《合同法》的购销合同，并在合同上订明使用托收承付结算款项的划回方式。托收承付结算款项的划回方式分为邮寄和电报，由收款人选用。

(三) 托收承付的办理方法

1. 托收

收款人按照签订的购销合同发货后，应将托收凭证并附发运凭证或其他符合托收承付结算的有关证明和交易单证送交银行。收款人开户银行接到托收凭证及其附件后，应当按照托收的范围、条件和托收凭证记载的要求对其进行审查，必要时还应查验收、付款人签订的购销合同。

2. 承付

付款人开户银行收到托收凭证及其附件后，应当及时通知付款人。购货单位承付货款有验单承付和验货承付两种方式。

验单承付期为3天，从购货单位开户银行发出通知的次日算起(承付期内遇法定节假日顺延)。验货承付期为10天,从运输部门向付款人发出提货通知的次日算起。付款人在承付期内,未向银行表示拒绝付款,银行即视作承付,在承付期满的次日上午将款项划给收款人。

付款方若在验单或验货时发现货物的品种、规格、数量、质量或价格等与合同规定不符,可以在承付期内提出全部或部分拒付的意见。拒付款项应填写"拒绝承付理由书"送交其开户银行审查并办理拒付手续。

付款方在承付期满后,如果其银行账户内没有足够的资金承付货款,其不足部分作延期付款处理。延期付款部分要按一定比例向收款方支付赔偿金。待付款方账户内有款项支付时,由付款方开户银行将欠款及赔偿金一并划转给收款人。

托收承付结算方式的结算程序和账务处理方法,与委托收款结算方式基本相同。

【点拨指导】

托收承付中需注意的问题:

(1) 付款人不得在承付货款中,抵扣其他款项或以前托收的货款。

(2) 付款人逾期付款,付款人的开户银行将对付款人予以处罚。

(3) 付款人在承付期可以向银行提出全部拒付和部分拒付,但必须填写"拒付理由书"并签章,注明拒付理由。

(4) 收款人对被无理拒付的托收款项,在收到退回的结算凭证及其所附单证后,需要委托银行重办托收,应当填写四联"重办托收理由书",将其中三联连同购销合同、有关证据和退回的原托收凭证及交易单证一并送交银行。

四、国内信用证

(一) 国内信用证的概念

国内信用证(简称信用证),是指银行(包括政策性银行、商业银行、农村合作银行、村镇银行和农村信用社)依照申请人的申请开立的、对相符交单予以付款的承诺。

【特别提示】

国内信用证是以人民币计价、不可撤销的跟单信用证。

(二) 国内信用证的适用范围

信用证结算适用于银行为国内企事业单位之间货物和服务贸易提供的信用证服务。服务贸易包括但不限于运输、旅游、咨询、通信、建筑、保险、金融、计算机和信息、专有权利使用和特许、广告宣传、电影音像等服务项目。

【点拨指导】

信用证只限于转账结算,不得支取现金。

(三) 国内信用证的当事人

(1) 申请人,是指申请开立信用证的当事人,一般为货物购买方或服务接受方。

(2) 受益人,是指接受信用证并享有信用证权益的当事人,一般为货物销售方或服务提供方。

(3) 开证行,是指应申请人申请开立信用证的银行。

(4) 通知行,是指应开证行的要求向受益人通知信用证的银行。

(5) 交单行,是指向信用证有效地点提交信用证项下单据的银行。

(6) 转让行，是指开证行指定的办理信用证转让的银行。

(7) 保兑行，是指根据开证行的授权或要求对信用证加具保兑的银行。

(8) 议付行，是指开证行指定的为受益人办理议付的银行，开证行应指定一家或任意银行作为议付信用证的议付行。

(四) 国内信用证的付款期限

付款期限是指开证行收到相符单据后，按信用证条款规定进行付款的期限。信用证按付款期限分为即期信用证和远期信用证。

即期信用证，开证行应在收到相符单据次日起 5 个营业日内付款。远期信用证，开证行应在收到相符单据次日起 5 个营业日内确认到期付款，并在到期日付款。远期的表示方式包括：单据日后定期付款、见单后定期付款、固定日付款等可确定到期日的方式。信用证付款期限最长不超过一年。

(五) 国内信用证的基本办理程序

1. 开证

(1) 申请开证。开证申请人申请开立信用证，须提交其与受益人签订的贸易合同。开证行应根据贸易合同及开证申请书等文件，合理、审慎设置信用证付款期限、有效期、交单期、有效地点。

(2) 受理开证。银行与申请人在开证前应签订明确双方权利义务的协议。开证行可要求申请人交存一定数额的保证金，并可根据申请人资信情况要求其提供抵押、质押、保证等合法有效的担保。

开立信用证可以采用信开和电开方式。信开信用证，由开证行加盖业务专用章后寄送通知行，同时应视情况需要以双方认可的方式证实信用证的真实有效性；电开信用证，由开证行以数据电文发送通知行。

信用证应使用中文开立，信用证应记载下列基本条款：①表明“国内信用证”的字样。②开证申请人名称及地址。③开证行名称及地址。④受益人名称及地址。⑤通知行名称。⑥开证日期。开证日期格式应按年、月、日依次书写。⑦信用证编号。⑧不可撤销信用证。⑨信用证有效期及有效地点。⑩是否可转让。可转让信用证须记载“可转让”字样并指定一家转让行。⑪是否可保兑。保兑信用证须记载“可保兑”字样并指定一家保兑行。⑫是否可议付。议付信用证须记载“议付”字样并指定一家或任意银行作为议付行。⑬信用证金额。金额须以大、小写同时记载。⑭付款期限。⑮货物或服务描述。⑯溢短装条款(如有)。⑰货物贸易项下的运输交货或服务贸易项下的服务提供条款。⑱单据条款。⑲交单期。⑳信用证项下相关费用承担方。未约定费用承担方时，由业务委托人或申请人承担相应费用。㉑表明“本信用证依据《国内信用证结算办法》开立”的开证行保证文句。㉒其他条款。

2. 保兑

保兑是指保兑行根据开证行的授权或要求，在开证行承诺之外作出的对相符交单付款、确认到期付款或议付的确定承诺。

3. 修改

开证申请人需对已开立的信用证内容修改的，应向开证行提出修改申请，明确修改的内容。信用证受益人同意或拒绝接受修改的，应提供同意或拒绝接受修改的通知。

4. 通知

通知行可由开证申请人指定，如开证申请人没有指定，开证行有权指定通知行。通知行可自行决定是否通知。通知行同意通知的，应于收到信用证次日起3个营业日内通知受益人。

5. 转让

转让是指由转让行应第一受益人的要求，将可转让信用证的部分或者全部转为可由第二受益人兑用的行为。

【点拨指导】

可转让信用证只能转让一次。

6. 议付

议付是指可议付信用证项下单证相符或在开证行或保兑行已确认到期付款的情况下，议付行在收到开证行或保兑行付款前购买单据、取得信用证项下索款权利，向受益人预付或同意预付资金的行为。议付行审核并转递单据而没有预付或没有同意预付资金的，不构成议付。

【点拨指导】

议付类似于贴现。

7. 索偿

议付行将注明付款提示的交单面函(寄单通知书)及单据寄开证行或保兑行索偿资金。除信用证另有约定外，索偿金额不得超过单据金额。开证行、保兑行负有对议付行符合法律规定议付行为的偿付责任的，该偿付责任独立于开证行、保兑行对受益人的付款责任并不受其约束。

议付行议付时，必须与受益人书面约定是否有追索权。若约定有追索权，到期不获付款时，议付行可向受益人追索。若约定无追索权，到期不获付款议时，付行不得向受益人追索，议付行与受益人约定的例外情况或受益人存在信用证欺诈的情形除外。

8. 寄单索款

受益人委托交单行交单，应在信用证交单期和有效期内填制信用证交单委托书，并提交单据和信用证正本及信用证通知书、信用证修改书正本及信用证修改通知书(如有)。交单行应在收单次日起5个营业日内对其审核相符的单据寄单并附寄一份交单面函(寄单通知书)。

受益人直接交单时，应提交信用证正本及信用证通知书、信用证修改书正本及信用证修改通知书(如有)、开证行(保兑行、转让行、议付行)认可的身份证明文件。

9. 付款

开证行或保兑行在收到交单行寄交的单据及交单面函(寄单通知书)或受益人直接递交的单据的次日起5个营业日内，及时核对是否为相符交单。单证相符或单证不符但开证行或保兑行接受不符点的，对即期信用证，应于收到单据次日起5个营业日内支付相应款项给交单行或受益人；对远期信用证，应于收到单据次日起5个营业日内发出到期付款确认书，并于到期日支付款项给交单行或受益人。

10. 注销

信用证注销是指开证行对信用证未支用的金额解除付款责任的行为。

(1) 开证行、保兑行、议付行未在信用证有效期内收到单据的，开证行可在信用证超过有效期一个月后予以注销。具体处理办法由各银行自定。

(2) 其他情况下，须经开证行、已办理过保兑的保兑行、已办理过议付的议付行、已办理过转让的转让行与受益人协商同意，或受益人、上述保兑行（议付行、转让行）声明同意注销信用证，并与开证行就全套正本信用证收回达成一致后，信用证方可注销。

第七节 电子支付

【学习指南】

学习本节内容，读者需要了解电子支付的分类（方式），掌握网上银行和条码支付的相关内容。

电子支付是指单位、个人通过计算机、手机等电子终端发出支付指令，依托网络系统以电子信息传递形式进行的货币支付与资金转移。电子支付服务的主要提供方有银行和支付机构。银行的电子支付方式主要有网上银行、手机银行和条码支付等。支付机构的电子支付方式主要有网络支付、条码支付等。本节主要介绍银行的电子支付。

一、网上银行

（一）网上银行的概念

网上银行（Internet bank or E-bank），也称网络银行，简称网银，就是银行在互联网上设立虚拟银行柜台，使开户、查询、对账、转账、信贷、网上证券、投资理财等传统银行服务不再通过物理的银行分支机构来实现，而是借助于网络与信息技术手段在互联网上实现。

【点拨指导】

由于网上银行不受时间、空间限制，可以在任何时间（anytime）、任何地点（anywhere），以任何方式（anyway）为客户提供金融服务，因此，网上银行又称为“3A 银行”。

与传统银行业务相比，网上银行业务具有显而易见的竞争优势。网上银行业务主要利用公共网络资源，不需设置实体的分支机构或营业网点，可以大幅降低银行的运营成本，有效提高银行的盈利能力。网上银行业务打破了传统银行业务的时间和空间限制，非常方便、快捷、高效、经济，既有利于吸引和保留客户，又容易扩大客户群，开辟新的利润来源。

【特别提示】

传统的网上银行主要通过计算机终端银行网站进行操作，在一定程度上受到互联网设施的限制。随着移动通信技术的发展和智能手机的普及，网上银行的另一种形式——手机银行已经兴起。手机银行又称移动银行，是指利用手机、PAD 或其他移动设备实现银行与客户的对接，为客户办理相关银行业务或提供金融服务。我国的手机银行主要经历了短信、WAP、App 三个发展阶段，目前主要是手机银行 App 方式。手机银行与网上银行一样，均为通过互联网实现银行柜面业务的延伸，功能基本一致，本节不再单独讲述。

（二）网上银行的分类

1. 网上银行按经营组织的不同，分为单纯网上银行和分支型网上银行

单纯网上银行，又称纯网上银行，是完全依赖于互联网的虚拟电子银行，它没有实际的

物理柜台，一般只有一个办公地址，没有分支机构，也没有营业网点，采用互联网等高科技服务手段与客户建立密切的联系，为客户提供全方位的金融服务。

【特别提示】

单纯网上银行也被称为只有一个站点的银行。

分支型网上银行是指现有的传统银行利用互联网开展传统的银行业务，即传统银行利用互联网作为新的服务手段，建立银行站点，为客户提供在线服务，实际上是传统银行服务在互联网上的延伸。

【特别提示】

分支型网上银行是当前网上银行的主要形式。

2. 网上银行按主要服务对象的不同，分为企业网上银行和个人网上银行

企业网上银行主要服务于企事业单位，企事业单位可以通过企业网上银行实时了解财务状况，及时调度资金，轻松处理工资发放和大批量的网络支付业务。

个人网上银行主要服务于个人，个人可以通过个人网上银行实时查询、转账，进行网络支付和汇款。

（三）网上银行的主要功能

1. 企业网上银行的功能

（1）账户信息查询。该业务能够为企业客户提供账户信息的网上在线查询、网上下载和电子邮件发送账务信息等服务，包括账户的昨日余额、当前余额、当日明细和历史明细等。

（2）支付指令。该业务能够为客户提供企业内部各分支机构之间的账务往来，同时也能提供企业之间的账务往来，并且支持企业向他行账户进行付款。

（3）B2B(Business to Business)网上支付。B2B，即企业之间进行的电子商务活动。该业务能够为客户提供网上 B2B 支付平台。

（4）批量支付。该业务能够为企业客户提供批量付款（包括同城、异地及跨行转账业务）、代发工资、一付多收等批量支付功能。企业客户负责按银行要求的格式生成数据文件，通过安全通道传送给银行，银行负责系统安全及业务处理，并将处理结果反馈给客户。

2. 个人网上银行的功能

（1）账户信息查询。系统为客户提供信息查询功能，能够查询银行卡的人民币余额和活期一本通的不同币种的钞、汇余额；提供银行卡在一定时间段内的历史明细数据查询；下载包含银行卡、活期一本通一定时间段内的历史明细数据的文本文件；查询信用卡网上支付后的支付记录。

（2）人民币转账业务。系统提供个人客户本人的或与他人的银行卡之间的卡卡转账服务。系统在转账功能上严格控制了单笔转账最大限额和当日转账最大限额，使客户的资金安全有一定的保障。

（3）银证转账业务。系统为客户实现银转证、证转银、查询证券资金余额等银证转账功能。

（4）外汇买卖业务。客户通过网上银行系统能够进行外汇买卖，主要可以实现外汇即时买卖、外汇委托买卖、查询委托明细、查询外汇买卖历史明细、撤销委托等功能。

（5）账户管理业务。系统为客户提供对本人网上银行各种权限、客户信息的管理以及

账户挂失等功能。

(6) B2C(Business to Customer)网上支付。B2C,即商业机构对消费者的电子商务,是指企业与消费者之间进行的在线式零售商业活动(包括网上购物和网上拍卖等)。个人客户在申请开通网上支付功能后,能够使用本人的银行卡进行网上购物后的电子支付。客户能够随时选择使用哪一张银行卡来进行网上支付。

二、条码支付

(一) 条码支付的概念

条码支付业务是指银行、支付机构应用条码技术,实现收付款人之间货币资金转移的业务活动。条码支付业务包括付款扫码和收款扫码。

【特别提示】

付款扫码是指付款人通过移动终端识读收款人展示的条码完成支付的行为。收款扫码是指收款人通过识读付款人移动终端展示的条码完成支付的行为。

【点拨指导】

支付机构向客户提供基于条码技术付款服务的,应当取得网络支付业务许可;支付机构为实体特约商户和网络特约商户提供条码支付收单服务的,应当分别取得银行卡收单业务许可和网络支付业务许可。

(二) 条码支付服务市场的构成

目前,我国常见的条码支付,除银行及支付机构的条码支付外,还有由中国银联携手各商业银行、支付机构共同开发建设、共同维护运营的便民支付服务,以及融合了多个银行和支付机构的支付端口、提供聚合类型二维码的聚合支付。

【特别提示】

银联便民支付服务除条码支付功能外,还可以实现转账、缴费、信用卡还款等多项功能,并集合了部分银行的信用卡申请、理财信贷等服务,成为我国条码支付服务市场的重要构成之一。聚合支付又称第四方支付,是指由提供聚合支付服务的机构或银行融合不同支付机构及银行的多个支付接口,将不同机构分别生成的二维码聚合为一个二维码,使商户仅需提供一个二维码即可实现付款人自主选择使用不同银行或支付机构的 App 扫码付款。

(三) 条码支付的交易验证

条码支付业务可以组合选用下列三种要素进行交易验证:①仅客户本人知悉的要素,如静态密码等;②仅客户本人持有并特有的,不可复制或者不可重复利用的要素,如经过安全认证的数字证书、电子签名,以及通过安全渠道生成和传输的一次性密码等;③客户本人生物特征要素,如指纹等。

(四) 条码支付的限额

根据交易验证方式和风险防范能力的不同,条码支付有四种限额要求,如表 2-9 所示。

表 2-9　条码支付的四种限额要求

交易验证方式	风险防范能力	限额要求
采用包括数字证书或电子签名在内的两类(含)以上有效要素对交易进行验证	A 级	银行、支付机构可与客户通过协议自主约定单日累计限额
采用不包括数字证书、电子签名在内的两类(含)以上有效要素对交易进行验证	B 级	同一客户单个银行账户或所有支付账户单日累计交易金额应不超过 5 000 元
采用不足两类要素对交易进行验证	C 级	同一客户单个银行账户或所有支付账户单日累计交易金额应不超过 1 000 元
使用静态条码	D 级	同一客户单个银行账户或所有支付账户单日累计交易金额应不超过 500 元

(五) 收款扫码服务禁止使用静态条码

银行、支付机构提供收款扫码服务的,应使用动态条码,设置条码有效期、使用次数等方式,防止条码被重复使用导致重复扣款,确保条码真实有效。

(六) 条码支付特约商户管理

1. 一般特约商户管理

银行、支付机构拓展条码支付特约商户,应遵循“了解你的客户”原则,确保所拓展的是依法设立、合法经营的特约商户。银行、支付机构拓展特约商户应落实实名制规定,严格审核特约商户的营业执照等证明文件,以及法定代表人或负责人的有效身份证件等申请材料,确认申请材料的真实性、完整性、有效性,并留存申请材料的影印件或复印件。

2. 小微特约商户管理

对依据法律法规和相关监管规定免于办理工商注册登记的实体特约商户(小微商户),在遵循“了解你的客户”原则的前提下可以通过审核商户主要负责人身份证明文件和辅助证明材料为其提供条码支付收单服务。

【特别提示】

辅助证明材料包括但不限于营业场所租赁协议或者产权证明、集中经营场所管理方出具的证明文件等能够反映小微商户真实、合法从事商品或服务交易活动的材料。

以同一个身份证件在同一家银行、支付机构办理的全部小微商户基于信用卡的条码支付收款金额日累计不超过 1 000 元、月累计不超过 1 万元。

(七) 条码支付的风险管理

1. 条码支付的风险管理措施

条码支付的风险管理措施主要如下:

(1) 银行、支付机构应提升风险识别能力,采取有效措施防范风险,及时发现处理可疑交易信息及风险事件。

(2) 评估业务相关的洗钱和恐怖融资风险，采取与风险水平相适应的管控措施。

(3) 对特约商户进行检查、评估，并结合特约商户风险等级及交易类型等因素，设置或与其约定单笔及日累计交易限额。

(4) 对风险等级较高的特约商户，应采用强化交易监测、建立特约商户风险准备金、延迟清算等风险管理措施。

(5) 确保客户身份或账户信息安全，防止泄露，并根据收付款不同业务场景设置条码有效性和使用次数。

(6) 充分披露条码支付业务产品类型、办理流程、操作规程、收费标准等信息，明确业务风险点及相关责任承担机制、风险损失赔付方式及操作方式。

2. 条码支付的风险监测体系

银行、支付机构应建立条码支付交易风险监测体系，及时发现可疑交易，并采取阻断交易、联系客户核实交易等方式防范交易风险。

3. 条码支付风险事件的应对措施

银行、支付机构发现特约商户发生疑似套现、洗钱、恐怖融资、欺诈、留存或泄露账户信息等风险事件的，应对特约商户采取延迟资金结算、暂停交易、冻结账户等措施，并承担因未采取措施导致的风险损失责任；发现涉嫌违法犯罪活动的，应及时向公安机关报案。

【本章小结】

结算法律制度包括现金结算、支付结算概述、银行结算账户、票据结算方式、银行卡、其他结算方式、电子支付七个方面的内容。本章为本门课程的重点，其各知识点之间具有较强的关联性，学习本章时要先梳理知识点间的关系，然后需要读者在理解的基础上适当记忆。

【过关训练】

一、单项选择题

1. 根据《人民币银行结算账户管理办法》的规定，经营性存款人违反规定开立银行结算账户，未构成犯罪的，给予的处罚是(　　)。

A. 警告

B. 警告并处以 5 000 元以上 30 000 元以下的罚款

C. 处以 1 000 元以上的罚款

D. 警告并处以 10 000 元以上 30 000 元以下的罚款

2. 根据《支付结算办法》的规定，负责制定统一的支付结算制度的机构是(　　)。

A. 政策性银行　　B. 商业银行

C. 财政部　　D. 中国人民银行总行

3. 根据《支付结算办法》的规定，签发票据时，可以更改的项目是(　　)。

A. 出票日期　　B. 收款人名称　　C. 付款人名称　　D. 票据金额

4. 下列各项中，属于可以背书转让的票据的是(　　)。

A. 用于支取现金的支票　　B. 注明“现金”字样的银行汇票

C. 转账支票　　D. 金额未补记的支票

5. 下列关于国内信用证结算方式的说法中，错误的是(　　)。

A. 企业商品交易　　B. 可以支取现金

C. 可以用于转账　　D. 只能用于转账结算，不能支取现金

6. 石家庄市某企业每天的零星现金支付额为 5 000 元，根据银行规定，该单位库存现金的最高限额应为(　　)元。

A. 5 000　　B. 10 000　　C. 25 000　　D. 15 000

7. 下列关于票据出票日期的说法中，正确的是(　　)。

A. 在填写月、日时，月为壹、贰和壹拾的，应在其前加“壹”

B. 票据的出票日期必须使用中文大写

C. 在填写月、日时，日为拾壹至拾玖的，应在其前面加“零”

D. 票据出票日期可以使用小写数字填写

8. 根据票据法律制度的规定，现金支票与转账支票的关系是(　　)。

A. 现金支票可以转账，转账支票不能支取现金

B. 现金支票在特殊情况下可以转账

C. 现金支票只能支取现金，转账支票只能用于转账

D. 转账支票可以支取现金，现金支票不能用于转账

二、多项选择题

1. 下列关于支票签发的说法中，正确的有(　　)。

A. 支票的出票人在票据上的签章，应为其预留银行的签章，该签章是银行审核支票付款的依据

B. 银行可以与支票人约定使用支付密码，作为银行审核支付支票金额的条件

C. 出票人不得签发与其预留银行签章不符的支票

D. 使用支付密码的，出票人不得签发支付密码错误的支票

2. 下列各项中，符合银行结算账户规定的有(　　)。

A. 个人银行结算账户用于办理个人转账收付和现金存取

B. 一般存款账户可以办理现金支取

C. 临时存款账户支取现金，应按照国家现金管理的规定办理

D. 单位从其银行结算账户支付给个人银行结算账户的款项，每笔超过 5 万元(不包含 5 万元)的，应向其开户银行提供相关的付款依据

3. 下列各项中，属于开户单位可以使用现金的范围的有(　　)。

A. 职工工资

B. 根据国家规定颁发给个人的体育奖金

C. 向个人收购农副产品

D. 出差人员随身携带的差旅费

4. 下列各项中，可以申请开立临时存款账户的有(　　)。

A. 某企业境外机构在境内从事经营活动

B. 某建筑公司因某项目施工设立的工程指挥部

C. 某建筑公司在外地进行建筑施工

D. 某项目的筹备领导小组

5. 下列关于汇兑特征的表述中，符合法律规定的有(　　)。

A. 单位和个人各种款项的结算，均可使用汇兑结算方式

B. 汇款人对汇出银行尚未汇出的款项可以申请撤销

C. 汇款回单作为该笔汇款已转入收款人账户的证明

D. 汇入银行对于收款人拒绝接受的汇款，应立即办理退汇

6. 下列各项中，符合票据法律制度规定的有(　　)。

A. 普通支票可用于支取现金，也可用于转账

B. 支票收款人名称，可以由出票人授权补记

C. 出票人不得签发与其预留银行签章不符的支票

D. 用于支取现金的支票可以背书转让

7. 单位银行结算账户按用途分为(　　)。

A. 基本存款账户　　B. 一般存款账户

C. 专用存款账户　　D. 个人存款账户

8. 下列各项中，属于企业网上银行功能的有(　　)。

A. 账户信息查询

B. 支付指令

C. B2B 网上支付

D. B2C 网上支付

三、判断题

1. 开户银行应当根据实际需要，核定开户单位 5 天至 7 天的日常零星开支所需的库存现金限额。(　　)

2. 根据《人民币银行结算账户管理办法》的规定，存款人因附属的非独立核算单位或派出机构发生的收入汇缴或业务支出可在异地开立专用存款账户。(　　)

3. 所有的汇票都需要进行承兑。(　　)

4. 存款人应在注册地或住所地开立银行结算账户。符合异地(跨省、市、县)开户条件的，也可以在异地开立银行结算账户。(　　)

5. 银行汇票的实际结算金额不得更改，更改实际结算金额的银行汇票无效。(　　)

6. 汇兑分为电汇和信汇两种，具体选择哪种方式应根据有关规定进行，汇款人不能自由选择。(　　)

7. 背书是指持票人为将票据权利转让给他人或者将一定的票据权利授予他人行使，而在票据背面或者粘单上记载有关事项并签章的行为。(　　)

8. 根据《票据法》的规定，付款人承兑商业汇票，不得附有条件，承兑附有条件的，所附条件不具备票据上的效力。(　　)

9. 行使票据追索权的当事人除票据记载的收款人和最后被背书人之外，还可能是代为清偿票据债务的保证人、背书人。(　　)

10. 银行是支付结算和资金清算的中介机构。(　　)

11. 票据和结算凭证金额以中文大写数字和阿拉伯小写数字同时记载，两者如果不一致的，以中文大写的金额为准。（　）

12. 支票是由银行签发的，由存款人委托办理支票存款业务的银行在见票时无条件支付确定的金额给收款人或者持票人的票据。（　）

四、案例分析题

1. 甲公司从乙公司购买一批产品，签发一张金额为20万元的支票给乙公司。乙公司为支付工程价款又将该支票背书转让给丙公司。丙公司接受后，不慎将该支票遗失。该支票被丁公司拾获，丁公司便伪造了丙公司的签章，并将该支票转让给不知情的A公司。A公司又将该支票的金额改为38万元后转让给B公司。B公司又将该支票背书转让给C公司。

要求：根据上述资料，回答下列问题。

(1) 不需要承担票据责任的公司是（　）。

A. 甲公司　　B. 丙公司　　C. 丁公司　　D. C公司

(2) 乙公司需要承担（　）万元的票据责任。

A. 5　　B. 9　　C. 20　　D. 18

(3) B公司需要承担（　）万元的票据责任。

A. 5　　B. 18　　C. 10　　D. 38

(4) 下列各项中，符合支付结算办理要求的有（　）。

A. 票据和结算凭证上的签章和其他记载事项应当真实，不得伪造、变造

B. 票据和结算凭证上的签章，为签名、盖章或者签名并盖章

C. 单位、银行在票据上的签章和单位在结算凭证上的签章，为该单位、银行的盖章加其法定代表人或者其授权的代理人的签名或者盖章

D. 个人在票据和结算凭证上的签章，应为该个人本名的签名或者盖章

(5) 如果C公司要求B公司承担票据责任，则B公司的下列处理中，错误的是（　）。

A. 应先向C公司支付20万元，然后再向A公司要求支付20万元

B. 应先向C公司支付38万元，然后再向A公司要求支付38万元

C. 应先向C公司支付20万元，然后再向A公司要求支付38万元

D. 应先向C公司支付38万元，然后再向A公司要求支付20万元

2. 甲企业本年3月1日银行存款账户余额为2万元。本年3月1日，一材料供应商上门到甲企业催要余额为20万元的材料货款，甲企业为了尽快将该供应商打发走，就向材料供应商开出了一张20万元的转账支票。

要求：根据上述资料，回答下列问题。

(1) 下列各项中，属于支票基本当事人的有（　）。

A. 出票人　　B. 收款人　　C. 承兑人　　D. 付款人

(2) 下列各项中，属于无效支票的有（　）。

A. 未记载无条件支付委托的支票　　B. 未记载出票地的支票

C. 未表明"支票"字样的支票　　D. 未记载付款地的支票

(3) 支票的持票人应当自出票之日起（　）日内提示付款。

A. 10　　B. 3　　C. 1　　D. 5

(4) 材料供应商有权要求甲企业赔偿的金额为(　　)元。

A. 5 000　　B. 4 000　　C. 2 000　　D. 1 000

(5) 中国人民银行有权要求甲企业的罚款金额为(　　)元。

A. 10 000　　B. 5 000　　C. 4 000　　D. 2 000

第三章 税收法律制度

本章学习知识体系

- 税收法律制度
  - 税收概述
    - 税收的概念与分类(★)
    - 税法及其构成要素(★★)
  - 主要税种
    - 增值税(★★★★)
    - 消费税(★★★)
    - 企业所得税(★★★★)
    - 个人所得税(★★★★)
  - 税收征收管理
    - 税务登记(★★★)
    - 发票开具与管理(★★★)
    - 纳税申报(★★)
    - 税款征收(★★)
    - 涉税专业服务(★★)
    - 税务检查(★★)
    - 税收法律责任(★★)
    - 税务行政复议(★★★)

第一节　税 收 概 述

【学习指南】

学习本节内容，读者需要了解税收的概念与分类，熟悉税法的概念、分类及其构成要素。

一、税收的概念与分类

（一）税收的概念

税收是国家为了满足一般社会共同需要，凭借政治权力，按照国家法律规定的标准，强制地、无偿地取得财政收入的一种分配形式。

税收在不同的历史时期发挥着不同的作用，现阶段税收的作用主要表现为以下四点：

（1）税收是国家组织财政收入的主要形式和工具。

（2）税收是国家调控经济运行的重要手段。

（3）税收具有维护国家政权的作用。

（4）税收是国际经济交往中维护国家利益的可靠保证。

（二）税收的特征

税收的特征是由税收的本质决定的，是税收本质的外在表现，是区别税与非税的外在尺度和标志。税收的特征主要包括强制性、无偿性和固定性。

（1）强制性是指国家以社会管理者的身份，凭借政权力量，以法律的形式对税收征纳双方的权力（权利）与义务进行制约。

【点拨指导】

国家征税是凭借政治权力，而不是凭借财产所有权。

（2）无偿性是指国家向纳税人征得税收后，既不需要向纳税人偿还，也不需要支付任何报酬。无偿性是税收的关键特征，它使税收区别于国债等财政收入形式。

【点拨指导】

无偿性决定了税收是筹集财政收入的主要手段，体现了财政分配的本质，并成为调整经济发展和解决社会分配不公问题的有力工具。

（3）固定性是指国家征税必须通过法律形式，预先规定纳税人、征税对象、税目、税率等征税规范，并按照预定的征税规范进行征税。税收的固定性特征，是税收区别于罚没、摊派等财政收入形式的重要特征。

【点拨指导】

税收的强制性、无偿性和固定性三大特征是一个完整的统一体，它们相辅相成、缺一不可。其中，无偿性是核心，强制性是保障，固定性对强制性和无偿性起到规范和约束作用。固定性包括时间上的连续性和征收比例的固定性。

（三）税收的分类

1. 按征税对象分

按征税对象的性质分类，税收可分为流转税、所得税、财产税、行为税、资源税和环境保护税、特定目的税六种类型。

1）流转税

流转税，又称流转税类，也称商品（货物）和劳务税类，是指以货物、劳务、服务、无形资产或者不动产买卖的流转额为征税对象的一类税收。我国现行的增值税、消费税和关税属于流转税类。

【知识拓展】

流转税类的特点如下：以应税货物、劳务、服务、无形资产或者不动产的流转额为计税依据，在销售等流转环节征收，其征税数额（税收负担，简称税负）不受成本、费用、利润变化的影响，而对价格（收入）变化较为敏感。

2）所得税

所得税也称收益税，又称所得税类，是指以纳税人的各种所得额为课税对象的一类税收。所得税对生产经营者的利润和个人的收益发挥调节作用。我国现行的企业所得税、个人所得税、土地增值税属于所得税类。

【知识拓展】

所得税类的特点如下：其计税依据一般不是收入，而是总收入减除准予扣除项目后的余额，即应纳税所得额，其征税数额（税负）受收入、成本、费用、利润高低的影响较大。

3）财产税

财产税，又称财产税类，是以纳税人所拥有或支配的财产价值或财产数量为征税对象的一类税收。我国现行的房产税、车船税属于财产税类。

【知识拓展】

财产税类的特点如下：其征税数额（税负）与财产价值或财产数量关系密切，有利于缩小财富差距、调节分配关系。

4）行为税

行为税，又称行为税类，是指以纳税人发生的某种行为为征税对象征收的各种税。我国现行的印花税、契税属于行为税类。

【知识拓展】

行为税类的特点如下：其征税的选择性较为明显，税种较多，具有较强的时效性、灵活性。

5）资源税和环境保护税

资源税和环境保护税，又称资源税和环境保护税类，是指以各种应税自然资源、其他资源或者纳税人直接向环境排放的应税污染物为征税对象征收的一类税收。我国现行的资源税、城镇土地使用税、环境保护税属于资源税和环境保护税类。

【知识链接】

资源税类和资源税种是两个概念。资源税类除了资源税以外，还包括土地增值税、城镇土地使用税等其他税种。另外，其征税对象不仅仅是自然资源，还包括某些社会资源。

【知识拓展】

资源税和环境保护税类的特点如下：其征税数额（税负）高低与资源级差收益水平或者应税污染物排放量关系密切，征税范围的选择比较灵活。

6）特定目的税

特定目的税，又称特定目的税类，是指为了达到某种特定目的，对特定对象和特定行为征收的一种税。我国现行的车辆购置税、耕地占用税、城市维护建设税、烟叶税、船舶吨税属于特定目的税。

【知识拓展】

特定目的税类的特点如下：其征税的政策目的非常鲜明，其政策目的远远大于财政收入目的，其征收并不看重财政收入的多少。

2. 按征收管理的分工体系分

按征收管理的分工体系分类，税收可分为工商税类和关税类。

1）工商税类

工商税收是由税务机关负责征收管理的一类税收，是我国现行税制的主体部分。工商税类包括增值税、消费税、资源税、企业所得税、个人所得税、城市维护建设税、房产税、车船税、土地增值税、城镇土地使用税、印花税、车辆购置税、烟叶税、环境保护税等。

【知识拓展】

工商税类的征收范围较广，既涉及社会再生产的各个环节，又涉及生产、流通、分配、消费的各个领域，是筹集国家财政收入，调节宏观经济最主要的税收工具。

2）关税类

关税类是国家授权海关对出入关境的货物和物品为征税对象的一类税收，是中央财政收入的重要来源。关税类包括进出口关税、船舶吨税、由海关代征的进口环节增值税、由海关代征的进口环节消费税。

3. 按税收管理权限和税收收入的归属分

按税收管理权限和税收收入的归属分类，税收可分为中央税、地方税和中央与地方共享税。

1）中央税

中央税是指收入归中央政府支配使用的税种。中央税主要包括消费税（含进口环节由海关代征的部分）、关税、车辆购置税、海关代征的进口环节增值税等。

2）地方税

地方税是指收入归地方政府支配使用的税种。地方税主要包括城镇土地使用税、耕地占用税、土地增值税、房产税、车船税、契税、环境保护税等。

3）中央与地方共享税

中央与地方共享税是指税收收入由中央和地方政府按一定比例分享的税收。中央与地方共享税主要包括增值税、企业所得税、个人所得税等。

4. 按计税标准分

按计税标准分类，税收可分为从价税、从量税和复合税。

1）从价税

从价税是以征税对象的一定价值单位（价格、金额）为标准，按一定比例税率计征的税种。从价税包括我国现行的增值税、企业所得税、个人所得税、车辆购置税、房产税等税种。

2）从量税

从量税是以征税对象的一定数量单位（重量、件数、容积、面积、长度等）为标准，采用固定单位税额计征的税种。从量税包括我国现行的车船税，城镇土地使用税，以及对啤酒、黄酒、成品油征收的消费税等。

3）复合税

复合税是从价税和从量税的结合，即按照征税对象的一定价值单位又按照一定数量单位为标准计征的税种。我国当前对卷烟、白酒征收的消费税就属于复合税。

【归纳总结】

税收的分类如表3-1所示。

表3-1 税收的分类

分类依据	税收类型	代表税种
征收对象	流转税类	增值税、消费税和关税
	所得税类	企业所得税、土地增值税、个人所得税
	财产税类	房产税、车船税
	行为税类	印花税、契税
	资源税和环境保护税类	资源税、城镇土地使用税、环境保护税
	特定目的税	车辆购置税、耕地占用税、城市维护建设税、烟叶税、船舶吨税
征收管理的分工体系	工商税类	增值税、消费税、资源税、企业所得税、个人所得税、城市维护建设税、房产税、车船税、土地增值税、城镇土地使用税、印花税、车辆购置税、烟叶税、环境保护税
	关税类	进出口关税、船舶吨税、由海关代征的进口环节增值税、由海关代征的消费税
税收管理权限和税收收入的归属	中央税	消费税（含进口环节由海关代征的部分）、关税、车辆购置税、海关代征的进口环节增值税
	地方税	城镇土地使用税、耕地占用税、土地增值税、房产税、车船税、契税、环境保护税
	中央地方共享税	增值税、企业所得税、个人所得税
计税标准	从价税	增值税、企业所得税、个人所得税、车辆购置税、房产税
	从量税	车船税、城镇土地使用税，以及对啤酒、黄酒、成品油征收的消费税
	复合税	对卷烟、白酒征收的消费税

二、税法的概念、分类及其构成要素

（一）税法的概念

税法是指税收法律制度，是国家权力机关和行政机关制定的用于调整国家与纳税人之间在税收征纳方面的权利与义务关系的法律规范的总称，是国家法律的重要组成部分。

【特别提示】

"总称"一词表明税法并不是一部单一的、具体的法律，而是由许多单行的税收法律制度（如《企业所得税法》《增值税暂行条例》等）组成的。

（二）税法的分类

1. 按功能作用不同，税法分为税收实体法和税收程序法

（1）税收实体法是规定税收法律关系主体的实体权利、义务的法律规范总称。税收实体法具体规定了各种税种的征税对象、征税范围、税目、税率、纳税期限、纳税地点等。在我国，税收实体法主要包括《企业所得税法》《个人所得税法》等。

（2）税收程序法是税务管理方面的法律规范。在我国，税收程序法主要包括《税收征收管理法》《税收征收管理法实施细则》。

【点拨指导】

税收实体法和税收程序法的功能不同。税收实体法针对具体税种，是税法体系的核心部分；税收程序法并不针对某一具体税种，而是针对税务管理，是税法体系的基本组成部分。

2. 按主权国家行使税收管辖权不同，税法分为国内税法、国际税法、外国税法

（1）国内税法是一个国家的内部税收法律制度，是指一国在其税收管辖权范围内，调整国家与纳税人之间权利义务关系的法律规范的总称，是由国家立法机关和经由授权或依法律规定的国家行政机关制定的法律、法规和规范性文件。

（2）国际税法是国家间形成的税收法律制度，是指两个或两个以上的课税权主体（主要指国家）对跨国纳税人的跨国所得或财产征税形成的分配关系，并由此形成国与国之间的税收分配形式，主要包括双边或多边国家间的税收协定、条约和国际惯例。

【特别提示】

一般而言，国际税法的效力高于国内税法。

（3）外国税法是指外国制定的税收法律制度。

3. 按法律级次不同，税法分为税收法律、税收行政法规、税务规章和税务规范性文件

（1）税收法律（狭义的税法）由全国人民代表大会及其常务委员会制定。税收法律包括《企业所得税法》《个人所得税法》《税收征收管理法》。

（2）税收行政法规，是由国务院制定的有关税收方面的行政法规和规范性文件。税收行政法规包括《增值税暂行条例》《消费税暂行条例》《税收征收管理法实施细则》《企业所得税法实施条例》《个人所得税法实施条例》等。

（3）税务规章，是由国务院财税主管部门（财政部、国家税务总局、海关总署和国务院关税税则委员会）根据法律和国务院行政法规的要求，在本部门权限范围内发布的有关税务事项的规章。税务规章包括《增值税暂行条例实施细则》《消费税暂行条例实施细则》等。

（4）税务规范性文件，是指县以上税务机关依照法定职权和规定程序制定并发布的，影响纳税人、缴费人、扣缴义务人等税务行政相对人权利、义务，在本辖区内具有普遍约束力并在一定期限内反复适用的文件。税务规范性文件属于非立法行为的行为规范，但为研究方便，本教材将税务规范性文件与税收法律、税收法规、税务规章一同来阐述，将其归入广义的

税收法律体系。税务规范性文件包括《纳税评估管理办法(试行)》等。

【点拨指导】

法律级次(法律效力)的高低主要不是根据该项法律的名称确定(虽然多数情况下通过名称也能确定下来),而主要是根据制定该项法律的部门确定。法律级次(法律效力)的高低一般与法律制定部门的级别相对应。

(三) 税法的构成要素

税法的构成要素是指各种单行税法具有的共同基本要素的总称,一般包括征税人、纳税义务人、征税对象、税目、税率、计税依据、纳税环节、纳税期限、纳税地点、减免税和法律责任等要素。其中,纳税义务人、征税对象、税率是构成税法的三个最基本的要素。

1. 征税人

征税人又称征税主体,是指代表国家行使征税权力的各级税务机关和其他征税机关(主要指海关)。征税人因税种的不同而有所不同。如增值税的征税人是税务机关,关税的征税人是海关。

2. 纳税义务人

纳税义务人简称纳税人,又称纳税主体,是指税法规定的直接负有纳税义务的单位和个人。

【特别提示】

纳税人不一定就是负税人,负税人是实际负担税款的单位和个人。在实际经济生活中,有的税收由纳税人缴纳且负担,纳税人自身就是负税人,如企业所得税、个人所得税等;有的税收虽然由纳税人缴纳,但实际上是由他人负担的,如增值税、消费税等。

【点拨指导】

纳税人是指“直接负有纳税义务”的主体,不包括“间接负有纳税义务”的主体。

3. 征税对象

征税对象又称课税对象、征税客体,即对什么征税,是征纳税双方权利义务共同指向的客体或标的物,是区别一种税与另一种税的根本(重要)标志。

【举例说明】

企业所得税的征税对象为应纳税所得额,房产税的征税对象是房屋等。

4. 税目

征税对象是编制税目的依据,税目是征税对象的具体化。税目是税法对各税种规定的具体征税项目,反映征税的具体范围,是对征税对象质的界定,体现征税的广度。有些税种征税对象比较复杂,需要设置税目,例如,我国的消费税设置了烟、酒、高档化妆品等 15 个税目。但并非所有的税种都必须设置税目(这一点和税法的构成要素的基本含义并不矛盾),例如,我国的企业所得税就不需要设置税目。

【特别提示】

征税对象和税目的区别:征税对象是编制税目的依据,税目是征税对象的具体化。

5. 税率

税率是应纳税额与计税依据的比例,是计算纳税人应纳税额的尺度。税率体现征税的深度，也是衡量税负轻重与否的重要标志。我国现行的税率主要有比例税率、定额税率、累进税率等。

(1) 比例税率是对同一征税对象不分计税金额的大小，都按规定的同一比例计征税款。

【举例说明】

我国现行增值税、城市维护建设税、企业所得税均采用比例税率。

(2) 定额税率又称固定税率，是指按征税对象的一定计算单位，直接规定一个固定的税额。

【举例说明】

我国现行的车船税，城镇土地使用税，消费税税目中的黄酒、啤酒、成品油均采用定额税率。

(3) 累进税率，是随着征税对象的计税金额增大而随之提高的税率，一般适用于对所得和财产的征税。我国目前实行的累进税率包括超额累进税率和超率累进税率。

超额累进税率是按征税对象的计税金额划分若干级距，每一级距分别规定不同的税率，税率依次提高，计税金额每超过一个规定的级距，对超过的部分就按高一级的税率计征税款的一种累进税率。

【举例说明】

我国现行的居民个人综合所得汇算清缴时的个人所得税、经营所得的个人所得税采用超额累进税率。

超率累进税率是按征税对象计税金额的相对率(相对比例)划分若干级距，每一级距分别规定不同的税率，税率依次提高，相对率每超过一个规定的级距，对超过的部分就按高一级的税率计征税款的一种累进税率。

【举例说明】

我国现行的土地增值税采用超率累进税率。

6. 计税依据

计税依据，又称计税标准、课税依据、课税基数、征税基数或税基，是计算应纳税额的根据。计税依据的数额与应纳税额成正比，也就是说，计税依据的数额越大，应纳税额也越多。计税依据分为从价计征、从量计征、复合计征三种类型。

(1) 从价计征，以征税对象的价值量作为计税依据，其价值量为自然实物量与单位价格的乘积。除一些特殊税种外，绝大多数的税种都采用从价计征，如增值税、企业所得税等。其计税公式为：

$$应纳税额 = 计税价值量 \times 比例税率$$

(2) 从量计征，以征税对象的自然实物量作为计税依据，该项实物量以税法规定的计量标准(重量、体积、面积等)计算，如车船税，城镇土地使用税，消费税税目中黄酒、啤酒、成品油等。其计税公式为：

$$应纳税额 = 计税实物量 \times 定额税率$$

(3) 复合计征，既根据征税对象的实物量又根据其价值量征税，如消费税税目中的卷烟和白酒。其计税公式为：

应纳税额＝计税价值量×比例税率＋计税实物量×定额税率

【点拨指导】

征税对象与计税依据的不同在于，征税对象是征税的客体或标的物，而计税依据则是在征税的客体或标的物已经确定的前提下，对征税的客体或标的物据以计算应纳税款的依据或标准。征税对象计税金额可以简称为计税依据。

7. 纳税环节

纳税环节是指税法规定的纳税人在采购、生产、销售、分配等各个过程中应当缴纳税款的环节。

【举例说明】

流转税一般在生产和流通环节缴纳；所得税一般在分配环节缴纳。

【知识拓展】

纳税环节按照纳税次数可以分为两类，即一次课征制和多次课征制。以应税货物为例，一次课征制是指同一税种在货物流转的全过程只在某一环节课征的制度，如我国消费税(卷烟、电子烟、超豪华小汽车消费税除外)、资源税实行一次课征制。多次课征制是同一税种在货物流转的多个环节均课征的制度，如我国增值税、契税实行多次课征制。多次课征制有可能存在着重复征税的问题，不利于公平税负和简化税制。

8. 纳税期限

纳税期限是指纳税人每隔固定时间汇总一次纳税义务的时间。

【点拨指导】

纳税期限整体上分为按期纳税和按次纳税两种。

9. 纳税地点

纳税地点是指根据各个税种征税对象的纳税环节和有利于对税源控制且便于纳税人缴纳税款而规定的纳税人(包括代征代缴、代扣代缴、代收代缴义务人)的具体缴纳税款的地点。

【点拨指导】

税法规定的纳税地点主要有机构所在地、销售地、服务发生地、劳务发生地、财产所在地、报关地等。

10. 减免税

减免税是税法规定的对某些纳税人或者征税对象给予减轻或免除税收负担的一种税收优惠措施。减免税可以分为税基式减免、税率式减免和税额式减免三种形式。

1）税基式减免

税基式减免是指通过直接降低计税依据的方式来实现的减税免税。税基式减免涉及的概念包括起征点、免征额、项目扣除以及跨期结转等。

起征点，又称征税起点或起税点，是指征税对象达到一定金额才开始征税的起点，若征税对象计税金额未达到起征点，则不予征税；若征税对象计税金额达到起征点，则按全部金额计征税款。免征额，是指在征税对象的全部金额中免予征税的那一部分数额，对免征额的部分不予征税，仅对超过免征额的部分计征税款。项目扣除，是指在征税对象中扣除一定项目的金额，以其余额作为计税依据计征税款。跨期结转，是指将以前纳税年度的亏损从本纳税年度的利润中予以扣除。

【举例说明】

自2011年11月1日起，增值税按期限纳税的起征点为月销售额5 000～20 000元，按次纳税的起征点为每次(日)销售额300～500元。增值税起征点的适用范围限于个人。

【举例说明】

自2019年1月1日起，居民个人的综合所得(工资、薪金所得，劳务报酬所得，稿酬所得，特许权使用费所得)，以每一纳税年度的收入额减除费用60 000元以及专项扣除、专项附加扣除和依法确定的其他扣除后的余额，为应纳税所得额。这里的减除费用额60 000元就是免征额。

【点拨指导】

享受免征额税收优惠的纳税人要比享受相同金额起征点税收优惠的纳税人税负轻。起征点只能鼓励或照顾一部分纳税人，而免征额可以鼓励或照顾适用范围内的所有纳税人。

2）税率式减免

税率式减免是指通过直接降低税率的方式实现的减税免税。税率式减免涉及的内容包括重新确定较低的税率、选用其他较低的税率、零税率。

3）税额式减免

税额式减免是指通过直接减少应纳税额的方式实现的减税免税。税额式减免涉及的内容包括全部免征、减半征收、核定减征率以及另定减征额等。

11. 法律责任

税收的法律责任是税收法律关系的主体因违反税法所应当承担的法律后果。纳税人和税务机关违反税法的规定，均将依法承担法律责任。

第二节 主要税种

【学习指南】

学习本节内容，读者需要掌握增值税、消费税、企业所得税和个人所得税的相关内容，其中，需要重点掌握四种税的概念、分类、税率和应纳税额的计算等。

一、增值税

（一）增值税的概念与分类

1. 增值税的概念

增值税是以销售货物、加工修理修配劳务、服务、无形资产或者不动产过程中产生的增值额作为计税依据而征收的一种流转税。

【特别提示】

具体而言,增值税是对在我国境内销售货物、加工修理修配劳务、服务、无形资产或者不动产、进口货物的企业单位和个人,就其销售货物、加工修理修配劳务、服务、无形资产或者不动产的增值额和进口货物金额为计税依据而课征的一种流转税。

2. 增值税的分类

按购进固定资产的进项税额是否扣除及如何扣除的不同,增值税可分为消费型增值税、收入型增值税和生产型增值税。我国现行增值税属于消费型增值税。这三种增值税的特点和实行时间如表 3-2 所示。

表 3-2 增值税的特点和实行时间

类型	特点	实行时间
消费型增值税	(1) 购进的固定资产所含的增值税额(进项税额)允许一次性从销项税额中全部扣除; (2) 彻底消除重复征税,有利于机器设备更新和技术进步	我国于 2009 年 1 月 1 日起实行
收入型增值税	购进的固定资产在当期计提折旧的部分所含的增值税额(进项税额)允许从销项税额中扣除	
生产型增值税	(1) 购进的固定资产所含的增值税额(进项税额)不允许从销项税额中扣除; (2) 存在重复征税,抑制固定资产投资	我国于 2008 年 12 月 31 日之前实行

(二) 增值税的征税范围

1. 征税范围的基本规定

1) 销售或者进口货物

销售货物是指有偿转让货物的所有权。进口货物是指申报进入中国海关境内的货物。只要是报关进口的应税货物,均属于增值税的征税范围,除享受免税政策外,在进口环节缴纳增值税。

【点拨指导】

"有偿"是指从购买方取得货币、货物或者其他经济利益。"货物"包括电力、热力、气体在内。

2) 提供(销售)加工、修理修配劳务

加工是指受托加工货物,即委托方提供原材料及主要材料,受托方按照委托方的要求制造货物并收取加工费的业务;修理修配是指受托对损伤和丧失功能的货物进行修复,使其恢复原状和功能的业务。

【点拨指导】

"提供(销售)加工、修理修配劳务"是指有偿提供加工、修理修配劳务,但单位或个体工商户聘用的员工为本单位或雇主提供加工、修理修配劳务不包括在内。

3) 销售服务、无形资产或者不动产

销售服务、无形资产或者不动产,是指在我国境内有偿提供服务、有偿转让无形资产或者不动产，但属于下列非经营活动的情形除外：

（1）行政单位收取的同时满足以下条件的政府性基金或者行政事业性收费：由国务院或者财政部批准设立的政府性基金，由国务院或者省级人民政府及其财政、价格主管部门批准设立的行政事业性收费；收取时开具省级以上（含省级）财政部门监（印）制的财政票据；所收款项全额上缴财政。

（2）单位或者个体工商户聘用的员工为本单位或者雇主提供取得工资的服务。

（3）单位或者个体工商户为聘用的员工提供服务。

（4）财政部和国家税务总局规定的其他内容。

【特别提示】

在境内销售服务、无形资产或者不动产，是指：①服务（租赁不动产除外）或者无形资产（自然资源使用权除外）的销售方或者购买方在境内；②所销售或者租赁的不动产在境内；③所销售自然资源使用权的自然资源在境内；④财政部和国家税务总局规定的其他情形。

下列情形不属于在境内销售服务或者无形资产：①境外单位或者个人向境内单位或者个人销售完全在境外发生的服务；②境外单位或者个人向境内单位或者个人销售完全在境外使用的无形资产；③境外单位或者个人向境内单位或者个人出租完全在境外使用的有形动产；④境外单位或者个人为出境的函件、包裹在境外提供的邮政服务、收派服务；⑤境外单位或者个人向境内单位或者个人提供的工程施工地点在境外的建筑服务、工程监理服务；⑥境外单位或者个人向境内单位或者个人提供的工程、矿产资源在境外的工程勘察勘探服务；⑦境外单位或者个人向境内单位或者个人提供的会议展览地点在境外的会议展览服务；⑧财政部和国家税务总局规定的其他情形。

2. 销售服务、无形资产、不动产的具体内容

1）销售服务

销售服务，是指提供交通运输服务、邮政服务、电信服务、建筑服务、金融服务、现代服务以及生活服务。

（1）交通运输服务是指使用运输工具将货物或者旅客送达目的地，使其空间位置得到转移的业务活动，包括陆路运输服务、水路运输服务、航空运输服务和管道运输服务。

A. 陆路运输服务。陆路运输服务是指通过陆路（地上或者地下）运送货物或者旅客的运输业务活动，包括铁路运输和其他陆路运输（包括公路运输、缆车运输、索道运输、地铁运输、城市轻轨运输等）。出租车公司向使用本公司自有出租车的出租车司机收取的管理费用，按陆路运输服务征收增值税。

B. 水路运输服务。水路运输服务是指通过江、河、湖、川等天然、人工水道或者海洋航道运送货物或者旅客的运输业务活动。水路运输的程租、期租业务属于水路运输服务。程租业务是指运输企业为租船人完成某一特定航次的运输任务并收取租赁费的业务。期租业务是指运输企业将配有操作人员的船舶承租给他人使用一定期限，承租期内听候承租方调遣，不论是否经营，均按天向承租方收取租赁费，发生的固定费用均由船东负担的业务。

C. 航空运输服务。航空运输服务是指通过空中航线运送货物或者旅客的运输业务活动。航空运输的湿租业务属于航空运输服务。湿租业务是指航空运输企业将配备有机组人

员的飞机承租给他人使用一定期限，承租期内听候承租方调遣，不论是否经营，均按一定标准向承租方收取租赁费，发生的固定费用均由承租方承担的业务。

D. 管道运输服务。管道运输服务是指通过管道设施输送气体、液体、固体物质的运输业务活动。

（2）邮政服务，是指中国邮政集团公司及其所属邮政行业提供邮件寄递、邮政汇兑、机要通信和邮政代理等邮政基本服务的业务活动，包括邮政普通服务、邮政特殊服务和其他邮政服务。

（3）电信服务，是指利用有线、无线的电磁系统或者光电系统等各种通信网络资源，提供语音通话服务，传送、发射、接收或者应用图像、短信等电子数据和信息的业务活动，包括基础电信服务和增值电信服务。

（4）建筑服务，是指各类建筑物、构筑物及其附属设施的建造、修缮、装饰，线路、管道、设备、设施等的安装以及其他工程作业的业务活动，包括工程服务、安装服务、修缮服务、装饰服务和其他建筑服务。

（5）金融服务，是指经营金融保险的业务活动，包括贷款服务、直接收费金融服务、保险服务和金融商品转让。

（6）现代服务，是指围绕制造业、文化产业、现代物流产业等提供技术性、知识性服务的业务活动，包括研发和技术服务、信息技术服务、文化创意服务、物流辅助服务、租赁服务、鉴证咨询服务、广播影视服务、商务辅助服务和其他现代服务。

A. 研发和技术服务。它包括研发服务、技术转让服务、技术咨询服务、合同能源管理服务、工程勘察勘探服务。

B. 信息技术服务。它包括软件服务、电路设计及测试服务、信息系统服务和业务流程管理服务。

C. 文化创意服务。它包括设计服务、商标和著作权转让服务、知识产权服务、广告服务和会议展览服务。

D. 物流辅助服务。它包括航空服务、港口码头服务、货运客运场站服务、打捞救助服务、货物运输代理服务、代理报关服务、仓储服务、装卸搬运服务和收派服务。

E. 租赁服务。它包括融资租赁服务和经营租赁服务。

融资租赁服务，是指具有融资性质和所有权转移特点的租赁活动。按照标的物的不同，融资租赁服务可分为有形动产融资租赁服务和不动产融资租赁服务。

【点拨指导】

融资租赁服务即出租人根据承租人所要求的规格、型号、性能等条件购入有形动产或者不动产租赁给承租人，合同期内租赁物所有权属于出租人，承租人只拥有使用权，合同期满付清租金后，承租人有权按照残值购入租赁物，以拥有其所有权。不论出租人是否将租赁物销售给承租人，均属于融资租赁。

经营租赁服务，是指在约定时间内将有形动产或者不动产转让他人使用且租赁物所有权不变更的业务活动。

按照标的物的不同，经营租赁服务可分为有形动产经营租赁服务和不动产经营租赁服务。

【特别提示】

将建筑物、构筑物等不动产或者飞机、车辆等有形动产的广告位出租给其他单位或者个人用于发布广告，按照经营租赁服务缴纳增值税。

车辆停放服务、道路通行服务（包括过路费、过桥费、过闸费等）等按照不动产经营租赁服务缴纳增值税。

水路运输的光租业务、航空运输的干租业务，属于经营租赁服务。

光租业务，是指运输企业将船舶在约定的时间内出租给他人使用，不配备操作人员，不承担运输过程中发生的各项费用，只收取固定租赁费的业务活动。

干租业务，是指航空运输企业将飞机在约定的时间内出租给他人使用，不配备机组人员，不承担运输过程中发生的各项费用，只收取固定租赁费的业务活动。

F. 鉴证咨询服务。它包括认证服务、鉴证服务和咨询服务。代理记账按照"咨询服务"征收增值税。

G. 广播影视服务。它包括广播影视节目（作品）的制作服务、发行服务和播映（含放映）服务。

H. 商务辅助服务。它包括企业管理服务、经纪代理服务、人力资源服务、安全保护服务。

I. 其他现代服务。它是指除研发和技术服务、信息技术服务、文化创意服务、物流辅助服务、租赁服务、鉴证咨询服务、广播影视服务和商务辅助服务以外的现代服务。

（7）生活服务，是指为满足城乡居民日常生活需求提供的各类服务活动，包括文化体育服务、教育医疗服务、旅游娱乐服务、餐饮住宿服务、居民日常服务和其他生活服务。

2）销售无形资产

销售无形资产，是指转让无形资产所有权或者使用权的业务活动。无形资产，是指不具实物形态，但能带来经济利益的资产，包括技术、自然资源使用权、商标、著作权、商誉和其他权益性无形资产。

（1）技术，包括专利技术和非专利技术。

（2）自然资源使用权，包括土地使用权、海域使用权、探矿权、采矿权、取水权和其他自然资源使用权。

（3）其他权益性无形资产，包括基础设施资产经营权、公共事业特许权、配额、经营权（包括特许经营权、连锁经营权、其他经营权）、经销权、分销权、代理权、会员权、席位权、网络游戏虚拟道具、域名、名称权、肖像权、冠名权、转会费等。

3）销售不动产

销售不动产，是指转让不动产所有权的业务活动。不动产，是指不能移动或者移动后会引起性质、形状改变的财产，包括建筑物、构筑物等。

（1）建筑物，包括住宅、商业营业用房、办公楼等可供居住、工作或者进行其他活动的建造物。

（2）构筑物，包括道路、桥梁、隧道、水坝等建造物。

转让建筑物有限产权或者永久使用权的，转让在建的建筑物或者构筑物所有权的，以及在转让建筑物或者构筑物时一并转让其所占土地的使用权的，按照销售不动产缴纳增值税。

3. 征收范围的特殊规定

1) 视同销售货物

单位或者个体工商户的下列行为，视同销售货物，需要缴纳增值税：

(1) 将货物交付其他单位或者个人代销；

(2) 销售代销货物；

(3) 设有两个以上机构并实行统一核算的纳税人，将货物从一个机构移送其他机构用于销售，但相关机构设在同一县(市)的除外；

(4) 将自产、委托加工的货物用于非增值税应税项目；

(5) 将自产、委托加工的货物用于集体福利或者个人消费；

(6) 将自产、委托加工或者购进的货物作为投资，提供给其他单位或者个体工商户；

(7) 将自产、委托加工或者购进的货物分配给股东或者投资者；

(8) 将自产、委托加工或者购进的货物无偿赠送其他单位或者个人。

上述第(5)项所称"集体福利或者个人消费"是指企业内部设置的供职工使用的食堂、浴室、理发室、宿舍、幼儿园等福利设施及设备、物品等，或者以福利、奖励、津贴等形式发放给职工个人的物品。

【特别提示】

全面营改增后，由于营业税退出了历史舞台，因此上文第(4)条的"非增值税应税项目(营业税项目)"已经失去了意义。

2) 视同销售服务、无形资产或者不动产

下列情形视同销售服务、无形资产或者不动产：

(1) 单位或者个体工商户向其他单位或者个人无偿提供服务，但用于公益事业或者以社会公众为对象的除外。

(2) 单位或者个人向其他单位或者个人无偿转让无形资产或者不动产，但用于公益事业或者以社会公众为对象的除外。

(3) 财政部和国家税务总局规定的其他情形。

【特别提示】

纳税人出租不动产，租赁合同中约定免租期的，不属于视同销售服务。

3) 混合销售

混合销售是指既涉及货物又涉及服务的一项销售行为。从事货物的生产、批发或者零售的单位和个体工商户的混合销售行为，按照销售货物缴纳增值税；其他单位和个体工商户的混合销售行为，按照销售服务缴纳增值税。

上述从事货物的生产、批发或者零售的单位和个体工商户，包括以从事货物的生产、批发或者以零售为主、兼营销售服务的单位和个体工商户在内。

4) 兼营

兼营是指纳税人的经营范围包括销售货物、加工修理修配劳务、服务、无形资产、不动产中的两种或者多种。

纳税人兼营销售货物、加工修理修配劳务、服务、无形资产或者不动产，适用不同税率或者征收率的，应当分别核算适用不同税率或者征收率的销售额，未分别核算销售额的，按照以下方法从高适用税率或者征收率：

（1）兼有（兼营）不同税率的销售货物、加工修理修配劳务、服务、无形资产或者不动产，从高适用税率。

（2）兼有（兼营）不同征收率的销售货物、加工修理修配劳务、服务，无形资产或者不动产，从高适用征收率

（3）兼有（兼营）不同税率和征收率的销售货物，加工修理修配劳务、服务、无形资产或者不动产，从高适用税率。

【点拨指导】

与混合销售行为不同的是，兼营是指销售货物、劳务、服务、无形资产或者不动产不同时发生在同一购买者身上，也不发生在同一项销售行为中。

（三）增值税的纳税人

增值税纳税人是指税法规定负有缴纳增值税义务的单位和个人。

【特别提示】

对于增值税纳税人，比较全面的定义如下：在中华人民共和国境内销售货物或者加工、修理修配劳务（简称劳务），销售服务、无形资产、不动产以及进口货物的单位和个人，为增值税的纳税人。

这里的单位是指企业、行政单位、事业单位、军事单位、社会团体及其他单位，个人是指个体工商户和其他个人。

对于销售货物、提供加工修理修配劳务或者进口货物的行为，单位租赁或者承包给其他单位或者个人经营的，以承租人或者承包人为纳税人。

对于销售服务、无形资产或者不动产的行为，单位以承包、承租、挂靠方式经营的，承包人、承租人、挂靠人（统称承包人）以发包人、出租人、被挂靠人（统称发包人）名义对外经营并由发包人承担相关法律责任的，以该发包人为纳税人。否则，以承包人为纳税人。

按照经营规模的大小和会计核算健全与否等标准，增值税纳税人可分为一般纳税人和小规模纳税人。

1. 一般纳税人

一般纳税人是指年应征增值税销售额（以下简称年应税销售额，指销售货物、劳务、服务、无形资产、不动产年应征增值税销售额之和）超过税法规定的小规模纳税人标准的企业和企业性单位。一般纳税人的特点是在一般计税方法下增值税进项税额可以从销项税额中抵扣。

【点拨指导】

年应税销售额，是指纳税人在连续不超过12个月或4个季度的经营期内累计应征增值税销售额，包括纳税申报销售额、稽查查补销售额、纳税评估调整销售额。经营期是指在纳税人存续期内的连续经营期间，含未取得销售收入的月份或季度。纳税申报销售额是指纳税人自行申报的全部应征增值税销售额，其中包括免税销售额和税务机关代开发票销售额。“稽查查补销售额”和“纳税评估调整销售额”计入查补税款申报当月（或当季）的销售额，不计入税款所属期销售额。

下列纳税人不属于一般纳税人(或者可选择不作为一般纳税人):

(1) 年应税销售额未超过小规模纳税人标准的企业(不属于一般纳税人,但符合一定条件的可以申请成为一般纳税人);

(2) 个体工商户以外的其他个人(不属于一般纳税人);

(3) 非企业性单位、不经常发生增值税应税行为的企业(针对于销售货物、提供加工修理修配劳务的纳税人,年应税销售额超过小规模纳税人标准的,可选择不作为一般纳税人)。

(4) 不经常发生应税行为的单位和个体工商户(针对销售服务、无形资产或者不动产的纳税人,年应税销售额超过规定标准的,可选择不作为一般纳税人)。

经税务机关登记的一般纳税人,可按税法规定计算应纳税额,并使用增值税专用发票。对符合一般纳税人条件但不办理一般纳税人登记手续的纳税人,应按销售额依照增值税税率计算应纳税额,不得抵扣进项税额,也不得使用增值税专用发票。

2. 小规模纳税人

小规模纳税人是指年销售额在规定标准以下,并且会计核算不健全,不能按规定报送有关税务资料的增值税纳税人。小规模纳税人的标准如下:

(1) 自 2018 年 5 月 1 日起,增值税小规模纳税人的标准统一为年应税销售额 500 万元及以下。

(2) 年应税销售额超过小规模纳税人标准的其他个人(指个体工商户以外的个人)按小规模纳税人纳税。

(3) 年应税销售额超过小规模纳税人标准的非企业性单位、不经常发生应税行为的企业可选择按小规模纳税人纳税(针对销售货物、加工修理修配劳务的纳税人);年应税销售额超过规定标准但不经常发生应税行为的单位和个体工商户可选择按照小规模纳税人纳税(针对销售服务、无形资产或者不动产的纳税人)。

年应税销售额未超过规定标准的小规模纳税人会计核算健全,能够提供准确税务资料的,可以向主管税务机关办理一般纳税人资格登记,成为一般纳税人。

除国家税务总局另有规定外,一经登记为一般纳税人后,不得转为小规模纳税人。

(四) 增值税的扣缴义务人

中华人民共和国境外(以下简称境外)的单位或者个人在境内提供应税劳务(加工修理修配劳务),在境内未设有经营机构的,以其境内代理人为扣缴义务人;在境内没有代理人的,以购买方为扣缴义务人。

境外的单位或者个人在境内销售服务、无形资产或不动产,在境内未设有经营机构的,以购买方为增值税扣缴义务人。

上述扣缴义务人按照下列公式计算应扣缴税额:

应扣缴税额=购买方支付的价款÷(1+税率)×税率

(五) 增值税税率和征收率

一般纳税人一般情况下采用一般计税方法按照税率计算缴纳增值税。上述税率主要有以下三种情形:第一种是基本税率;第二种是低税率;第三种是出口货物、劳务、服务或者无形资产适用的零税率。

1. 基本税率

增值税的基本税率为13%，适用于纳税人销售或者进口货物（适用9%的低税率的除外）、销售加工修理修配劳务、有形动产租赁服务。

【特别提示】

一般纳税人销售或者进口农机零部件的增值税税率为13%。

2. 低税率

低税率分以下两档。

1）9%

（1）一般纳税人销售或者进口下列货物，税率为9%：①粮食等农产品、食用植物油、食用盐；②自来水、暖气、冷气、热水、煤气、石油液化气、天然气、二甲醚、沼气、居民用煤炭制品；③图书、报纸、杂志、音像制品、电子出版物；④饲料、化肥、农药、农机、农膜；⑤国务院规定的其他货物。

（2）一般纳税人销售交通运输服务、邮政服务、基础电信服务、建筑服务、不动产租赁服务，销售不动产，转让土地使用权，税率为9%。

2）6%

一般纳税人销售增值电信服务、金融服务、现代服务和生活服务，销售土地使用权以外的无形资产，税率为6%。

【点拨指导】

境内的购买方为境外单位和个人扣缴增值税的，按照适用税率扣缴增值税。

3. 零税率

（1）纳税人出口货物或者劳务，税率为零，国务院另有规定的除外。

（2）境内单位和个人跨境销售国务院规定范围内的服务或者无形资产，税率为零。

4. 征收率

一般纳税人特殊情况下采用简易计税方法按照征收率计算缴纳增值税。小规模纳税人采用简易计税方法按照征收率计算缴纳增值税。我国增值税的法定征收率是3%；一些特殊项目适用3%减按2%的征收率。全面营改增后的与不动产有关的特殊项目适用5%的征收率；一些特殊项目适用5%减按1.5%的征收率。

自2020年3月1日至2021年3月31日，湖北省增值税小规模纳税人，适用3%征收率的应税销售收入，免征增值税；适用3%预征率的预缴增值税项目，暂停预缴增值税。自2021年4月1日至2022年3月31日，湖北省增值税小规模纳税人，适用3%征收率的应税销售收入，减按1%征收率征收增值税；适用3%预征率的预缴增值税项目，减按1%预征率预缴增值税。自2020年3月1日至2022年3月31日，除湖北省外，其他省、自治区、直辖市的增值税小规模纳税人，适用3%征收率的应税销售收入，减按1%征收率征收增值税；适用3%预征率的预缴增值税项目，减按1%预征率预缴增值税。自2022年4月1日至2022年12月31日，增值税小规模纳税人适用3%征收率的应税销售收入，免征增值税；适用3%预征率的预缴增值税项目，暂停预缴增值税。自2023年1月1日至2027年12月31日，增值税小规模纳税人适用3%征收率的应税销售收入，减按1%征收率征收增值税；适用3%预征率的预缴增值税项目，减按1%预征率预缴增值税。

（六）增值税一般纳税人在一般计税方法下的应纳税额的计算

我国增值税一般纳税人在一般计税方法下应纳税额的计算实行扣税法。一般纳税人在一般计税方法下销售货物、劳务、服务、无形资产、不动产（统称应税销售行为），应纳税额为当期销项税额抵扣当期进项税额后的余额。应纳税额的计算公式为：

应纳税额＝当期销项税额－当期进项税额＝当期销售额×适用税率－当期进项税额

“当期”是个很重要的时间限定，是指税务机关依照税法对纳税人确定的纳税期间。只有在纳税期间内实际发生的销项税额、进项税额，才是法定的当期销项税额、进项税额。如果当期销项税额小于进项税额，当期不足抵扣的部分可以结转到下期继续抵扣。

1. 销售额

（1）一般销售方式下销售额的确定。销售额为纳税人发生应税销售行为收取的全部价款和价外费用，但是不包括收取的销项税额以及代为收取的政府性基金或者行政事业性收费。

【知识拓展】

如果销售的货物是消费税应税产品或者进口产品，则全部价款中包含消费税或者关税（价内税）。

价外费用包括价外向购货方收取的手续费、补贴、基金、集资费、返还利润、奖励费、违约金、滞纳金、延期付款利息、赔偿金、包装费、包装物租金、储备费、优质费、运输装卸费、代收款项、代垫款项以及其他各种性质的价外费用。

（2）价税合并收取情况下销售额的确定。纳税人在一般计税方法下销售额和销项税额合并定价的，需将含税销售额换算成不含税销售额，按下列公式计算销售额：

不含税销售额 ＝ 含税销售额 ÷（1＋增值税税率）

【点拨指导】

增值税属于价外税，一般情况下，题目中会明确指出销售额是否含增值税。在未明确指出的情况下，注意以下原则：①商业企业的“零售价”肯定含增值税；②增值税专用发票和增值税普通发票上注明的不含税金额（不含税销售额）肯定不含增值税；③增值税专用发票和增值税普通发票上注明的价税合计金额肯定含增值税；④价外费用和包装物押金均含增值税。

【特别提示】

有人认为增值税专用发票上注明的金额是不含增值税的金额，而增值税普通发票注明上的金额是含增值税的金额，这种认识是错误的。因为增值税专用发票和增值税普通发票的格式整体上是一样的，票面上既有不含增值税的金额，又有含增值税的金额（价税合计金额）。

【点拨指导】

一般纳税人采用一般计税方法计算“销项税额”的基数“销售额”是不含增值税的；小规模纳税人或一般纳税人采用简易计税方法计算“应纳增值税额”的基数“销售额”也是不含增值税的。如果是含增值税销售额，先要换算成不含增值税销售额后再计算“销项税额”或者“应纳增值税税额”。

(3) 纳税人发生应税销售行为的价格明显偏低且无正当理由的，由主管税务机关核定其销售额。纳税人发生视同应税销售行为而无销售额的，由主管税务机关按照下列顺序核定其销售额。

第一，按照纳税人最近时期销售同类货物、服务、无形资产或者不动产的平均价格确定。

第二，按照其他纳税人最近时期销售同类货物、服务、无形资产或者不动产的平均价格确定。

第三，按照组成计税价格确定。组成计税价格的公式如下：

A. 若销售的货物不属于消费税应税消费品：

$$组成计税价格 = 成本 \times (1 + 成本利润率)$$

B. 若销售的货物属于消费税应税消费品：

销售属于应征消费税的货物的，其组成计税价格中应加计消费税额。

a. 实行从价定率办法计算纳税的组成计税价格计算公式如下：

$$\begin{aligned}组成计税价格 &= 成本 \times (1 + 成本利润率) + 消费税额 \\ &= 成本 \times (1 + 成本利润率) \div (1 - 消费税比例税率)\end{aligned}$$

b. 实行从量定额办法计算纳税的组成计税价格计算公式如下：

$$\begin{aligned}组成计税价格 &= 成本 \times (1 + 成本利润率) + 消费税额 \\ &= 成本 \times (1 + 成本利润率) + 课税数量 \times 消费税定额税率\end{aligned}$$

c. 实行复合计税办法计算纳税的组成计税价格计算公式如下：

$$\begin{aligned}组成计税价格 &= 成本 \times (1 + 成本利润率) + 消费税额 \\ &= [成本 \times (1 + 成本利润率) + 课税数量 \times 消费税定额税率] \div \\ &\quad (1 - 消费税比例税率)\end{aligned}$$

成本利润率由国家税务总局确定。

(4) 纳税人按照人民币以外的货币结算销售额的，应当折合成人民币计算，折合率可以选择销售额发生的当天或者当月 1 日的人民币汇率中间价。纳税人应事先确定采用何种折合率，确定后 12 个月内不得变更。

(5) 纳税人兼营免税、减税项目的，应当分别核算免税、减税项目的销售额；未分别核算的，不得免税、减税。

(6) 金银首饰以外的以旧换新业务，应按新货物的同期销售价格确定销售额，不得减除旧货物的收购价格。

(7) 金银首饰以旧换新业务，按销售方实际收到的不含增值税的全部价款征税。

2. 销项税额

销项税额，是指一般纳税人在一般计税方法下发生应税销售行为，按照销售额和税法规定的税率计算收取的增值税额。

$$销项税额 = 销售额 \times 适用税率$$

需要注意的是，公式中的“销售额”不包括向购买方收取的增值税额。

【例 3-1】 甲酒厂为增值税一般纳税人，本年 5 月销售薯类白酒开具增值税专用发票，收取不含税价款 1 000 000 元。

要求：计算上述业务的增值税销项税额。

答：

增值税销项税额＝1 000 000×13%＝130 000(元)

【例3-2】 甲公司为增值税一般纳税人，本年1月将自产的500件新电器作为福利发给公司员工。目前，市场上还没有与该批新电器类似的同类产品，因此，也没有同类产品的销售价格。已知每台电器成本为400元，成本利润率为10%。

要求：计算该批新电器的增值税销售额及增值税销项税额。

答：

增值税销售额＝成本×(1＋成本利润率)＝500×400×(1＋10%)＝220 000(元)

增值税销项税额＝220 000×13%＝28 600(元)

3. 进项税额

进项税额，是指纳税人购进货物、劳务、服务、无形资产、不动产支付或者负担的增值税额。

1) 准予从销项税额中抵扣的进项税额

(1) 从销售方取得的增值税专用发票(含机动车销售统一发票)上注明的增值税额。

(2) 从海关取得的海关进口增值税专用缴款书上注明的增值税额。

(3) 自2019年4月1日起，纳税人购进农产品，按下列规定抵扣进项税额：①除第②项规定外，纳税人购进农产品，取得一般纳税人开具的增值税专用发票或海关进口增值税专用缴款书的，以增值税专用发票或海关进口增值税专用缴款书上注明的增值税额为进项税额；从按照简易计税方法依照3%征收率计算缴纳增值税的小规模纳税人取得增值税专用发票的，以增值税专用发票上注明的金额和9%的扣除率计算进项税额；取得(开具)农产品销售发票或收购发票的，以农产品销售发票或收购发票上注明的农产品买价和9%的扣除率计算进项税额。②自2019年4月1日起，纳税人购进用于生产销售或委托加工13%税率货物的农产品，按照10%的扣除率计算进项税额。

【点拨指导】

自2019年4月1日起，纳税人购进用于生产销售或委托加工13%税率货物的农产品，在购买时先抵扣9%，领用用于生产销售或委托加工13%税率货物时再抵扣1%。

(4) 2013年8月1日(含)以后购入自用的应征消费税的摩托车、汽车、游艇的进项税额。

(5) 自境外单位或者个人购进劳务、服务、无形资产或者境内的不动产，从税务机关或者扣缴义务人取得的代扣代缴的完税凭证上注明的增值税额。

(6) 自2019年4月1日起，购进国内旅客运输服务的进项税额。纳税人购进国内旅客运输服务未取得增值税专用发票的，暂按照以下规定确定进项税额：

A. 取得增值税电子普通发票的，为发票上注明的税额。

B. 取得注明旅客身份信息的航空运输电子客票行程单的，为按照下列公式计算的进项税额：

航空旅客运输进项税额＝(票价＋燃油附加费)÷(1＋9%)×9%

C. 取得注明旅客身份信息的铁路车票的，为按照下列公式计算的进项税额：

铁路旅客运输进项税额＝票面金额÷(1＋9%)×9%

D. 取得注明旅客身份信息的公路、水路等其他客票的，为按照下列公式计算的进项税额：

公路、水路等其他旅客运输进项税额＝票面金额÷(1＋3%)×3%

【特别提示】

自2023年1月1日至2023年12月31日，增值税加计抵减政策按照以下规定执行：(1)允许生产性服务业纳税人按照当期可抵扣进项税额加计5%抵减应纳税额。(2)允许生活性服务业纳税人按照当期可抵扣进项税额加计10%抵减应纳税额。

【例3-3】 甲公司为增值税一般纳税人，本年1月，向农业生产者收购一批免税农产品，在农产品收购发票上注明价款350 000元，支付运输公司运送该批产品回公司的运费4 500元(不含增值税)，取得增值税专用发票。甲公司取得的增值税专用发票本年1月符合抵扣规定。该批免税农产品当月全部领用用于生产增值税税率为13%的货物。

要求：计算上述业务的可抵扣增值税进项税额。

答： 可抵扣增值税进项税额＝350 000×(9%＋1%)＋4 500×9%＝350 000×10%＋4 500×9%
＝35 405(元)

【知识链接】

视同销售行为所涉及的外购货物的进项税额，凡取得增值税专用发票等扣税凭证且符合抵扣规定的，准予从销项税额中抵扣。

2) 不得从销项税额中抵扣的进项税额

下列项目的进项税额不得从销项税额中抵扣：

(1) 用于简易计税方法计税项目、免征增值税项目、集体福利或者个人消费的购进货物、劳务、服务、无形资产和不动产。其中涉及的固定资产、无形资产、不动产，仅指专用于上述项目的固定资产、无形资产(不包括其他权益性无形资产)、不动产。纳税人的交际应酬消费属于个人消费。

【特别提示】

自2018年1月1日起，纳税人租入固定资产、不动产，既用于一般计税方法计税项目，又用于简易计税方法计税项目、免征增值税项目、集体福利或者个人消费的，其进项税额准予从销项税额中全额抵扣。

(2) 非正常损失的购进货物，以及相关的劳务和交通运输服务。

(3) 非正常损失的在产品、产成品所耗用的购进货物(不包括固定资产)、劳务和交通运输服务。

(4) 非正常损失的不动产，以及该不动产所耗用的购进货物、设计服务和建筑服务。

(5) 非正常损失的不动产在建工程所耗用的购进货物、设计服务和建筑服务。纳税人新建、改建、扩建、修缮、装饰不动产，均属于不动产在建工程。

(6) 购进的贷款服务、餐饮服务、居民日常服务和娱乐服务。

(7) 财政部和国家税务总局规定的其他情形。

【特别提示】

非正常损失，是指因管理不善造成货物被盗、丢失、霉烂变质，以及因违反法律法规造成货物或者不动产被依法没收、销毁、拆除的情形。

【点拨指导】

上述第(4)项、第(5)项所称货物，是指构成不动产实体的材料和设备，包括建筑装饰材料和给排水、采暖、卫生、通风、照明、通信、煤气、消防、中央空调、电梯、电气、智能化楼宇设备及配套设施。

【特别提示】

一般纳税人购进货物、劳务、服务、无形资产、不动产，取得的增值税扣税凭证不符合法律、行政法规或者国务院税务主管部门有关规定的，其进项税额不得从销项税额中抵扣。

【点拨指导】

增值税扣税凭证，是指增值税专用发票、海关进口增值税专用缴款书、农产品收购发票或者销售发票(含农产品核定扣除的进项税额)、代扣代缴税收完税凭证和符合规定的国内旅客运输发票等。

【例3-4】 甲公司为增值税一般纳税人，适用的增值税税率为13%，本年1月有关生产经营业务如下：

(1) 月初外购货物一批，取得增值税专用发票，支付增值税进项税额36万元，中下旬因企业经营管理不善，造成该批货物一部分发生霉烂变质，经核实造成1/4的货物损失。

(2) 外购的动力燃料一批，取得增值税专用发票，支付增值税进项税额30万元，其中，70%用于增值税应税项目，30%用于免征增值税项目。

甲公司取得的增值税专用发票本年1月均符合抵扣规定。

要求：计算甲公司本年1月可以抵扣的进项税额。

答：

外购货物可以抵扣的进项税额＝36－36÷4＝36－9＝27(万元)

外购动力燃料可以抵扣的进项税额＝30－30×30%＝21(万元)

当月可以抵扣的进项税额＝27＋21＝48(万元)

【例3-5】 甲公司为增值税一般纳税人，本年1月发生经济业务如下：

(1) 购进一批A材料，取得增值税专用发票注明的价款为60万元；取得的增值税专用发票上注明运费4万元。

(2) 向农业生产者收购一批免税农产品，在农产品收购发票上注明价款25万元。该批免税农产品当月全部用于生产增值税税率为13%的货物。

(3) 销售产品一批，取得不含税销售额360万元，另外收取包装物租金2.26万元。

(4) 因仓库管理不善，上月购进的一批工具被盗，该批工具的采购成本为10万元(增值税进项税额上月已抵扣)。

已知：甲公司取得的增值税专用发票和开具的农产品收购发票本年1月均符合抵扣规定。购进和销售产品适用的增值税税率为13%。向农业生产者收购免税农产品用于生产增值税税率为13%的应税货物时的农产品扣除率为10%。

要求：计算甲公司本年1月的应纳增值税税额。

答：进项税额60×13%＋4×9%＋25×(9%＋1%)＝60×13%＋4×9%＋25×10%＝10.66(万元)

销项税额＝360×13%＋2.26÷(1＋13%)×13% ＝47.06(万元)

进项税额转出＝10×13% ＝1.3(万元)

应纳增值税税额＝47.06－(10.66－1.3)＝37.7(万元)

4. 进口货物增值税

进口货物增值税是指进口环节征收的增值税，属于流转税的一种。不同于一般增值税在生产、批发、零售等环节征税，进口货物增值税是专门在进口环节进行征税的一种增值税。

纳税人进口货物，按照组成计税价格和规定的增值税税率计算增值税额，不得抵扣任何税额。进口货物计算增值税应纳税额的计算公式如下：

应纳税额 = 组成计税价格 × 增值税税率

其中，组成计税价格的计算公式如下：

(1) 若进口货物不属于消费税应税消费品：

组成计税价格 = 关税完税价格 + 关税

(2) 若进口货物属于消费税应税消费品：

A. 实行从价定率办法计算纳税的组成计税价格计算公式如下：

组成计税价格 = 关税完税价格 + 关税 + 消费税

或 组成计税价格 =(关税完税价格 + 关税)÷(1 − 消费税比例税率)

B. 实行从量定额办法计算纳税的组成计税价格计算公式如下：

组成计税价格 = 关税完税价格 + 关税 + 消费税
= 关税完税价格 + 关税 + 海关核定的应税消费品的进口数量 × 消费税定额税率

C. 实行复合计税办法计算纳税的组成计税价格计算公式如下：

$$组成计税价格 = \left(\begin{matrix}关税完\\税价格\end{matrix} + 关税 + \begin{matrix}海关核定的应税\\消费品的进口数量\end{matrix} \times 消费税定额税率\right) \div (1 - 消费税比例税率)$$

【例3-6】 甲公司为增值税一般纳税人，本年1月进口一批应税消费品，关税完税价格为45 000元，进口该批应税消费品适用的消费税税率为10%、关税税率为50%，增值税税率为13%。

要求：计算甲公司进口该批应税消费品的应纳增值税税额。

答：

应纳关税税额 = 45 000 × 50% = 22 500(元)

组成计税价格 = (45 000 + 22 500) ÷ (1 − 10%) = 75 000(元)

进口该批应税消费品的应纳增值税税额 = 75 000 × 13% = 9 750(元)

(七) 增值税小规模纳税人应纳税额的计算

小规模纳税人发生应税销售行为，实行按照销售额乘以征收率计算应纳税额的简易计税方法，且不得抵扣进项税额。一般纳税人特殊情况下也采用简易计税方法。应纳税额计算公式如下：

应纳增值税税额 = 销售额 × 增值税征收率

简易计税方法的销售额不包括其应纳增值税税额。简易计税方法下的销售额和应纳增值税税额合并定价的，需将含税销售额换算成不含税销售额，按下列公式计算销售额：

不含税销售额 = 含税销售额 ÷ (1 + 增值税征收率)

一般纳税人提供财政部和国家税务总局规定的特定应税行为，可以选择使用简易计税方法计税，但一经选定，36个月内不得变更。

【例3-7】 甲电器修理部为增值税小规模纳税人，选择按月申报缴纳增值税。甲电器修理部本年1月，取得含税修理收入412 000元，并开具增值税普通发票。

要求：计算甲电器修理部本年1月的应纳增值税税额。

答：

$$应纳增值税税额=412\,000\div(1+3\%)\times3\%=400\,000\times3\%=12\,000(元)$$

（八）增值税的征收管理

1. 纳税义务的发生时间

（1）采取直接收款方式销售货物的，不论货物是否发出，其纳税义务发生时间均为收到销售款项或者取得索取销售款项凭证的当天；先开具发票的，其纳税义务发生时间为开具发票的当天。

【点拨指导】

销售应税劳务，为提供劳务同时收讫销售款项或者取得索取销售款项凭据的当天。

（2）纳税人发生销售服务、无形资产或者不动产行为的，其纳税义务发生时间为收讫销售款项或者索取销售款项凭据的当天；先开具发票的，其纳税义务发生时间为开具发票的当天。

（3）采取托收承付和委托银行收款方式销售货物的，其纳税义务发生时间为发出货物并办妥托收手续的当天。

（4）采取赊销和分期收款方式销售货物的，其纳税义务发生时间为书面合同约定的收款当天，无书面合同或者书面合同没有约定收款日期的，其纳税义务发生时间为货物发出的当天。

（5）采取预收货款方式销售货物的，其纳税义务发生时间为货物发出的当天；但生产销售生产工期超过12个月的大型机械设备、船舶、飞机等货物，其纳税义务发生时间为收到预收款或者书面合同约定的收款日期的当天。

（6）纳税人提供租赁服务采取预收款方式的，其纳税义务发生时间为收到预收款的当天。

（7）纳税人提供建筑服务取得预收款，应在收到预收款时，以取得的预收款扣除支付的分包款后的余额，按照规定的预征率预缴增值税。按照现行规定应在建筑服务发生地预缴增值税的项目，纳税人收到预收款时在建筑服务发生地预缴增值税。按照现行规定无需在建筑服务发生地预缴增值税的项目，纳税人收到预收款时在机构所在地预缴增值税。适用一般计税方法计税的项目预征率为2%，适用简易计税方法计税的项目预征率为3%。

（8）委托其他纳税人代销货物的，其纳税义务发生时间为收到代销单位的代销清单或者收到全部或者部分货款的当天。未收到代销清单及货款的，其纳税义务发生时间为发出代销货物满180天的当天。

（9）纳税人从事金融商品转让的，其纳税义务发生时间为金融商品所有权转移的当天。

（10）证券公司、保险公司、金融租赁公司、证券基金管理公司、证券投资基金以及其他经人民银行、银保监会（现为国家金融监督管理总局）、证监会批准成立且经营金融保险业务的机构发放贷款后，自结息日起90天内发生的应收未收利息按现行规定缴纳增值税，自结息日起90天后发生的应收未收利息暂不缴纳增值税，待实际收到利息时按规定缴纳增值税。

（11）纳税人提供建筑服务，被工程发包方从应支付的工程款中扣押的质押金、保证金，未开具发票的,以纳税人实际收到质押金、保证金的当天为纳税义务发生时间。

(12) 纳税人发生视同销售货物行为(不包括代销行为)的,其纳税义务发生时间为货物移送的当天。纳税人发生视同销售服务、无形资产或者不动产行为的,其纳税义务发生时间为服务、无形资产转让完成的当天或者不动产权属变更的当天。

(13) 纳税人进口货物,纳税义务发生时间为报关进口的当天。

(14) 增值税扣缴义务发生时间为纳税人增值税纳税义务发生的当天。

2. 纳税期限

增值税的纳税期限分别为1日、3日、5日、10日、15日、1个月或者1个季度,纳税人的具体纳税期限,由主管税务机关根据纳税人应纳税额的大小分别核定;以1个季度为纳税期限的规定适用于小规模纳税人、银行、财务公司、信托投资公司、信用社以及财政部和国家税务总局规定的其他纳税人;不能按照固定期限纳税的,可以按次纳税。

纳税人以1个月或者1个季度为一个纳税期的,自纳税期满之日起15日内申报纳税;以1日、3日、5日、10日或者15日为一个纳税期的,自期满之日起5日内预缴税款,于次月1日起15日内申报纳税并结清上月应纳税款。

扣缴义务人解缴税款的期限,按照上述规定执行。

【点拨指导】

纳税人进口货物,应当自海关填发税款缴纳书之日起15日内缴纳税款。

3. 纳税地点

(1) 固定业户应当向其机构所在地或者居住地主管税务机关申报纳税。总机构和分支机构不在同一县(市)的,应当分别向各自所在地的主管税务机关申报纳税;经财政部和国家税务总局或者其授权的财政和税务机关批准,可以由总机构汇总向总机构所在地的主管税务机关申报纳税。

(2) 固定业户到外县(市)销售货物或者劳务,应当向其机构所在地的主管税务机关报告外出经营事项,并向其机构所在地的主管税务机关申报纳税;未报告的,应当向销售地或者劳务发生地的主管税务机关申报纳税;未向销售地或者劳务发生地的主管税务机关申报纳税的,由其机构所在地的主管税务机关补征税款。

(3) 非固定业户销售货物、劳务、服务、无形资产或者不动产,应当向销售地、劳务发生地或者应税行为(销售服务、无形资产或者不动产)发生地主管税务机关申报纳税;未申报纳税的,由其机构所在地或者居住地主管税务机关补征税款。

(4) 其他个人提供建筑服务,销售或者租赁不动产,转让自然资源使用权,应向建筑服务发生地、不动产所在地、自然资源所在地主管税务机关申报纳税。

(5) 纳税人进口货物,应当向报关地海关申报纳税。

(6) 扣缴义务人应当向其机构所在地或者居住地主管税务机关申报缴纳其扣缴的税款。

二、消费税

(一) 消费税的概念

消费税是对在我国境内从事生产、委托加工、进口、批发或零售应税消费品的单位和个人征收的一种流转税,是对特定的消费品和消费行为在特定的环节征收的一种流转税。

（二）消费税的征税范围

1．生产应税消费品

生产应税消费品在生产销售环节征税。纳税人用生产的应税消费品换取生产资料、消费资料、投资入股、偿还债务，以及用于连续生产应税消费品以外的其他方面都应缴纳消费税。

【点拨指导】

生产销售环节是消费税征收的主要环节。

2．委托加工应税消费品

委托加工应税消费品是指委托方提供原料和主要材料，受托方只收取加工费和代垫部分辅助材料加工的应税消费品。由受托方提供原材料或其他情形的一律不能视同加工应税消费品。

【点拨指导】

对于由受托方提供原材料生产的应税消费品，或者受托方先将原材料卖给委托方，然后再接受加工的应税消费品，以及由受托方以委托方名义购进原材料生产的应税消费品，不论在财务上是否作销售处理，都不得作为委托加工应税消费品，而应当按照销售自制应税消费品缴纳消费税。

委托加工的应税消费品，除受托方为个人外，由受托方向委托方交货时代收代缴消费税；委托个人加工的应税消费品，由委托方收回后缴纳消费税。

委托加工的应税消费品，委托方用于连续生产应税消费品的，所纳税款准予按规定抵扣；直接出售的，不再缴纳消费税。委托方将收回的应税消费品，以不高于受托方的计税价格出售的，为直接出售，不再缴纳消费税；委托方以高于受托方的计税价格出售的，不属于直接出售，需按照规定申报缴纳消费税，在计税时准予扣除受托方已代收代缴的消费税。

3．进口应税消费品

单位和个人进口应税消费品，于报关进口时由海关代征消费税。

4．批发应税消费品

(1)“烟”税目下“卷烟”子税目的纳税环节

卷烟消费税在生产和批发两个环节征收。自2009年5月1日起，在卷烟批发环节加征一道从价税，在中华人民共和国境内从事卷烟批发业务的单位和个人，批发销售的所有牌号规格的卷烟，按其销售额（不含增值税）征收5%的消费税。纳税人应将卷烟销售额与其他商品销售额分开核算，未分开核算的，一并征收消费税。纳税人销售给纳税人以外的单位和个人的卷烟于销售时纳税。纳税人之间销售的卷烟不缴纳消费税。卷烟批发企业的机构所在地，总机构与分支机构不在同一地区的，由总机构申报纳税。自2015年5月10日起，将卷烟批发环节从价税税率由5%提高至11%，并按0.005元/支加征从量税。纳税人兼营卷烟批发和零售业务的，应当分别核算批发和零售环节的销售额、销售数量；未分别核算批发和零售环节销售额、销售数量的，按照全部销售额、销售数量计征批发环节消费税。

【点拨指导】

烟草批发企业将卷烟销售给“零售单位”的，要加征一道11%的从价税，并按0.005元/支加征从量税；烟草批发企业将卷烟销售给其他烟草“批发企业”的，不缴纳消费税。

烟草批发企业在计算应纳税额时，不得扣除卷烟中已含的生产环节的消费税税款。

(2)“烟”税目下“电子烟”子税目的纳税环节

电子烟消费税在生产和批发两个环节征收。自2022年11月1日起，将电子烟纳入消费税征收范围，在烟税目下增设电子烟子税目(简称子目)。在中华人民共和国境内生产(进口)、批发电子烟的单位和个人为消费税纳税人。

电子烟生产环节纳税人，是指取得烟草专卖生产企业许可证，并取得或经许可使用他人电子烟产品注册商标(以下称持有商标)的企业。通过代加工方式生产电子烟的，由持有商标的企业缴纳消费税。电子烟批发环节纳税人，是指取得烟草专卖批发企业许可证并经营电子烟批发业务的企业。电子烟进口环节纳税人，是指进口电子烟的单位和个人。

纳税人生产、批发电子烟的，按照生产、批发电子烟的销售额计算纳税。电子烟生产环节纳税人采用代销方式销售电子烟的，按照经销商(代理商)销售给电子烟批发企业的销售额计算纳税。纳税人进口电子烟的，按照组成计税价格计算纳税。

电子烟生产环节纳税人从事电子烟代加工业务的，应当分开核算持有商标电子烟的销售额和代加工电子烟的销售额；未分开核算的，一并缴纳消费税。

【特别提示】

只有卷烟、电子烟在批发环节征收消费税，而烟丝、雪茄烟在批发环节不缴纳消费税。

5. 零售应税消费品

(1)“贵重首饰及珠宝玉石”税目下“金银首饰、铂金首饰和钻石及钻石饰品”子税目的纳税环节

经国务院批准，自1995年1月1日起，金银首饰消费税由生产销售环节征收改为零售环节征收。改在零售环节征收消费税的金银首饰仅限于金基、银基合金首饰以及金、银和金基、银基合金的镶嵌首饰。自2002年1月1日起，钻石及钻石饰品消费税改为零售环节征收。自2003年5月1日起，铂金首饰消费税改为零售环节征收。金银首饰、铂金首饰和钻石及钻石饰品消费税适用税率为5%。其计税依据是不含增值税的销售额。

对既销售金银首饰，又销售非金银首饰的生产、经营单位，应将两类商品划分清楚，分别核算销售额。凡划分不清楚或不能分别核算的，在生产环节销售的，一律从高适用税率征收消费税；在零售环节销售的，一律按金银首饰征收消费税。金银首饰与其他产品组成成套消费品销售的，应按销售额全额征收消费税。

金银首饰连同包装物一起销售的，无论包装物是否单独计价，也无论会计上如何核算，均应并入金银首饰的销售额，计征消费税。

带料加工的金银首饰，应按受托方销售的同类金银首饰的销售价格确定计税依据征收消费税。没有同类金银首饰销售价格的，按照组成计税价格计算纳税。

纳税人采用以旧换新(含翻新改制)方式销售的金银首饰，应按实际收取的不含增值税的全部价款确定计税依据征收消费税。

【特别提示】

上述关于以旧换新(含翻新改制)方式销售金银首饰计税依据的规定,其实质是抵减了旧金银首饰的价值。这与增值税对于金银首饰计税依据的相关规定是一致的。

2)“小汽车”税目下的“超豪华小汽车”子税目的纳税环节

自2016年12月1日起,“小汽车”税目下增设“超豪华小汽车”子税目。征收范围为每辆零售价格130万元(不含增值税)及以上的乘用车和中轻型商用客车,即乘用车和中轻型商用客车子税目中的超豪华小汽车。对超豪华小汽车,在生产(进口)环节按现行税率征收消费税基础上,在零售环节加征消费税,税率为10%。将超豪华小汽车销售给消费者的单位和个人为超豪华小汽车零售环节纳税人。

【点拨指导】

消费税属于价内税,一般情况下只征收一次消费税,只有卷烟、电子烟和超豪华小汽车例外。其中,卷烟、电子烟在生产环节、批发环节征收两次消费税,但这两个环节一般不是同一个纳税人,卷烟、电子烟生产企业是生产环节的纳税人,卷烟、电子烟批发企业是批发环节的纳税人。超豪华小汽车在生产环节、零售环节征收两道消费税。

(三) 消费税的纳税人

凡在中华人民共和国境内生产、委托加工和进口《消费税暂行条例》规定的应税消费品的单位和个人,以及国务院确定的销售(主要是指批发或零售)《消费税暂行条例》规定的某些应税消费品的单位和个人,均为消费税纳税人。

(四) 消费税的税目与税率

1. 消费税的税目

我国消费税的税目共有15个,分别是:①烟;②酒;③高档化妆品;④贵重首饰及珠宝玉石;⑤鞭炮、焰火;⑥成品油;⑦摩托车;⑧小汽车;⑨高尔夫球及球具;⑩高档手表;⑪游艇;⑫木制一次性筷子;⑬实木地板;⑭电池;⑮涂料。其中,有些还包括若干子目。

2. 消费税的税率

消费税的税率包括比例税率和定额税率两类。根据不同的税目或子目,《应税消费品名称、税率和计量单位对照表》如表3-3所示。

表3-3 应税消费品名称、税率和计量单位对照表

应税消费品名称	比例税率	定额税率	计量单位
一、烟			
1. 卷烟			
(1) 工业			
① 甲类卷烟(调拨价70元(不含增值税)/条以上(含70元))	56%	30元/万支	万支
② 乙类卷烟(调拨价70元(不含增值税)/条以下)	36%	30元/万支	
(2) 商业批发	11%	50元/万支	

（续表）

应税消费品名称	比例税率	定额税率	计量单位
2. 雪茄烟	36%	—	支
3. 烟丝	30%	—	千克
4. 电子烟			
（1）工业	36%	—	盒
（2）商业批发	11%	—	盒
二、酒			
1. 白酒	20%	0.5 元/500 克（毫升）	500 克（毫升）
2. 黄酒	—	240 元/吨	吨
3. 啤酒			
（1）甲类啤酒（出厂价格 3 000 元（不含增值税）/吨以上（含 3 000 元））	—	250 元/吨	吨
（2）乙类啤酒（出厂价格 3 000 元（不含增值税）/吨以下）	—	220 元/吨	
4. 其他酒	10%	—	吨
三、高档化妆品	15%	—	实际使用计量单位
四、贵重首饰及珠宝玉石			
1. 金银首饰、铂金首饰和钻石及钻石饰品	5%	—	实际使用计量单位
2. 其他贵重首饰和珠宝玉石	10%	—	
五、鞭炮、焰火	15%	—	实际使用计量单位
六、成品油			
1. 汽油	—	1.52 元/升	升
2. 柴油	—	1.20 元/升	
3. 航空煤油	—	1.20 元/升	
4. 石脑油	—	1.52 元/升	
5. 溶剂油	—	1.52 元/升	
6. 润滑油	—	1.52 元/升	
7. 燃料油	—	1.20 元/升	
七、摩托车			
1. 气缸容量（排气量，下同）=250 毫升	3%	—	辆
2. 气缸容量>250 毫升	10%	—	

（续表）

应税消费品名称	比例税率	定额税率	计量单位
八、小汽车			
1. 乘用车			
(1) 气缸容量(排气量,下同)≤1.0升	1%	—	辆
(2) 1.0升<气缸容量≤1.5升	3%	—	
(3) 1.5升<气缸容量≤2.0升	5%	—	
(4) 2.0升<气缸容量≤2.5升	9%	—	
(5) 2.5升<气缸容量≤3.0升	12%	—	
(6) 3.0升<气缸容量≤4.0升	25%	—	
(7) 气缸容量>4.0升	40%	—	
2. 中轻型商用客车	5%	—	
3. 超豪华小汽车	10%	—	
九、高尔夫球及球具	10%	—	实际使用计量单位
十、高档手表	20%	—	只
十一、游艇	10%	—	艘
十二、木制一次性筷子	5%	—	万双
十三、实木地板	5%	—	平方米
十四、电池	4%	—	只
十五、涂料	4%	—	吨

【特别提示】

15个消费税税目中，黄酒、啤酒、成品油实行的是单一的定额税率，其他大多数应税消费品均采用单一的比例税率。要特别注意的是，卷烟、白酒实行"复合税率"复合征收（"复合税率"是同时适用比例税率与定额税率的一种特殊形式，其本身并不是一种税率）。

【点拨指导】

纳税人兼营不同税率的应税消费品，应当分别核算不同税率应税消费品的销售额或销售数量。未分别核算销售额或销售数量的，或者将不同税率的应税消费品组成成套消费品的，从高适用税率。

(五) 消费税应纳税额

1. 从价定率征收

从价定率征收，即根据不同的应税消费品确定不同的比例税率。

应纳消费税税额＝应税消费品的销售额×比例税率

(1) 公式中的"销售额"是指纳税人销售应税消费品向购买方收取的全部价款和价外费用，不包括应向购买方收取的增值税税款。价外费用是指价外向购买方收取的手续费、补贴、基金、集资费、返还利润、奖励费、违约金、滞纳金、延期付款利息、赔偿金、代收款项、代垫款项、包装费、包装物租金、储备费、优质费、运输装卸费以及其他各种性质的价外收费。但下列项目不包括在销售额内：①承运部门的运输费用发票开具给购买方，且纳税人将该项发票转交给购买方的代垫运输费用；②由国务院或者财政部批准设立的政府性基金，由国务院或者省级人民政府及其财政、价格主管部门批准设立的行政事业性收费，且收取时开具省级以上财政部门印制的财政票据，所收款项全额上缴财政。

（2）由于应税消费品在缴纳消费税时，与一般货物一样，都还要缴纳增值税。因此，《消费税暂行条例实施细则》明确规定，应税消费品的销售额不包括应向购货方收取的增值税税额。如果纳税人应税消费品的销售额中未扣除增值税税款或者因不得开具增值税专用发票而导致价款和增值税税款合并收取的，在计算消费税时，应当换算为不含增值税税款的销售额。其换算公式为：

应税消费品的销售额＝含增值税的销售额÷(1＋增值税税率或征收率)

【例3-8】 甲手表生产企业为增值税一般纳税人，本年7月向当地一家大型商场销售一批高档手表，开具增值税专用发票一张，取得不含增值税销售收入50万元，增值税税额6.5万元。高档手表适用的消费税率为20%。

要求：计算甲手表生产企业上述业务的应纳消费税税额。

答：　　应纳消费税税额＝50×20%＝10(万元)

【特别提示】

在从价定率征收方法下，应纳消费税税额的计算取决于应税消费品的销售额和适用税率两个因素，此处的"销售额"与增值税中的"销售额"基本一致(特殊情况除外)，销售额为纳税人销售应税消费品向购买方收取的全部价款和价外费用。"销售额"都是不含增值税(价外税)但含消费税(价内税)的销售额。如果销售额为含增值税的销售额时，必须换算成不含增值税的销售额。

【点拨指导】

纳税人用于换取生产资料和消费资料、投资入股和抵偿债务等方面的应税消费品，应当以纳税人同类应税消费品的"最高"销售价格作为计税依据计算征收消费税。纳税人将自己生产的应税消费品用于其他方面的(如发放福利)，按照纳税人最近时期同类货物的"平均"销售价格作为计税依据计算征收消费税。

纳税人通过自设非独立核算门市部销售的自产应税消费品，应按门市部"对外销售额或者销售数量"征收消费税。

2. 从量定额征收

从量定额征收，即根据不同的应税消费品确定不同的定额税率，其公式为：

应纳消费税税额＝应税消费品的销售数量×定额税率

公式中的"销售数量"是指纳税人生产、委托加工或进口应税消费品的数量。具体规定如下：

（1）销售应税消费品的，为应税消费品的销售数量。

（2）自产自用应税消费品的，为应税消费品的移送使用数量。

（3）委托加工应税消费品的，为纳税人收回的应税消费品数量。

(4) 进口的应税消费品,为海关核定的应税消费品的进口征税数量。

【例 3-9】 甲啤酒厂本年 1 月将自产的 20 吨啤酒无偿提供给某啤酒节,该啤酒的成本为每吨 2 600 元,同类啤酒的出厂价为每吨 3 500 元。甲类啤酒的消费税税率为 250 元/吨,乙类啤酒的消费税税率为 220 元/吨。已知:甲类啤酒是指每吨出厂价(含包装物及包装物押金)在 3 000 元(不含增值税)以上(含 3 000 元)的啤酒;乙类啤酒是指每吨出厂价(含包装物及包装物押金)在 3 000 元(不含增值税)以下的啤酒。

要求:计算上述业务的应纳消费税税额。

答:

应纳消费税税额=20×250=5 000(元)

3. 从价定率和从量定额复合征收

从价定率和从量定额复合征收,即以两种方法计算的应纳税额之和为该应税消费品的应纳税额。我国目前只对卷烟和白酒采用复合征收方法,其公式为:

应纳消费税税额=应税消费品的销售额×比例税率+应税消费品的销售数量×定额税率

【例 3-10】 甲白酒生产企业为增值税一般纳税人,本年 1 月销售粮食白酒 40 吨,取得不含增值税销售额 190 万元;薯类白酒 60 吨,取得不含增值税销售额 140 万元。已知:白酒的消费税比例税率为 20%;定额税率为 0.5 元/500 克。

要求:计算甲白酒生产企业本年 1 月的应纳消费税税额。

答:

从价定率应纳税额=(190+140)×20%=66(万元)

从量定额应纳税额=(40+60)×1 000×2×0.5÷10 000=10(万元)

应纳消费税税额合计=66+10=76(万元)

4. 应税消费品已纳税款的扣除

(1) 应税消费品若是用外购已缴纳消费税的应税消费品连续生产出来的,在对这些连续生产出来的应税消费品征税时,按当期生产领用数量计算准予扣除的外购应税消费品已缴纳的消费税税款。扣除范围包括:①外购已税烟丝生产的卷烟;②外购已税高档化妆品生产的高档化妆品;③外购已税珠宝玉石生产的贵重首饰及珠宝玉石;④外购已税鞭炮焰火生产的鞭炮焰火;⑤外购已税杆头、杆身和握把为原料生产的高尔夫球杆;⑥外购已税木制一次性筷子为原料生产的木制一次性筷子;⑦外购已税实木地板为原料生产的实木地板;⑧外购已税石脑油、润滑油、燃料油为原料生产的成品油;⑨外购已税汽油、柴油为原料生产的汽油、柴油。

【例 3-11】 甲卷烟厂本年 1 月从乙企业购进烟丝,取得增值税专用发票,注明价款 100 万元,增值税税额 13 万元;领用上述烟丝的 60%用于生产 A 牌卷烟(甲类卷烟);本月销售 A 牌卷烟 80 箱(标准箱),取得不含税销售额 800 万元。已知:甲类卷烟消费税税率为 56%加 150 元/标准箱,烟丝消费税税率为 30%。

要求:计算甲卷烟厂本年 1 月的应纳消费税税额。

答:卷烟的消费税实行复合计征,外购已税烟丝连续生产卷烟的,已纳消费税税款可以扣除。

应纳消费税税额=800×56%+150×80÷10 000−100×30%×60%= 431.2(万元)

(2) 委托加工的应税消费品,委托方用于连续生产应税消费品的,所纳税款准予按规定抵扣；直接出售的，不再缴纳消费税。委托方将收回的应税消费品，以不高于受托方的计税价格出售的，为直接出售，不再缴纳消费税；委托方以高于受托方的计税价格出售的，不属于直接出售，需按照规定申报缴纳消费税，在计税时准予扣除受托方已代收代缴的消费税。

委托加工的应税消费品因为已由受托方代收代缴消费税，因此，委托方收回货物后用于连续生产应税消费品的，其已纳税款准予按照规定从连续生产的应税消费品应纳税额中扣除。扣除范围包括：①以委托加工收回的已税烟丝为原料生产的卷烟；②以委托加工收回的已税高档化妆品为原料生产的高档化妆品；③以委托加工收回的已税珠宝玉石为原料生产的贵重首饰及珠宝玉石；④以委托加工收回的已税鞭炮焰火为原料生产的鞭炮焰火；⑤以委托加工收回的已税杆头、杆身和握把为原料生产的高尔夫球杆；⑥以委托加工收回的已税木制一次性筷子为原料生产的木制一次性筷子；⑦以委托加工收回的已税实木地板为原料生产的实木地板；⑧以委托加工收回的已税石脑油、润滑油、燃料油为原料生产的成品油；⑨以委托加工收回的已税汽油、柴油为原料生产的汽油、柴油。

【例3-12】 甲公司为增值税一般纳税人，本年1月发生经济业务如下：

(1) 购进原材料一批，取得的增值税专用发票上注明的价款为32万元，全部将其提供给乙公司加工成高档化妆品。

(2) 甲公司提货时，支付的加工费及增值税税额共2.26万元，取得了乙公司开具的专用发票，同时乙公司代收代缴了消费税(无同类商品售价)。

(3) 甲公司将收回高档化妆品的2/3用于连续加工生产高档化妆品。

(4) 本年1月出售自产高档化妆品，取得不含增值税收入60万元。

高档化妆品消费税税率为15%。

要求：

(1) 计算乙公司代收代缴的消费税税额。

(2) 计算乙公司的增值税销项税额。

(3) 计算甲公司的应纳消费税税额。

(4) 计算甲公司的应纳增值税税额。

答：

乙公司代收代缴的消费税税额＝[32＋2.26÷(1＋13%)]÷(1－15%)×15%＝6(万元)

乙公司应缴纳的增值税销项税额＝2.26÷(1＋13%)×13%＝0.26(万元)

甲公司的应纳消费税税额＝60×15%－6÷3×2＝5(万元)

甲公司的应纳增值税税额＝60×13%－32×13%－2.26÷(1＋13%)×13%＝3.38(万元)

【点拨指导】

增值税与消费税抵扣(扣除)的不同点：以增值税一般纳税人在一般计税方法下为例，在计算增值税一般纳税人的当期增值税应纳税额时，如果取得了增值税专用发票并通过认证的，可以全额抵扣，与当期"生产领用数量"无关，增值税采用的是"购进扣税法"；但在计算消费税时，对于外购或委托加工收回的应税消费品用于连续生产应税消费品的，准予抵扣的消费税与当期"生产领用数量"有关，强调的配比原则。增值税与消费税抵扣的相同点：目的均为避免重复征税。

5. 自产自用应税消费品应纳税额

纳税人自产自用应税消费品用于连续生产应税消费品的，不纳税；凡用于其他方面的，一律于移送使用时，按视同销售依法缴纳消费税。若为从量征收，则应按自产自用应税消费品的移送使用数量计算纳税；若为从价征收，则应按照纳税人生产的同类消费品的销售价格计算纳税，没有同类消费品销售价格的，按照组成计税价格计算纳税。

实行从价定率办法计算纳税的组成计税价格计算公式如下：

组成计税价格＝(成本＋利润)÷(1－比例税率)

实行复合计税办法计算纳税的组成计税价格计算公式如下：

组成计税价格＝(成本＋利润＋自产自用数量×定额税率)÷(1－比例税率)

【点拨指导】

“纳税人自产自用应税消费品用于连续生产应税消费品的”，是指纳税人将自产自用的应税消费品作为直接材料生产最终应税消费品，自产自用应税消费品构成最终应税消费品的实体。例如，卷烟生产企业生产的烟丝用于本企业连续生产卷烟，因为最终的产品卷烟也是应税消费品，需要缴纳消费税，所以在领用烟丝的环节就没有必要缴纳消费税，这是为了避免重复征税(消费税一般只征收一次)。另外，外购已税烟丝或委托加工收回的烟丝用于连续生产卷烟均可以按规定扣除已纳消费税税款，也是为了避免重复征税。

【例 3-13】 甲酒厂本年 7 月将一批自产的葡萄酒用作职工福利，葡萄酒的成本 12 000 元，该葡萄酒无同类产品市场销售价格。已知该酒的成本利润率为 5%，消费税税率为 10%。

要求：计算上述业务的应纳消费税税额。

答： 组成计税价格＝成本×(1＋成本利润率)÷(1－消费税税率)

＝12 000×(1＋5%)÷ (1－10%)＝12 600÷0.9＝14 000(元)

应纳消费税税额＝14 000×10%＝1 400(元)

6. 委托加工应税消费品应纳税额

委托加工的应税消费品，按照受托方的同类消费品的销售价格计算纳税；没有同类消费品销售价格的，按照组成计税价格计算纳税。

实行从价定率办法计算纳税的组成计税价格计算公式如下：

组成计税价格＝(材料成本＋加工费)÷(1－比例税率)

实行复合计税办法计算纳税的组成计税价格计算公式如下：

组成计税价格＝(材料成本＋加工费＋委托加工数量×定额税率)÷(1－比例税率)

【点拨指导】

“材料成本”，是指委托方所提供加工材料的实际成本。委托加工应税消费品的纳税人，必须在委托加工合同上如实注明(或者以其他方式提供)材料成本，凡未提供材料成本的，受托方主管税务机关有权核定其材料成本。“加工费”，是受托方加工应税消费品向委托方收取的全部费用(包括代垫的辅助材料实际成本)，但不包括随加工费收取的销项税额或者增值税税额。

【例 3-14】 甲酒厂本年 5 月提供 250 吨粮食(成本为 20 万元),委托乙酒厂加工成粮食白酒 50 吨。乙酒厂收取加工费 5 万元(不含增值税),并垫付辅助材料费 2 万元(不含增值税),甲酒厂收到了乙酒厂开具的增值税专用发票。乙酒厂无同类粮食白酒售价。甲酒厂将委托加工收回的粮食白酒以 50 万元的价格对外全部销售。已知白酒的消费税比例税率为 20%,定额税率为 0.5 元/500 克。

要求:

(1) 计算甲酒厂委托乙酒厂加工的粮食白酒的组成计税价格。

(2) 计算乙酒厂应代收代缴的消费税税额。

(3) 计算甲酒厂销售委托加工收回的白酒的应纳消费税税额。

答: 组成计税价格=(20+5+2+50×2 000×0.5÷10 000)÷(1-20%)=40(万元)

乙酒厂应代收代缴的消费税税额=40×20%+50×2 000×0.5÷10 000=13(万元)

甲酒厂销售委托加工收回的白酒的应纳消费税税额=50×20%+50×2 000×0.5÷10 000-13
=15-13=2(万元)

7. 进口的应税消费品应纳税额

进口的应税消费品按照组成计税价格或进口数量和规定的税率计算纳税。

(1) 实行从价定率办法计算纳税的进口应税消费品应纳税额的计算公式如下:

组成计税价格=(关税完税价格+关税)÷(1-比例税率)
应纳税额=组成计税价格×比例税率

(2) 实行从量定额办法计算纳税的进口应税消费品应纳税额的计算公式如下:

应纳税额=海关核定的应税消费品的进口数量×定额税率

(3) 实行复合计税办法计算纳税的进口应税消费品应纳税额的计算公式如下:

组成计税价格=(关税完税价格+关税+进口数量×定额税率)÷(1-比例税率)
应纳税额=组成计税价格×比例税率+进口数量×定额税率

【归纳总结】

消费税自产自用、委托加工、进口三种情况下组成计税价格有一个共同特点,就是都要除以“1-比例税率”,这是因为被除数(分子)部分本身不包含消费税,而消费税属于价内税,即消费税的计税依据里应当包含消费税本身,这样被除数(分子)除以“1-比例税率”就相当于加上了消费税。

(六) 消费税的征收管理

1. 纳税义务发生时间

(1) 纳税人销售应税消费品的纳税义务发生时间,按不同的销售结算方式分别为:①采取赊销和分期收款结算方式的,为书面合同约定的收款日期的当天,书面合同没有约定收款日期或者无书面合同的,为发出应税消费品的当天;②采取预收货款结算方式的,为发出应税消费品的当天;③采取托收承付和委托银行收款方式的,为发出应税消费品并办妥托收手续的当天;④采取其他结算方式的,为收讫销售款项或者取得索取销售款项凭据的当天。

(2) 纳税人自产自用应税消费品的,为移送使用的当天。

(3) 纳税人委托加工应税消费品的,为纳税人提货的当天。

(4) 纳税人进口应税消费品的,为报关进口的当天。

2. 消费税纳税期限

消费税纳税期限分别为1日、3日、5日、10日、15日、1个月或者1个季度。纳税人的具体纳税期限,由主管税务机关根据纳税人应纳税额的大小分别核定,不能按照固定期限纳税的,可以按次纳税。

纳税人以1个月或者1个季度为1个纳税期的,自期满之日起15日内申报纳税;以1日、3日、5日、10日、15日为1个纳税期的,自期满之日起5日内预缴税款,于次月1日起15日内申报纳税并结清上月应纳税款。进口货物自海关填发税收专用缴款书之日起15日内缴纳。

【点拨指导】

消费税纳税义务发生时间与纳税期限的规定和增值税基本一致。

3. 消费税纳税地点

(1) 纳税人销售的应税消费品,以及自产自用的应税消费品,除国务院财政、税务主管部门另有规定外,应当向纳税人机构所在地或者居住地的主管税务机关申报纳税。

(2) 委托加工的应税消费品,除受托方为个人外,由受托方向机构所在地或者居住地主管税务机关解缴消费税税款(解缴由受托方代收代缴的消费税税款);委托个人加工的应税消费品,由委托方向其机构所在地或者居住地工管税务机关申报纳税。

【特别提示】

受托方是个人以外的单位的,由受托方代收代缴消费税;受托方是“个人”的,由委托方自己申报缴纳消费税。另外,个人包括个体工商户和其他个人,其中,其他个人是指个体工商户以外的自然人。

(3) 进口的应税消费品,由进口人或者其代理人向报关地海关申报纳税。

(4) 纳税人到外县(市)销售或者委托外县(市)代销自产应税消费品的,于应税消费品销售后,向机构所在地或居住地主管税务机关申报纳税。

(5) 已纳税销售的应税消费品,如因质量等原因被购买者退回的,经机构所在地或者居住地主管税务机关审核批准后,可退还已征收的消费税税款。

三、企业所得税

(一) 企业所得税的概念

企业所得税是对我国企业和其他组织的生产经营所得和其他所得征收的一种直接税。

【特别提示】

个人独资企业的投资者和合伙企业的自然人合伙人不适用《企业所得税法》,不作为企业所得税的纳税人。对个人独资企业的投资者和合伙企业的自然人合伙人只征收个人所得税。

(二) 企业所得税的纳税义务人

缴纳企业所得税的企业分为居民企业和非居民企业。

1. 居民企业

居民企业是指依法在中国境内成立，或者依照外国(地区)法律成立但实际管理机构在中国境内的企业。

2. 非居民企业

非居民企业是指依照外国(地区)法律成立且实际管理机构不在中国境内，但在中国境内设立机构、场所的，或者在中国境内未设立机构、场所，但有来源于中国境内所得的企业。

(三) 企业所得税的征税对象

居民企业来源于中国境内、境外的所得均应作为企业所得税的征税对象。

非居民企业在中国境内设立机构、场所的，应当就其所设机构、场所取得的来源于中国境内的所得，以及发生在中国境外但与其所设机构、场所有实际联系的所得，缴纳企业所得税。

非居民企业在中国境内未设立机构、场所的，或者虽设立机构、场所但取得的所得与其所设机构、场所没有实际联系的，应当就其来源于中国境内的所得缴纳企业所得税。

(四) 企业所得税的税率

1. 基本税率

企业所得税的基本税率为25%。居民企业应当就其来源于中国境内、境外的所得缴纳企业所得税，适用的企业所得税税率为25%；非居民企业在中国境内设立机构、场所的，应当就其所设机构、场所取得的来源于中国境内的所得，以及发生在中国境外但与其所设机构、场所有实际联系的所得，缴纳企业所得税，适用的企业所得税税率为25%。

2. 优惠税率

(1) 对符合条件的小型微利企业，按20%的税率征收企业所得税。

(2) 对国家需要重点扶持的高新技术企业，减按15%的税率征收企业所得税。

(3) 非居民企业在中国境内未设立机构、场所的，或者虽设立机构、场所但取得的所得与其所设机构、场所没有实际联系的，应当就其来源于中国境内的所得缴纳企业所得税，适用的企业所得税税率为20%，但实际征税时减按10%的税率征收企业所得税，以支付人为扣缴义务人。

(五) 企业所得税应纳税所得额

企业所得税应纳税所得额是企业所得税的计税依据。按照《企业所得税法》的规定，企业每一纳税年度的收入总额，减除不征税收入、免税收入、各项扣除以及允许弥补的以前年度亏损后的余额，为应纳税所得额。企业应纳税额的多少，取决于应纳税所得额和适用税率两个因素。应纳税所得额有两种计算方法。

直接计算法下的计算公式如下：

应纳税所得额=收入总额－不征税收入额－免税收入额－各项扣除额－准予弥补的以前年度亏损额

间接计算法下的计算公式如下：

应纳税所得额=利润总额±纳税调整项目金额

企业所得税应纳税额的计算公式如下：

应纳税额=应纳税所得额×适用税率－减免税额－抵免税额

减免税额和抵免税额，是指依照《企业所得税法》和国务院的税收优惠规定减征、免征和准予抵免的应纳税额。

【点拨指导】

由于我国的财务会计只设置一套账簿，税务会计不需要单独设置一套账簿，因此对于财务会计与税法的规定不一致的内容，在计算企业所得税时，应当在会计利润的基础上，根据按税法的规定对其进行纳税调整，以求得税法规定的应纳税所得额，并以此乘以企业所得税税率来计算企业所得税。

【特别提示】

会计利润与应纳税所得额是两个不同口径计算的所得，一个属于会计收益，另一个属于税收收益。计算企业所得税税额的计税依据是应纳税所得额。

1. 收入总额

收入总额，是指企业以货币形式和非货币形式从各种来源取得的收入，包括销售货物收入，提供劳务收入，转让财产收入，股息、红利等权益性投资收益，利息收入，租金收入，特许权使用费收入，接受捐赠收入以及其他收入。

2. 不征税收入

收入总额中的下列收入为不征税收入：

（1）财政拨款。财政拨款是指各级人民政府对纳入预算管理的事业单位、社会团体等组织拨付的财政资金，但国务院和国务院财政、税务主管部门另有规定的除外。

（2）依法收取并纳入财政管理的行政事业性收费、政府性基金。行政事业性收费是指依照法律、法规等有关规定，按照国务院规定程序批准，在实施社会公共管理，以及在向公民、法人或者其他组织提供特定公共服务的过程中，向特定对象收取并纳入财政管理的费用。政府性基金是指企业依照法律、行政法规等有关规定，代政府收取的具有专项用途的财政资金。

（3）国务院规定的其他不征税收入。国务院规定的其他不征税收入是指企业取得的，由国务院财政、税务主管部门规定专项用途并经国务院批准的财政性资金。财政性资金是指企业取得的来源于政府及其有关部门的财政补助、补贴、贷款贴息以及其他各类财政专项资金，包括直接减免的增值税和即征即退、先征后退、先征后返的各种税收，但不包括企业按规定取得的出口退税款。

【特别提示】

①企业的不征税收入用于支出所形成的费用，不得在计算应纳税所得额时扣除；②企业的不征税收入用于支出所形成的资产，其计算的折旧、摊销不得在计算应纳税所得额时扣除。

3. 免税收入

企业的下列收入为免税收入：

（1）国债利息收入。

（2）符合条件的居民企业之间的股息、红利等权益性投资收益（该收益是指居民企业直接投资于其他居民企业取得的投资收益，且该收益不包括连续持有居民企业公开发行并上市流通的股票不足12个月取得的投资收益)。

(3) 在中国境内设立机构、场所的非居民企业从居民企业取得与该机构、场所有实际联系的股息、红利等权益性投资收益(该收益不包括连续持有居民企业公开发行并上市流通的股票不足12个月取得的投资收益)。

(4) 符合条件的非营利组织的收入。

(5) 非营利组织的其他免税收入,具体如下:接受其他单位或者个人捐赠的收入;除《企业所得税法》第七条规定的财政拨款以外的其他政府补助收入,但不包括因政府购买服务取得的收入;按照省级以上民政、财政部门规定收取的会费;不征税收入和免税收入孳生的银行存款利息收入;财政部、国家税务总局规定的其他收入。

【特别提示】

不征税收入和免税收入都是企业"收入",但不征税收入属于"非营利性活动"带来的经济利益,本身就不属于应税所得的范畴,不负有纳税义务;而免税收入属于"营利性活动"带来的经济利益,原本属于应税所得的组成部分,但国家为了实现某些经济目的,对特定项目取得的经济利益给予免除税收的优惠。也就是说,不征税收入是原本就不负有纳税义务的收入,而免税收入是原本应当纳税,但国家免除其纳税义务的收入。

4. 准予扣除项目

企业实际发生的与取得收入有关的、合理的支出,包括成本、费用、税金、损失和其他支出,准予在计算应纳税所得额时扣除。

(1) 成本是指企业在生产经营活动中发生的销售成本、销货成本、业务支出以及其他耗费。

(2) 费用是指企业在生产经营活动中发生的销售费用、管理费用和财务费用,已经计入成本的有关费用除外。

(3) 税金是指企业发生的除企业所得税和允许抵扣的增值税以外的各项税金及其附加。

【特别提示】

可以在企业所得税税前扣除的"税金"是指各项税金及附加,包括消费税、资源税、土地增值税、关税、城市维护建设税及教育费附加等,但缴纳的企业所得税和允许抵扣的增值税不得在企业所得税税前扣除。实际上,增值税销项税额、简易计税方法下的增值税额,因为不计入"税金及附加",所以也不得在企业所得税税前扣除。

【答疑解惑】

为什么企业所得税和允许抵扣的增值税不得在企业所得税税前扣除?

答:判断某项税金能否在企业所得税税前扣除,可以结合财务会计中的利润表来分析。只要在利润表中计算利润总额之前能够体现的税金均可以在企业所得税税前扣除。税前扣除中的"税"指的是企业所得税。在企业所得税税前可以扣除的税金自然不包括企业所得税本身。允许抵扣的增值税是指允许从增值税销项税额中抵扣的增值税进项税额,因为增值税进项税额从增值税销项税额中抵扣,所以不再在计算应纳税所得额时扣除。

(4) 损失是指企业在生产经营活动中发生的固定资产和存货的盘亏、毁损、报废损失,转让财产损失,呆账损失,坏账损失,自然灾害等不可抗力因素造成的损失以及其他损失。

企业发生的损失，减除责任人赔偿和保险赔款后的余额，依照国务院财政、税务主管部门的规定扣除。企业已经作为损失处理的资产，在以后纳税年度又全部收回或者部分收回时，应当计入当期收入。

（5）其他支出是指除成本、费用、税金、损失外，企业在生产经营活动中发生的与生产经营活动有关的、合理的支出。

5. 不得扣除项目

（1）向投资者支付的股息、红利等权益性投资收益款项。

（2）企业所得税税款。

（3）税收滞纳金。

（4）罚金、罚款和被没收财物的损失。

【点拨指导】

合同违约金、银行罚息、经营性罚款和诉讼费均可以在企业所得税税前扣除。行政性罚款不得在企业所得税税前扣除，如企业因污染环境而被环保部门罚款等。

（5）企业发生的公益性捐赠支出以外的捐赠支出。

（6）赞助支出。赞助支出是指企业发生的与生产经营活动无关的各种非广告性支出。

【特别提示】

广告费和业务宣传费支出应与赞助支出严格区分，如果是广告性质的赞助支出，则在广告费的标准限额内扣除。

（7）未经核定的准备金支出，是指企业未经国务院财政、税务主管部门核定而提取的各项资产减值准备、风险准备等准备金。

（8）企业之间支付的管理费、企业内营业机构之间支付的租金和特许权使用费，以及非银行企业内营业机构之间支付的利息。

（9）与取得收入无关的其他支出。

6. 准予限额扣除项目(包括但不限于)

（1）工资、薪金。企业发生的合理的工资、薪金支出，准予扣除。

（2）社会保险费和住房公积金等：①企业依照国务院有关主管部门或者省级人民政府规定的范围和标准为职工缴纳的“五险一金”，即基本养老保险费、基本医疗保险费、失业保险费、工伤保险费、生育保险费等基本社会保险费和住房公积金，准予扣除；②企业为投资者或者职工支付的补充养老保险费、补充医疗保险费，在国务院财政、税务主管部门规定的范围和标准内，准予扣除。企业依照国家有关规定为特殊工种职工支付的人身安全保险费和符合国务院财政、税务主管部门规定可以扣除的商业保险费准予扣除；③企业参加财产保险、按照规定缴纳的保险费，准予扣除，企业为投资者或者职工支付的商业保险费，不得扣除。

（3）职工福利费、工会经费、职工教育经费。企业发生的职工福利费支出，不超过工资、薪金总额14%的部分，准予扣除。企业拨缴的工会经费，不超过工资、薪金总额2%的部分，准予扣除。除国务院财政、税务主管部门另有规定外，企业发生的职工教育经费支出，不超过工资、薪金总额8%的部分，准予扣除；超过部分，准予在以后的纳税年度结转扣除。

【例3-15】 甲公司为一家居民企业，本年实际发生的工资支出250万元，职工福利费支出45万元，职工教育经费30万元。要求：计算甲公司本年年计算应纳税所得额时，应调增的应纳税所得额。

答：企业发生的职工福利费支出，不超过工资、薪金总额14%的部分，准予扣除。职工福利费应调增应纳税所得额=45－250×14%=10（万元）。

除国务院财政、税务主管部门另有规定外，企业发生的职工教育经费支出，不超过工资、薪金总额8%的部分，准予扣除；超过部分，准予在以后纳税年度结转扣除。职工教育经费应调增应纳税所得额=30－250×8%=10（万元）。

合计应调增应纳税所得额=10＋10=20（万元）。

【特别提示】

“职工福利费、工会经费、职工教育经费”三项经费中只有“职工教育经费”可以结转到以后纳税年度扣除，其他两项经费支出不能结转到以后纳税年度扣除。

（4）业务招待费。企业发生的与生产经营活动有关的业务招待费支出，按照发生额的60%扣除，但最高不得超过当年销售（营业）收入的5‰。

【例3-16】　甲公司为居民企业，本年销售货物收入2 000万元，让渡专利使用权收入200万元，包装物出租收入50万元，视同销售货物收入400万元，转让商标所有权收入150万元，接受捐赠收入20万元，债务重组收益10万元，发生业务招待费30万元。要求：计算甲公司本年度可在企业所得税税前扣除的业务招待费金额。

答：根据企业所得税法律制度的规定，转让商标所有权、接受捐赠收入、债务重组收益均属于营业外收入范畴，不能作为计算业务招待费的基数。

计算确定可在所得税税前扣除的业务招待费的扣除基数=2 000＋200＋50＋400=2 650（万元）

第一标准为发生额的60%：30×60%=18（万元）；

第二标准为限额计算：2 650×5‰=13.25（万元）。

两数据比大小后择其小者：其当年可在企业所得税税前扣除的业务招待费金额为13.25万元。

（5）广告费和业务宣传费。企业发生的符合条件的广告费和业务宣传费支出，除国务院财政、税务主管部门另有规定外，不超过当年销售（营业）收入15%的部分，准予扣除；超过的部分，准予在以后纳税年度结转扣除。

【例3-17】　甲公司为居民企业，本年实现商品销售收入1 000万元，发生现金折扣50万元，接受捐赠收入50万元，转让无形资产所有权收入10万元。甲公司当年实际发生业务招待费15万元，广告费120万元，业务宣传费40万元。

要求：计算本年度甲公司可在企业所得税税前扣除的业务招待费、广告费、业务宣传费的合计额。

答：根据企业所得税法律制度的规定，销售商品涉及现金折扣，应按照扣除现金折扣前的金额确定销售收入。业务招待费按发生额的60%扣除，但不得超过当年销售（营业）收入的5‰，可扣除业务招待费=1 000×5‰=5（万元）<15×60%=9（万元）。广告费和业务宣传费不超过当年销售（营业）收入的15%的部分准予扣除，可扣除广告费、业务宣传费=1 000×15%=150（万元）<120＋40=160（万元）。合计可在企业所得税税前扣除金额=

5＋150＝155(万元)。

【特别提示】

“广告费和业务宣传费支出”可以结转到以后纳税年度扣除，而业务招待费不能结转到以后纳税年度扣除。

【点拨指导】

根据企业所得税法律制度的规定，在计算业务招待费、广告费和业务宣传费的扣除限额时，作为扣除限额的计算基数的收入范围是当年销售(营业)收入，包括销售货物收入、让渡资产使用权(收取资产租金或使用费)收入、提供劳务收入等主营业务收入，还包括其他业务收入、视同销售收入等，但是不含营业外收入、转让固定资产或无形资产所有权收入、投资收益(从事股权投资业务的企业除外)。对从事股权投资业务的企业(包括集团公司总部、创业投资企业等)，其从被投资企业所分配的股息、红利及股权转让收入，可以按规定的比例计算业务招待费扣除限额。同时，销售(营业)收入为不含增值税的收入。

(6) 利息费用。企业在生产经营活动中发生的下列利息支出，准予扣除：①非金融企业向金融企业借款的利息支出、金融企业的各项存款利息支出和同业拆借利息支出、企业经批准发行债券的利息支出；②非金融企业向非金融企业借款的利息支出，不超过按照金融企业同期同类贷款利率计算的数额的部分。

(7) 借款费用。企业在生产、经营活动中发生的合理的不需要资本化的借款费用，准予扣除。企业为购置、建造固定资产、无形资产和经过12个月以上的建造才能达到预定可销售状态的存货发生借款的，在有关资产购置、建造期间发生的合理的借款费用，应当予以资本化，作为资本性支出计入有关资产的成本；有关资产交付使用后发生的借款利息，可在发生当期扣除。

(8) 公益性捐赠支出。企业发生的公益性捐赠支出，在年度利润总额12％以内的部分，准予在计算应纳税所得额时扣除；超过年度利润总额12％的部分，准予结转以后三年内在计算应纳税所得额时扣除。

【点拨指导】

年度利润总额，是指企业依照国家统一会计制度的规定计算的年度会计利润。

公益性捐赠，是指企业通过公益性社会团体或者县级以上人民政府及其部门，用于《中华人民共和国公益事业捐赠法》规定的公益事业的捐赠。

纳税人“直接”向受赠人的捐赠不允许在企业所得税税前扣除。

(9) 依照法律、法规规定的准予扣除的其他项目。

7. 亏损弥补

纳税人发生年度亏损的，可以用下一纳税年度的所得弥补；下一纳税年度的所得不足弥补的，可以逐年延续弥补，但是延续弥补期最长不得超过5年。5年内不管是盈利还是亏损，都作为实际弥补期限。税法中“亏损”概念，不是企业财务报表中反映的亏损额，而是企业财务报表中的亏损额经税务机关按税法规定核实调整后的金额。企业在汇总计算缴纳所得税时，其境外营业机构的亏损不得抵减境内营业机构的盈利。自2018年1月1日起，高新技术企业和科技型中小企业亏损结转年限由5年延长至10年。

【例 3-18】 甲公司①为一家居民企业，经税务机关审定的连续 7 年的应纳税所得额情况如表 3-4 所示，甲公司一直执行 5 年亏损弥补规定。

表 3-4 甲公司经税务机关审定的连续 7 年的应纳税所得额(未弥补亏损)情况

单位：万元

年度	20×1	20×2	20×3	20×4	20×5	20×6	20×7
应纳税所得额情况	－100	10	－20	30	20	30	160

要求：计算甲公司 7 年间的应纳企业所得税税额。

答：关于 20×1 年的亏损，要用 20×2 年至 20×6 年的所得弥补。尽管 20×3 年的亏损也要占用 5 年抵亏期的一个抵扣年度，但先亏先补，20×3 年的亏损需在 20×1 年的亏损问题解决之后才能考虑。到了 20×6 年，20×1 年的亏损未弥补完但 5 年抵亏期已满，因此剩余 10 万元亏损不得在所得税税前弥补。

20×3 年之后的 20×4 年至 20×6 年之间的所得，已被用于弥补 20×1 年的亏损，20×3 年的亏损只能用 20×7 年所得弥补，在弥补 20×3 年亏损后，20×7 年剩余所得＝160－20＝140(万元)。对此要计算纳税，应纳企业所得税税额＝140×25％＝35(万元)。

【例 3-19】 甲公司为居民企业，本年度发生经营业务如下：

(1) 取得产品销售收入 4 000 万元。

(2) 发生产品销售成本 2 600 万元。

(3) 发生销售费用 770 万元(其中广告费和业务宣传费共计 650 万元)；管理费用 480 万元(其中业务招待费 25 万元)；财务费用 60 万元。

(4) 发生税金及附加 160 万元(含增值税 120 万元)。

(5) 取得营业外收入 80 万元，营业外支出 50 万元(含通过公益性社会团体向贫困山区捐款 30 万元，支付税收滞纳金 6 万元)。

(6) 计入成本、费用中的实发工资总额 200 万元、拨缴职工工会经费 5 万元、发生职工福利费 31 万元、发生职工教育经费 18 万元。

要求：计算甲公司本年度的应纳企业所得税税额。

答：(1) 会计利润总额＝4 000＋80－2 600－770－480－60－(160－120)－50＝80(万元)。

(2) 销售(营业)收入的 15％＝4 000×15％＝600(万元)，小于 650 万元，因此广告费和业务宣传费应调增应纳税所得额＝650－4 000×15％＝650－600＝50(万元)。

(3) 销售(营业)收入的 5‰＝4 000×5‰＝20(万元)＞25×60％＝15(万元)，因此业务招待费应调增应纳税所得额＝25－25×60％＝25－15＝10(万元)。

(4) 当年年度利润总额的 12％＝80×12％＝9.6(万元)，小于 30 万元，因此公益性捐赠支出应调增应纳税所得额＝30－80×12％＝30－9.6＝20.4(万元)。

(5) 税收滞纳金不得在企业所得税税前扣除，应调增应纳税所得额 6 万元。

(6) 工资薪金总额的 2％＝200×2％＝4(万元)，小于 5 万元，因此工会经费应调增应纳税所得额＝5－200×2％＝5－4＝1(万元)。

(7) 工资薪金总额的 14％＝200×14％＝28(万元)，小于 31 万元，因此职工福利费应调

① 未经说明，本教材中的企业均不符合小型微利企业条件。

增应纳税所得额＝31－200×14％＝31－28＝3(万元)。

(8) 工资薪金总额的8％＝200×8％＝16(万元)，小于18万元，因此职工教育经费应调增应纳税所得额＝18－200×8％＝18－16＝2(万元)。

(9) 应纳税所得额＝80＋50＋10＋20.4＋6＋1＋3＋2＝172.4(万元)。

(10) 本年度应纳企业所得税税额＝172.4×25％＝43.1(万元)。

(六) 企业所得税的征收管理

1. 纳税地点

除税收法律、行政法规另有规定外，居民企业一般以企业登记注册地为纳税地点，但登记注册地在境外的，以企业实际管理机构所在地为纳税地点。

居民企业在中国境内设立不具有法人资格的分支或营业机构，由该居民企业汇总计算并缴纳企业所得税。

非居民企业在中国境内设立机构、场所的，应当就其所设机构、场所取得的来源于中国境内的所得，以及发生在中国境外但与其所设机构、场所有实际联系的所得，以机构、场所所在地为纳税地点。

非居民企业在中国境内设立两个或者两个以上的机构、场所的，经税务机关审核批准，可以选择由其主要机构、场所汇总缴纳企业所得税。

非居民企业在中国境内未设立机构、场所的，或者虽设立机构、场所但取得的所得与其所设机构、场所没有实际联系的，以扣缴义务人所在地为纳税地点。

除国务院另有规定外，企业之间不得合并缴纳企业所得税。

2. 纳税期限

企业所得税实行按年计征，分月或分季预缴，年终汇算清缴，多退少补的征纳方法。纳税年度自公历1月1日起至12月31日止。

企业应当自年度终了之日起5个月内，向税务机关报送年度企业所得税纳税申报表，并汇算清缴，结清应缴应退税款。

企业在一个纳税年度中间开业，或者终止经营活动，使该纳税年度的实际经营期不足12个月的，应当以其实际经营期为1个纳税年度。企业依法清算时，应当以清算期间作为1个纳税年度。

企业在年度中间终止经营活动的，应当自实际经营终止之日起60日内，向税务机关办理当期企业所得税汇算清缴。

3. 纳税申报

按月或按季预缴的，应当自月份或者季度终了之日起15日内，向税务机关报送预缴企业所得税纳税申报表，预缴税款。

企业在报送企业所得税纳税申报表时，应当按照规定附送财务会计报告和其他有关资料。

企业应当在办理注销登记前，就其清算所得向税务机关申报并依法缴纳企业所得税。

企业在纳税年度内无论盈利或者亏损，都应当依照规定期限，向当地主管税务机关报送预缴企业所得税纳税申报表、年度企业所得税纳税申报表、财务会计报告和税务机关规定应当报送的其他有关资料。

企业所得税应以人民币计算。所得以人民币以外的货币计算的，应当折合成人民币计算并缴纳税款。

四、个人所得税

（一）个人所得税的概念

个人所得税是以个人取得的各项应税所得为征税对象所征收的一种税。

（二）个人所得税的纳税义务人

个人所得税的纳税义务人，以住所和居住时间为标准，分为居民个人和非居民个人。

【知识拓展】

个人所得税的纳税义务人包括中国公民（含香港、澳门、台湾同胞）、个体工商户、个人独资企业投资者和合伙企业自然人合伙人等。

1. 居民个人

在中国境内有住所，或者无住所而一个纳税年度内在中国境内居住累计满183天的个人，为居民个人。居民个人从中国境内和境外取得的所得，依照《个人所得税法》规定缴纳个人所得税。

2. 非居民个人

在中国境内无住所又不居住，或者无住所而一个纳税年度内在中国境内居住累计不满183天的个人，为非居民个人。非居民个人从中国境内取得的所得，依照《个人所得税法》规定缴纳个人所得税。

【特别提示】

纳税年度，自公历1月1日起至12月31日止。

（三）个人所得税的应税项目

个人所得税的征税范围包括个人取得的各项应税所得，《个人所得税法》列举了9项个人应税所得。

（1）工资、薪金所得。工资、薪金所得是指个人因任职或者受雇而取得的工资、薪金、奖金、年终加薪、劳动分红、津贴、补贴及与任职或者受雇有关的其他所得。

（2）劳务报酬所得。劳务报酬所得是指个人从事劳务取得的所得，包括从事设计、装潢、安装、制图、化验、测试、医疗、法律、会计、咨询、讲学、翻译、审稿、书画、雕刻、影视、录音、录像、演出、表演、广告、展览、技术服务、介绍服务、经纪服务、代办服务以及其他劳务取得的所得。

【特别提示】

工资、薪金所得与劳务报酬所得的区别：工资、薪金所得是个人从事非独立劳动，从任职单位取得的所得；而劳务报酬所得是个人从事独立劳动，与劳动单位不存在雇佣与被雇佣的关系。

个人兼职取得的收入，应按照劳务报酬所得（而非工资、薪金所得）项目缴纳个人所得税。

（3）稿酬所得。稿酬所得是指个人因其作品以图书、报刊等形式出版、发表而取得的所得。

(4) 特许权使用费所得。特许权使用费所得是指个人提供专利权、商标权、著作权、非专利技术以及其他特许权的使用权取得的所得。提供著作权的使用权取得的所得,不包括稿酬所得。

(5) 经营所得。经营所得是指:①个体工商户从事生产、经营活动取得的所得,个人独资企业投资人、合伙企业的个人合伙人来源于境内注册的个人独资企业、合伙企业生产、经营的所得;②个人依法从事办学、医疗、咨询以及其他有偿服务活动取得的所得;③个人对企业、事业单位承包经营、承租经营以及转包、转租取得的所得;④个人从事其他生产、经营活动取得的所得。

(6) 利息、股息、红利所得。利息、股息、红利所得是指个人拥有债权、股权而取得的利息、股息、红利所得。

(7) 财产租赁所得。财产租赁所得是指个人出租不动产、机器设备、车船及其他财产取得的所得。

(8) 财产转让所得。财产转让所得是指个人转让有价证券、股权、合伙企业中的财产份额、不动产、机器设备、车船以及其他财产取得的所得。

(9) 偶然所得。偶然所得是指个人得奖、中奖、中彩及其他偶然性质的所得。

【知识拓展】

个人取得的保险赔款,免征个人所得税。

【特别提示】

工资、薪金所得与劳务报酬所得的区别:工资、薪金所得则是个人从事非独立劳动,从任职单位取得的所得;而劳务报酬所得是个人从事独立劳动,与劳动单位不存在雇佣与被雇佣的关系。区分工资、薪金所得和劳务报酬所得的关键,主要看是否存在雇佣与被雇佣的关系。

个人兼职取得的收入,应按照"劳务报酬所得"(而非"工资、薪金所得")项目缴纳个人所得税。

(四) 个人所得税的税率

1. 预扣预缴个人所得税的预扣率

(1) 居民个人工资、薪金所得预扣预缴个人所得税的预扣率如表 3-5 所示。

表 3-5 居民个人工资、薪金所得预扣预缴个人所得税的预扣率表

级数	累计预扣预缴应纳税所得额	预扣率	速算扣除数(元)
1	不超过 36 000 元的部分	3%	0
2	超过 36 000 元至 144 000 元的部分	10%	2 520
3	超过 144 000 元至 300 000 元的部分	20%	16 920
4	超过 300 000 元至 420 000 元的部分	25%	31 920
5	超过 420 000 元至 660 000 元的部分	30%	52 920
6	超过 660 000 元至 960 000 元的部分	35%	85 920
7	超过 960 000 元的部分	45%	181 920

(2) 居民个人劳务报酬所得预扣预缴个人所得税的预扣率如表 3-6 所示。

表 3-6　居民个人劳务报酬所得预扣预缴个人所得税的预扣率表

级数	预扣预缴应纳税所得额	预扣率	速算扣除数(元)
1	不超过 20 000 元的部分	20%	0
2	超过 20 000 元至 50 000 元的部分	30%	2 000
3	超过 50 000 元的部分	40%	7 000

(3) 居民个人稿酬所得、特许权使用费所得适用 20%的比例预扣率。

2. 非预扣预缴个人所得税的适用税率

(1) 工资、薪金所得，劳务报酬所得，稿酬所得，特许权使用费所得统称为综合所得。居民个人综合所得，适用 3%至 45%的超额累进税率。居民个人综合所得个人所得税的税率(按年)如表 3-7 所示。

表 3-7　居民个人综合所得个人所得税的税率表(按年)

级数	全年应纳税所得额	税率	速算扣除数(元)
1	不超过 36 000 元的部分	3%	0
2	超过 36 000 元至 144 000 元的部分	10%	2 520
3	超过 144 000 元至 300 000 元的部分	20%	16 920

注：全年应纳税所得额是指依照个人所得税法第六条的规定，居民个人取得综合所得以每一纳税年度收入额减除费用 60 000 元以及专项扣除、专项附加扣除和依法确定的其他扣除后的余额。

(2) 非居民个人工资、薪金所得，劳务报酬所得，稿酬所得，特许权使用费所得个人所得税的税率如表 3-8 所示(依照表 3-7 按月换算后)。

表 3-8　非居民个人工资、薪金所得，劳务报酬所得，稿酬所得，特许权使用费所得个人所得税的税率表

级数	应纳税所得额	税率	速算扣除数(元)
1	不超过 3 000 元的部分	3%	0
2	超过 3 000 元至 12 000 元的部分	10%	210
3	超过 12 000 元至 25 000 元的部分	20%	1 410
4	超过 25 000 元至 35 000 元的部分	25%	2 660
5	超过 35 000 元至 55 000 元的部分	30%	4 410
6	超过 55 000 元至 80 000 元的部分	35%	7 160
7	超过 80 000 元的部分	45%	15 160

(3) 经营所得，适用 5%至 35%的超额累进税率。经营所得适用的个人所得税税率如表 3-9 所示。

表 3-9　经营所得适用的个人所得税税率表

级数	全年应纳税所得额	税率	速算扣除数(元)
1	不超过 30 000 元的部分	5%	0
2	超过 30 000 元至 90 000 元的部分	10%	1 500
3	超过 90 000 元至 300 000 元的部分	20%	10 500
4	超过 300 000 元至 500 000 元的部分	30%	40 500
5	超过 500 000 元的部分	35%	65 500

(4) 财产租赁所得，财产转让所得，利息、股息、红利所得和偶然所得，适用比例税率，税率为 20%。

(五) 个人所得税应纳税额的计算

1. 居民个人的综合所得(预扣预缴)应纳税额的计算

自 2019 年 1 月 1 日起，扣缴义务人向居民个人支付工资、薪金所得，劳务报酬所得，稿酬所得，特许权使用费所得时，按以下方法预扣预缴个人所得税，并向主管税务机关报送《个人所得税扣缴申报表》。年度预扣预缴税额与年度应纳税额不一致的，由居民个人于次年 3 月 1 日至 6 月 30 日向主管税务机关办理综合所得年度汇算清缴，税款多退少补。

1) 扣缴义务人向居民个人支付工资、薪金所得预扣预缴个人所得税的计算

扣缴义务人向居民个人支付工资、薪金所得时，应当按照累计预扣法计算预扣税款，并按月办理全员全额扣缴申报。具体计算公式如下：

$$\text{本期应预扣预缴税额}=\left(\text{累计预扣预缴应纳税所得额}\times\text{预扣率}-\text{速算扣除数}\right)-\text{累计减免税额}-\text{累计已预扣预缴税额}$$

$$\text{累计预扣预缴应纳税所得额}=\text{累计收入}-\text{累计免税收入}-\text{累计减除费用}-\text{累计专项扣除}-\text{累计专项附加扣除}-\text{累计依法确定的其他扣除}$$

式中：累计减除费用，按照 5 000 元/月乘以纳税人当年截至本月在本单位的任职受雇月份数计算；专项扣除，包括居民个人按照国家规定的范围和标准缴纳的基本养老保险、基本医疗保险、失业保险等社会保险费和住房公积金等；专项附加扣除，包括子女教育、继续教育、大病医疗、住房贷款利息或者住房租金、赡养老人以及 3 岁以下婴幼儿照护等支出。

上述公式中，计算居民个人工资、薪金所得预扣预缴税额的预扣率、速算扣除数，按表 3-5 执行。

自 2020 年 7 月 1 日起，对一个纳税年度内首次取得工资、薪金所得的居民个人，扣缴义务人在预扣预缴个人所得税时，可按照 5 000 元/月乘以纳税人当年截至本月月份数计算累计减除费用。首次取得工资、薪金所得的居民个人，是指自纳税年度首月起至新入职时，未取得工资、薪金所得或者未按照累计预扣法预扣预缴过连续性劳务报酬所得个人所得税的居民个人。正在接受全日制学历教育的学生因实习取得劳务报酬所得的，扣缴义务人预扣预缴个人所得税时，可按照《国家税务总局关于发布〈个人所得税扣缴申报管理办法(试行)〉的公告》规定的累计预扣法计算并预扣预缴税款。

自 2021 年 1 月 1 日起，对上一完整纳税年度内每月均在同一单位预扣预缴工资、薪金

所得个人所得税且全年工资、薪金收入不超过6万元的居民个人，扣缴义务人在预扣预缴本年度工资、薪金所得个人所得税时，累计减除费用自1月份起直接按照全年6万元计算扣除。即在纳税人累计收入不超过6万元的月份，暂不预扣预缴个人所得税；在其累计收入超过6万元的当月及年内后续月份，再预扣预缴个人所得税。扣缴义务人应当按规定办理全员全额扣缴申报，并在《个人所得税扣缴申报表》相应纳税人的备注栏注明"上年各月均有申报且全年收入不超过6万元"字样。对按照累计预扣法预扣预缴劳务报酬所得个人所得税的居民个人，扣缴义务人比照上述规定执行。

享受子女教育、继续教育、住房贷款利息或者住房租金、赡养老人以及3岁以下婴幼儿照护等专项附加扣除的纳税人，自符合条件开始，可以向支付工资、薪金所得的扣缴义务人提供上述专项附加扣除有关信息，由扣缴义务人在预扣预缴税款时，按其在本单位本年可享受的累计扣除额办理扣除；也可以在次年3月1日至6月30日内，向汇缴地主管税务机关办理汇算清缴申报时扣除。享受大病医疗专项附加扣除的纳税人，由其在次年3月1日至6月30日内，自行向汇缴地主管税务机关办理汇算清缴申报时扣除。

【特别提示】

纳税人同时从两处以上取得工资、薪金所得，并由扣缴义务人减除专项附加扣除的，对同一专项附加扣除项目，在一个纳税年度内只能选择从一处取得的所得中减除。

居民个人向扣缴义务人提供有关信息并依法要求办理专项附加扣除的，扣缴义务人应当按照规定在工资、薪金所得按月预扣预缴税款时予以扣除，不得拒绝。居民个人未取得工资、薪金所得，仅取得劳务报酬所得、稿酬所得、特许权使用费所得需要享受专项附加扣除的，应当在次年3月1日至6月30日内，自行向汇缴地主管税务机关报送《扣除信息表》，并在办理汇算清缴申报时扣除。一个纳税年度内，纳税人在扣缴义务人预扣预缴税款环节未享受或未足额享受专项附加扣除的，可以在当年内向支付工资、薪金的扣缴义务人申请在剩余月份发放工资、薪金时补充扣除，也可以在次年3月1日至6月30日内，向汇缴地主管税务机关办理汇算清缴时申报扣除。

扣缴义务人办理工资、薪金所得预扣预缴税款时，应当根据纳税人报送的《个人所得税专项附加扣除信息表》为纳税人办理专项附加扣除。

纳税人年度中间更换工作单位的，在原单位任职、受雇期间已享受的专项附加扣除金额，不得在新任职、受雇单位扣除。原扣缴义务人应当自纳税人离职不再发放工资薪金所得的当月起，停止为其办理专项附加扣除。

【点拨指导】

《个人所得税专项附加扣除暂行办法》和《个人所得税专项附加扣除操作办法（试行）》的主要内容如下。

1. 子女教育

纳税人的子女接受全日制学历教育的相关支出，按照每个子女每月1 000元的标准定额扣除。

学历教育包括义务教育（小学、初中教育）、高中阶段教育（普通高中、中等职业、技工教育）、高等教育（大学专科、大学本科、硕士研究生、博士研究生教育）。

年满3岁至小学入学前处于学前教育阶段的子女，按上述规定执行。

（续上）

父母可以选择由其中一方按扣除标准的100%扣除，也可以选择由双方分别按扣除标准的50%扣除，具体扣除方式在一个纳税年度内不能变更。

纳税人需要留存的备查资料包括：子女在境外接受教育的，应当留存境外学校录取通知书、留学签证等境外教育佐证资料。

计算时间认定：学前教育阶段，为子女年满3周岁当月至小学入学前一月。学历教育，为子女接受全日制学历教育入学的当月至全日制学历教育结束的当月。学历教育的期间，包含因病或其他非主观原因休学但学籍继续保留的休学期间，以及施教机构按规定组织实施的寒暑假等假期。

2. 继续教育

纳税人在中国境内接受学历（学位）继续教育的支出，在学历（学位）教育期间按照每月400元定额扣除。同一学历（学位）继续教育的扣除期限不能超过48个月。纳税人接受技能人员职业资格继续教育、专业技术人员职业资格继续教育的支出，在取得相关证书的当年，按照3 600元定额扣除。

个人接受本科及以下学历（学位）继续教育，符合《个人所得税专项附加扣除暂行办法》规定扣除条件的，可以选择由其父母扣除，也可以选择由本人扣除。

纳税人需要留存的备查资料包括：纳税人接受技能人员职业资格继续教育、专业技术人员职业资格继续教育的，应当留存职业资格相关证书等资料。

计算时间认定：学历（学位）继续教育，为在中国境内接受学历（学位）继续教育入学的当月至学历（学位）继续教育结束的当月，同一学历（学位）继续教育的扣除期限最长不得超过48个月。学历（学位）继续教育的期间，包含因病或其他非主观原因休学但学籍继续保留的休学期间，以及施教机构按规定组织实施的寒暑假等假期。技能人员职业资格继续教育、专业技术人员职业资格继续教育，为取得相关证书的当年。

3. 大病医疗

在一个纳税年度内，纳税人发生的与基本医保相关的医药费用支出，扣除医保报销后个人负担（指医保目录范围内的自付部分）累计超过15 000元的部分，由纳税人在办理年度汇算清缴时，在80 000元限额内据实扣除。

纳税人发生的医药费用支出可以选择由本人或者其配偶扣除；未成年子女发生的医药费用支出可以选择由其父母一方扣除。

纳税人及其配偶、未成年子女发生的医药费用支出，按《个人所得税专项附加扣除暂行办法》第十一条规定分别计算扣除额。

纳税人需要留存的备查资料包括：大病患者医药服务收费及医保报销相关票据原件或复印件，或者医疗保障部门出具的纳税年度医药费用清单等资料。

计算时间认定：为医疗保障信息系统记录的医药费用实际支出的当年。

4. 住房贷款利息

纳税人本人或者配偶单独或者共同使用商业银行或者住房公积金个人住房贷款为本人或者其配偶购买中国境内住房，发生的首套住房贷款利息支出，在实际发生贷款利息的年度，按照每月1 000元的标准定额扣除，扣除期限最长不超过240个月。纳税人只能享受

（续上）

一次首套住房贷款的利息扣除。

首套住房贷款是指购买住房享受首套住房贷款利率的住房贷款。

经夫妻双方约定，可以选择由其中一方扣除，具体扣除方式在一个纳税年度内不能变更。

夫妻双方婚前分别购买住房发生的首套住房贷款，其贷款利息支出，婚后可以选择其中一套购买的住房，由购买方按扣除标准的100%扣除，也可以由夫妻双方对各自购买的住房分别按扣除标准的50%扣除，具体扣除方式在一个纳税年度内不能变更。

纳税人需要留存的备查资料包括：住房贷款合同、贷款还款支出凭证等资料。

计算时间认定：为贷款合同约定开始还款的当月至贷款全部归还或贷款合同终止的当月，扣除期限最长不得超过240个月。

5. 住房租金

纳税人在主要工作城市没有自有住房而发生的住房租金支出，可以按照以下标准定额扣除：

(1) 直辖市、省会（首府）城市、计划单列市以及国务院确定的其他城市，扣除标准为每月1 500元。

(2) 除(1)所列城市以外，市辖区户籍人口超过100万的城市，扣除标准为每月1 100元；市辖区户籍人口不超过100万的城市，扣除标准为每月800元。

纳税人的配偶在纳税人的主要工作城市有自有住房的，视同纳税人在主要工作城市有自有住房。

市辖区户籍人口，以国家统计局公布的数据为准。

主要工作城市是指纳税人任职受雇的直辖市、计划单列市、副省级城市、地级市（地区、州、盟）全部行政区域范围；纳税人无任职受雇单位的，为受理其综合所得汇算清缴的税务机关所在城市。

夫妻双方主要工作城市相同的，只能由一方扣除住房租金支出。

住房租金支出由签订租赁住房合同的承租人扣除。

纳税人及其配偶在一个纳税年度内不能同时分别享受住房贷款利息和住房租金专项附加扣除。

纳税人需要留存的备查资料包括：住房租赁合同或协议等资料。

计算时间认定：为租赁合同（协议）约定的房屋租赁期开始的当月至租赁期结束的当月。提前终止合同（协议）的，以实际租赁期限为准。

6. 赡养老人

纳税人赡养1位及以上被赡养人的赡养支出，统一按照以下标准定额扣除：

(1) 纳税人为独生子女的，按照每月2 000元的标准定额扣除。

(2) 纳税人为非独生子女的，由其与兄弟姐妹分摊每月2 000元的扣除额度，每人分摊的额度不能超过每月1 000元。可以由赡养人均摊或者约定分摊，也可以由被赡养人指定分摊。约定或者指定分摊的须签订书面分摊协议，指定分摊优先于约定分摊。具体分摊方式和额度在一个纳税年度内不能变更。

（续上）

被赡养人是指年满 60 岁的父母，以及子女均已去世的年满 60 岁的祖父母、外祖父母。

纳税人需要留存的备查资料包括：约定或指定分摊的书面分摊协议等资料。

计算时间认定：为被赡养人年满 60 周岁的当月至赡养义务终止的年末。

7. 3 岁以下婴幼儿照护

纳税人照护 3 岁以下婴幼儿子女的相关支出，按照每个婴幼儿每月 1 000 元的标准定额扣除。

父母可以选择由其中一方按扣除标准的 100%扣除，也可以选择由双方分别按扣除标准的 50%扣除，具体扣除方式在一个纳税年度内不能变更。

纳税人享受 3 岁以下婴幼儿照护专项附加扣除，应当填报配偶及子女的姓名、身份证件类型（如居民身份证、子女出生医学证明等）及号码以及本人与配偶之间扣除分配比例等信息。

纳税人需要留存的备查资料包括：子女的出生医学证明等资料。

计算时间认定：为婴幼儿出生的当月至年满 3 周岁的前一个月。

【例 3-20】 我国居民个人张某为独生子女，就职于我国的甲公司。本年每月税前工资、薪金收入为 30 000 元，每月减除费用为 5 000 元。张某个人每月负担基本养老保险 2 400 元、基本医疗保险 600 元、失业保险 150 元、住房公积金 2 400 元，“三险一金”合计 5 550 元①。张某赡养老人每月专项附加扣除金额为 2 000 元，且没有其他专项附加扣除和依法确定的其他扣除。张某在上一完整纳税年度内全年工资、薪金收入超过 6 万元。居民个人工资、薪金所得预扣预缴个人所得税的预扣率表如表 3-5 所示。

要求：计算张某本年 1～3 月工资、薪金所得应由甲公司预扣预缴的个人所得税税额。

答：

张某 1 月工资、薪金所得应由甲公司预扣预缴的个人所得税税额 ＝(30 000－5 000－5 550－2 000)×3%＝17 450×3%＝523.5(元)

张某 2 月工资、薪金所得应由甲公司预扣预缴的个人所得税税额 ＝(30 000×2－5 000×2－5 550×2－2 000×2)×3%－523.5

＝34 900×3%－523.5＝1 047－523.5＝523.5(元)

张某 3 月工资、薪金所得应由甲公司预扣预缴的个人所得税税额 ＝(30 000×3－5 000×3－5 550×3－2 000×3)×10%－2 520－523.5－523.5

＝52 350×10%－2 520－523.5－523.5＝1 668(元)

2）扣缴义务人向居民个人支付劳务报酬所得、稿酬所得、特许权使用费所得预扣预缴个人所得税的计算

扣缴义务人向居民个人支付劳务报酬所得、稿酬所得、特许权使用费所得，按次或者按月预扣预缴个人所得税。具体预扣预缴方法如下：

劳务报酬所得、稿酬所得、特许权使用费所得以收入减除费用后的余额为收入额。其中，稿酬所得的收入额减按 70%计算。

---

① 该三险一金数据是理论数据，没有考虑实务中三险一金的缴费基数不能超过上年度本市职工平均工资的 300%。全书同。

劳务报酬所得、稿酬所得、特许权使用费所得每次收入不超过 4 000 元的，减除费用按 800 元计算；每次收入 4 000 元以上的，减除费用按 20%计算。

【点拨指导】

劳务报酬所得、稿酬所得、特许权使用费所得，属于一次性收入的，以取得该项收入为一次；属于同一项目连续性收入的，以一个月内取得的收入为一次。

劳务报酬所得、稿酬所得、特许权使用费所得，以每次收入额为预扣预缴应纳税所得额。劳务报酬所得适用 20%至 40%的超额累进预扣率（表 3-6），稿酬所得、特许权使用费所得适用 20%的比例预扣率。

劳务报酬所得应预扣预缴税额 = 预扣预缴应纳税所得额 × 预扣率 − 速算扣除数

稿酬所得、特许权使用费所得应预扣预缴税额 = 预扣预缴应纳税所得额 × 20%

【例 3-21】 居民个人张某本年 3 月从兼职单位乙公司取得一次性劳务报酬收入 40 000 元，本年 6 月从丙出版社取得一次性稿酬收入共计 12 000 元，本年 10 月转让给丁公司专利权取得一次性特许权使用费收入 3 000 元。上述收入均为税前收入，且均来源于中国境内。假设不考虑增值税因素。居民个人劳务报酬所得预扣预缴个人所得税的预扣率如表 3-6 所示。

要求：

(1) 计算张某劳务报酬所得应由乙公司预扣预缴的个人所得税。

(2) 计算张某稿酬所得应由丙出版社预扣预缴的个人所得税。

(3) 计算张某特许权使用费所得应由丁公司预扣预缴的个人所得税。

答：

张某劳务报酬所得应由乙公司预扣预缴的个人所得税税额 = 40 000 × (1 − 20%) × 30% − 2 000 = 7 600(元)

张某稿酬所得应由丙出版社预扣预缴的个人所得税税额 = 12 000 × (1 − 20%) × 70% × 20% = 1 344(元)

张某特许权使用费所得应由丁公司预扣预缴的个人所得税税额 = (3 000 − 800) × 20% = 440(元)

2. 居民个人的综合所得（按年汇算清缴）应纳税额的计算

自 2019 年 1 月 1 日起，居民个人的综合所得（工资、薪金所得，劳务报酬所得，稿酬所得，特许权使用费所得），以每一纳税年度的收入额减除费用 60 000 元以及专项扣除、专项附加扣除和依法确定的其他扣除后的余额，为应纳税所得额。各项所得的计算，以人民币为单位。所得为人民币以外的货币的，按照人民币汇率中间价折合成人民币缴纳税款。

居民个人的综合所得适用七级超额累进税率，其应纳税额的计算公式如下：

应纳税额 = 年应纳税所得额 × 适用税率 − 速算扣除数

= (每一纳税年度的收入额 − 60 000 − 专项扣除、专项附加扣除和依法确定的其他扣除) × 适用税率 − 速算扣除数

= [工资、薪金收入额 + 劳务报酬收入 × (1 − 20%) + 稿酬收入 × (1 − 20%) × 70% + 特许权使用费收入 × (1 − 20%) − 60 000 − 专项扣除、专项附加扣除和依法确定的其他扣除] × 适用税率 − 速算扣除数

【特别提示】

劳务报酬所得、稿酬所得、特许权使用费所得以收入减除20%的费用后的余额为收入额(这是居民个人劳务报酬所得、稿酬所得、特许权使用费所得在计算综合所得汇算清缴个人所得税时的相关规定,与其预扣预缴个人所得税的相关规定不一样)。稿酬所得的收入额减按70%计算。

专项扣除,包括居民个人按照国家规定的范围和标准缴纳的基本养老保险、基本医疗保险、失业保险等社会保险费和住房公积金;专项附加扣除,包括子女教育、继续教育、大病医疗、住房贷款利息或者住房租金、赡养老人、3岁以下婴幼儿照护等支出,具体范围、标准和实施步骤由国务院确定,并报全国人民代表大会常务委员会备案。其他扣除,包括个人缴付符合国家规定的企业年金、职业年金,个人购买符合国家规定的商业健康保险、税收递延型商业养老保险的支出,以及国务院规定可以扣除的其他项目。

【知识链接】

居民个人取得综合所得,按年计算个人所得税;有扣缴义务人的,由扣缴义务人按月或者按次预扣预缴税款;需要办理汇算清缴的,应当在取得所得的次年3月1日至6月30日内办理汇算清缴。预扣预缴办法由国务院税务主管部门制定。

【例3-22】 居民个人张某本年每月从任职单位取得工资、薪金收入10 000元。本年全年张某从其他单位取得劳务报酬收入共计20 000元,取得稿酬收入共计15 000元,特许权使用费收入共计8 000元。上述收入均为税前收入。本年各相关单位已经代扣代缴了个人所得税共计2 000元。假设本年张某计算个人所得税时的专项扣除、专项附加扣除和依法确定的其他扣除为40 000元。

要求:计算张某本年的应纳个人所得税税额。

答: 本年张某综合所得的应纳税所得额$=10\ 000\times12+20\ 000\times(1-20\%)+15\ 000\times(1-20\%)\times70\%+8\ 000\times(1-20\%)-60\ 000-40\ 000=50\ 800$(元)

本年张某综合所得的应纳个人所得税税额$=50\ 800\times10\%-2520=2\ 560$(元)

由于本年各相关单位已经代扣代缴了个人所得税税额共计2 000元,因此次年3月1日至6月30日内汇算清缴时,张某需要补缴个人所得税税额=2 560−2 000=560(元)。

3. 非居民个人的工资、薪金所得,劳务报酬所得,稿酬所得,特许权使用费所得的应纳税所得额及应纳税额的计算

(1) 自2019年1月1日起,非居民个人的工资、薪金所得,以每月收入额减除费用5 000元后的余额为应纳税所得额。

(2) 自2019年1月1日起,非居民个人的劳务报酬所得、稿酬所得、特许权使用费所得,以每次收入额为应纳税所得额,其中,劳务报酬所得、稿酬所得、特许权使用费所得以收入减除20%的费用后的余额为收入额。稿酬所得的收入额减按70%计算。

非居民个人工资、薪金所得,劳务报酬所得,稿酬所得,特许权使用费所得应纳税额的计算公式为:

$$应纳税额=应纳税所得额\times税率-速算扣除数$$

具体如下：

非居民个人的工资、薪金所得适用七级超额累进税率，其应纳税额的计算公式为：

应纳税额＝月应纳税所得额×适用税率－速算扣除数
＝（每月工资、薪金收入额－5 000）×适用税率－速算扣除数

非居民个人的劳务报酬所得适用七级超额累进税率，其应纳税额的计算公式为：

应纳税额＝应纳税所得额×适用税率－速算扣除数
＝每次收入额×适用税率－速算扣除数
＝劳务报酬收入×（1－20%）×适用税率－速算扣除数

非居民个人的稿酬所得适用七级超额累进税率，其应纳税额的计算公式为：

应纳税额＝应纳税所得额×适用税率－速算扣除数
＝每次收入额×适用税率－速算扣除数
＝稿酬收入×（1－20%）×70%×适用税率－速算扣除数

非居民个人的特许权使用费所得适用七级超额累进税率，其应纳税额的计算公式为：

应纳税额＝应纳税所得额×适用税率－速算扣除数
＝每次收入额×适用税率－速算扣除数
＝特许权使用费收入×（1－20%）×适用税率－速算扣除数

【知识链接】

非居民个人取得工资、薪金所得，由扣缴义务人按月或者按次代扣代缴税款，不办理汇算清缴。

【例 3-23】 非居民个人杰克本年 1 月从任职单位取得税前工资、薪金收入 12 000 元。

要求：计算杰克本年 1 月的应纳个人所得税税额。

答：

杰克本年 1 月工资、薪金所得的应纳税所得额＝12 000－5 000＝7 000（元）

杰克本年 1 月工资、薪金所得应纳（任职单位应代扣代缴）个人所得税税额＝7 000×10%－210＝490（元）

【知识链接】

非居民个人取得劳务报酬所得、稿酬所得和特许权使用费所得，有扣缴义务人的，由扣缴义务人按月或者按次代扣代缴税款，不办理汇算清缴。

【例 3-24】 非居民个人玛丽本年 1 月一次性取得劳务报酬收入 18 000 元，一次性取得稿酬收入 6 000 元，一次性取得特许权使用费收入 3 500 元。上述收入均为税前收入。

要求：计算玛丽本年 1 月的应纳个人所得税税额。

答：

玛丽本年 1 月劳务报酬所得的应纳税所得额＝18 000×（1－20%）＝14 400（元）

玛丽本年 1 月劳务报酬所得应纳（支付所得的单位应代扣代缴）个人所得税税额＝14 400×20%－1 410＝1 470（元）

玛丽本年 1 月稿酬所得的应纳税所得额＝6 000×70%×（1－20%）＝3 360（元）

$$\text{玛丽本年1月稿酬所得应纳(支付所得的单位应代扣代缴)个人所得税税额} = 3\,360 \times 10\% - 210 = 126(\text{元})$$

$$\text{玛丽本年1月特许权使用费所得的应纳税所得额} = 3\,500 \times (1 - 20\%) = 2\,800(\text{元})$$

$$\text{玛丽本年1月特许权使用费所得应纳(支付所得的单位应代扣代缴)个人所得税税额} = 2\,800 \times 3\% = 84(\text{元})$$

$$\text{玛丽本年1月应纳(支付所得的单位应代扣代缴)个人所得税税额合计} = 1\,470 + 126 + 84 = 1\,680(\text{元})$$

4. 经营所得应纳税额的计算

自2019年1月1日起，经营所得，以每一纳税年度的收入总额减除成本、费用以及损失后的余额，为应纳税所得额。

经营所得应纳税额的计算公式如下：

应纳税额＝应纳税所得额×适用税率－速算扣除数
＝(全年收入总额－成本、费用、损失)×适用税率－速算扣除数

取得经营所得的个人，没有综合所得的，计算其每一纳税年度的应纳税所得额时，应当减除费用6万元、专项扣除、专项附加扣除以及依法确定的其他扣除。专项附加扣除在办理汇算清缴时减除。

【知识链接】

纳税人取得经营所得，按年计算个人所得税，由纳税人在月度或者季度终了后15日内向税务机关报送纳税申报表，并预缴税款；在取得所得的次年3月31日前办理汇算清缴。

5. 财产租赁所得

财产租赁所得，以一个月内取得的收入为一次。财产租赁所得，每次收入不超过4 000元的，减除费用800元；4 000元以上的，减除20%的费用，其余额为应纳税所得额。财产租赁所得应纳税额的计算公式分别为：

(1) 每次(月)收入不足4 000元的：

应纳税额＝[每次(月)收入额－准予扣除项目－修缮费用(800元为限)－800]×20%

(2) 每次(月)收入在4 000元以上的：

应纳税额＝[每次(月)收入额－准予扣除项目－修缮费用(800元为限)]×(1－20%)×20%

【特别提示】

纳税人负担的出租财产实际发生的修缮费用，以每次扣除800元为限，一次扣除不完的，准予在下一次继续扣除，直到扣完为止。

【例3-25】 王某本年9月将其原居住的房屋租给孙某用于居住，每月租金为3 500元(不含增值税)，租金按月收取。本年9月发生修缮费用1 000元，相关税费为120元。

要求：计算本年9月王某上述业务的应纳个人所得税税额。

答：修缮费的扣除以每次800元为限，一次扣除不完的，准予在下次继续扣除，直到扣完为止。对个人出租住房取得的所得暂减按10%的税率征收个人所得税。

应纳个人所得税税额＝[(3 500－120－800)－800]×10%＝178(元)

6. 财产转让所得应纳税额的计算

财产转让所得，以转让财产的收入额减除财产原值和合理费用后的余额，为应纳税所得额。财产转让所得应纳税额的计算公式为：

应纳税额 ＝ 应纳税所得额 × 适用税率 ＝ (收入总额 － 财产原值 － 合理税费) × 20%

【特别提示】

对个人出售自有住房取得的所得按照“财产转让所得”税目征收个人所得税，但对个人转让自用5年以上并且是家庭唯一生活用房取得的所得，免征个人所得税。

【例3-26】 刘某于20×8年3月将其20×6年5月购入的原价为200万元的别墅，以400万元(不含增值税)的价格卖给刁某和甘某居住。售房过程中刘某按规定支付交易费等相关税费10万元。

要求：计算刘某上述业务的应纳个人所得税税额。

答：

应纳个人所得税税额 ＝ (400 － 200 － 10) × 20% ＝ 38(万元)

7. 利息、股息、红利所得和偶然所得应纳税额的计算

利息、股息、红利所得和偶然所得个人所得税按次征收，以每次取得的收入为一次，不扣除任何费用，利息、股息、红利所得和偶然所得的应纳税所得额即为每次收入额。其计算公式为：

应纳税额＝应纳税所得额×适用税率＝每次收入额×20%

【知识拓展】

自2015年9月8日起，个人从公开发行和转让市场取得的上市公司股票，持股期限超过1年的，股息红利所得暂免征收个人所得税。个人从公开发行和转让市场取得的上市公司股票，持股期限在1个月以内(含1个月)的，其股息红利所得全额计入应纳税所得额；持股期限在1个月以上至1年(含1年)的，暂减按50%计入应纳税所得额；上述所得统一适用20%的税率计征个人所得税。注意该规定是从“上市公司”取得股息红利。

个人购买社会福利彩票、体育彩票中奖获取的所得，凡一次中奖收入不超过1万元的，暂免征收个人所得税；超过1万元的，全额按“偶然所得”税目征收个人所得税。

【例3-27】 张某为自由职业者，本年8月取得如下所得：从A上市公司取得股息所得16 000元(持股1.5年)，从B非上市公司取得股息所得7 000元，兑现本年8月10日到期的1年期银行储蓄存款利息所得1 500元。

要求：计算张某上述所得的应纳个人所得税税额。

答：自2015年9月8日起，个人从公开发行和转让市场取得的上市公司股票，持股期限超过1年的，股息红利所得暂免征收个人所得税。自2008年10月9日起，对储蓄利息所得暂免征收个人所得税。应纳个人所得税税额＝7 000×20%＝1 400(元)。

【特别提示】

利息、股息、红利所得和偶然所得的应纳税所得额就是收入全额，不扣除任何费用。

【例3-28】 李某是我国一位会计专家，就职于我国的甲公司。李某本年取得如下收入：

(1) 每月从甲公司取得税前工资、薪金收入12 500元，其中包括政府特殊津贴2 500元。

(2) 5月，李某与王某合作写书通过我国的乙出版社出版，当月两人从乙出版社取得税前稿酬收入共计20 000元，两人约定按6∶4分成。

(3) 7月，李某为我国的丙公司提供一项专有技术并取得税前特许权使用费收入7 000元。

(4) 8月，李某为我国的丁公司作报告并取得税前收入6 000元。

(5) 11月，李某转让自有房屋一套，原价700 000元，销售收入1 200 000元(不含增值税)，转让过程中缴纳税费40 000元。

李某本年专项扣除、专项附加扣除和依法确定的其他扣除共计40 000元。

要求：计算李某本年的应纳个人所得税税额合计。

答：(1) 本年综合所得的应纳税所得额＝(12 500－2 500)×12＋20 000×60%×(1－20%)×70%＋7 000×(1－20%)＋6 000×(1－20%)－60 000－40 000＝37 120(元)；本年综合所得的应纳个人所得税税额＝37 120×10%－2 520＝1 192(元)。

(2) 财产转让所得的应纳个人所得税税额＝(1 200 000－700 000－40 000)×20%＝92 000(元)。

(3) 本年应纳个人所得税税额合计＝1 192＋92 000＝93 192(元)。

(六) 个人所得税征收管理

1. 自行申报

自行申报是指由纳税人自行在税法规定的纳税期限内，向税务机关申报取得的应税所得项目和数额，如实填写个人所得税纳税申报表，并按照税法规定计算应纳税额，据此缴纳个人所得税的一种方法。

1) 个人所得税自行申报的范围

有下列情形之一的，纳税人应当依法办理纳税申报：

(1) 取得综合所得需要办理汇算清缴；

(2) 取得应税所得没有扣缴义务人；

(3) 取得应税所得，扣缴义务人未扣缴税款；

(4) 取得境外所得；

(5) 因移居境外注销中国户籍；

(6) 非居民个人在中国境内从两处以上取得工资、薪金所得；

(7) 国务院规定的其他情形。

【点拨指导】

取得综合所得需要办理汇算清缴的情形包括：①从两处以上取得综合所得，且综合所得年收入额减除专项扣除的余额超过6万元；②取得劳务报酬所得、稿酬所得、特许权使用费所得中一项或者多项所得，且综合所得年收入额减除专项扣除的余额超过6万元；③纳税年度内预缴税额低于应纳税额；④纳税人申请退税。纳税人申请退税，应当提供其在中国境内开设的银行账户，并在汇算清缴地就地办理税款退库。

【特别提示】

2019 年 1 月 1 日至 2023 年 12 月 31 日居民个人取得的综合所得，年度综合所得收入不超过 12 万元且需要汇算清缴补税的，或者年度汇算清缴补税金额不超过 400 元的，居民个人可免于办理个人所得税综合所得汇算清缴。居民个人取得综合所得时存在扣缴义务人未依法预扣预缴税款的情形除外。

2）个人所得税自行申报的期限

居民个人取得综合所得，按年计算个人所得税；有扣缴义务人的，由扣缴义务人按月或者按次预扣预缴税款；需要办理汇算清缴的，应当在取得所得的次年 3 月 1 日至 6 月 30 日内办理汇算清缴。预扣预缴办法由国务院税务主管部门制定。

纳税人取得经营所得，按年计算个人所得税，由纳税人在月度或者季度终了后 15 日内向税务机关报送纳税申报表，并预缴税款；在取得所得的次年 3 月 31 日前办理汇算清缴。

纳税人取得应税所得没有扣缴义务人的，应当在取得所得的次月 15 日内向税务机关报送纳税申报表，并缴纳税款。

纳税人取得应税所得，扣缴义务人未扣缴税款的，纳税人应当在取得所得的次年 6 月 30 日前，缴纳税款；税务机关通知限期缴纳的，纳税人应当按照期限缴纳税款。

2. 代扣代缴

代扣代缴是指按照税法规定负有扣缴税款义务的单位或个人，在向个人支付应纳税所得时，应计算应纳税额，从其所得中扣除并缴入国库，同时向税务机关报送扣缴个人所得税报告表。

1）个人所得税的扣缴义务人

我国实行个人所得税代扣代缴和个人自行申报纳税相结合的征收管理制度。个人所得税采取代扣代缴办法，有利于控制税源，保证税收收入，简化征纳手续，加强个人所得税管理。税法规定，个人所得税以支付所得的单位或者个人为扣缴义务人。纳税人有中国公民身份号码的，以中国公民身份号码为纳税人识别号；纳税人没有中国公民身份号码的，由税务机关赋予其纳税人识别号。扣缴义务人扣缴税款时，纳税人应当向扣缴义务人提供纳税人识别号扣缴义务人应当按照国家规定办理全员全额扣缴申报，并向纳税人提供其个人所得和已扣缴税款等信息。扣缴义务人在向纳税人支付各项应纳税所得时，必须履行代扣代缴税款的义务。扣缴义务人对纳税人的应扣未扣税款应由纳税人予以补缴。

对扣缴义务人按照所扣缴的税款，税务机关应付给 2%的手续费。

2）个人所得税代扣代缴的范围

居民个人取得综合所得，按年计算个人所得税；有扣缴义务人的，由扣缴义务人按月或者按次预扣预缴税款；需要办理汇算清缴的，应当在取得所得的次年 3 月 1 日至 6 月 30 日内办理汇算清缴。预扣预缴办法由国务院税务主管部门制定。

居民个人向扣缴义务人提供专项附加扣除信息的，扣缴义务人按月预扣预缴税款时应当按照规定予以扣除，不得拒绝。

非居民个人取得工资、薪金所得，劳务报酬所得，稿酬所得和特许权使用费所得，有扣缴义务人的，由扣缴义务人按月或者按次代扣代缴税款，不办理汇算清缴。

纳税人取得利息、股息、红利所得，财产租赁所得，财产转让所得和偶然所得，按月或者按次计算个人所得税，有扣缴义务人的，由扣缴义务人按月或者按次代扣代缴税款。

3）个人所得税的代扣代缴期限

扣缴义务人每月或者每次预扣、代扣的税款，应当在次月15日内缴入国库，并向税务机关报送扣缴个人所得税申报表。

第三节 税收征收管理

【学习指南】

学习本节内容，读者需要熟悉纳税申报、税款征收、涉税专业服务、税务检查、税收法律责任的相关内容，掌握税务登记、发票开具与管理、税务行政复议的相关内容。

税收征收管理是税务机关代表国家行使征税权，对日常税收活动进行有计划的组织、指挥、控制和监督的活动，是对纳税人履行纳税义务采用的一种管理、征收和检查行为，是实现税收职能的必要手段。税收征收管理包括税务登记、发票管理、纳税申报、税款征收、税务检查和法律责任等环节。

一、税务登记

税务登记是税务机关依据税法规定，对纳税人的生产、经营活动进行登记管理的一项法定制度，也是纳税人依法履行纳税义务的法定手续。税务登记是整个税收征收管理的起点。

税务登记（广义的税务登记含税务管理）的种类包括：①设立登记（开业登记）；②变更登记；③停业、复业登记；④注销登记；⑤跨区域涉税事项报验管理；⑥纳税人税种登记；⑦扣缴义务人扣缴税款登记等。

【特别提示】

税务登记是整个税收征收管理的起点。

（一）设立登记

设立登记，又叫开业登记，是指从事生产经营活动的纳税人，经市场监督管理机关批准设立后办理的纳税登记。

根据相关规定，设立登记的纳税人分为以下两类：

（1）按照“多证合一、一照一码”等商事制度改革要求，企业、农民专业合作社、个体工商户及其他组织（已实行“多证合一、一照一码”登记模式的纳税人）领取加载统一社会信用代码的营业执照之后，无需单独到税务机关办理税务登记事项，只需要到税务部门（税务机关）进行信息确认（又称办理税务机关报到）。

（2）“多证合一、一照一码”改革之外的其他组织，如事业单位、社会组织、境外非政府组织等，应当依法向税务机关办理税务登记，领取税务登记证件。

已实行“多证合一、一照一码”登记模式的纳税人，首次办理涉税事宜时，应当通过税务机关对市场监督管理等部门共享信息进行确认（即办理税务机关报到）。若纳税人近期无应税行为发生、不用进行纳税申报或申领(代开)发票时,可暂不进行信息确认(暂不办理税务机关报到)。纳税人进行信息确认时,对其中不全的信息进行补充,对不准确的信息进行更正。纳税人可通过办税服务厅(场所)、电子税务局办理,具体地点和网址可从省(自治区、直辖市和计划单列市)税务局网站“纳税服务”栏目查询。在税务部门完成信息确认后,纳税人凭加载统一社会信用代码的营业执照即可代替税务登记证的使用。在此之后,纳税人可以进行正常的生产经营(发生应税行为)。

【特别提示】

纳税人新办企业时根据自身不同情况依申请办理的涉税事项包括:信息确认、发票票种核定、增值税一般纳税人登记、增值税专用发票最高开票限额审批、增值税税控系统专用设备初始发行(含税务 UKey 发放)、发票领用等 6 个事项。

【例 3-29】　张某和李某作为投资者于本年 1 月成立了一家有限责任公司,并于本年 1 月 20 日领取了加载统一社会信用代码的营业执照,在领取营业执照后,没有再到税务机关办理任何手续,便直接进行了涉税生产经营。请问张某和李某的做法对吗?

答:已实行“多证合一、一照一码”登记模式的纳税人,首次办理涉税事宜时,应当通过税务机关对市场监督管理等部门共享信息进行确认(又称办理税务机关报到)。纳税人进行信息确认时,对其中不全的信息进行补充,对不准确的信息进行更正。纳税人可通过办税服务厅(场所)、电子税务局办理,具体地点和网址可从省(自治区、直辖市和计划单列市)税务局网站“纳税服务”栏目查询。在税务部门完成信息确认后,纳税人凭加载统一社会信用代码的营业执照即可代替税务登记证的使用。在此之后,纳税人可以进行正常的生产经营(发生应税行为)。

因此,张某和李某的做法是错误的。

(二) 变更登记

变更税务登记是指纳税人在办理税务登记(“三证合一”、“五证合一”或“多证合一”后为领取“一照一码”营业执照)后,因登记内容发生变化时需要对原有登记内容进行更改,应当向原税务机关申报办理税务登记。变更税务登记的主要目的在于使税务机关及时掌握纳税人的生产经营情况,减少税款的流失。

1. 2023 年 3 月 31 日之前的变更税务登记规定

纳税人办理税务登记后,如发生下列情形之一,应当办理变更税务登记:①改变名称或法定代表人;②改变经济性质或经济类型;③改变住所或经营地点(不涉及主管税务机关变动);④改变生产经营范围、经营方式或经营期限;⑤改变注册资金(资本);⑥改变隶属关系、生产经营权属或增减分支机构;⑦改变开户银行和账号;⑧改变其他税务登记内容。

办理变更登记的程序如下:

纳税人已在市场监督管理机关办理变更登记的,应当自市场监督管理机关变更登记之日起 30 日内,向原税务登记机关如实提供下列有关证件、资料,申报办理变更税务登记:①“一照一码”营业执照原件及其复印件;②纳税人变更登记内容的有关证明文件;③公章;④其他有关资料。

纳税人按照规定不需要在市场监督管理机关办理变更登记,或者其变更登记的内容与工商登记内容无关的，应当自税务登记内容实际发生变化之日起30日内，或者自有关机关批准或者宣布变更之日起30日内持下列有关证件到原税务登记机关申报办理变更税务登记：①纳税人变更登记内容的有关证明文件；②公章；③其他有关资料。

纳税人提交的有关变更登记的证件、资料齐全的，应如实填写税务登记变更表，符合规定的，税务机关应当日办理；不符合规定的，税务机关应通知其补正。

2. 自2023年4月1日起的变更税务登记规定

自2023年4月1日起执行以下优化变更登记、跨省迁移等环节税费服务的相关规定，执行中遇有重大问题的，及时向税务总局（征管科技司）报告。

（1）简化变更登记操作流程

1）自动变更登记信息。自2023年4月1日起，纳税人在市场监管部门依法办理变更登记后，无需向税务机关报告登记变更信息；各省、自治区、直辖市和计划单列市税务机关（以下简称各省税务机关）根据市场监管部门共享的变更登记信息，在金税三期核心征管系统（以下简称核心征管系统）自动同步变更登记信息。处于非正常、非正常户注销等状态的纳税人变更登记信息的，核心征管系统在其恢复正常状态时自动变更。

2）自动提示推送服务。对纳税人办理变更登记所涉及的提示提醒事项，税务机关通过电子税务局精准推送提醒纳税人；涉及的后续管理事项，核心征管系统自动向税务人员推送待办消息提醒。

3）做好存量登记信息变更工作。2023年4月1日之前已在市场监管部门办理变更登记、尚未在税务部门变更登记信息的纳税人，由各省税务机关根据市场监管部门共享信息分类分批完成登记信息变更工作。

（2）优化跨省迁移税费服务流程

1）优化迁出流程。纳税人跨省迁移的，在市场监管部门办结住所变更登记后，向迁出地主管税务机关填报《跨省（市）迁移涉税事项报告表》（略）。对未处于税务检查状态，已缴销发票和税控设备，已结清税（费）款、滞纳金及罚款，以及不存在其他未办结涉税事项的纳税人，税务机关出具《跨省（市）迁移税收征管信息确认表》（略），告知纳税人在迁入地承继、延续享受的相关资质权益等信息，以及在规定时限内履行纳税申报义务。经纳税人确认后，税务机关即时办结迁出手续，有关信息推送至迁入地税务机关。

2）优化迁入流程。迁入地主管税务机关应当在接收到纳税人信息后的一个工作日内完成主管税务科所分配、税（费）种认定并提醒纳税人在迁入地按规定期限进行纳税申报。

3）明确有关事项。纳税人下列信息在迁入地承继：纳税人基础登记、财务会计制度备案、办税人员实名采集、增值税一般纳税人登记、增值税发票票种核定、增值税专用发票最高开票限额、增值税即征即退资格、出口退（免）税备案、已产生的纳税信用评价等信息。

纳税人迁移前预缴税款，可在迁入地继续按规定抵缴；企业所得税、个人所得税尚未弥补的亏损，可在迁入地继续按规定弥补；尚未抵扣的增值税进项税额，可在迁入地继续按规定抵扣，无需申请开具《增值税一般纳税人迁移进项税额转移单》。

迁移前后业务的办理可参照《跨省（市）迁移相关事项办理指引》（略）。

（3）优化税源管理职责

各省税务机关根据本地税源特点优化分级管理职责，提升税收风险分析、重点领域重点群体税收风险管理等复杂事项管理层级，压实市、县税务机关日常管理责任。已提升至省、市税务机关管理的复杂涉税事项，原则上不再推送下级税务机关处理。

（三）停业、复业登记

停业、复业登记是指纳税人因自身营业的需要暂停和恢复生产经营活动而向主管税务机关申请办理的纳税登记。

1. 停业登记

从事生产经营的纳税人，经确定实行定期定额征收方式的，其在营业执照核准的经营期限内需要停业的，应当在停业前向税务机关申报办理停业登记。纳税人的停业期限不得超过1年。

纳税人在申报办理停业登记时，应如实填写停业申请登记表，说明停业理由、停业期限、停业前的纳税情况和发票的领、用、存情况，并结清应纳税款、滞纳金、罚款。税务机关应收存其税务登记证件及副本、未使用完的发票和其他税务证件。

2. 复业登记

纳税人应当于恢复生产经营之前，向税务机关申报办理复业登记，如实填写《停、复业报告书》，领回停业前申领的发票。

纳税人停业期满不能及时恢复生产经营的，应当在停业期满前到税务机关办理延长停业登记，并如实填写《停、复业报告书》。纳税人停业期满未按期复业又不申请延长停业的，税务机关应当视为已恢复营业，实施正常的税收征收管理。

纳税人在停业期间发生纳税义务的，应当按照税收法律、行政法规的规定申报缴纳税款。

【特别提示】

《国家税务总局关于简化办理市场主体歇业和注销环节涉税事项的公告》（国家税务总局公告2022年第12号）规定，自2022年7月14日起，市场主体因自然灾害、事故灾难、公共卫生事件、社会安全事件等原因造成经营困难，按照《中华人民共和国市场主体登记管理条例》第三十条规定办理歇业的，不需要另行向税务机关报告。

【点拨指导】

对于暂停生产经营，不同的文件用词不完全一致，有的文件用“停业”一词，有的文件用“歇业”一词。

（四）注销登记

1. 注销登记的概念及适用范围

注销税务登记是指纳税人由于法定的原因终止纳税义务时，向原税务机关申请办理的取消税务登记的手续。办理注销税务登记后，该当事人不再接受原税务机关管理。

纳税人发生解散、破产、撤销以及其他情形，依法终止纳税义务的，应当在向市场监督管理机关或者其他机关办理注销登记前，持有关证件向原税务登记机关申报办理注销税务登记。

2. 注销登记的时限要求

（1）按照规定不需要在市场监督管理机关或者其他机关办理注销登记的，应当自有关机关批准或者宣告终止之日起15日内，持有关证件向原税务登记机关申报办理注销税务登记。

(2) 纳税人被市场监督管理机关吊销营业执照或者被其他机关予以撤销登记的，应当自营业执照被吊销或者被撤销登记之日起 15 日内，向原税务登记机关申报办理注销税务登记。

(3) 纳税人因住所、经营地点变动，涉及改变税务登记机关的，应当在向市场监督管理机关或者其他机关申请办理变更或者注销登记前或者住所、经营地点变动前，向原税务登记机关申报办理注销税务登记，并在 30 日内向迁达地税务机关申报办理税务登记。如遇纳税人已经或正在享受税收优惠待遇的，迁出地税务机关应当在迁移通知书上注明。

(4) 境外企业在中国境内承包建筑、安装、装配、勘探工程和提供劳务的，应当在项目完工、离开中国前 15 日内，持有关证件和资料，向原税务登记机关申报办理注销税务登记。

3. 清税证明的出具

(1) 已实行"多证合一、一照一码"登记模式的企业办理注销登记，须先向主管税务机关申报清税，填写清税申报表。清税完毕后，受理税务机关根据清税结果向纳税人统一出具清税证明。

(2) 清税证明免办。符合市场监管部门简易注销条件，未办理过涉税事宜，或者办理过涉税事宜但未领用发票(含代开发票)、无欠税(滞纳金)及罚款且没有其他未办结涉税事项的纳税人，免予到税务部门办理清税证明，可直接向市场监管部门申请简易注销。

(3) 清税证明即办。采用普通流程申请注销的纳税人向税务部门申请办理注销时，税务部门进行税务注销预检，检查纳税人是否存在未办结事项。具体来说：

① 未办理过涉税事宜的纳税人，主动到税务部门办理清税的，税务部门可根据纳税人提供的营业执照即时出具清税文书。

② 符合容缺即时办理条件的纳税人，在办理税务注销时，资料齐全的，税务部门即时出具清税文书；若资料不齐，可在作出承诺后，税务部门即时出具清税文书。纳税人应按承诺的时限补齐资料并办结相关事项。具体容缺条件是：a. 办理过涉税事宜但未领用发票(含代开发票)、无欠税(滞纳金)及罚款的纳税人，主动到税务部门办理清税的；b. 未处于税务检查状态、无欠税(滞纳金)及罚款、已缴销增值税专用发票及税控设备，且符合下列情形之一的纳税人：纳税信用级别为 A 级和 B 级的纳税人；控股母公司纳税信用级别为 A 级的 M 级纳税人；省级人民政府引进人才或经省级以上行业协会等机构认定的行业领军人才等创办的企业；未纳入纳税信用级别评价的定期定额个体工商户；未达到增值税纳税起征点的纳税人。

③ 不符合承诺制容缺即时办理条件的(或虽符合承诺制容缺即时办理条件但纳税人不愿意承诺的)，税务部门向纳税人出具《税务事项通知书》(告知未结事项)，纳税人先行办理完毕各项未结事项后，方可申请办理税务注销。

④ 经人民法院裁定宣告破产的纳税人，持人民法院终结破产程序裁定书向税务机关申请税务注销的，税务机关即时出具清税文书。

⑤ 经人民法院裁定强制清算的市场主体，持人民法院终结强制清算程序的裁定申请税务注销的，税务机关即时出具清税文书。

4. 税务机关核准

纳税人办理注销税务登记前，应当向税务机关提交相关证明文件和资料，结清应纳税款、多退(免)税款、滞纳金和罚款,缴销发票和税控设备,经税务机关核准后,办理注销税务登记手续。

(五) 跨区域涉税事项报验管理

根据《国家税务总局关于创新跨区域涉税事项报验管理制度的通知》(税总发〔2017〕103 号),就创新跨区域涉税事项报验管理制度,优化办理流程等有关事项归纳如下。

1. 外出经营活动税收管理的更名与创新

(1) 将“外出经营活动税收管理”更名为“跨区域涉税事项报验管理”。外出经营活动税收管理作为现行税收征管的一项基本制度,是《税收征收管理法实施细则》和《增值税暂行条例》规定的法定事项,也是落实现行财政分配体制、解决跨区域经营纳税人的税收收入及征管职责在机构所在地与经营地之间划分问题的管理方式,对维持税收属地入库原则、防止漏征漏管和重复征收具有重要作用。按照该项制度的管理实质,将其更名为“跨区域涉税事项报验管理”。

(2) 纳税人跨区域经营前不再开具相关证明,改为填报《跨区域涉税事项报告表》。纳税人跨省(自治区、直辖市和计划单列市)临时从事生产经营活动的,不再开具《外出经营活动税收管理证明》,改向机构所在地的税务机关填报《跨区域涉税事项报告表》。纳税人在省(自治区、直辖市和计划单列市)内跨县(市)临时从事生产经营活动的,是否实施跨区域涉税事项报验管理由各省(自治区、直辖市和计划单列市)税务机关自行确定。

(3) 取消跨区域涉税事项报验管理的固定有效期。税务机关不再按照 180 天设置报验管理的固定有效期,改按跨区域经营合同执行期限作为有效期限。合同延期的,纳税人可向经营地或机构所在地的税务机关办理报验管理有效期限延期手续。

(4) 实行跨区域涉税事项报验管理信息电子化。跨区域报验管理事项的报告、报验、延期、反馈等信息,通过信息系统在机构所在地和经营地的税务机关之间传递,实时共享相关信息。

2. 跨区域涉税事项报告、报验及反馈

1)《跨区域涉税事项报告表》填报

具备网上办税条件的,纳税人可通过网上办税系统,自主填报《跨区域涉税事项报告表》。不具备网上办税条件的,纳税人可向主管税务机关(办税服务厅)填报《跨区域涉税事项报告表》,并出示载有统一社会信用代码的营业执照副本(未换照的出示税务登记证副本),或加盖纳税人公章的副本复印件(以下统称税务登记证件);已实行实名办税的纳税人只需填报《跨区域涉税事项报告表》。

2) 跨区域涉税事项报验

跨区域涉税事项由纳税人首次在经营地办理涉税事宜时,向经营地的税务机关报验。纳税人报验跨区域涉税事项时,应当出示税务登记证件。

3) 跨区域涉税事项信息反馈

纳税人跨区域经营活动结束后,应当结清经营地的税务机关的应纳税款以及其他涉税事项,向经营地的税务机关填报《经营地涉税事项反馈表》。

经营地的税务机关核对《经营地涉税事项反馈表》后,应当及时将相关信息反馈给机构所在地的税务机关。纳税人不需要另行向机构所在地的税务机关反馈。

4）跨区域涉税事项反馈信息的处理

机构所在地的税务机关要设置专岗，负责接收经营地的税务机关反馈信息，及时以适当方式告知纳税人，并适时对纳税人已抵减税款、在经营地已预缴税款和应预缴税款进行分析、比对，发现疑点的，及时推送至风险管理部门或者稽查部门组织应对。

（六）纳税人税种登记

纳税人在办理开业或变更税务登记的同时应当申请填报税种登记，由税务机关根据其生产、经营范围及拥有的财产等情况，认定纳税人所适用的税种、税目、税率、报缴税款期限、征收方式和缴库方式等。税务机关依据纳税人税种登记表所填写的项目，自受理之日起3日内进行税种登记。

（七）扣缴义务人扣缴税款登记

扣缴税款登记是指根据税收法律、行政法规的规定负有扣缴税款义务的扣缴义务人（国家机关除外）应当如实向税务机关提供与代扣代缴、代收代缴税款有关的信息，办理扣缴税款登记。

已办理税务登记的扣缴义务人应当在扣缴义务发生之日起30日内，向税务登记地税务机关申报办理扣缴税款登记。税务机关在其税务登记证件上登记扣缴税款事项，税务机关不再发给扣缴税款登记证件。

根据税收法律、行政法规的规定可不办理税务登记的扣缴义务人，应当在扣缴义务发生之日起30日内，向机构所在地税务机关申报办理扣缴税款登记。税务机关核发扣缴税款登记证件。

【知识链接】

扣缴义务人包括代扣代缴义务人和代收代缴义务人两种。

（1）代扣代缴义务人是指有义务从持有的纳税人收入中扣除其应纳税款并代为缴纳的单位或个人，如支付给个人工资、薪金所得的企业为个人所得税的代扣代缴义务人。

（2）代收代缴义务人是指有义务通过与纳税人的经济交往而向纳税人收取其应纳税款并代为缴纳的单位，如委托加工应税消费品的受托方为消费税的代收代缴义务人。

（八）违反税务登记规定的法律责任

纳税人未按照规定的期限申报办理税务登记、变更或者注销税务登记的，由税务机关责令限期改正，可以处2 000元以下的罚款；情节严重的，处2 000元以上10 000元以下的罚款。

二、发票的管理

（一）发票的种类

发票是指在购销商品、提供或接受劳务、服务以及从事其他经营活动，所提供给对方的收付款的书面证明。发票是确定经济收支行为发生的证明文件，是财务收支的法定凭证，是会计核算的原始依据，也是审计机关、税务机关执法检查的重要依据。全面“营改增”试点后，发票的类型主要有增值税专用发票（含机动车销售统一发票）、增值税普通发票、特定范围继续使用的其他发票。

1. 增值税专用发票(含机动车销售统一发票)

增值税专用发票是主要由增值税一般纳税人在销售货物、劳务、服务、无形资产或者不动产时使用的一种特殊发票。增值税专用发票除具备增值税普通发票的基本特征外,还具备抵扣增值税税款的功能。增值税专用发票除了原来的纸质版增值税专用发票(折叠票)以外,国家税务总局已经开始试点增值税电子专用发票。

【知识链接】

为持续推进放管服("简政放权、放管结合、优化服务"的简称)改革,全面推行小规模纳税人自行开具增值税专用发票。小规模纳税人(其他个人除外)发生增值税应税行为,需要开具增值税专用发票的,可以自愿使用增值税发票管理系统自行开具。

一般纳税人如有以下法定情形的,不得申领使用增值税专用发票:

(1) 会计核算不健全,不能向税务机关准确提供增值税销项税额、进项税额以及其他增值税税务资料。

(2) 有《税收征收管理法》规定的税收违法行为且拒不接受处理。

(3) 有下列行为之一,经税务机关责令限期改正而仍未改正的:①虚开增值税专用发票;②私自印制专用发票;③向税务机关以外的单位和个人买取专用发票;④借用他人专用发票;⑤未按规定开具专用发票的;⑥未按规定保管专用发票和专用设备;⑦未按规定申请办理防伪税控系统变更发行;⑧未按规定接受税务机关检查。

有上列情形的,如已申领专用发票,主管税务机关应暂扣其结存的专用发票和IC卡。

增值税专用发票由基本联次或者基本联次附加其他联次构成,基本联次为三联:发票联、抵扣联、记账联。第一联为记账联,作为销售方核算销售收入和增值税销项税额的记账凭证;第二联为抵扣联,作为购买方报送主管税务机关认证和留存备查的凭证;第三联为发票联,作为购买方核算采购成本和增值税进项税额的记账凭证。其他联次用途,由一般纳税人自行确定。

【知识拓展】

增值税专用发票由国家税务总局指定的企业印制。增值税专用发票的票样由国家税务总局统一制定,其他单位和个人不得擅自变更。

2. 增值税普通发票

增值税普通发票由增值税小规模纳税人使用,增值税一般纳税人在不能开具增值税专用发票的情况下也可使用增值税普通发票。增值税普通发票除了原来常用的增值税普通发票(折叠票)以外,还新增了增值税电子普通发票和增值税普通发票(卷票)。

3. 特定范围继续使用的其他发票

特定范围继续使用的其他发票包括农产品收购发票、农产品销售发票、门票、过路(过桥)费发票、定额发票、客运发票和二手车销售统一发票等。

(二) 发票的开具和使用

1. 发票的开具

1) 发票的开具的基本要求

(1) 销售商品、提供服务以及从事其他经营活动的单位和个人,对外发生经营业务收取款项，收款方应当向付款方开具发票；特殊情况下，由付款方向收款方开具发票。

【点拨指导】

该“特殊情况”包括：①收购单位和扣缴义务人支付个人款项时；②国家税务总局认为其他需要由付款方向收款方开具发票的。

(2) 所有单位和从事生产、经营活动的个人在购买商品、接受服务以及从事其他经营活动支付款项，应当向收款方取得发票。取得发票时，不得要求变更品名和金额。

(3) 开具发票应当按照规定的时限、顺序、栏目，全部联次一次性如实开具，并加盖发票专用章。

【点拨指导】

发票上需加盖单位“发票专用章”，而不是“财务专用章”“合同专用章”，也不是公章。

【特别提示】

不符合规定的发票，不得作为财务报销凭证，任何单位和个人有权拒收。

(4) 需要临时使用发票的单位和个人，可以凭购销商品、提供或者接受服务以及从事其他经营活动的书面证明、经办人身份证明，直接向经营地税务机关申请代开发票。依照税收法律、行政法规规定应当缴纳税款的，税务机关应当先征收税款，再开具发票。税务机关根据发票管理的需要，可以按照国务院税务主管部门的规定委托其他单位代开发票。

2) 禁止虚开发票

任何单位和个人不得有下列虚开发票行为：

(1) 为他人、为自己开具与实际经营业务情况不符的发票。

(2) 让他人、为自己开具与实际经营业务情况不符的发票。

(3) 介绍他人开具与实际经营业务情况不符的发票。

2. 发票的使用

任何单位和个人应当按照发票管理规定使用发票，不得有下列行为：

(1) 转借、转让、介绍他人转让发票、发票监制章和发票防伪专用品。

(2) 知道或者应当知道是私自印制、伪造、变造、非法取得或者废止的发票而受让、开具、存放、携带、邮寄、运输。

(3) 拆本使用发票。

(4) 扩大发票使用范围。

(5) 以其他凭证代替发票使用。

【特别提示】

已开具的发票存根联和发票登记簿应当保存5年；保存期满，报经税务机关查验后可以销毁。

三、纳税申报

纳税申报是指纳税人或扣缴义务人在发生纳税义务和代扣代缴、代收代缴义务后，按照税法规定的期限和内容向税务机关提交有关纳税事项报告或扣缴税款事项的法定手续。纳税申报是纳税人或扣缴义务人履行纳税义务或扣缴税款义务，界定纳税人或扣缴义务人法律责任的主要依据，又是税务机关税收管理信息的主要来源，也是税务管理的一项重要制度。

纳税人办理纳税申报主要采取的方式包括直接申报，邮寄申报，数据电文申报，简易申报、简并征期以及其他方式。

【特别提示】

纳税人在纳税期间内没有应纳税款的，也应当按照规定办理纳税申报；纳税人享受减税、免税待遇的，在减税、免税期间应当按照规定办理纳税申报。

（一）直接申报

直接申报也就是上门申报，是指纳税人或扣缴义务人自行到税务机关指定地点办理纳税申报的申报方式，这是一种传统申报方式。

【特别提示】

直接申报可以分为直接到办税服务厅申报、到巡回征收点申报和到代征点申报三种方式。

（二）邮寄申报

邮寄申报是指经税务机关批准的纳税人或扣缴义务人通过邮政部门邮寄纳税申报表等纳税资料给税务机关办理纳税申报的申报方式。纳税人或扣缴义务人采取邮寄方式办理纳税申报的，应当使用统一的纳税申报专用信封，并从邮政部门索取收据作为申报凭据。

【特别提示】

邮寄申报以寄出的邮戳日期为实际申报日期。

（三）数据电文申报

数据电文申报是指纳税人、扣缴义务人通过税务机关确定的电话语音、电子数据交换和网络传输等电子方式办理纳税申报的申报方式。收件人指定特定系统接收数据电文的，该数据电文进入特定系统的时间，视为申报、报送到达的时间；未指定特定系统的，该数据电文进入收件人的任何系统的首次时间，视为到达时间。

税务机关收到的纳税人数据电文与报送的书面资料不一致时，应以书面资料为准。

【特别提示】

目前纳税人的网上申报就属于数据电文申报的一种形式。

（四）简易申报、简并征期

对实行定期定额方式缴纳税款的纳税人，可以实行简易申报、简并征期等申报纳税方式。简易申报是指实行定期定额缴纳税款的纳税人在税收法律规范规定的期限内或者税务机关依照税收法律规范的规定确定的期限内缴纳税款的，税务机关可以将缴纳税款视同申报。简并征期是指实行定期定额缴纳税款的纳税人，经税务机关批准，可以采取将纳税期限合并为按季、按半年、按一年的方式缴纳税款，税务机关可以将缴纳税款视同申报。

【特别提示】

简易申报、简并征期方式是以纳税人便利纳税为原则设置的，只针对实行定期定额征收方式的纳税人。

【点拨指导】

实行定期定额征收方式的纳税人，经税务机关批准，可以缴纳税款凭证代替申报，并可简并征期。

(五) 其他方式

其他方式是指纳税人或扣缴义务人采用直接申报，邮寄申报，数据电文申报，简易申报、简并征期以外的方式进行的纳税申报。如纳税人或扣缴义务人委托他人向税务机关进行的纳税申报。

四、税款征收

税款征收是税务机关依照税收法律、法规的规定，将纳税人或扣缴义务人应当缴纳或扣缴的税款组织入库的一系列活动的总称。

税务机关应当依照法律、行政法规的规定征收税款，不得违反法律、行政法规的规定开征、停征、多征、少征、提前征收、延缓征收或者摊派税款。除税务机关、税务人员以及经税务机关依照法律、行政法规委托的单位和人员外，任何单位和个人不得进行税款征收活动。

【点拨指导】

税款征收是税收征收管理的中心环节，是全部税收征收工作的目的和归宿。

(一) 税款征收的方式

税务机关税款征收的方式主要有：查账征收、查定征收、查验征收、定期定额征收、扣缴税款征收、委托代征以及其他征收方式。

1. 查账征收

查账征收是指税务机关根据纳税人提供的会计账簿、会计报表等会计核算资料，依照税法规定计算应纳税款并予以征收的方式。查账征收方式一般针对会计核算比较健全、能够正确计算应纳税款且认真履行纳税义务的纳税人。

【特别提示】

查账征收方式较为规范，符合税收法定原则。扩大查账征收纳税人的范围，向来是税务管理努力的方向。

2. 查定征收

查定征收是指税务机关根据纳税人从业人数、生产设备、耗用原材料、经营成本、平均利润率等因素，查定核实其产量、销售额、应纳税所得额等指标，据以计算其应纳税款并予以征收的方式。查定征收方式一般针对会计核算不够健全、生产经营规模较小、产品零星、税源分散，但是能够控制原材料或进销货的纳税人。

3. 查验征收

查验征收是指税务机关对纳税人的应税商品或产品通过查验数量，按照市场同类产品的平均价格，计算其销售收入，据以计算其应纳税款并予以征收的方式。查验征收方式一般针对会计核算不够健全、生产经营不固定、零星分散、流动性大的纳税人。

4. 定期定额征收

定期定额征收，是指税务机关对小型微型个体工商户在一定经营地点、时期、范围内的应税销售额(包括应税销售数量)或应纳税所得额进行核定,并以此为计税依据,据以计算其应纳税款并予以征收的方式。定期定额征收方式,一般针对经主管税务机关认定和县级以上(含县级)税务机关批准的生产经营规模小,未达到《个体工商户建账管理暂行办法》规定设置账簿标准,难以查账征收,不能准确计算计税依据的个体工商户(包括个人独资企业,简称定期定额户)。

5. 扣缴税款征收

扣缴税款征收是指税务机关按照税法规定,对负有代扣代缴、代收代缴税款义务的单位和个人,征收其代扣代缴、代收代缴税款的方式。扣缴税款征收方式针对有代扣代缴、代收代缴税款义务的单位和个人。

【点拨指导】

负有代扣代缴、代收代缴税款义务的单位和个人,在其向纳税人支付或收取交易款项的同时,应当依法从交易款项中扣取或收取纳税人应纳税款并按规定期限和缴库办法申报解缴的税款。

【特别提示】

"代扣代缴"与"代收代缴"两种方式的不同:代扣代缴是与纳税人有经营业务往来的单位和个人在向纳税人支付款项的同时扣取税款并代为缴纳,如工资、薪金个人所得税由支付工资、薪金所得的单位代扣代缴;而代收代缴是与纳税人有经营业务往来的单位和个人在向纳税人收取款项的同时收取税款并代为缴纳,如受托加工应缴消费税的消费品,由受托方代收代缴消费税。

6. 委托代征

委托代征是指税务机关依法委托有关单位和个人作为代征人,代其向纳税人征收税款的方式。委托代征方式一般针对零星、分散、流动性大的纳税人。

【点拨指导】

对集贸市场纳税人税款的征收、车船税的征收等,一般适用委托代征的方式。

7. 其他征收方式

其他征收方式包括税务机关利用纳税人或扣缴义务人网络申报、IC卡纳税申报等方式。

(二) 税收保全措施

1. 税收保全措施的前提

税务机关有根据认为从事生产、经营的纳税人有逃避纳税义务行为的,可以在规定的纳税期之前,责令限期缴纳应纳税款;在限期内发现纳税人有明显的转移、隐匿其应纳税的商品、货物以及其他财产或者应纳税收入的迹象的,税务机关可以责成纳税人提供纳税担保;如果纳税人不能提供纳税担保,经县以上税务局局长批准可以采取税收保全措施。

【点拨指导】

税收保全措施仅适用于从事生产、经营的纳税人;对不从事生产、经营的纳税人,或者扣缴义务人和纳税担保人不适用。

2. 税收保全的具体措施

税务机关责令具有税法规定情形的纳税人提供纳税担保而纳税人拒绝提供纳税担保或无

力提供纳税担保的，经县以上税务局（分局）局长批准，税务机关可以采取下列税收保全措施：

（1）书面通知纳税人开户银行或者其他金融机构冻结纳税人的金额相当于应纳税款的存款。

（2）扣押、查封纳税人的价值相当于应纳税款的商品、货物或者其他财产。其他财产是指纳税人的房地产、现金、有价证券等不动产和动产。

3. 税收保全措施的解除

纳税人在税务机关采取税收保全措施后，按照税务机关规定的期限缴纳税款的，税务机关必须立即解除税收保全；对限期期满纳税人仍未缴纳税款的，经县以上税务局局长批准，税务机关可以采取税收强制执行措施，即税务机关可以书面通知纳税人开户银行或者其他金融机构从其冻结的存款中扣缴税款，或依法拍卖变卖所扣押、查封的商品、货物或者其他财产，以拍卖或变卖所得款抵缴税款。

【点拨指导】

税收保全的解除可以通过两种方式：一是纳税人在税务机关规定的期限缴纳税额，税务机关解除税收保全；二是纳税人未在税务机关规定的期限缴纳税款，税务机关通过采取强制执行措施来解除税收保全。

纳税人在限期内已缴税款，税务机关未立即解除税收保全措施使纳税人合法权益受损失的，税务机关应当承担赔偿责任。

【点拨指导】

纳税人在税务机关采取税收保全措施后，按照税务机关规定的期限缴纳税款的，税务机关必须立即解除税收保全，具体是指：纳税人在税务机关采取税收保全措施后，按照税务机关规定的期限缴纳税款的，税务机关应当自收到税款或者银行转回的完税凭证之日起1日内解除税收保全。

4. 不适用税收保全措施的财产

个人及其所扶养家属维持生活必需的住房和用品，不在税收保全措施的范围之内。税务机关对单价5 000元以下的其他生活用品，不采取税收保全措施。

（三）税收强制执行措施

1. 税收强制执行措施的前提

（1）从事生产、经营的纳税人、扣缴义务人未按照规定的期限缴纳或者解缴税款，纳税担保人未按照规定的期限缴纳所担保的税款，由税务机关责令限期缴纳，逾期仍未缴纳的，经县以上税务局（分局）局长批准，税务机关可以采取强制执行措施。

（2）对已采取税收保全措施的纳税人，限期期满仍未缴纳税款的，经县以上税务局（分局）局长批准，税务机关可以采取强制执行措施。

2. 税收强制执行的具体措施

从事生产、经营的纳税人，扣缴义务人未按照规定的期限缴纳或者解缴税款，纳税担保人未按照规定的期限缴纳所担保的税款，由税务机关责令限期缴纳，逾期仍未缴纳的，经县以上税务局（分局）局长批准，税务机关可以采取下列强制执行措施：

（1）书面通知其开户银行或者其他金融机构从其存款中扣缴税款。

（2）依法拍卖或者变卖其价值相当于应纳税款的商品、货物或者其他财产，以拍卖或者变卖所得抵缴税款。

税务机关采取强制执行措施时，对上述纳税人、扣缴义务人、纳税担保人未缴纳的滞纳金同时强制执行，但不包括罚款。

3. 不适用税收强制执行措施的财产

个人及其所扶养家属维持生活必需的住房和用品，不在强制执行措施的范围之内。税务机关对单价 5 000 元以下的其他生活用品，不采取强制执行措施。

【特别提示】

机动车辆、金银饰品、古玩字画、豪华住宅或一处以上的住宅，不属于个人及其所扶养家属维持生活必需的住房和用品，应在强制执行措施的范围之内。

【归纳总结】

税收保全措施与税收强制执行措施的异同如表 3-10 所示。

表 3-10 税收保全措施与税收强制执行措施异同表

项目	税收保全措施	税收强制执行措施
被执行人范围不同	只涉及从事生产、经营的纳税人	从事生产、经营的纳税人，扣缴义务人，纳税担保人
执行手段不同	冻结银行存款	从银行存款中扣缴税款
	查封、扣押商品、货物或其他财产	依法拍卖、变卖商品货物或其他财产
批准级次相同	县以上税务局(分局)局长批准	
不适用的财产相同	(1) 个人及其所扶养家属维持生活必需的住房和用品 (2) 单价 5 000 元以下的其他生活用品	

(四) 税款的退还与追征

税款的退还与追征如表 3-11 所示。

表 3-11 税款的退还与追征

情形	责任界定	处理方式
税款的退还（多缴税款）	税务机关发现的	税务机关发现后应当立即退还
	纳税人发现的	纳税人自结算缴纳税款之日起发现的，可以向税务机关要求退还多缴的税款并加算银行同期存款利息；纳税人结清缴纳税款之日 3 年后才向税务机关提出退还多缴税款要求的，税务机关将不予受理
税款的追征（未缴或者少缴、未扣或者少扣、未收或者少收税款）	税务机关的责任	税务机关在 3 年内可以要求纳税人、扣缴义务人补缴税款，但不得征收滞纳金
	纳税人、扣缴义务人计算错误等失误	税务机关在 3 年内可以追征税款，并加收滞纳金；未缴或者少缴的税款累计数额在 10 万元以上的，追征期可以延长到 5 年
	纳税人、扣缴义务人和其他当事人偷税、抗税、骗税的	因此造成未缴或少缴、未扣或者少扣、未收或者少收税款以及骗取退税款的，对其未缴或者少缴、未扣或者少扣、未收或者少收的税款、滞纳金或者所骗取的税款的追征不受时间上的限制税务机关可以无限期追征

五、涉税专业服务

涉税专业服务是指涉税专业服务机构接受委托，利用专业知识和技能，就涉税事项向委托人提供的税务代理等服务。

(一) 涉税专业服务机构

涉税专业服务机构是指税务师事务所和从事涉税专业服务的会计师事务所、律师事务所、代理记账机构、税务代理公司、财税类咨询公司等机构。

(1) 税务机关对税务师事务所实施行政登记管理。未经行政登记不得使用“税务师事务所”名称，不能享有税务师事务所的合法权益。

【特别提示】

税务师事务所合伙人或者股东由税务师、注册会计师、律师担任，税务师占比应高于50%，国家税务总局另有规定的除外。

(2) 从事涉税专业服务的会计师事务所和律师事务所，依法取得会计师事务所执业证书或律师事务所执业许可证，视同行政登记。

(二) 涉税专业服务的业务范围

涉税专业服务机构可以从事以下涉税业务：①纳税申报代理；②一般税务咨询；③专业税务顾问；④税收策划；⑤涉税鉴证；⑥纳税情况审查；⑦其他税务事项代理；⑧其他涉税服务。

(三) 涉税专业服务机构从事涉税专业服务的要求

涉税专业服务机构从事涉税业务，应当遵守税收法律、法规及相关税收规定，遵循涉税专业服务业务规范。

1. 涉税专业服务的限制

上述涉税专业服务业务范围中的第③、第④、第⑤、第⑥项涉税业务，应当由具有税务师事务所、会计师事务所、律师事务所资质的涉税专业服务机构从事，相关文书应由税务师、注册会计师、律师签字，并承担相应的责任。

2. 税务代理委托协议

涉税专业服务关系的确立应当以委托人自愿委托和涉税专业服务机构自愿受理为前提。双方达成一致意见后，签订税务代理委托协议。

1) 内容

税务代理委托协议应当包括以下内容：①委托人及涉税专业服务机构名称和住址；②委托代理项目和范围；③委托代理的方式；④委托代理的期限；⑤双方的义务及责任；⑥委托代理费用、付款方式及付款期限；⑦违约责任及赔偿方式；⑧争议解决方式；⑨其他需要载明的事项。税务代理委托协议自双方签字、盖章时起即具有法律效力。

2) 主体

税务代理委托协议中的当事人一方必须是涉税专业服务机构，税务代理执业人员不得以个人名义直接接受委托。税务代理执业人员承办税务代理业务应由涉税专业服务机构委派。

3) 责任

(1) 凡是由于委托方未及时提供真实的、完整的、合法的生产经营情况、财务报表及有关纳税资料造成代理工作失误的，由委托方承担责任。

(2) 执业人员违反国家法律、法规进行代理或未按协议约定进行代理，给委托人造成损失的，由涉税专业服务机构和执业人员个人承担相应的赔偿责任。

3. 涉税报告和文书

(1) 涉税专业服务机构为委托人出具的各类涉税报告和文书，由双方留存备查，其中，税收法律、法规及国家税务总局规定报送的，应当向税务机关报送。

(2) 涉税专业服务机构所承办代理业务必须建立档案管理制度，保证税务代理档案的真实、完整。

(3) 税务代理业务档案需妥善保存，专人负责。

【特别提示】

税务代理业务档案保存应不少于5年。

(四) 税务机关对涉税专业服务机构的监管

(1) 税务机关对涉税专业服务机构在境内从事涉税专业服务进行监督。

(2) 对违反法律法规及相关规定的涉税专业服务机构及其涉税服务人员，税务机关可以视情节采取下列措施：①责令限期改正或予以约谈；②列为重点监管对象；③降低信用等级或纳入信用记录；④暂停受理其所代理的涉税业务；⑤纳入涉税服务失信名录，予以公告并向社会信用平台推送，不受理其所代理的涉税业务；⑥提请其他行业主管部门及行业协会予以相应处理。

六、税务检查

(一) 税务检查的概念

税务检查，又称纳税检查，是指税务机关依据税收法律、行政法规的规定，对纳税人、扣缴义务人履行纳税义务、扣缴义务及其他有关税务事项进行监督、审查、核实活动的总称。

(二) 税务检查的内容

税务机关有权进行下列税务检查：

(1) 检查纳税人的账簿、记账凭证、报表和有关资料，检查扣缴义务人代扣代缴、代收代缴税款账簿、记账凭证和有关资料。税务机关在检查上述资料时，可以在纳税人、扣缴义务人的业务场所进行；必要时，经县以上税务局(分局)局长批准，可以将纳税人、扣缴义务人以前会计年度的账簿、记账凭证、报表和其他有关资料调回税务机关检查，但是税务机关必须向纳税人、扣缴义务人开付清单，并在3个月内完整退还；有特殊情况的，经设区的市、自治州以上税务局局长批准，税务机关可以将纳税人、扣缴义务人当年的账簿、记账凭证、报表和其他有关资料调回检查，但是税务机关必须在30日内退还。

【特别提示】

税务机关将纳税人扣缴义务人以前年度的会计资料调回税务机关检查，需经县级以上税务局(分局)局长批准，且3个月内退还。税务机关将纳税人、扣缴义务人当年的会计资料调回税务机关检查，需经市、自治州以上税务局局长批准，且30日内退还。

（2）到纳税人的生产、经营场所和货物存放地检查纳税人应纳税的商品、货物或者其他财产，检查扣缴义务人与代扣代缴、代收代缴税款有关的经营情况。

（3）责成纳税人、扣缴义务人提供与纳税或者代扣代缴、代收代缴税款有关的文件、证明材料和有关资料。

（4）询问纳税人、扣缴义务人与纳税或者代扣代缴、代收代缴税款有关的问题和情况。

（5）到车站、码头、机场、邮政企业及其分支机构检查纳税人托运、邮寄应纳税商品、货物或者其他财产的有关单据、凭证和有关资料。

（6）经县以上税务局（分局）局长批准，凭全国统一格式的检查存款账户许可证明，查询从事生产、经营的纳税人、扣缴义务人在银行或者其他金融机构的存款账户。税务机关在调查税收违法案件时，经设区的市、自治州以上税务局（分局）局长批准，可以查询案件涉嫌人员的储蓄存款。税务机关查询所获得的资料，不得用于税收以外的用途。税务机关查询的内容包括纳税人存款账户余额和资金往来情况。税务机关应当指定专人负责，凭全国统一格式的检查存款账户许可证明进行，并有责任为被检查人保守秘密。检查存款账户许可证明，由国家税务总局制定。

【特别提示】

税务机关查询纳税人、扣缴义务人存款账户，需经县级以上税务局（分局）局长批准。

税务机关查询涉嫌人员储蓄存款，需经市级以上税务局（分局）局长批准。

（三）税务检查的职责与权限

（1）税务机关对从事生产、经营的纳税人以前纳税期的纳税情况依法进行税务检查时，发现纳税人有逃避纳税义务行为，并有明显的转移、隐匿其应纳税的商品、货物以及其他财产或者应纳税的收入的迹象的，可以按照《税收征收管理法》规定的批准权限采取税收保全措施或者强制执行措施。

【特别提示】

税务机关采取税收保全措施的期限一般不得超过6个月；重大案件需要延长的，应当报国家税务总局批准。

（2）纳税人、扣缴义务人必须接受税务机关依法进行的税务检查，如实反映情况，提供有关资料，不得拒绝、隐瞒。

（3）税务机关依法进行税务检查时，有权向有关单位和个人调查纳税人、扣缴义务人和其他当事人与纳税或者代扣代缴、代收代缴税款有关的情况，有关单位和个人有义务向税务机关如实提供有关资料及证明材料。

（4）税务机关调查税务违法案件时，对与案件有关的情况和资料，可以记录、录音、录像、照相和复制。

（5）税务机关派出的人员进行税务检查时，应当出示税务检查证和税务检查通知书，并有责任为被检查人保守秘密；未出示税务检查证和税务检查通知书的，被检查人有权拒绝检查。税务机关对集贸市场及集中经营业户进行检查时，可以使用统一的税务检查通知书。

七、税收法律责任

税收法律责任是指税收法律关系的主体因违反税收法律规范所应承担的法律后果。税收法律责任依其性质和形式的不同，可分为行政责任和刑事责任；根据承担法律责任主体的不同，可分为纳税人的责任、扣缴义务人的责任、税务机关及其工作人员的责任。承担税收法律责任主要体现为接受税收违法处罚。

（一）税收违法的行政处罚

税收违法行政处罚是指依法享有税务行政处罚权的税务机关依法对公民、法人或其他经济组织违反税收法律、行政法规或规章，但尚未构成犯罪的涉税违法行为给予的一种税务行政制裁。税务行政处罚的种类随着税收法律、行政法规或规章设定的变化而变化。我国现行的税务行政处罚种类主要有四种：一是罚款；二是没收违法所得；三是停止出口退税权；四是吊销税务行政许可证件。

1. 罚款

罚款是指税务机关对违反税收法律、行政法规或规章所规定义务的当事人的一种经济上的处罚。罚款既不影响被处罚人的人身自由和其合法活动，又能够对违法行为起到惩戒作用，因此罚款是税务行政处罚中应用最广的一种。

2. 没收违法所得

没收违法所得是指税务机关对违反税收法律、行政法规或规章所规定义务的当事人的非法所得的财物予以剥夺的处罚。

3. 停止出口退税权

停止出口退税权是指对骗取国家出口退税税款的当事人，税务机关可以在规定期间内停止为其办理出口退税。

4. 吊销税务行政许可证件

吊销税务行政许可证件是指税务机关依法吊销税务行政许可证件的行为，其适用前提是被许可人取得税务行政许可后从事违法活动。

5. 停止出口退税权

对骗取国家出口退税税款的，税务机关可以在规定期间内停止为其办理出口退税。

（二）税收违法的刑事处罚

税收违法刑事处罚是指享有刑事处罚权的国家机关对违反税收刑事法律规范，依法应当给予刑事处罚的公民、法人或其他组织法律制裁的行为。税收违法的刑事处罚主要有以下几项。

1. 拘役

拘役是指剥夺犯罪分子的短期自由，就近进行改造的一种刑事处罚。拘役适用于罪行较轻又需要关押的犯罪分子。拘役期限为 15 天以上 6 个月以下。

2. 判处徒刑

徒刑分为有期徒刑和无期徒刑两种。有期徒刑是剥夺犯罪分子一定期限的人身自由，实行强制劳动改造的刑罚。无期徒刑则是剥夺犯罪分子的终身自由，实行强制劳动改造的刑罚。

3. 罚金

罚金是判处犯罪分子向国家缴纳一定数额金钱的刑罚。罚金是一种轻刑，单处罚金一般只适用于轻微犯罪；在主刑后附加并处罚金适用于较重的犯罪。

4. 没收财产

没收财产是将犯罪分子个人所有财产的一部分或全部强制无偿地收归国家所有的刑罚。没收财产是重于罚金的财产刑，主要适用于严重经济犯罪。

八、税务行政复议

税务行政复议是我国行政复议制度的一个重要组成部分。税务行政复议是指当事人（纳税人、扣缴义务人、纳税担保人及其他税务当事人）对税务机关及其工作人员作出的税务具体行政行为不服，依法向法定复议机关提出申请，复议机关对具体行政行为的合法性、合理性作出裁决。

【点拨指导】

在税务行政复议中，申请人：当事人（纳税人、扣缴义务人、纳税担保人及其他税务当事人）；被申请人：税务机关及其工作人员；申请事由：对税务具体行政行为不服；复议机关：一般情况下为上一级税务机关。

（一）税务行政复议的受案范围

当事人对税务机关及其工作人员下列具体行政行为不服可以提出税务行政复议申请：

（1）征税行为，包括确认纳税主体、征税对象、征税范围、减税、免税、退税、抵扣税款、适用税率、计税依据、纳税环节、纳税期限、纳税地点和税款征收方式等具体行政行为和征收税款、加收滞纳金，扣缴义务人、受税务机关委托的单位和个人作出的代扣代缴、代收代缴、代征行为等。

（2）行政许可、行政审批行为。

（3）发票管理行为，包括发售、收缴、代开发票等。

（4）税收保全措施、强制执行措施。

（5）行政处罚行为：①罚款；②没收财物和违法所得；③停止出口退税权。

（6）不依法履行下列职责的行为：①颁发税务登记（现已实行“多证合一、一照一码”登记制度改革，不再颁发税务登记证）；②开具、出具完税凭证、外出经营活动税收管理证明（现已不再开具《外出经营活动税收管理证明》，改向机构所在地的税务机关填报《跨区域涉税事项报告表》）；③行政赔偿；④行政奖励；⑤其他不依法履行职责的行为。

（7）资格认定行为。

（8）不依法确认纳税担保行为。

（9）政府信息公开工作中的具体行政行为。

（10）纳税信用等级评定行为。

（11）通知出入境管理机关阻止出境行为。

（12）其他具体行政行为。

【点拨指导】

申请人（即当事人，包括纳税人、扣缴义务人、纳税担保人及其他税务当事人）提出税务行政复议的理由只能是对税务机关及其工作人员作出的“具体行政行为”不服。非具体行政行为（指抽象行政行为）不属于税务行政复议范围。

【知识拓展】

抽象行政行为是指行政主体非针对特定人、事、物所作出的具有普遍约束力的行政行为，它包括有关政府组织和机构制定的行政法规、行政规章。而具体行政行为是指行政主体在国家行政管理活动中行使职权，针对特定的行政相对人，就特定的事项，作出有关该行政相对人权利义务的单方行为。

【特别提示】

复议前置(必经复议、先议后诉)：申请人对税务行政复议范围中“第(1)项规定的行为”(税务机关作出的征税行为)不服的，应当先向行政复议机关申请行政复议；对行政复议决定不服的，才可以向人民法院提起行政诉讼。

自由选择(选择复议、或议或诉)：申请人对税务行政复议范围中“第(1)项规定”以外的其他具体行政行为不服的，可以申请行政复议，也可以直接向人民法院提起行政诉讼。

(二) 税务行政复议的管辖

(1) 申请人对各级税务局的具体行政行为不服的，向其上一级税务局申请行政复议；

(2)申请人对计划单列市税务局的具体行政行为不服的，向国家税务总局申请行政复议。

(3) 申请人对税务所(分局)、各级税务局的稽查局的具体行政行为不服的，向其所属税务局申请行政复议。

(4) 申请人对国家税务总局的具体行政行为不服的，向国家税务总局申请行政复议。对行政复议决定不服，申请人可以向人民法院提起行政诉讼，也可以向国务院申请裁决。国务院的裁决为最终裁决。

(三) 税务行政复议决定

1. 税务行政复议决定的作出

复议机关应当自受理申请之日起 60 日内作出行政复议决定。

2. 税务行政复议决定的种类

(1) 维持决定。具体行政行为认定事实清楚，证据确凿，适用依据正确、程序合法、内容适当的，决定维持。

(2) 限期履行决定。被申请人不履行法定职责的，决定其在一定期限内履行。

(3) 撤销、变更或确认的决定。具体行政行为有下列情形之一的，复议机关应决定撤销、变更或者确认该具体行政行为违法：①主要事实不清、证据不足的；②适用依据错误的；③违反法定程序的；④超越或者滥用职权的；⑤具体行政行为明显不当的。

(4) 责令赔偿的决定。申请人在申请行政复议时可以一并提出行政赔偿请求，复议机关对符合国家赔偿法的有关规定应当给予赔偿的，在决定撤销、变更具体行政行为或者确认具体行政行为违法时，应当同时决定被申请人依法给予赔偿。

3. 税务行政复议决定的效力

税务行政复议决定书一经送达(非“一经作出”)，即产生法律效力。

【本章小结】

税收法律制度包括税收概述、主要税种、税收征收管理三个方面的内容。本章为本门课程的重点。学习本章时，要求读者理解增值税、消费税、企业所得税和个人所得税四大税种的相关原理，掌握其应纳税额的计算。由于本章中涉及多种税种，因此读者应对其进行对比记忆，比如把增值税和消费税对比起来，比较它们的税率、纳税期限和纳税地点有哪些区别，这样才能做到举一反三。

【过关训练】

一、单项选择题

1. A 县的甲、乙两店为实行统一核算的连锁店。根据增值税法律制度的规定，甲店的下列经营活动中，不属于视同销售货物行为的是(　　)。

A. 将货物交付给位于 B 市的某商场代销

B. 将货物移送到乙店销售

C. 销售 C 市某商场委托其代销货物

D. 为促销将本店货物无偿赠送给消费者

2. 画家张某本年 1 月将其精选的书画作品交由某出版社出版，从出版社取得报酬 20 万元。该笔报酬在缴纳个人所得税时适用的应税项目是(　　)。

A. 工资、薪金所得　　B. 劳务报酬所得

C. 特许权使用费所得　　D. 稿酬所得

3. 下列各项中，采用超额累进税率计算应纳税额的是(　　)。

A. 对加工服装征收的增值税

B. 对销售房屋征收的增值税

C. 对居民个人综合所得汇算清缴时征收的个人所得税

D. 对生产销售卷烟征收的消费税

4. 甲公司为增值税一般纳税人，本年 1 月其进口一批应税消费品，关税完税价格为 72 000 元，进口该批应税消费品适用的消费税税率为 10%，关税税率为 50%，增值税税率为 13%。则其进口时需要缴纳的增值税税额为(　　)元。

A. 20 040　　B. 36 000　　C. 120 000　　D. 15 600

5. 纳税人停业期满不能及时恢复生产经营的，应当在(　　)到税务机关办理延长停业登记。

A. 停业期满后　　B. 停业期满前

C. 停业期满前 5 日　　D. 停业期满后 5 日

6. “经税务机关批准的纳税人或扣缴义务人通过邮政部门邮寄纳税申报表等纳税资料给税务机关的方式进行的纳税申报”被称为(　　)。

A. 邮寄申报　　B. 自行申报　　C. 数据电文申报　　D. 简易申报

7. 下列各项中，属于增值税专用发票的是(　　)。

A. 机动车销售统一发票　　B. 农产品销售发票
C. 客运发票　　D. 二手车销售统一发票
8. 下列各项中，不属于税收特征的是(　　)。
A. 自愿性　　B. 强制性　　C. 无偿性　　D. 固定性
9. 下列关于发票使用的做法中，违反法律规定的是(　　)。
A. 不得转借发票　　B. 介绍他人转让发票
C. 不得扩大发票使用范围　　D. 不得转让发票
10. 纳税人进口货物，应当向(　　)申报缴纳增值税。
A. 纳税人注册地　　B. 货物卸载地
C. 货物销售地　　D. 报关地海关
11. 涉税专业服务机构可以从事的涉税业务不包括(　　)。
A. 纳税申报代理　　B. 扣押纳税人财产
C. 一般税务咨询　　D. 税收策划
12. 居民个人的综合所得，以每一纳税年度的收入额减除费用(　　)万元以及专项扣除、专项附加扣除和依法确定的其他扣除后的余额，为应纳税所得额。
A. 4　　B. 5　　C. 6　　D. 8

二、多项选择题

1. 一般纳税人的下列各项进项税额中，即使取得合法扣税凭证，也不得从销项税额中抵扣的有(　　)。
A. 购进生产用燃料所支付的增值税进项税额
B. 因管理不善被盗材料所支付的增值税进项税额
C. 不合格产品耗用材料所支付的增值税进项税额
D. 购进用于个人消费的货物所支付的增值税进项税额
2. 按照税收管理权限和税收收入的归属分类，可以将我国税种分为中央税、地方税、中央与地方共享税。下列各项中，属于中央与地方共享税的有(　　)。
A. 增值税　　B. 企业所得税　　C. 土地增值税　　D. 个人所得税
3. A企业为一家居民企业，20×8年利润总额为4 000万元，工资、薪金支出为3 000万元。已知在计算企业所得税应纳税所得额时，公益性捐赠支出、职工福利费支出、职工教育经费支出的扣除比例分别不超过12%、14%和8%，下列支出中，允许在计算20×8年企业所得税应纳税所得额时全额扣除的有(　　)。
A. 公益性捐赠支出200万元
B. 职工教育经费支出250万元
C. 职工福利费支出160万元
D. 20×8年7月至20×9年6月期间的厂房租金支出100万元
4. 纳税人对税务机关的下列具体行政行为不服时，可以申请行政复议，也可以直接向人民法院提起行政诉讼的有(　　)。
A. 确认纳税环节　　B. 停止出口退税权
C. 税收保全措施　　D. 加收滞纳金

5. 下列各项中，属于一般纳税人不得申领增值税专用发票的情形有(　　)。
A. 有《税收征收管理法》规定的税收违法行为且拒不接受处理
B. 不能向税务机关准确提供增值税销项税额、进项税额以及其他增值税税务资料
C. 未按规定开具专用发票且经税务机关责令限期改正而仍未改正的
D. 私自印制专用发票且经税务机关责令限期改正而仍未改正的
6. 下列各项中，属于流转税的有(　　)。
A. 增值税　　B. 关税　　C. 印花税　　D. 消费税
7. 下列关于增值税专用发票联次的说法中，错误的有(　　)。
A. 第一联为发票联，作为销售方核算销售收入和增值税销项税额的记账凭证
B. 第二联为抵扣联，作为购货方报送主管税务机关认证和留存备查的凭证
C. 第三联为记账联，作为购买方核算采购成本和增值税进项税额的记账凭证
D. 其他联次用途，由一般纳税人自行确定
8. 下列应税消费品中，从量计征消费税的有(　　)。
A. 成品油　　B. 黄酒　　C. 高档化妆品　　D. 啤酒
9. 根据个人所得税法律制度的规定，下列各项中，说法正确的有(　　)。
A. 扣缴义务人向居民个人支付劳务报酬所得、稿酬所得、特许权使用费所得，按次或者按月预扣预缴个人所得税
B. 劳务报酬所得、稿酬所得、特许权使用费所得以收入减除20%的费用后的余额为收入额
C. 稿酬所得的收入额减按70%计算
D. 非居民个人取得工资、薪金所得，由扣缴义务人按月或者按次代扣代缴税款，需办理汇算清缴
10. 下列各项中，属于税务机关采取的税收强制执行措施的有(　　)。
A. 书面通知纳税人开户银行从其存款中扣缴税款
B. 书面通知纳税人开户银行暂停支付纳税人存款
C. 拍卖扣押的纳税人价值相当于应纳税款的财产，以拍卖所得抵缴税款
D. 扣押纳税人价值相当于应纳税款的财产

三、判断题

1. 纳税人被市场监督管理机关吊销营业执照的，应当自营业执照被吊销之日起30日内，向原税务登记机关申报办理注销税务登记。(　　)

2. 在中国境内有住所，或者无住所但一个纳税年度内在中国境内居住累计满365天的个人，为居民个人。(　　)

3. 应纳税所得额=收入总额-不征税收入额-免税收入额-各项扣除额-准予弥补的以前年度亏损额。上述应纳税所得额计算方法为间接计算法。(　　)

4. 代收代缴是指按照税法规定，负有扣缴税款义务的单位和个人，在向纳税人支付款项时，从所支付的款项中依法直接扣收税款并代为缴纳的一种方式。(　　)

5. 受托加工应税消费品的个人承担代收代缴消费税的义务。(　　)

6. 开具发票不需要按照顺序、栏目开具。(　　)

7. 简易申报是以纳税人便利纳税为原则设置的。 (　　)

8. 混合销售是指一项销售行为涉及两种以上服务的销售行为。 (　　)

9. 小规模纳税人购进货物取得的增值税专用发票可以抵扣进项税额,取得的普通发票不允许扣除进项税额。 (　　)

10. 申请人对国家税务总局的具体行政行为不服的,向国家税务总局申请行政复议。 (　　)

四、案例分析题

甲企业主要从事药酒生产业务,兼营药酒批发零售业务,适用的消费税税率为10%。本年1月份甲企业发生下列业务:

(1) 从国外进口一批甲药酒,关税完税价格为1 476 000元,已缴纳关税414 000元。

(2) 委托某工厂加工一批乙药酒,提供原材料价值136 000元,支付加工费44 000元,该批加工产品已收回(受托方没有该批药酒同类货物价格)。

(3) 销售本企业生产的丙药酒,取得不含税销售额1 160 000元。

(4) 春节期间向本企业职工发放本企业生产的一批丙药酒,该批药酒市场不含税零售价格为16 000元。

要求:根据上述材料,回答下列问题。

(1) 甲企业进口甲药酒应缴纳的增值税税额为(　　)。

A. 510 000元　　B. 302 400元

C. 273 000元　　D. 249 900元

(2) 甲企业进口甲药酒,应当自海关填发海关进口增值税专用缴款书之日起一定期限内缴纳税款,该期限是(　　)。

A. 5日　　B. 10日

C. 15日　　D. 20日

(3) 甲企业甲药酒应缴纳的消费税税额为(　　)。

A. 140 000元　　B. 210 000元

C. 250 000元　　D. 180 000元

(4) 甲企业乙药酒应缴纳的消费税税额为(　　)。

A. 20 000元　　B. 30 000元

C. 10 000元　　D. 15 000元

(5) 甲企业丙药酒应缴纳的消费税税额为(　　)。

A. 148 000元　　B. 117 600元

C. 101 538元　　D. 102 236元

第四章

财政法律制度

本章学习知识体系

- 财政法律制度
  - 预算法律制度
    - 预算法律制度的构成(★)
    - 国家预算概述(★★)
    - 预算管理的职权(★★★)
    - 预算收入与预算支出(★★)
    - 预算组织程序(★★★)
    - 决算(★★)
    - 预算、决算的监督(★★★)
  - 政府采购法律制度
    - 政府采购法律制度的构成(★)
    - 政府采购的概念与原则(★★)
    - 政府采购的功能与执行模式(★★★)
    - 政府采购当事人(★★)
    - 政府采购方式(★★★)
    - 政府采购的监督检查(★★★)
  - 国库集中收付制度
    - 国库集中收付制度的概念(★)
    - 国库单一账户体系(★★★)
    - 财政收支的方式和程序(★★★)

第一节 预算法律制度

【学习指南】

学习本节内容，读者需要了解预算法律制度的构成，熟悉国家预算概述、预算收入与预算支出、决算的相关内容，掌握预算管理的职权、预算组织程序、预算和决算的监督。

一、预算法律制度的构成

预算法律制度是指国家经过法定程序制定的，用于调整国家预算关系的法律、行政法规和相关规章制度。我国预算法律制度由《中华人民共和国预算法》（以下简称《预算法》）、《中华人民共和国预算法实施条例》（以下简称《预算法实施条例》）以及有关国家预算管理的其他法规制度构成。

《预算法》于 1994 年 3 月 22 日由第八届全国人民代表大会第二次会议通过，自 1995 年 1 月 1 日起施行；根据 2014 年 8 月 31 日第十二届全国人民代表大会常务委员会第十次会议《关于修改〈中华人民共和国预算法〉的决定》进行了第一次修正，自 2015 年 1 月 1 日起施行；根据 2018 年 12 月 29 日第十三届全国人民代表大会常务委员会第七次会议《关于修改〈中华人民共和国产品质量法〉等五部法律的决定》进行了第二次修正，自 2018 年 12 月 29 日起施行。《预算法》是我国的财政基本法律，是我国预算管理工作的根本性法律，是制定其他预算法规的基本依据。它的颁布实施对于强化预算的分配和监督职能，健全财政预算制度，加强国家宏观调控，保障经济和社会的健康发展，都具有重要意义。

《预算法实施条例》于 1995 年 11 月 22 日以“中华人民共和国国务院令第 186 号”的形式发布，自发布之日起施行；于 2020 年 8 月 3 日以“中华人民共和国国务院令第 729 号”的形式修订，自 2020 年 10 月 1 日起施行。《预算法实施条例》细化了《预算法》有关规定，将近年来财税体制改革和预算管理实践成果以法规形式固定下来，确保公共财政资金节用裕民。《预算法实施条例》共八章九十七条，对预算收支范围、预算公开、转移支付、地方政府债务等事项作出相应规定。

【点拨指导】

《预算法》是我国的财政基本法律，是我国预算管理工作的根本性法律，是制定其他预算法规的基本依据。

【特别提示】

《预算法》是法律，由全国人民代表大会制定；而《预算法实施条例》是行政法规，由国务院制定。

二、国家预算概述

（一）国家预算的概念

国家预算也称政府预算，是政府的基本财政收支计划，即经法定程序批准的国家年度财政收支计划。国家预算是实现财政职能的基本手段，反映国家的施政方针和社会经济政策，规定政府活动的范围和方向。

（二）国家预算的作用

国家预算的作用有以下三种。

1. 财力保证作用

国家预算不仅是保障国家机器运转的物质条件，而且是政府实施各项社会经济政策的有效保证。

2. 调节制约作用

国家预算的收支规模可以调节社会总供给和总需求的平衡，预算支出的结构可以调节国民经济结构，因此国家预算的编制和执行对国民经济和社会发展都有着直接的制约作用。

3. 反映监督作用

国家预算的编制和执行，可以使得政府便于掌握国民经济的运行状况、发展趋势以及出现的问题，从而采取相应的政策措施，促进国民经济稳定协调地发展。

（三）国家预算级次的划分

根据国家政权结构、行政区域划分和财政管理体制的要求，按照一级政府设立一级预算的原则，我国国家预算共分为五级预算，具体包括：①中央预算；②省级（省、自治区、直辖市）预算；③地市级（设区的市、自治州）预算；④县市级（县、自治县、不设区的市、市辖区）预算；⑤乡镇级（乡、民族乡、镇）预算。

（四）国家预算的构成

1. 从政府级次的角度

从政府级次的角度看，国家预算由中央预算和地方预算构成。

1）中央预算

中央预算是指中央政府预算，由中央各部门（含直属单位）的预算组成，中央预算主要承担国家的安全、外交和中央国家机关运转所需的经费，调整国民经济结构、协调地区发展、实施宏观调控的支出以及由中央直接管理的事业发展支出。中央预算包括地方向中央上缴的收入数额和中央返还地方或者补助地方的数额。

【知识拓展】

各部门，是指与本级政府财政部门直接发生预算缴拨款关系的国家机关、军队、政党组织、事业单位、社会团体和其他单位。

2）地方预算

地方预算由各省、自治区、直辖市总预算组成，是国家预算的有机组成部分，是组织、管理国家预算的基本环节。地方预算担负着地方行政管理和经济建设文化教育、卫生事业以及抚恤等支出。地方预算包括下级政府向上级政府上缴的收入数额和上级政府对下级政府返还或者给予补助的数额。

2. 从收支管理范围的角度

从收支管理范围的角度看，国家预算由总预算和部门单位预算构成。

1）总预算

总预算是指政府的财政汇总预算，各级政府将本级政府和下级政府的年度财政收支计划汇总编成的预算，它是由财政部门负责编制。地方各级总预算由本级预算和汇总的下一级总预算组成。

【特别提示】

下一级只有本级预算的，下一级总预算即指下一级政府的本级预算；没有下一级预算的，总预算即指本级预算。

【点拨指导】

总预算＝本级预算（本级政府所属职能部门的单位预算总和）＋本级政府行政隶属的下一级政府的总预算

【举例说明】

①国家总预算＝中央预算＋省级总预算；②省级总预算＝省级预算＋地级市级总预算；③地市级总预算＝地市级预算＋县市级总预算；④县市级总预算＝县市级预算＋乡镇级总预算；⑤乡镇级总预算＝乡镇级预算。

2）部门预算

部门预算是总预算的基本组成部分，由各部门及其所属各单位预算组成，是各部门及其所属单位履行其职责或事业计划的财力保证。单位预算是指列入部门预算的国家机关、社会团体和其他单位的收支预算。部门预算是一项综合预算。

各部门预算应当反映一般公共预算、政府性基金预算、国有资本经营预算安排给本部门及其所属各单位的所有预算资金。

【点拨指导】

各部门预算由本部门及其所属各单位预算组成，单位预算是各级政府预算的基本构成要素。

3. 从预算收支的内容的角度

从预算收支的内容的角度看，国家预算由一般公共预算、政府性基金预算、国有资本经营预算、社会保险基金预算构成。

1）一般公共预算

一般公共预算是对以税收为主体的财政收入，安排用于保障和改善民生、推动经济社会发展、维护国家安全、维持国家机构正常运转等方面的收支预算。

2）政府性基金预算

政府性基金预算是对依照法律、行政法规的规定在一定期限内向特定对象征收、收取或者以其他方式筹集的资金，专项用于特定公共事业发展的收支预算。

3）国有资本经营预算

国有资本经营预算是对国有资本收益作出支出安排的收支预算。

4）社会保险基金预算

社会保险基金预算是对社会保险缴款、一般公共预算安排和其他方式筹集的资金，专项用于社会保险的收支预算。

三、预算管理的职权

根据统一领导、各级管理、权责结合的原则,《预算法》明确规定了各级人民代表大会及其常务委员会、各级政府、各级财政部门和各部门、各单位的预算职权。

(一)各级人民代表大会及其常务委员会的职权

1. 全国人民代表大会及其常务委员会的职权

全国人民代表大会审查中央和地方预算草案及中央和地方预算执行情况的报告;批准中央预算和中央预算执行情况的报告;改变或者撤销全国人民代表大会常务委员会关于预算、决算的不适当的决议。

全国人民代表大会常务委员会监督中央和地方预算的执行;审查和批准中央预算的调整方案;审查和批准中央决算;撤销国务院制定的同宪法、法律相抵触的关于预算、决算的行政法规、决定和命令;撤销省、自治区、直辖市人民代表大会及其常务委员会制定的同宪法、法律和行政法规相抵触的关于预算、决算的地方性法规和决议。

2. 县级以上地方各级人民代表大会及其常务委员会的职权

县级以上地方各级人民代表大会审查本级总预算草案及本级总预算执行情况的报告;批准本级预算和本级预算执行情况的报告;改变或者撤销本级人民代表大会常务委员会关于预算、决算的不适当的决议;撤销本级政府关于预算、决算的不适当的决定和命令。

县级以上地方各级人民代表大会常务委员会监督本级总预算的执行;审查和批准本级预算的调整方案;审查和批准本级政府决算(以下简称本级决算);撤销本级政府和下一级人民代表大会及其常务委员会关于预算、决算的不适当的决定、命令和决议。

3. 乡、民族乡、镇的人民代表大会的职权

乡、民族乡、镇的人民代表大会审查和批准本级预算和本级预算执行情况的报告;监督本级预算的执行;审查和批准本级预算的调整方案;审查和批准本级决算;撤销本级政府关于预算、决算的不适当的决定和命令。

【点拨指导】

各级人民代表大会(简称人大)和各级人民代表大会常务委员会(简称人大常委会)预算职权的区别:①人大常委会有监督权,而人大没有;②预算的调整方案和决算由人大常委会审查和批准。另外,由于乡、民族乡、镇不设人大常委会,人大常委会的权力由其人大行使。

【答疑解惑】

为什么乡、民族乡、镇的监督职权由乡、民族乡、镇人民代表大会行使?

答:由于乡、民族乡、镇不设置人民代表大会常务委员会,因此,其监督职权由乡、民族乡、镇人民代表大会行使。

【归纳总结】

全国人大与地方人大预算职权的对比:①审查权:全国人大既可以审查中央预算草案和预算执行情况报告,也可以审查地方预算草案和预算执行情况报告(特点:全国人大审查

（续上）

本级和下级）；地方人大审查本级预算草案和预算执行情况报告（特点：地方人大审查本级）。②批准权：全国人大批准中央预算和预算执行情况报告，地方人大批准地方预算和预算执行情况报告（共同特点：各级批准各级）。③改变或撤销权：全国人大改变或撤销全国人大常委会有关预算、决算的决议；地方人大改变或撤销本级人大常委会有关预算、决算的决议及本级政府有关预算、决算的决定和命令（共同特点：各级改变或撤销各级的）。

全国人大常委会与地方人大常委会预算职权的对比：①监督权：全国人大常委会既可以监督中央预算的执行，也可以监督地方预算的执行情况（特点：全国人大监督本级和下级）；地方人大常委会监督本级总预算的执行（特点：地方人大监督本级）。②审查和批准权：全国人大常委会审查和批准中央预算的调整方案和中央决算；地方人大常委会审查和批准本级预算的调整方案和本级政府决算（共同特点：各级人大审查和批准各级）。③撤销权：全国人大常委会撤销国务院的有关行政法规、决定和命令，及撤销省、自治区、直辖市人大及其常委会有关的地方性法规和决议；地方人大常委会撤销本级政府和下一级人大及常委会有关的决定、命令和决议（共同特点：各级人大撤销本级及下级）。

（二）各级人民政府的职权

1. 国务院的职权

国务院编制中央预算、决算草案；向全国人民代表大会作关于中央和地方预算草案的报告；将省、自治区、直辖市政府报送备案的预算汇总后报全国人民代表大会常务委员会备案；组织中央和地方预算的执行；决定中央预算预备费的动用；编制中央预算调整方案；监督中央各部门和地方政府的预算执行；改变或者撤销中央各部门和地方政府关于预算、决算的不适当的决定、命令；向全国人民代表大会、全国人民代表大会常务委员会报告中央和地方预算的执行情况。

2. 县级以上地方各级政府的职权

县级以上地方各级政府编制本级预算、决算草案；向本级人民代表大会作关于本级总预算草案的报告；将下一级政府报送备案的预算汇总后报本级人民代表大会常务委员会备案；组织本级总预算的执行；决定本级预算预备费的动用；编制本级预算调整方案；监督本级各部门和下级政府的预算执行；改变或者撤销本级各部门和下级政府关于预算、决算的不适当的决定、命令；向本级人民代表大会、本级人民代表大会常务委员会报告本级总预算的执行情况。

3. 乡、民族乡、镇政府的职权

乡、民族乡、镇政府编制本级预算、决算草案；向本级人民代表大会作关于本级预算草案的报告；组织本级预算的执行；决定本级预算预备费的动用；编制本级预算调整方案；向本级人民代表大会报告本级预算的执行情况。

（三）各级财政部门的职权

1. 国务院财政部门的职权

国务院财政部门具体编制中央预算、决算草案；具体组织中央和地方预算的执行；提出中央预算预备费动用方案；具体编制中央预算的调整方案；定期向国务院报告中央和地方预算的执行情况。

2. 地方各级政府财政部门的职权

地方各级政府财政部门具体编制本级预算、决算草案；具体组织本级总预算的执行；提出本级预算预备费动用方案；具体编制本级预算的调整方案；定期向本级政府和上一级政府财政部门报告本级总预算的执行情况。

【特别提示】

各级财政部门是“具体执行机构”，有具体编制、具体组织执行、提案、报告的预算管理职权。

（四）各部门、各单位的职权

1. 各部门的职权

各部门编制本部门预算、决算草案；组织和监督本部门预算的执行；定期向本级政府财政部门报告预算的执行情况。

2. 各单位的职权

各单位编制本单位预算、决算草案；按照国家规定上缴预算收入，安排预算支出，并接受国家有关部门的监督。

四、预算收入与预算支出

预算由预算收入和预算支出组成。政府的全部收入和支出都应当纳入预算。

（一）预算收入

预算收入是指在预算年度内通过一定的形式和程序，有计划地筹措到的归国家支配的资金，是实现国家职能的财力保证。

1. 按照来源划分

一般公共预算收入按来源可分为税收收入、行政事业性收费收入、国有资源（资产）有偿使用收入、转移性收入和其他收入。

（1）税收收入是指国家按照预定标准，向经济组织和居民无偿地征收货币或实物所取得的一种财政收入，是国家预算收入的重要来源。

【知识链接】

税收是历史上最早出现的财政范畴，也是目前世界各个国家财政收入的主要来源。我国目前来自税收的收入占全部财政收入的90%以上。

（2）行政事业性收费收入，是指国家机关、事业单位等依照法律法规规定，按照国务院规定的程序批准，在实施社会公共管理以及在向公民、法人和其他组织提供特定公共服务过程中，按照规定标准向特定对象收取费用形成的收入。

（3）国有资源（资产）有偿使用收入，是指矿藏、水流、海域、无居民海岛以及法律规定属于国家所有的森林、草原等国有资源有偿使用收入，按照规定纳入一般公共预算管理的国有资产收入等。

（4）转移性收入，是指上级税收返还和转移支付、下级上解收入、调入资金以及按照财政部规定列入转移性收入的无隶属关系政府的无偿援助的收入。

(5) 其他收入,是指除上述各项收入以外的纳入预算管理的收入,包括各种罚没收入、规费收入等。

2. 按照归属划分

预算收入按归属可分为中央预算收入、地方预算收入以及中央和地方预算共享收入。

(1) 中央预算收入是指按照分税制财政管理体制,纳入中央预算、地方不参与分享的收入,包括中央本级收入和地方按照规定向中央上缴的收入。

(2) 地方预算收入是指按照分税制财政管理体制,纳入地方预算、中央不参与分享的收入,包括地方本级收入和中央按照规定返还或者补助地方的收入。

(3) 中央和地方预算共享收入是指按照分税制财政管理体制,中央预算和地方预算对同一税种的收入,按照一定划分标准或者比例分享的收入。

【特别提示】

我国实行中央和地方分税制。中央和地方分税制,是指在划分中央与地方事权的基础上,确定中央与地方财政支出范围,并按税种划分中央与地方预算收入的财政管理体制。

(二) 预算支出

预算支出是指国家对集中的预算收入有计划地分配和使用而安排的支出。

1. 按照功能划分

预算支出按功能可分为一般公共服务支出,外交、公共安全、国防支出,农业、环境保护支出,教育、科技、文化、卫生、体育支出,社会保障及就业支出和其他支出。

2. 按照经济性质划分

预算支出按其经济性质可分为工资福利支出、商品和服务支出、资本性支出和其他支出。

中央预算与地方预算有关收入和支出项目的划分、地方向中央上缴收入、中央对地方返还或者转移支付的具体办法,由国务院制定,报全国人民代表大会常务委员会备案。上级政府不得在预算之外调用下级政府预算的资金,下级政府不得挤占或者截留属于上级政府预算的资金。

五、预算组织程序

预算组织程序包括预算的编制、审查和批准、执行、调整。

(一) 预算的编制

我国预算年度自公历1月1日起至12月31日止。国务院应当及时下达关于编制下一年预算草案的通知。编制预算草案的具体事项由国务院财政部门部署。

各级预算应当根据年度经济社会发展目标、国家宏观调控总体要求和跨年度预算平衡的需要,参考上一年预算执行情况、有关支出绩效评价结果和本年度收支预测,按照规定程序征求各方面意见后,进行编制。

各级预算收入的编制,应当与经济社会发展水平相适应,与财政政策相衔接。各级政府、各部门、各单位应当依照《预算法》规定,将所有政府收入全部列入预算,不得隐瞒、少列。

各级预算支出应当依照《预算法》规定，按其功能和经济性质分类编制。各级预算支出的编制，应当贯彻勤俭节约的原则，严格控制各部门、各单位的机关运行经费和楼堂管所等基本建设支出。

中央预算和有关地方预算中应当安排必要的资金，用于扶助革命老区、民族地区、边疆地区、贫困地区发展经济社会建设事业。

各级一般公共预算支出的编制，应当统筹兼顾，在保证基本公共服务合理需要的前提下，优先安排国家确定的重点支出。

【特别提示】

各级一般公共预算应当按照本级一般公共预算支出额的1%至3%设置预备费，用于当年预算执行中的自然灾害等突发事件处理增加的支出及其他难以预见的开支。

（二）预算的审查和批准

中央预算由全国人民代表大会审查和批准。地方各级预算由本级人民代表大会审查和批准。

全国人民代表大会和地方各级人民代表大会对预算草案及其报告、预算执行情况的报告重点审查下列内容：①上一年预算执行情况是否符合本级人民代表大会预算决议的要求；②预算安排是否符合《预算法》的规定；③预算安排是否贯彻国民经济和社会发展的方针政策，收支政策是否切实可行；④重点支出和重大投资项目的预算安排是否适当；⑤预算的编制是否完整，是否细化；⑥对下级政府的转移性支出预算是否规范、适当；⑦预算安排举借的债务是否合法、合理，是否有偿还计划和稳定的偿还资金来源；⑧与预算有关重要事项的说明是否清晰。

（三）预算的执行

各级预算由本级政府组织执行，具体工作由本级政府财政部门负责。各部门、各单位是本部门、本单位的预算执行主体，负责本部门、本单位的预算执行，并对执行结果负责。

预算收入征收部门和单位，必须依照法律、行政法规的规定，及时、足额征收应征的预算收入。不得违反法律、行政法规规定，多征、提前征收或者减征、免征、缓征应征的预算收入，不得截留、占用或者挪用预算收入。各级政府不得向预算收入征收部门和单位下达收入指标。

政府的全部收入应当上缴国家金库，任何部门、单位和个人不得截留、占用、挪用或者拖欠。对于法律有明确规定或者经国务院批准的特定专用资金，可以依照国务院的规定设立财政专户。

各级政府财政部门必须依照法律、行政法规和国务院财政部门的规定，及时、足额地拨付预算支出资金，加强对预算支出的管理和监督。各级政府、各部门、各单位的支出必须按照预算执行，不得虚假列支。各级政府、各部门、各单位应当对预算支出情况开展绩效评价。

（四）预算的调整

经全国人民代表大会批准的中央预算和经地方各级人民代表大会批准的地方各级预算，在执行中出现下列情况之一的，应当进行预算调整：①需要增加或者减少预算总支出的；

②需要调入预算稳定调节基金的；③需要调减预算安排的重点支出数额的；④需要增加举借债务数额的。

在预算执行中，各级政府对于必须进行的预算调整，应当编制预算调整方案。预算调整方案应当说明预算调整的理由、项目和数额。

在预算执行中，由于发生自然灾害等突发事件，必须及时增加预算支出的，应当先动支预备费；预备费不足支出的，各级政府可以先安排支出，属于预算调整的，列入预算调整方案。

六、决算

决算是对预算执行的总结。它反映年度国家预算收支的最终结果，是国家经济活动在财政上的集中反映。

决算包括决算草案的编制、决算草案的审批和决算草案的批复。

（一）决算草案的编制

决算草案是指各级政府、各部门、各单位编制的未经法定程序审查和批准的预算收支的年度执行结果。决算草案由各级政府、各部门、各单位在每一预算年度终了后按照国务院规定的时间编制。

【点拨指导】

编制决算草案，必须符合法律、行政法规，做到收支真实、数额准确、内容完整、报送及时。决算草案应当与预算相对应，按预算数、调整预算数、决算数分别列出。一般公共预算支出应当按其功能分类编列到项，按其经济性质编列到款。

（二）决算草案的审批

各部门对所属各单位的决算草案，应当审核并汇总编制本部门的决算草案，在规定的期限内报本级政府财政部门审核。各级政府财政部门对本级各部门决算草案审核后发现有不符合法律、行政法规规定的，有权予以纠正。

国务院财政部门编制中央决算草案，报国务院审计部门审计后，报国务院审定，由国务院提请全国人民代表大会常务委员会审查和批准。

县级以上地方各级政府财政部门编制本级决算草案，经本级政府审计部门审计后，报本级政府审定，由本级政府提请本级人民代表大会常务委员会审查和批准。

乡、民族乡、镇政府编制本级决算草案，提请本级人民代表大会审查和批准。

【特别提示】

各部门对所属各单位的决算草案，应当审核并汇总编制本部门的决算草案，并在规定的期限内报本级政府"财政部门"审核。

【归纳总结】

除了乡、民族乡、镇政府的决算草案是由本级人民代表大会审查和批准之外，中央和县级以上地方各级政府的决算草案均由本级人民代表大会常委会审查和批准。

（三）决算草案的批复

各级决算经批准后，财政部门应当在20日内向本级各部门批复决算。各部门应当在接到本级政府财政部门批复的本部门决算后起15日内向所属各单位批复决算。

地方各级政府应当经批准的决算及下一级政府上报备案的决算汇总，报上一级政府备案。县级以上各级政府应当将下一级政府上报备案的决算汇总后，报本级人民代表大会常务委员会备案。

七、预算、决算的监督

预算、决算的监督主要包括国家权力机关的监督、各级政府的监督、各级政府财政部门的监督、各级政府审计部门的监督、政府各部门的监督和社会监督等。

（一）国家权力机关的监督

全国人民代表大会及其常务委员会对中央和地方预算、决算进行监督；县级以上地方各级人民代表大会及其常务委员会对本级和下级政府预算、决算进行监督；乡、民族乡、镇人民代表大会对本级预算、决算进行监督。

县级以上各级政府应当接受本级和上级人民代表大会及其常务委员会对预算执行情况和决算的监督，乡、民族乡、镇政府应当接受本级人民代表大会和上级人民代表大会及其常务委员会对预算执行情况和决算的监督；按照本级人民代表大会或者其常务委员会的要求，报告预算执行情况；认真研究处理本级人民代表大会代表或者其常务委员会组成人员有关改进预算管理的建议、批评和意见，并及时答复。

（二）各级政府的监督

各级政府监督下级政府的预算执行，下级政府应当定期向上一级政府报告预算执行情况。

（三）各级政府财政部门的监督

各级政府财政部门负责监督本级各部门及其所属各单位预算管理有关工作，并向本级政府和上一级政府财政部门报告预算执行情况。

（四）县级以上政府审计部门的监督

县级以上政府审计部门依法对预算执行、决算实行审计监督。对预算执行和其他财政收支的审计工作报告应当向社会公开。

（五）政府各部门的监督

政府各部门负责监督检查所属各单位的预算执行，及时向本级政府财政部门反映本部门预算执行情况，依法纠正违反预算的行为。

（六）社会监督

公民、法人或其他组织发现有违反《预算法》的行为，可以依法向有关国家机关进行检举、控告。

【知识拓展】

按照监督的内容，对预算、决算的监督可以分为对预算编制的监督、对预算执行的监督、对预算调整的监督、对决算的监督等。

第二节　政府采购法律制度

【学习指南】

学习本节内容，读者需要了解政府采购法律制度的构成，熟悉政府采购的概念与原则、政府采购当事人，掌握政府采购的功能与执行模式、政府采购方式、政府采购的监督检查，其中，需要重点学习公开招标采购、邀请招标采购、竞争性谈判采购、单一来源采购、询价采购等相关内容。

一、政府采购法律制度的构成

我国的政府采购法律制度由《中华人民共和国政府采购法》（以下简称《政府采购法》）《中华人民共和国政府采购法实施条例》（以下简称《政府采购法实施条例》）、国务院各部门特别是财政部颁布的一系列部门规章以及地方性法规和政府规章组成。

（一）政府采购法

政府采购法是指调整各级国家机关、事业单位和团体组织使用财政性资金依法采购货物、工程和服务活动的法律规范的总称。《政府采购法》于 2002 年 6 月 29 日由第九届全国人民代表大会常务委员会第二十八次会议通过并颁布，自 2003 年 1 月 1 日起施行；根据 2014 年 8 月 31 日第十二届全国人民代表大会常务委员会《关于修改〈中华人民共和国保险法〉等五部法律的决定》修正并公布，自公布之日起施行。《政府采购法》共九章八十八条，除总则和附则外，分别对政府采购当事人、政府采购方式、政府采购程序、政府采购合同、质疑和投诉、监督检查、法律责任等问题，作了较为全面的规定。《政府采购法》是我国政府采购法律制度中效力最高的法律文件，是制定其他规范性文件的依据。《政府采购法》的颁布与实施，规范了政府采购行为，提高了政府采购资金的使用效益，促进了政府采购改革与发展，保护了政府采购当事人的合法权益，维护了国家利益和社会公共利益。

（二）政府采购行政法规

《政府采购法实施条例》于 2014 年 12 月 31 日由国务院第 75 次常务会议通过，并于 2015 年 1 月 30 日发布，自 2015 年 3 月 1 日起施行。该条例共九章七十九条，对《政府采购法》的有关规定进行了细化。《政府采购法实施条例》分总则、政府采购当事人、政府采购方式、政府采购程序、政府采购合同、质疑与投诉、监督检查、法律责任和附则。《政府采购法实施条例》对电子采购、非招标采购方式的适用情形和操作程序、评审报告的确认时限、询问的答复时限等，作了较为明确的规定。进一步促进政府采购的规范化、法制化，构建规范透明、公平竞争、监督到位、严格问责的政府采购工作机制。

（三）政府采购部门规章

政府采购部门规章主要是指国务院财政部门制定的一系列有关政府采购的规章。为了细化《政府采购法》的有关规定，增强《政府采购法》的可操作性，财政部颁布了《政府采购货物和服务招标投标管理办法》和《政府采购信息公告管理办法》等，它们都属于政府采购部门规章。

(四) 政府采购地方性法规和规章

政府采购地方性法规是指省、自治区、直辖市的人民代表大会及其常务委员会在不与法律、行政法规相抵触的情况下制定的规范性文件，如《云南省政府采购条例》《广东省实施〈政府采购法〉办法》。政府采购地方性规章是指省、自治区、直辖市的人民政府制定的地方规范性文件，如《深圳经济特区政府采购条例》《上海市政府采购管理办法》等。

二、政府采购的概念与原则

(一) 政府采购的概念

政府采购是指各级国家机关、事业单位和团体组织，使用财政性资金采购依法制定的集中采购目录以内的或者采购限额标准以上的货物、工程和服务的行为。

1. 政府采购的主体范围

在我国，政府采购的主体是依靠国家财政资金运作的政府机关、事业单位和团体组织等，而所有个人、私营企业和公司，以及集体企业均不能成为政府采购的采购方主体。另外，《政府采购法》规定，国有企业不属于政府采购的主体范围。

2. 政府采购的资金来源

政府采购资金包括财政性资金和财政偿还的公共借款。其中，财政性资金包括财政预算资金和预算外资金。这些资金的最终来源为纳税人的税收和政府对公共服务的收费。

3. 政府采购的对象范围

政府采购的对象包括货物、工程和服务。货物是指各种形态和种类的物品，包括原材料、燃料、设备、产品等；工程是指建设工程，包括建筑物和构筑物的新建、改建、扩建、装修、拆除、修缮等；服务是指除货物和工程以外的其他政府的采购对象。

4. 政府集中采购目录和政府采购限额标准

政府集中采购目录和采购限额标准由各省级以上人民政府确定并公布。政府集中采购目录属于中央预算的政府采购项目，由国务院确定并公布；属于地方预算的政府采购项目，由省、自治区、直辖市人民政府或者其授权的机构确定并公布。纳入集中采购目录的政府采购项目，应当实行集中采购。政府采购限额标准，属于中央预算的政府采购项目，由国务院确定并公布；属于地方预算的政府采购项目，由省、自治区、直辖市人民政府或者其授权的机构确定并公布。

【特别提示】

纳入集中采购目录的政府采购项目，应当实行集中采购。

【特别提示】

政府集中采购目录和采购限额标准由各省级以上人民政府(而非"县级以上人民政府")确定并公布。

【归纳总结】

政府集中采购的目录和政府采购限额标准，属于中央预算的，由国务院确定并公布；属于地方预算的，由省、自治区、直辖市人民政府或者其授权的机构确定并公布。

（二）政府采购的原则

政府采购有区别于其他采购方式的特殊性，因此政府采购的法律原则也与其他采购方式不同。《政府采购法》规定，政府采购应当遵循公开透明原则、公平竞争原则、公正原则和诚实信用原则。

1. 公开透明原则

公开透明原则是指政府采购的相关活动必须公开进行，主要指采购的数量、质量、规格、要求等要公开；采购的合同条件、过程、结果等采购信息要公开；采购活动要逐项做好采购记录以备审查监督；供应商还可对有关活动的程序进行质疑和投诉。

【特别提示】

公开透明原则并不是说对政府采购的所有内容都要进行全面公开。

【知识拓展】

公开透明原则应当贯穿于政府采购全过程。政府采购被称为"阳光下的交易"，这是公开透明原则的体现。

2. 公平竞争原则

公平竞争原则是指政府采购要通过公平竞争选择出最适合的供应商，取得最好的采购效果，全部参加竞争的供应商机会均等并受到同等对待，不得存在任何歧视行为。

3. 公正原则

公正原则是指在公开透明原则、公平竞争原则的基础上所取得结果的公正以及整个操作程序和过程的公正。公正原则主要体现在对供应商确定的规则上，包括评标标准应当明确严格、评标程序应当公正合理、利害关系人应当回避等。政府采购当事人各方在采购活动中的地位是平等的，任何一方不得向另一方提出不合理的要求，也不得将自己的意志强加给另一方。

【特别提示】

公正原则是建立在公开透明原则和公平竞争原则的基础上的，只有公开透明和公平竞争，才能有公正的政府采购结果。

4. 诚实信用原则

诚实信用原则原本属于民事活动的基本原则。政府采购既包括民事因素也包括公共管理的因素，因此政府采购也应遵守民事活动的基本原则。诚实信用原则是指政府采购当事人各方都应当诚实守信，不得有欺骗背信的行为，要以善意的方式行使权力，尊重公共利益和他人利益，诚信地履行约定的义务。

三、政府采购的功能与执行模式

（一）政府采购的功能

1. 节约财政支出，提高采购资金的使用效益

政府采购遵循公开透明、公平竞争、公正和诚实信用等原则，实现规范的、阳光化的采购，充分引入竞争机制，不仅可以使政府获取质优价廉的货物、工程和服务，节约财政支出，降低行政成本，而且可以强化预算约束，减少资金的流通环节，提高采购资金的使用效益。

从国际经验来看，实行政府采购的资金节约率一般为10%以上。

2. 强化宏观调控

政府在采购中可以通过确定和调整采购规模、采购时间、采购项目、采购规则等方式来发挥政府在经济发展中的宏观调控作用，这样不仅可以调整产业结构，而且可以推进保护国内产业、保护生态环境、促进不发达地区经济发展和扶持中小企业等政策的实施。

3. 活跃市场经济

政府采购活跃市场经济的功能主要表现在以下几方面：

(1) 政府采购可以使政府正常运转需要的货物、工程和服务，由政府自产、自建、自管转为全方位地面向市场开放，从而大大地活跃市场经济。

(2) 政府采购采用公开招标、竞争性谈判等方式，在竞标过程中执行严密、透明的"优胜劣汰"机制，这会调动供应商参与政府采购的热情，促使供应商按市场经济规律不断提高、工程和服务质量，提高自身竞争力等，从而促使市场经济的活跃。

(3) 政府宏观调控，加大投资，促进内需，较多地通过政府采购渠道来进行。大量的政府采购行为使市场经济更加活跃。

4. 推进反腐倡廉

政府采购作为一项制度安排可以推进政府的反腐倡廉工作。在政府采购过程中引入了招标、投标等竞争机制，在当事人各方(采购人、供应商、采购代理机构)之间建立起相互监督的制约关系，各方在公开透明的"游戏规则"下为自身利益最大化而展开公平竞争，从而在制度层面上有效地减少了采购过程中的权钱交易、徇私枉法等腐败行为。

5. 保护民族产业

政府采购原则上要求采购本国产品，担负起保护民族产业的重要职责。我国《政府采购法》规定，除极少数法定情形外，政府采购应当采购本国货物、工程和服务。这一规定体现了国货优先原则，说明政府采购具有保护民族产业的功能。

(二) 政府采购的执行模式

政府采购实行集中采购和分散采购相结合的执行模式。

1. 集中采购

集中采购是指采购人将列入集中采购目录的项目委托集中采购机构代理采购或者进行部门集中采购的行为。

纳入集中采购目录的政府采购项目，应当实行集中采购。按照《政府采购法》的规定，集中采购必须委托集中采购机构代理采购。设区的市、自治州以上人民政府根据本级政府采购项目组织集中采购的需要设立集中采购机构。按集中程度不同，集中采购又可分为政府集中采购和部门集中采购两类。

政府集中采购是指采购单位委托政府集中采购机构(政府采购中心)组织实施的，纳入集中采购目录以内的属于通用性的项目采购活动；部门集中采购是指由采购单位主管部门统一负责组织实施的，纳入集中采购目录以内的属于本部门或本系统有专业技术等特殊要求的项目采购活动。

集中采购的特点如下：

(1) 采购单位必须委托集中采购机构代理采购，不得擅自组织采购，其中部门集中采购可以由主管部门统一组织集中采购。

（2）列入集中采购的项目往往是一些大宗的、通用性的项目，是一般采购单位都会涉及的，或是一些社会关注程度较高、影响较大的特定货物、大型工程和重要服务类项目。

（3）集中采购具有采购成本低、操作相对规范和社会影响大等特点，可以发挥政府采购的规模优势和政策作用，体现政府采购的效益性和公共性原则，也有利于政府的集中监管和发挥对分散采购的良好示范作用。

2. 分散采购

分散采购是指采购人将采购限额标准以上的未列入集中采购目录的项目自行采购或者委托采购代理机构代理采购的行为。

采购未纳入集中采购的政府采购项目，可以由各预算单位自行采购，也可以委托集中采购机构或者集中采购机构以外的采购代理机构在委托范围内代理采购。

【知识链接】

采购代理机构，包括集中采购机构和集中采购机构以外的采购代理机构。其中，集中采购机构以外的采购代理机构，是从事采购代理业务的社会中介机构。

分散采购的特点如下：

（1）采购单位可以依法自行组织实施采购，也可以委托集中采购机构或从事采购代理业务的社会中介机构代理采购。若委托集中采购机构代理采购的，采购单位无须支付任何采购代理费用；而若是委托社会中介机构代理采购的，则需要按规定支付一定的采购代理费用。

（2）列入分散采购的项目往往是一些专业化程度较高或采购单位有特定需求的项目，一般不具有通用性的特征。

（3）可以借助受托单位的技术优势和社会中介代理机构的专业优势，调动政府采购的积极性和主动性，提高采购效率，同时也有利于实现政府采购“扩而增量、稳步渐进”的工作目标。

四、政府采购当事人

政府采购当事人是指在政府采购活动中享有权利和承担义务的各类主体，包括采购人、供应商和采购代理机构等。

（一）采购人

采购人是指依法利用国家财政性资金和政府借款购买货物、工程或服务的国家机关、事业单位、团体组织。作为政府采购的采购人，一般具有两个重要特征：一是采购人是依法进行政府采购的国家机关、事业单位和团体组织；二是采购人的政府采购行为从筹划、决策到实施，都必须在《政府采购法》等法律、法规的规范内进行。

【特别提示】

个人、私营企业、公司、集体企业、国有企业都不属于政府采购的采购人。

1. 采购人的权利

采购人的权利主要如下：

（1）自行选择采购代理机构的权利。

（2）要求采购代理机构遵守委托协议约定的权利。

（3）审查政府采购供应商资格的权利。

(4) 依法确定中标供应商的权利。

(5) 签订采购合同并参与对供应商履约验收的权利。

(6) 特殊情况下提出特殊要求的权利,例如,对于纳入集中采购目录,属于本部门、本系统、有特殊要求的项目,应当实行部门集中采购;属于本单位有特殊要求的项目,经省级以上人民政府批准,可以自行采购。

(7) 其他合法权利。

2. 采购人的义务

采购人的义务主要如下:

(1) 遵守政府采购的各项法律、法规和规章制度。

(2) 接受和配合政府采购监督管理部门的监督检查,同时还要接受和配合审计机关的审计监督以及检察机关的监察。

(3) 尊重供应商的正当合法权益。

(4) 遵守采购代理机构的工作秩序。

(5) 在规定时间内与中标供应商签订政府采购合同。

(6) 在指定媒体及时向社会发布政府采购信息、招标结果。

(7) 依法答复供应商的询问和质疑。

(8) 妥善保存反映每项采购活动的采购文件。

(9) 其他法定义务。

(二) 供应商

供应商是指向采购人提供货物、工程或服务的法人、其他组织或自然人。

1. 法定条件

供应商参加政府采购活动的法定条件如下:

(1) 具有独立承担民事责任的能力。

(2) 具有良好的商业信誉和健全的财务会计制度。

(3) 具有履行合同所必需的设备和专业技术能力。

(4) 有依法缴纳税收和社会保障资金的良好记录。

(5) 参加政府采购活动前 3 年内,在经营活动中没有重大违法记录。

(6) 法律、行政法规规定的其他条件。

【点拨指导】

两个以上的自然人、法人或者其他组织可以组成一个联合体,以一个供应商的身份共同参加政府采购。联合体各方应当共同与采购人签订采购合同,就采购合同约定的事项对采购人承担连带责任。

2. 供应商的权利

供应商的权利主要如下:

(1) 平等地取得政府采购供应商资格的权利。

(2) 平等地获得政府采购信息的权利。

(3) 自主、平等地参加政府采购竞争的权利。

(4) 就政府采购活动事项提出询问、质疑和投诉的权利。

（5）自主、平等地签订政府采购合同的权利。

（6）要求采购人或采购代理机构保守其商业秘密的权利。

（7）监督政府采购依法公开、公正进行的权利。

（8）其他合法权利。

3. 供应商的义务

供应商的义务主要如下：

（1）遵守政府采购的各项法律、法规和规章制度。

（2）按规定接受供应商资格审查，并在资格审查中客观、真实地反映自身情况。

（3）在政府采购活动中，满足采购人或采购代理机构的正当要求。

（4）投标中标后，按规定程序签订政府采购合同并严格履行合同义务。

（5）其他法定义务。

（三）采购代理机构

采购代理机构是指在政府采购活动中根据采购人的委托，代理政府采购事宜的执行机构。

1. 采购代理机构的分类

采购代理机构可分为集中采购机构和集中采购机构以外的采购代理机构。

1）集中采购机构

集中采购机构是设区的市级以上人民政府依法设立的非营利事业法人，是代理集中采购项目的执行机构。集中采购机构应当根据采购人委托制定集中采购项目的实施方案，明确采购规程，组织政府采购活动，不得将集中采购项目转委托。

集中采购机构的性质有以下两点：第一，集中采购机构是采购代理机构，它只能根据采购人的委托，以代理人的身份办理政府采购事务。集中采购机构完全是为了向采购人提供采购服务而设立的。第二，集中采购机构不是政府机关，而是非营利性的事业法人。集中采购机构进行的采购不是为了满足自身的需要，而是为采购人采购纳入集中采购目录和部分未纳入集中采购目录的政府采购项目等。

【点拨指导】

政府采购中心是典型的集中采购机构，它不是政府行政机构，而是非营利性事业法人，其采购代理资格不需政府特别认定。

采购人采购纳入集中采购目录的政府采购项目，必须委托集中采购机构代理采购；采购未纳入集中采购目录的政府采购项目，可以自行采购，也可以委托集中采购机构或者集中采购机构以外的采购代理机构在委托的范围内代理采购。

纳入集中采购目录属于通用的政府采购项目的，应当委托集中采购机构代理采购；属于本部门、本系统有特殊要求的项目，应当实行部门集中采购；属本单位有特殊要求的项目，经省级以上人民政府批准，可以自行采购。

2）集中采购机构以外的采购代理机构

集中采购机构以外的采购代理机构，是从事采购代理业务的社会中介机构。对于从事采购代理业务的社会中介机构，要求其有能力和良好信誉承担政府采购的业务代理工作。

集中采购机构以外的采购代理机构的主要业务是接受采购人的委托，以采购人的名义，利用招标等方式，为采购人择优选定供应商。集中采购机构以外的采购代理机构要向委托人或中标人收取一定的服务费。

【点拨指导】

集中采购机构以外的采购代理机构的采购代理资格无需政府特别认定。集中采购机构以外的采购代理机构主要负责分散采购的代理业务。

【特别提示】

集中采购机构以外的采购代理机构要向委托人或中标人收取一定的服务费。

2. 采购代理机构的义务和责任

政府采购代理机构作为一种特殊的利益主体，应当对包括自身在内的政府采购当事人各方负责，自觉履行《政府采购法》等法律法规所规定的义务，依法开展代理采购活动，维护国家利益和社会公共利益。就具体操作过程而言，采购代理机构的义务和责任主要如下：

(1) 依法开展代理采购活动并提供良好的服务。

(2) 依法发布采购信息。

(3) 依法接受监督管理。

(4) 不得向采购人行贿或者采取不正当手段谋取非法利益。

(5) 其他法定义务和责任。

五、政府采购方式

政府采购方式包括公开招标采购、邀请招标采购、竞争性谈判采购、单一来源采购、询价采购以及国务院政府采购监督管理部门认定的其他采购方式。

(一) 公开招标采购

公开招标是指采购人或其委托的采购代理机构按照法定程序，以发布招标公告的方式，邀请所有潜在的不特定的供应商参加投标竞争，采购人或其委托的采购代理机构通过某种事先确定的标准，从所有参加投标竞争的供应商中择优评选出中标供应商，并与其签订政府采购合同的一种采购方式。公开招标应作为政府采购的主要采购方式。

货物服务采购项目达到公开招标数额标准的，必须采用公开招标的方式。采购人采购货物或者服务应当采用公开招标方式的，其具体数额标准，属于中央预算的政府采购项目，由国务院规定；属于地方预算的政府采购项目，由省、自治区、直辖市人民政府规定；因特殊情况需要采用公开招标以外的采购方式的，应当在采购活动开始前获得设区的市、自治州以上人民政府采购监督管理部门的批准。

采用公开招标方式采购的，招标采购单位必须在财政部门指定的政府采购信息发布媒体上发布招标公告。

【特别提示】

采购人不得将应当以公开招标方式采购的货物或者服务化整为零或者以其他任何方式规避公开招标采购。

【点拨指导】

采用公开招标方式采购的，自招标文件开始发出之日起至投标人提交投标文件截止之日止，不得少于20日。

（二）邀请招标采购

邀请招标又称为选择性招标或有限竞争性招标，是指由采购人或其委托的采购代理机构根据供应商的资信和业绩，选择一定数目的法人或其他组织（不能少于 3 家），向其发出招标邀请书，邀请他们参加投标竞争，从中择优选定中标供应商的一种采购方式。

《政府采购法》第二十九条规定，符合下列情形之一的货物或者服务，可以采用邀请招标方式采购：

（1）具有特殊性，只能从有限范围的供应商处采购的。

（2）采用公开招标方式的费用占政府采购项目总价值的比例过大的。

（三）竞争性谈判采购

竞争性谈判是指采购人或其委托的采购代理机构通过与多家供应商（不能少于 3 家）进行谈判，最后从中择优选定中标供应商的一种采购方式。

《政府采购法》第三十条规定，符合下列情形之一的货物或者服务，可以采用竞争性谈判方式采购：

（1）招标后没有供应商投标或者没有合格标的或者重新招标未能成立的。

（2）技术复杂或者性质特殊，不能确定详细规格或者具体要求的。

（3）采用招标所需时间不能满足用户紧急需要的。

（4）不能事先计算出价格总额的。

（四）单一来源采购

单一来源采购又称为直接采购，是指采购人或其委托的采购代理机构向唯一供应商进行采购的方式。单一来源采购适用于达到了限购标准和公开招标数额标准，但所购商品的来源渠道单一，或属专利、首次制造、合同追加、原有采购项目的后续扩充和发生了不可预见的紧急情况不能从其他供应商处采购等情况。

【特别提示】

单一来源采购方式的最主要特点是没有竞争性。

《政府采购法》第三十一条规定，符合以下情形之一的货物或服务，可以采用单一来源方式采购：

（1）只能从唯一供应商处采购的。

（2）发生了不可预见的紧急情况，不能从其他供应商处采购的。

（3）必须保证原有采购项目的一致性或者服务配套的要求，需要继续从原供应商处添购，且添购资金总额不超过原合同采购金额 10%的。

采取单一来源方式采购的，采购人与供应商应当遵循《政府采购法》规定的原则，在保证采购项目质量和双方商定合理价格的基础上进行采购。

（五）询价采购

询价采购是指采购人或其委托的采购代理机构向有关供应商发出询价单让其报价，在取得各个报价的基础上进行比较并确定最优供应商的一种采购方式。采购的货物规格或标准统一、现货货源充足且价格变化幅度小的政府采购项目，可以采用询价方式采购。

采取询价方式采购的，应遵循下列程序：

(1) 成立询价小组。询价小组由采购人代表和有关专家共3人以上单数组成,专家人数不得少于成员总数的2/3。

(2) 确定被询价的供应商名单。询价小组从符合相关资格条件的供应商名单中确定不少于3家的供应商,并向其发出询价通知书让其报价。

(3) 询价,询价小组要求被询价的供应商一次报出不得更改的价格。

(4) 确定成交供应商。采购人根据符合采购需求、质量和服务相等且报价最低的原则确定成交供应商,并将结果通知所有被询价的未成交的供应商。

六、政府采购的监督检查

各级人民政府财政部门是负责政府采购监督管理的部门,各级人民政府其他有关部门依法履行与政府采购有关的监督管理职责。

【特别提示】

政府采购监督管理的负责部门是财政部门,政府采购监督管理的配合部门是各级人民政府其他部门。

(一) 政府采购监督管理部门的监督

政府采购监督管理部门应当加强对政府采购活动及集中采购机构的监督检查。

政府采购监督管理部门监督检查的主要内容如下:①有关政府采购法律、行政法规和规章的执行情况;②采购范围、采购方式和采购程序的执行情况;③政府采购人员的职业素质和专业技能。

【点拨指导】

政府采购监督管理部门不得设置集中采购机构,不得参与政府采购项目的采购活动。采购代理机构与行政机关不得存在隶属关系或者其他利益关系。

(二) 集中采购机构的内部监督

(1) 集中采购机构应当建立健全内部监督管理制度。采购活动的决策和执行程序应当明确,并相互监督、相互制约。

(2) 集中采购机构的采购人员应当具有相关职业素质和专业技能,符合专业岗位任职要求。

(三) 采购人的内部监督

(1) 采购人必须按照《政府采购法》规定的采购方式和采购程序进行采购。

(2) 政府采购项目的采购标准和采购结果应当公开。

(四) 政府其他有关部门的监督

依照法律、行政法规的规定对政府采购负有行政监督职责的政府部门,应当按照其职责分工,加强对政府采购活动的监督。这主要表现在以下两个方面:

(1) 审计机关对政府采购进行审计监督。

(2) 监察机关对参与政府采购活动的国家机关、国家公务员和国家行政机关任命的其他人员实施监察。

(五) 政府采购活动的社会监督

任何单位和个人对政府采购活动中的违法行为,有权控告和检举,有关部门、机关依照各自的职责及时处理。

第三节　国库集中收付制度

【学习指南】

学习本节内容，读者需要了解国库集中收付制度的概念，掌握国库单一账户体系及财政收支的方式。

一、国库集中收付制度的概念

国库集中收付制度一般也称为国库单一账户制度，包括国库集中支付制度和收入收缴管理制度，是指由财政部门代表政府设置国库单一账户体系，所有的财政性资金均纳入国库单一账户体系收缴、支付和管理的制度。

财政收入通过国库单一账户体系，直接缴入国库和财政专户；财政支出通过国库单一账户体系，以财政直接支付和财政授权支付的方式，将资金支付到商品和劳务供应者或用款单位，使得预算单位使用资金但见不到资金；未支用的资金均保留在国库单一账户，由财政部门代表政府进行管理运作，这样可以降低政府的筹资成本，为实施宏观调控政策提供可选择的手段。

【点拨指导】

国库集中收付制度是现代国库管理制度的基础。

二、国库单一账户体系

（一）国库单一账户体系的概念

国库单一账户体系是指以财政国库存款账户为核心的各类财政性资金账户的集合。所有财政性资金的收入、支付、存储及资金清算活动均在该账户体系内运行。

（二）国库单一账户体系的构成

国库单一账户体系包括国库单一账户、财政部门零余额账户、预算单位零余额账户、预算外资金财政专户和特设专户。

1. 国库单一账户

财政部门在中国人民银行开设的国库单一账户，简称国库单一账户。此账户用于记录、核算、反映财政预算资金和纳入预算管理的政府性基金的收入和支出活动，并用于与财政部门在商业银行开设的零余额账户的支付清算，实现支付。

【特别提示】

国库单一账户在财政总预算会计中使用，行政单位和事业单位中不设置该账户。

2. 财政部门零余额账户

财政部门在商业银行开设的零余额账户，简称财政部门零余额账户。此账户用于财政直接支付和与国库单一账户清算。

【特别提示】

财政部门零余额账户在国库会计中使用，行政单位和事业单位中不设置该账户。

3. 预算单位零余额账户

财政部门在商业银行为预算单位开设的零余额账户，简称预算单位零余额账户。此账户用于财政授权支付和清算。

【知识拓展】

预算单位零余额账户可以办理转账、提取现金等结算业务，可以向本单位按账户管理规定保留的相应账户划拨工会经费、住房公积金及提租补贴，以及经财政部门批准的特殊款项，不得违反规定向本单位其他账户和上级主管单位、所属下级单位账户划拨资金。

【特别提示】

预算单位零余额账户在行政单位和事业单位中使用。

4. 预算外资金财政专户

财政部门在商业银行开设的预算外资金财政专户，简称预算外资金财政专户。此账户用于记录、核算和反映预算外资金的收入支出活动，并用于预算外资金的日常收支清算。

【特别提示】

预算外资金财政专户在财政部门设立和使用。

5. 特设专户

经国务院和国务院授权财政部门批准的预算单位在商业银行开设的特殊专户，简称特设专户。此账户用于记录、核算和反映预算单位的特殊专项支出活动，并用于与国库单一账户清算。

【特别提示】

特设专户在按规定申请设置了特设专户的预算单位使用。

【归纳总结】

国库单一账户体系中各种账户的比较如表 4-1 所示。

表 4-1　国库单一账户体系中各种账户的比较

账户类型	设置地点	功能
国库单一账户	中国人民银行	用于记录、核算和反映财政预算资金和纳入预算管理的政府性基金的收入和支出活动，并用于与财政部门在商业银行开设的零余额账户的支付清算，实现支付
财政部门零余额账户	商业银行	用于财政直接支付和与国库单一账户清算
预算单位零余额账户	商业银行	用于财政授权支付和清算
预算外资金财政专户	商业银行	用于记录、核算和反映预算外资金的收入和支出活动，并用于预算外资金的日常收支清算
特设专户	商业银行	用于记录、核算和反映预算单位特殊专项支出活动，并用于与国库单一账户清算

三、财政收支的方式和程序

（一）财政收入收缴方式和程序

财政收入收缴方式分为直接缴库和集中汇缴两种方式。直接缴库和集中汇缴的具体内容如表 4-2 所示。

表 4-2　财政收入收缴方式

财政收入收缴方式	基本概念	收缴程序
直接缴库	指由缴款单位或缴款人按有关法律、法规规定，直接将应缴收入缴入国库单一账户或预算外资金财政专户	①直接缴库的税收收入，由纳税人或税务代理人提出纳税申报，经征收计算审核无误后，由纳税人通过开户银行将税款缴入国库单一账户。②直接缴库的其他收入，比照上述程序缴入国库单一账户或预算外资金财政专户
集中汇缴	指由征收机关（有关法定单位）按有关法律规定，将所收的应缴收入汇总缴入国库单一账户或预算外资金财政专户	①小额零散税收和法律另有规定的应缴收入，经征收计算于收缴收入的当日汇总缴入国库单一账户。②非税收收入中的现金缴款，比照本程序缴入国库单一账户或预算外资金财政专户

（二）财政支出支付方式和程序

财政支出支付方式分为财政直接支付和财政授权支付两种方式。财政直接支付和财政授权支付的具体内容如表 4-3 所示。

表 4-3　财政支出支付方式

财政支出支付方式	基本概念	适用情形	支付程序
财政直接支付	财政直接支付是指财政部门向中国人民银行和代理银行签发支付指令，代理银行根据支付指令通过国库单一账户体系将资金支付到收款人（即商品或劳务的供应商等）或用款单位（即具体申请和使用财政资金的预算单位）账户的支付方式	财政统一发放的工资支出、工程采购和物品服务采购等购买支出的集中采购部分和转移支出	①预算单位申请。预算单位按照批复的部门预算和财政直接支付用款计划，在发生财政直接支付事项时提出支付申请，经本级预算单位审核后，报送财政国库支付执行机构。②财政部门国库支付执行机构开具支付令。财政国库支付执行机构根据批复的部门预算和用款计划及相关要求对支付申请审核无误后，向代理银行发出支付令，并通知中国人民银行国库部门。③代理银行划拨资金。代理银行据此通过财政零余额账户，将财政性资金直接支付到收款人或用款单位的账户。④资金清算。代理银行同时将当日实际支付资金按性质和预算科目汇总，由财政国库支付执行机构和财政总预算开具审核确认后，与中国人民银行国库部门进行资金清算

（续表）

财政支出支付方式	基本概念	适用情形	支付程序
财政授权支付	财政授权支付是指预算单位按照财政部门的授权，自行向代理银行签发支付指令，代理银行根据支付指令，在财政部门批准的预算单位的额度内，通过国库单一账户将资金支付到收款人账户的支付方式	暂未实行财政直接支付的专项支出和公用支出中的零星支出及小额现金的提取	①预算单位申请。预算单位按照批复的部门预算和财政授权支付用款计划，向财政国库支付执行机构申请授权支付的月度用款额度；财政国库支付执行机构依据财政部门核定的授权支付用款计划，向代理银行下达授权预算单位直接支付的月度用款额度。②预算单位自行签发支付令。预算单位按照财政部门授权，在批准的月度用款额度内，自行开具支付令。③通过国库支付执行机构转由代理银行办理支付。支付令交由代理银行后，代理银行通过单位零余额账户将资金支付到收款人账户。④资金清算。代理银行按照上述财政直接支付清算要求，办理清算事宜。在现代化银行支付系统和财政信息管理系统的国库管理操作系统尚未建立和完善前，财政国库支付执行机构或预算单位的支付令通过人工操作转到代理银行，代理银行通过现行银行清算系统向收款人付款，并在每天轧账前，与国库单一账户清算

【特别提示】

财政直接支付主要通过转账方式进行。

【点拨指导】

财政直接支付是由“财政部门”签发支付令，代理银行根据财政部门签发的支付令通过财政零余额账户支付相关款项；财政授权支付是由“预算单位自行”签发支付令，代理银行根据预算单位自行签发的支付令通过财政零余额账户支付相关款项。

【例4-1】 甲事业单位（简称甲单位）执行国库集中收付制度。本年发生如下经济业务事项：

（1）工资由财政直接支付，收到代理银行转来的“财政直接支付入账通知书”及工资发放明细表，款项已由代理银行支付到个人工资账户，发放工资200万元。

（2）对于单件物品或单项服务购买额不足10万元人民币的购买支出等，采用财政授权支付方式支付。甲单位收到代理银行转来的“授权支付到账通知书”，注明的授权支付额度为16万元。

（3）甲单位购买随买随用的办公用品，填制“财政授权支付凭证”送代理银行，购买办公用品4万元。

（4）甲单位为开展业务活动购买材料10万元，填制“财政授权支付凭证”送代理银行，款项支付完毕，材料已入库，并已全部用于业务活动。

（5）采购一台管理用设备，按照合同规定，购买价格120万元，由财政直接支付。甲单位收到代理银行转来的“财政直接支付入账通知书”及有关凭证，设备已验收完毕。

要求：根据上述资料，回答下列问题。

(1) 分析执行国库集中收付制度的单位，经过申请可设立哪些账户？

(2) 财政直接支付与财政授权支付的适用范围是否合法？

(3) 财政授权支付的程序是如何规定的？

答：(1) 执行国库集中收付制度的单位，经过申请可以设立预算单位零余额账户和特设专户。预算单位零余额账户用于财政授权支付和国库单一账户清算，该账户可办理转账、提取现金等结算业务，可以向本单位按账户管理规定保留的相应账户划拨工会经费、住房公积金及提租补贴，不得违反规定向本单位其他账户和上级主管单位、所属下级单位账户划拨资金。特设专户用于记录、核算和反映预算单位的特殊专项支出活动，并用于与国库单一账户清算。

(2) 本案例中直接支付与授权支付都是符合规定的。根据规定，实行财政直接支付的支出包括财政统一发放的工资支出、工程采购和物品服务采购等购买支出的集中采购部分和转移支出。实行财政授权支付的支出包括暂未实行财政直接支付的专项支出和公用支出中的零星支出及小额现金的提取。

(3) 授权支付程序包括：①预算单位申请。预算单位按照批复的部门预算和财政授权支付用款计划，向财政国库支付执行机构申请授权支付的月度用款额度；财政国库支付执行机构依据财政部门核定的授权支付用款计划，向代理银行下达授权预算单位直接支付的月度用款额度。②预算单位自行签发支付令。预算单位按照财政部门授权，在批准的月度用款额度内，自行开具支付令。③通过国库支付执行机构转由代理银行办理支付。支付令交由代理银行后，代理银行通过单位零余额账户将资金支付到收款人账户。④资金清算。代理银行按照上述财政直接支付清算要求，办理清算事宜。在现代化银行支付系统和财政信息管理系统的国库管理操作系统尚未建立和完善前，财政国库支付执行机构或预算单位的支付令通过人工操作转到代理银行，代理银行通过现行银行清算系统向收款人付款，并在每天轧账前，与国库单一账户清算。

【本章小结】

财政法律制度包括预算法律制度、政府采购法律制度和国库集中收付制度三个方面的内容。本章在本门课程中具有一定的重要性，其内容较难理解，读者在学习本章时需要多看书多做题，并要注意总结。本章内容相对抽象，知识点相对分散，读者在学习时建议将相关知识点结合学习，切勿孤立地记忆。

【过关训练】

一、单项选择题

1. 最新修正的《政府采购法》自(　　)起施行。

A. 2014 年 8 月 28 日　　B. 2014 年 8 月 29 日

C. 2014 年 8 月 30 日　　D. 2014 年 8 月 31 日

2. 经法定程序批准的国家年度财政收支计划称为(　　)。

A. 地方预算　B. 地区预算　C. 国家决算　D. 国家预算

3. 财政部门零余额账户是指(　　)。

A. 由财政部门在商业银行开设的预算外资金财政专户

B. 财政部门在商业银行为预算单位开设的零余额账户

C. 经国务院和国务院授权财政部门批准的预算单位在商业银行开设的特殊专户

D. 财政部门在商业银行开设的零余额账户

4. 各级人民代表大会和县级以上人大常委会有权就预算、决算中的重大事项或者特定问题组织调查,有关的政府、部门、单位和个人应当如实反映情况和提供必要的材料,这是立法机关监督职权(　　)的体现。

A. 调整权　B. 询问权　C. 质询权　D. 组织调查权

5. 对预算、决算的监督按照监督的内容不同进行分类,不包括(　　)。

A. 对预算编制的监督　B. 对预算执行的监督

C. 对预算调整的监督　D. 对预算审核的监督

6. 依法对预算执行、决算实行审计监督的部门是(　　)。

A. 县级以上政府审计部门　B. 各级政府

C. 县级以上政府财政部门　D. 各级人民代表大会及其常委会

7. 下列关于县级以上地方各级人民代表大会常务委员会的预算管理职权的表述中,不正确的是(　　)。

A. 监督本级总预算的执行

B. 审批本级预算和本级预算执行情况的报告

C. 审查和批准本级政府决算

D. 审查和批准本级预算的调整方案

8. 政府采购法律制度不包括(　　)。

A. 政府采购法　B. 政府采购地方采购办法

C. 政府采购部门规章　D. 政府采购地方性法规和政府规章

9. 国家预算不仅是保障国家机器运转的物质条件,而且是政府实施各项社会经济政策的有效保证,体现的是国家预算的(　　)。

A. 制约作用　B. 财力保证作用

C. 反映监督作用　D. 调节作用

10. 最新修正的《预算法》自(　　)起施行。

A. 2018年12月28日　B. 2018年12月29日

C. 2018年12月30日　D. 2018年12月31日

二、多项选择题

1. 编制决算草案的要求包括(　　)。

A. 符合法律、行政法规

B. 收支真实、数额准确

C. 内容完整、报送及时

D. 决算草案应当与预算相对应,按预算数、调整预算数、决算数分别列出

2. 下列关于国家预算作用的说法中，正确的有（　　）。

A. 国家预算的编制和执行，可以使政府便于掌握国民经济的运行状况、发展趋势以及出现的问题，从而采取相应的对策措施，促进国民经济稳定协调地发展，体现的是其反映监督作用

B. 国家预算的收支规模可以调节社会总供给和总需求的平衡，预算支出的结构可以调节国民经济结构，体现的是其反映监督作用

C. 国家预算的编制和执行，可以使政府便于掌握国民经济的运行状况、发展趋势以及出现的问题，从而采取相应的对策措施，促进国民经济稳定协调地发展，体现的是其调节制约作用

D. 国家预算不仅是保障国家机器运转的物质条件，而且是政府实施各项社会经济政策的有效保证，体现的是其财力保证作用

3. 下列关于采购人内部监督的说法中，正确的有（　　）。

A. 采购人必须按照《政府采购法》规定的采购方式和采购程序进行采购

B. 政府采购项目的采购标准应当公开

C. 采购活动的决策和执行程序应当明确，并相互监督、相互制约

D. 政府采购项目的采购结果应当公开

4. 国家预算的作用包括（　　）。

A. 财力保证作用　　B. 平衡收支作用

C. 反映监督作用　　D. 调节制约作用

5. 下列关于乡、民族乡、镇的人民代表大会的职权的说法中，正确的有（　　）。

A. 审查和批准本级预算和本级预算执行情况的报告

B. 监督本级预算的执行

C. 审查和批准本级预算的调整方案

D. 撤销本级政府关于预算、决算的不适当的决定和命令

6. 下列关于政府采购活跃市场经济的功能的说法中，正确的有（　　）。

A. 由政府自产、自建、自管转为全方位地面向市场开放

B. 促使供应商按市场经济规律不断提高货物、工程服务质量，提高自身竞争力

C. 积极采购本国产品，支持国内产业的发展

D. 加大投资，促进内需，较多地通过政府采购渠道来进行

三、判断题

1. 个人可能成为政府采购的供应商，但是不能成为其采购人。（　　）

2.《预算法实施条例》于2020年8月3日以“中华人民共和国国务院令第729号”的形式修订，自2021年1月1日起施行。（　　）

3. 财政部门零余额账户在行政单位和事业单位会计中使用。（　　）

4. 部门预算是总预算的基本组成部分，由各部门及其所属各单位预算组成，是各部门及其所属单位履行其职责或事业计划的财力保证。（　　）

5. 竞争性谈判是指采购人或其委托的采购代理机构通过与多家供应商（不能少于2家）进行谈判，最后从中择优选定中标供应商的一种采购方式。（　　）

6. 中央预算由全国人民代表大会审查和批准。地方各级预算由本级人民代表大会审查和批准。 （　　）

7. 国家预算按照预算收支的内容可分为一般公共预算、政府性基金预算、国有资本经营预算和社会保险基金预算。 （　　）

四、案例分析题

1. A单位是实行国库集中收付的事业单位。本年2月，A单位根据预算安排拟采购一台纳入政府采购目录的实验设备——甲设备。由于急需甲设备，A单位决定选择邀请招标方式自行采购。A单位向3家供应商发出招标邀请书，最终选择了供应商B企业，并与其签订了合同，但未将中标情况通知其他招标人。本年12月，一家未中标的供应商C企业向A单位所在地政府采购监管部门D单位投诉，认为A单位没有及时将中标结果通知所有未中标的投标人。监管部门对A单位进行调查，发现A单位未按照规定保管该项采购活动的采购文件，而且C企业反映的情况属实。监管部门对A单位进行了相应的处罚。

要求：根据上述资料，回答下列问题。

(1) 下列各项中，属于政府采购当事人中的采购人的有(　　)。

A. 团体组织　　B. 国家机关　　C. 事业单位　　D. 国有企业

(2) 下列各项中，属于本例中A单位采购设备甲应实行的采购方式的是(　　)。

A. 联合其他采购部门自行采购　　B. 委托集中采购机构代理采购

C. 采购人自行采购　　D. 由主管部门代为采购

(3) 本案例各单位中，属于政府采购当事人的有(　　)。

A. A单位　　B. C企业　　C. D单位　　D. B企业

(4) 下列各项中，属于A单位作为政府采购当事人中的采购人应享有的权利的有(　　)。

A. 审查政府采购供应商资格的权利

B. 接受和配合政府采购监督管理部门监督检查的权利

C. 自行选择采购代理机构的权利

D. 依法确定中标供应商的权利

(5) 下列各项中，属于A单位作为政府采购当事人中的采购人应承担的义务的有(　　)。

A. 尊重供应商的正当合法权益

B. 在指定媒体及时向社会发布政府采购信息、招标结果

C. 妥善保存反映每项采购活动的采购文件

D. 在规定时间内与中标供应商签订政府采购合同

2. 国家预算是实现财政职能的基本手段，预算组织程序包括预算的编制、审批、执行和调整。财政部门在预算组织协调和监督工作中，依照《预算法》的规定，将预算计划管理方式贯穿于预算资金筹集、分配和使用的始终，并通过预算管理工作内容来实现。

要求：根据上述资料，回答下列问题。

(1) 下列关于预算编制的说法中，正确的有(　　)。

A. 我国预算年度自公历1月1日起至12月31日止

B. 各级预算支出应当依照《预算法》规定，按其功能和经济性质分类编制

C. 各级政府、各部门、各单位应当依照预算法规定，将所有政府收入全部列入预算，不得隐瞒、少列

D. 各级一般公共预算应当按照本级一般公共预算支出额的1%至5%设置预备费，用于当年预算执行中的自然灾害等突发事件处理增加的支出及其他难以预见的开支

(2) 全国人民代表大会和地方各级人民代表大会对预算草案及其报告、预算执行情况的报告重点审查的内容有(　　)。

A. 上一年预算执行情况是否符合本级人民代表大会预算决议的要求

B. 预算安排是否贯彻国民经济和社会发展的方针政策，收支政策是否切实可行

C. 预算安排举借的债务是否合法、合理，是否有偿还计划和稳定的偿还资金来源

D. 与预算有关重要事项的说明是否清晰

(3) 下列关于预算执行的说法中，正确的有(　　)。

A. 各级预算由本级政府组织执行，具体工作由本级政府财政部门负责

B. 各部门、各单位是本部门、本单位的预算执行主体，负责本部门、本单位的预算执行，并对执行结果负责

C. 可以适当多征、提前征收或者减征、免征、缓征应征的预算收入

D. 可以适当截留、占用或者挪用预算收入

(4) 经全国人民代表大会批准的中央预算和经地方各级人民代表大会批准的地方各级预算，在执行中出现下列(　　)之一的，应当进行预算调整。

A. 需要增加或者减少预算总支出的

B. 需要调入预算稳定调节基金的

C. 需要调减预算安排的重点支出数额的

D. 需要增加举债债务数额的

(5) 预算调整方案应当说明预算调整的(　　)。

A. 理由　　B. 项目　　C. 数额　　D. 时间

第五章

会计职业道德

本章学习知识体系

- 会计职业道德
  - 会计职业道德概述
    - 会计职业及其风险(★)
    - 职业道德的概述(★)
    - 会计职业道德的概念与特征(★★)
    - 会计职业道德的功能与作用(★★)
    - 会计职业道德与会计法律制度的关系(★★★)
  - 会计职业道德规范的主要内容
    - 爱岗敬业(★★★)
    - 诚实守信(★★★)
    - 廉洁自律(★★★)
    - 客观公正(★★★)
    - 坚持准则(★★★)
    - 提高技能(★★★)
    - 参与管理(★★★)
    - 强化服务(★★★)
  - 会计职业道德教育
    - 会计职业道德教育的概念(★★)
    - 会计职业道德教育的形式(★★★)
    - 会计职业道德教育的内容(★★★)
    - 会计职业道德教育的途径(★★)
    - 会计人员诚信教育与信用档案建设(★★)
  - 会计职业道德建设的组织与实施
    - 财政部门的组织推动(★★)
    - 会计行业组织的自律(★★)
    - 企事业单位的内部监督(★★★)
    - 社会各界的监督与配合(★★)
  - 会计职业道德的检查与奖惩
    - 会计职业道德检查与奖惩的意义(★★)
    - 会计职业道德检查与奖惩机制(★★)

第一节　会计职业道德概述

【学习指南】

学习本节内容，读者需要了解职业道德的特征与作用，熟悉会计职业道德的概念与特征、会计职业道德的功能与作用，掌握会计职业道德与会计法律制度的关系。

一、会计职业及其风险

（一）会计职业

1. 会计职业的概念

会计职业，是指利用会计专业的知识和技能，为经济社会提供会计服务，获取合理报酬的职业。

2. 会计职业的特征

（1）会计职业的社会属性。会计职业是社会的一种分工，它履行会计职能，为社会提供会计服务，维护生产关系和经济社会秩序，正确处理企业利益相关者和社会公众的经济权益和关系。

（2）会计职业的规范性。会计职业不仅具有系统的专业规范操作要求，而且具有严格的职业道德规范要求。

（3）会计职业的经济性。会计职业是会计人员谋生的劳动手段，具有可以获取合理报酬的特点。

（4）会计职业的技术性。会计职业采用各种与会计专业相关的专门方法和程序来履行其职能。

（5）会计职业的时代性。会计职业应当适应经济社会生产经营方式的要求，助力市场发挥在经济资源配置中的决定作用，助力政府更好发挥作用，顺应文化、社会组织等多种因素的变化，切实贯彻创新、协调、绿色、开放、共享的高质量发展理念，与时俱进。

（二）会计职业风险

会计职业风险，是指因会计职业行为产生差错或不良后果而应由会计人员承担责任的可能性。企业会计的职业风险主要产生于以货币作为主要计量单位和公司治理等多方面。

首先，以货币作为计量单位受到多种不同的计量属性以及币值变动的影响，不同交易或者事项的确认、计量、记录和报告采用不同的计量属性形成不同的会计核算结果并产生不同的经济后果，可能导致会计人员面临不同的会计技术处理、职业判断和选择不当甚至发生会计差错的职业风险。

其次，企业会计作为公司治理结构的重要组成部分，受到公司治理的权责结构和代理冲突的重大影响，可能导致会计人员面临客观、公正、公允、公平、及时与维护企业利益相关者和社会公众利益之间的道德冲突的职业风险，如会计人员在压力之下的不当盈余管理甚至会计造假或财务舞弊等。

除此之外，会计法律、规章制度和会计准则等规范性文件的变化，以及相应会计技术处理方法的改进等导致企业会计人员在确认、计量、记录和报告过程中可能发生的合法性、准确性的偏差甚至错误的风险等。

二、职业道德的概念、特征与作用

（一）职业道德的概念

职业道德的概念有广义和狭义之分。广义的职业道德是指从业人员在一定职业活动中应当遵循的行为准则和规范的总和，它涵盖了从业人员与服务对象之间、从业人员与职业之间、职业与职业之间等各方面的关系。狭义的职业道德是指从业人员在一定职业活动中应遵循的、体现一定职业特征的、调整一定职业关系的职业行为准则和规范。本教材的职业道德主要是指狭义的职业道德。

不同职业的从业人员在其特定的职业活动中形成了特定的职业关系，为了协调这种特殊的、复杂的职业关系，不仅需要行政的、法律的、经济的规范或手段，而且需要道德的规范或手段，由此形成了不同职业的从业人员的道德规范，即职业道德。职业道德可以用来指导和约束职业行为，促进职业活动的正常进行。

【知识拓展】

道德主要分为社会公德、职业道德、家庭美德、个人品德等方面。我国《新时代公民道德建设实施纲要》提出了职业道德的基本内容，即“爱岗敬业、诚实守信、办事公道、热情服务、奉献社会”。

（二）职业道德的特征

职业道德具有职业性（行业性）、实践性、继承性和多样性等特征。

1. 职业性

职业道德的内容与职业活动密切相关，反映了特定职业活动对从业人员行为的道德要求，因此，职业道德具有很强的职业性（行业性），而不具有全社会普遍的适用性。一定的职业道德规范一般仅适用于一定的职业活动领域，对其他职业就不完全适用，甚至完全不适用。

2. 实践性

职业活动都是具体的实践活动，因此，根据职业实践经验积累总结出来的职业道德规范具有较强的操作性和实践性，并且容易形成具体的条文。职业道德规范一般采用行业公约、工作准则、行为须知、操作规程等具体的规章制度形式，用以教育、指导、约束本行业的从业人员。并且职业道德规范一般都会被公之于众，让行业内部和外部人员（包括服务对象）检查、监督职业道德规范的遵守情况。甚至有的职业道德规范被部分纳入法律规范，要求从业人员在该行业中严格遵守。

3. 继承性

一方面，职业是与职业活动密切相关的，因此即使在不同的社会经济发展阶段，同样一种职业因其服务对象、服务手段、职业利益、职业责任和义务的相对稳定而保持相对稳定；另一方面，职业道德作为社会意识形态的一种特殊形式，虽然随着社会经济关系的变化而发生一定的改变，但是职业道德规范的核心内容是被继承和发扬的。

【举例说明】

教师“诲人不倦”、医生“救死扶伤”等职业道德，在这些职业中世代相传，具有较强的继承性。

4. 多样性

职业道德与具体的职业紧密相连，而社会上的职业又是多种多样的，因此，有多少种类的职业就应当有多少种类的职业道德。例如，教师有“师德”，医生有“医德”。不仅如此，在同一职业中又有可能进一步细化为不同的岗位，这些不同的岗位又应当有更加具体的职业道德规范。另外，随着社会经济的不断发展，新兴行业会不断出现，与之相适应的职业道德也会随之产生，职业道德会更加多样和丰富。

（三）职业道德的作用

职业道德的作用主要有以下两个方面。

1. 促进职业活动的有序进行

职业道德最主要的作用就是通过协调和化解职业关系中的各种差异和矛盾，维持正常的职业活动秩序，推进职业活动健康有序地进行。

2. 对整个社会的道德风尚产生积极的影响

道德能够通过劝善戒恶，并采用舆论的褒贬等方式，传播正确的价值观，传递正能量，树立好榜样，形成良好的社会风气，从而对人与社会产生潜移默化的积极影响。而职业道德作为道德的一个重要组成部分，能够对整个社会的道德风尚产生积极的影响。

三、会计职业道德的概念与特征

（一）会计职业道德的概念

会计职业道德是指在会计职业活动中应当遵循的、体现会计职业特征的、调整会计职业关系的职业行为准则和规范。

会计职业道德是调整会计职业活动中各种利益关系的手段。会计工作的性质决定了会计人员在会计职业活动中需要调整的包括会计人员与服务对象之间、会计人员与会计职业之间，会计人员与单位之间、单位与单位之间、单位与投资者之间、单位与债权人之间、单位内部各部门之间、单位与社会公众之间以及单位与国家等各类经济关系，这些经济关系的实质是经济利益关系。

在市场经济活动中，当各单位利益与国家利益、社会公众利益发生冲突时，会计职业道德不允许各单位通过损害国家利益和社会公众利益来获取违法或不正当利益。会计职业道德通过辅助国家相关法律制度来调整会计职业关系中的经济利益关系，维护正常的社会经济秩序。

（二）会计职业道德的特征

会计作为社会经济活动中的一种特殊职业，其职业道德除具有职业道德的一般特征外，与其他职业道德相比还具有如下特征。

1. 较多关注公众利益

在会计工作中，会计确认、计量、记录和报告的方法、标准和程序的变化和调整，都有可能影响相关利益者的经济利益。当各单位利益与国家利益和社会公众利益发生矛盾时，会计人员如果偏向单位利益，就会损害国家利益和社会公众利益，将会产生会计职业道德问题。因此，会计职业活动与国家利益和社会公众利益密切相关是会计职业的一个显著特征。会计职业的特殊性对会计职业道德提出了更高的要求，它要求会计人员忠于职守、敢于斗争，当发生道德冲突时要坚持准则，自觉抵制会计造假行为，始终把国家利益和社会公众利益放在首位。

2. 具有一定的强制性

道德和职业道德一般情况下均不具有强制性，只能要求人们“应该怎样做或者不应该怎样做”，而法律具有强制性，能够要求人们“必须怎样做或者必须不怎样做”。但因为会计职业涉及多方利益相关者的利益，所以会计职业道德不同于一般的职业道德，大多数会计职业道德规范的内容都要求会计人员严格遵守。

四、会计职业道德的功能与作用

（一）会计职业道德的功能

会计职业道德的功能主要有以下几个方面。

1. 指导功能

会计职业道德具有指导具体会计行为的功能，它扮演着引领会计人员会计行为方向的“向导”角色。会计职业道德能够指引会计人员具体协调和化解会计职业关系中的各种差异和矛盾，调整会计职业活动内的各方面的关系，促使会计人员之间和谐一致，保证会计工作正常、平稳、合规、高效地进行。

2. 评价功能

会计职业道德具有通过评价方式来指导和纠正会计人员的行为，协调各种关系、维护经济秩序的功能。会计职业道德通过评价、褒扬、激励、命令、谴责、惩罚等方式来规范、调整或纠正会计人员的行为，激发会计人员提高自身业务水平的积极性和主动性，鼓励会计人员自我批评、自我改进、自我完善、自我发展，促使会计人员的会计行为从“现有行为”向“应有行为”转化，从而协调相关利益者的关系，维护正常的社会经济秩序。

3. 教化功能

会计职业道德通过评价、命令、指导、示范等方式，运用塑造职业理想人格等手段，通过树立职业道德榜样等途径，形成良好的会计职业道德风尚，培养会计人员的会计职业道德习惯和会计职业优秀品质，提升会计人员遵行会计职业道德规范的自觉性和主动性。

（二）会计职业道德的作用

会计职业道德的作用主要有以下几点。

1. 会计职业道德是规范会计行为的基础

内心动机是外在行为的先导，有什么样的内心动机决定了有什么样的外在行为。会计职业道德对会计人员的内心动机提出了相应的要求，如坚持诚信、守责敬业等，这些内心动机可以引导、规劝会计人员树立正确的会计职业道德观念，建立良好的会计职业品行和会计职业修养，从而达到规范会计行为的目的。

2. 会计职业道德是实现会计目标的重要保证

会计工作的目标在于：向财务会计报告使用者提供与决策有关的会计信息；反映企业管

理层受托责任履行情况，有助于财务会计报告使用者作出经济决策。会计职业活动不仅是技术性的处理过程，而且又是对多方经济利益关系的调整，因此会计目标能否顺利实现，不仅取决于会计人员的专业知识和技能水平，而且也取决于会计人员能否严格遵守会计法律制度和会计职业道德。如果会计人员故意地提供了不合法、不真实、不准确、不及时、不完整的会计信息，就会导致会计信息使用者的决策失误，甚至会导致社会经济秩序陷入混乱。因此，通过运用会计职业道德规范约束会计人员的会计职业行为，是实现会计目标的重要保证。

3. 会计职业道德是对会计法律制度的重要补充

现实中，人们的很多美善的行为难以通过法律做出规定。例如，会计法律只能对会计人员违法和不违法的行为做出具体规定，而不能对会计人员坚持诚信、守责敬业、坚持学习、守正创新等做出具体要求。但是，如果会计人员缺乏守责敬业的工作态度，失去坚持诚信的基本准则，没有坚持学习、守正创新的内在意识，则很难保证会计信息合法、真实、准确、及时、完整的法定要求。因此，会计职业道德的作用是会计法律制度所不能替代的，会计职业道德是对会计法律规范的重要补充。

4. 会计职业道德是会计人员提高素质的内在要求

社会的进步和发展，会计技术手段日新月异，对会计人员各方面的素质要求越来越高。会计职业道德正是会计人员素质的重要组成部分。一个高素质的会计人员理应做到“坚持诚信，守法奉公”“坚持准则，守责敬业”“坚持学习，守正创新”，这不仅属于会计职业道德的主要内容，也是高素质会计人员的必要特征。大力倡导会计职业道德建设，不断加强会计职业道德教育，引导会计人员持续加强自身职业道德修养，提高会计专业胜任能力，有利于促进会计人员整体素质的不断提高。

五、会计职业道德与会计法律制度的关系

（一）会计职业道德与会计法律制度的联系

1. 会计职业道德与会计法律制度在作用上相互补充、相互协调

在规范会计行为的过程中，我们不可能完全依赖会计法律制度的强制功能而排斥会计职业道德的教化功能。基本的会计行为必须运用会计法律制度进行规范，但不需要或不适合由会计法律制度进行规范的会计行为，可以通过会计职业道德进行规范。因此，我们既要充分发挥会计法律制度的强制功能，又要强化会计职业道德的教化功能，两者相互补充、相互协调。

2. 会计职业道德与会计法律制度在内容上相互借鉴、相互吸收

起初的会计职业道德规范就是对会计职业行为约定俗成的基本要求，后来在会计立法过程中吸收了这些基本要求的一部分，便形成了会计法律制度。一方面，会计法律制度中包含会计职业道德规范的某些内容；另一方面，会计职业道德规范中也包含会计法律制度的某些条款，两者在内容上相互借鉴、相互吸收。

【点拨指导】

会计法律制度是会计职业道德的最低要求。

总之，会计职业道德与会计法律制度在实施过程中相互作用、相互影响，会计职业道德

是会计法律制度正常运行的社会基础和思想基础，会计法律制度是促进会计职业道德规范形成和遵守的重要保障。

（二）会计职业道德与会计法律制度的区别

1. 会计职业道德与会计法律制度的性质不同

会计职业道德主要凭借会计人员自觉遵守，并依靠社会舆论和内在良心来保障实施，具有很强的自律性和自觉性；而会计法律制度通过国家强制力保障实施，充分体现了统治阶级的愿望和意志，具有很强的他律性和强制性。

2. 会计职业道德与会计法律制度的作用范围不同

会计职业道德不仅要求调整会计人员的外在行为，还要求调整会计人员包括内在动机在内的精神世界，具有较强的主观性；而会计法律制度着重于规范会计人员的外在行为和结果的合法化，而不能脱离外在行为监察内在动机，具有较强的客观性。

【点拨指导】

会计法律制度的各种规定是会计职业关系和会计工作秩序得以维系的最基本条件，是对会计人员行为的最低限度的要求，因此违反了会计法律制度一般同时会违背会计职业道德，但违背了会计职业道德却不一定同时会违反会计法律制度。

【举例说明】

某些会计人员不钻研业务，不加强对专业知识的学习，缺乏胜任专业工作的能力；某些会计人员缺乏爱岗敬业的态度，对会计本职工作仅满足于现状、不求进取、应付差事。上述两种情形都不能说违反了会计法律制度，但都违背了会计职业道德。

3. 会计职业道德与会计法律制度的表现形式不同

会计职业道德源于会计人员的职业实践活动，是经过日积月累而约定俗成的方式形成的，其表现形式既有明确成文的规定，又有仅存在于会计人员内心的标准、思想和信念；而会计法律制度是国家权力机关和行政机关制定的，用以调整会计关系的各种法律、法规、规章和规范性文件的总称，其表现形式是明确的、具体的、正式的成文条款。

4. 会计职业道德与会计法律制度的实施保障机制不同

会计职业道德在一定程度上借助会计法律制度进行统一实施，但更需要通过会计人员的自觉遵守、榜样树立、舆论引导或谴责来实现；会计法律制度仅仅依靠国家强制力保障实施。

5. 会计职业道德与会计法律制度的评价标准不同

会计职业道德是以善恶为标准来判定会计行为是否遵守会计职业道德规范，属于社会道德体系范畴；会计法律制度是以会计人员享有的权利和承担的义务为标准来判定其会计行为是否遵守会计法律制度，属于法律体系范畴。

【点拨指导】

会计法律制度要求的是“必须”，即要求会计人员必须遵守会计法律制度；会计职业道德要求的是“应当”，即要求会计人员应当遵守会计职业道德。

第二节　会计职业道德规范的主要内容

【学习指南】

学习本节内容，读者需要掌握我国会计职业道德规范的主要内容，即：(1)坚持诚信，守法奉公；(2)坚持准则，守责敬业；(3)坚持学习，守正创新。

《会计法》规定："会计人员应当遵守职业道德，提高业务素质。"会计人员承担着生成和提供会计信息、维护国家财经纪律和经济秩序的重要职责。党的十八大以来，党中央、国务院部署加快社会信用体系建设、构筑诚实守信的经济社会环境，将会计人员作为职业信用建设的重点人群，要求引导职业道德建设与行为规范。[①]

根据《财政部关于印发〈会计人员职业道德规范〉的通知》(财会〔2023〕1 号)，为贯彻落实党中央、国务院关于加强社会信用体系建设的决策部署，推进会计诚信体系建设，提高会计人员职业道德水平，根据《中华人民共和国会计法》、《会计基础工作规范》，财政部研究制定了《会计人员职业道德规范》。根据《会计人员职业道德规范》，将新时代会计人员职业道德规范要求(会计职业道德规范要求[②]，又称会计职业道德规范的主要内容)总结提炼为三条核心表述，即：(1)坚持诚信，守法奉公；(2)坚持准则，守责敬业；(3)坚持学习，守正创新。

【特别提示】

这是我国首次制定全国性的会计人员职业道德规范。

一、坚持诚信，守法奉公

(一) 坚持诚信，守法奉公的含义

坚持诚信是指会计人员外在的言行和内在的思想一致，忠诚真实、胸怀坦白、不说谎、遵守信约、信守诺言、持守信用、坚守信誉、保守秘密，不弄虚作假、不欺上瞒下、不文过饰非、不歪曲事实真相，严格要求自己，存敬畏之心做人做事。

守法奉公是指会计人员遵守与会计工作和职业相关的各项法律法规，奉行公事，公私分明，不徇私。

【点拨指导】

诚信是诚实守信的简称。诚信是我国社会主义核心价值观的重要组成部分，是社会主义道德建设的重要内容，是构建社会主义和谐社会的重要纽带，同时也是社会主义市场经济运行的基础。

---

① 资料来源：http://www.gov.cn/xinwen/2023-01/31/content_5739420.htm.

② 会计职业道德规范要求、会计职业道德规范、会计职业道德要求，在本书中不做具体区分，基本上可以相互混用。

（二）坚持诚信，守法奉公的基本要求

1. 牢固树立诚信理念，以诚立身、以信立业，严于律己、心存敬畏

会计人员在会计工作过程中，应当诚实守信、胸怀坦荡、表里如一，不说谎欺诈、不弄虚作假、不欺上瞒下、不文过饰非、不歪曲事实真相。会计人员应当树立保密意识，强化守信观念，做到保守商业秘密、持守商业信用、坚守商业信誉。在市场经济中，商业秘密可以带来经济利益，而会计人员在工作过程中可能会接触到单位和客户的相关商业机密，会计人员应当不为利益所诱惑，对商业机密资料不外传、不泄露、不谈论，做到守口如瓶、遵守信约、信守诺言，向单位和客户负责。除法律规定和单位领导人同意外，会计人员不得私自向外界提供或者泄露单位的会计及其他信息。

会计人员应当树立正确的世界观、人生观和价值观，按照会计法律制度和会计职业道德的要求不断地、严格地进行自我约束、自我控制，并逐渐养成自觉遵守的品格；与此同时，会计人员应当内心存有尊敬甚至畏惧的情感，存有如履薄冰的谨慎态度，做公平正义的事情，不做偏颇邪恶的事情。

【特别提示】

会计人员应当做诚实人，说诚实话，办诚实事。做诚实人，要求会计人员做人要言行一致、表里如一、光明磊落。说诚实话，要求会计人员说话要诚实无伪，“一”就是“一”，“二”就是“二”，既不夸大也不缩小。办诚实事，要求会计人员工作要踏踏实实，不弄虚作假，不欺上瞒下。会计人员如果不做诚实人，不说诚实话，不办诚实事，弄虚作假，就会导致提供的会计信息失真，会计工作也就没有什么意义了。

【特别提示】

人们要先学会做人，再学会说话、做事。

【点拨指导】

会计人员如果为利益所诱惑，不保密守信，则会给单位和客户带来损失，而会计人员自己也将为自己的行为负责。

【特别提示】

《会计基础工作规范》第二十三条规定，会计人员应当保守本单位的商业秘密。除法律规定和单位领导人同意外，不能私自向外界提供或者泄露单位的会计信息。

【点拨指导】

2018 年 4 月 19 日，财政部发布了《关于加强会计人员诚信建设的指导意见》(财会〔2018〕9 号)，明确了加强会计人员诚信建设的总体要求、增强会计人员诚信意识、加强会计人员信用档案建设、健全会计人员守信联合激励和失信联合惩戒机制以及强化组织实施等方面的内容。

【特别提示】

《关于加强会计人员诚信建设的指导意见》指出，要建立严重失信会计人员“黑名单”制度，将有提供虚假财务会计报告，做假账，隐匿或者故意销毁会计凭证、会计账簿、财务会计报告，贪污，挪用公款，职务侵占等与会计职务有关违法行为的会计人员，作为严重失信会计人员列入“黑名单”，纳入全国信用信息共享平台，依法通过“信用中国”网站等途径，向社会公开披露相关信息。

【特别提示】

中国现代会计学之父潘序伦先生倡导:“信以立志,信以守身,信以处事,信以待人,毋忘‘立信’,当必有成。”这句话主要体现了“坚持诚信,守法奉公”中的“坚持诚信”的会计职业道德要求。

【特别提示】

树立正确的世界观、人生观和价值观是会计人员能够做到“严于律己、心存敬畏”的思想基础。会计人员应当自觉抵制享乐主义、个人主义、拜金主义等错误思想,应当牢固树立“过紧日子”、集体主义、生财有道等正确思想,加强自身的道德修养。

【点拨指导】

拜金主义认为金钱是万能的,把追求金钱作为人生的最高目标;享乐主义认为人生的意义在于满足感官的享受与快乐;个人主义认为应当一切以个人为中心,把个人的利益凌驾于集体利益、国家利益之上。享乐主义、个人主义、拜金主义是错误的世界观、人生观和价值观。如果每个人或者大多数人都追求享乐主义、个人主义、拜金主义,那么整个社会就不会和谐甚至无法运转。

【点拨指导】

遵守会计职业道德规范需要自律和他律。自律是会计人员自警、自省、自我控制等约束的过程;他律是会计人员接受外部的教育、批评、监督等约束的过程。自律和他律是相辅相成的。会计人员若仅仅依靠他律而没有自律,则不能形成长久遵守会计职业道德规范的状态。会计人员若时刻意识到他律的存在,并提醒自己遵守会计职业道德规范,会逐渐形成心理自觉,并会将他律的内容转化为自律。自律相对于他律是一种更高的境界。

2. 学法知法守法,公私分明、克己奉公,树立良好职业形象,维护会计行业声誉

会计人员应当自觉学习、通晓并遵守与会计工作和职业相关的各项法律法规,正确处理权责利的关系,拒绝违法乱纪行为,抵御以权谋私的行为,做到一身正气。

会计人员应当严格划分公与私的界线,公就是公,私就是私,绝不化公为私,克制自己的私心,一心为公,不徇私,不贪图不义之财,不占单位一点便宜,不利用职务之便挪用公款、贪污受贿,也不与化公为私的单位领导和同事同流合污。

会计人员只有做到学法知法守法,公私分明、克己奉公,才能够树立良好的会计职业形象,维护会计行业声誉。

【点拨指导】

《会计基础工作规范》第十九条规定,会计人员应当熟悉财经法律、法规、规章和国家统一会计制度,并结合会计工作进行广泛宣传。

【点拨指导】

遵纪守法是每个公民应尽的义务,是建设中国特色社会主义和谐社会的基石。

【点拨指导】

会计人员将办公室多余的办公用品带回家,故意到办公室给手机或者移动电源充电,用办公室打印机给自己打印材料用于私人用途,为自己和他人找一些发票到本单位报销(例如在超市买了食品自用,去柜台开具抬头为本单位的发票,然后到本单位报销),以上均违背了“坚持诚信,守法奉公”的会计职业道德要求。

(三) 坚持诚信，守法奉公的地位

"坚持诚信，守法奉公"是对会计人员的自律要求。

【举例说明】

体现"坚持诚信，守法奉公"的会计职业道德要求的有：实话实说；表里如一；"一"就是"一"，"二"就是"二"；"是"就是"是"，"不是"就是"不是"；说话算话；对秘密"守口如瓶""缄舌闭口"；严于律己、心存敬畏；学法知法守法；公私分明、克己奉公、一心为公；常在河边走，就是不湿鞋；理万金分文不沾；打铁还需自身硬；宁可清贫自乐，不可浊富多忧；出淤泥而不染，濯清涟而不妖，等等。违背"坚持诚信，守法奉公"的会计职业道德要求的有：说双关话；表里不一；弄虚作假；欺上瞒下；文过饰非；歪曲事实；说话不算话；对秘密"口无遮拦""信口开河"；常在河边走，哪有不湿鞋；不贪白不贪；徇私舞弊；化公为私；挪用公款、贪污受贿；千里之堤，毁于蚁穴，等等。

【例5-1】 张某是一家人工智能科技公司（甲公司）的会计主管，张某的丈夫王某在一家电竞游戏开发公司（乙公司）担任总经理。王某以离婚作为威胁，要求张某将其在工作中接触到的甲公司新技术研发成果资料的复印件提供给王某，但张某经过再三考虑予以拒绝。

要求：从会计职业道德的角度，分析评价张某的行为。

答：会计职业道德规范中"坚持诚信，守法奉公"的基本要求包括：(1)牢固树立诚信理念，以诚立身、以信立业，严于律己、心存敬畏；(2)学法知法守法，公私分明、克己奉公，树立良好职业形象，维护会计行业声誉。

会计人员应当树立保密意识，强化守信观念，做到保守商业秘密、持守商业信用、坚守商业信誉。

王某以离婚作为威胁，要求张某将其在工作中接触到的甲公司新技术研发成果资料的复印件提供给王某，但张某经过再三考虑予以拒绝。张某的行为体现了"坚持诚信，守法奉公"的会计职业道德规范要求。

二、坚持准则，守责敬业

(一) 坚持准则，守责敬业的含义

坚持准则是指会计人员在会计工作过程中，要严格按照会计准则制度进行业务处理，不为主观想法或他人意志左右，从而保证会计信息的合法、真实、准确、及时、完整。

守责敬业是指会计人员在会计工作过程中，要勤勉努力，毫不懈怠，尽职尽责，爱岗敬业，敢于与会计违法行为做斗争，维护国家财经纪律和经济秩序。

【点拨指导】

准则是会计人员在会计工作过程中所依据的外在标准和尺度，它不仅仅指会计准则，而是指包括会计准则在内的会计法律制度。会计法律制度，是指国家权力机关和行政机关制定的关于会计工作的法律、法规、规章和规范性文件的总称。会计法律制度的含义有广义和狭义之分。狭义上的会计法律制度主要包括会计法律、会计行政法规、会计部门规章和地方性会计法规；广义的会计法律制度除了狭义的会计法律制度之外，还包括结算法律制度、税收法律制度、财政法律制度等与会计工作相关的法律制度。

（二）坚持准则，守责敬业的基本要求

1. 严格执行准则制度，保证会计信息真实完整

会计人员应当先通过认真学习来熟悉、精通会计准则制度，在此基础上严格遵守、执行会计准则制度。会计人员在会计工作过程中应当将单位具体的经济业务事项与会计准则制度对照，先做出是否合法的判断。对于合法的经济业务事项严格按照会计准则制度的要求进行会计处理；对于不合法的经济业务事项不予进行会计处理，并按照会计准则制度的要求采取相应的措施。只有这样，才能合法合规，才能保证会计信息的合法、真实、准确、及时、完整。

【点拨指导】

会计人员要想坚持准则，首先要通过认真学习来熟悉、精通准则，即通晓准则。通晓准则是遵守、执行准则的前提。只有通晓准则，才有可能按照准则进行业务处理，才有可能保证会计信息的合法、真实、准确、及时、完整。

【点拨指导】

《会计基础工作规范》第十九条规定，会计人员应当熟悉财经法律、法规、规章和国家统一会计制度，并结合会计工作进行广泛宣传。

【点拨指导】

会计人员要想坚持准则，就应当在通晓准则的基础上遵守、执行准则，即遵循准则。只有遵循准则，才能保证会计信息的合法、真实、准确、及时、完整。

【点拨指导】

《会计法》第二十九条规定，会计机构、会计人员发现会计账簿记录与实物、款项及有关资料不相符的，按照国家统一会计制度的规定有权自行处理的，应当及时处理；无权自行处理的，应当立即向单位负责人报告，请求查明原因，作出处理。

【特别提示】

《会计基础工作规范》第二十条规定，会计人员应当按照会计法律、法规和国家统一会计制度规定的程序和要求进行会计工作，保证所提供的会计信息合法、真实、准确、及时、完整。

【点拨指导】

《会计基础工作规范》第二十一条规定，会计人员办理会计事务应当实事求是、客观公正。这就要求会计人员在工作中应当从实际出发，尊重客观事实，按照会计业务的实际情况进行账务处理，客观反映会计业务的本来面貌，做到不夸大、不缩小、不隐瞒、不偏不倚，不受自己的主观偏好所影响，也不为他人的不良意见或施压所左右，如实反映和披露单位实际发生的经济业务事项。

2. 勤勉尽责、爱岗敬业，忠于职守、敢于斗争，自觉抵制会计造假行为，维护国家财经纪律和经济秩序

会计人员应当充分认识会计工作的重要性，树立会计职业的荣誉感，具备勤奋、积极、主动、认真、仔细、担当等良好的工作态度，毫不懈怠，热爱自己的会计工作岗位，专心致力于自

己的会计本职工作。

会计人员应当认真履行岗位职责，在会计工作中能够忠于本职工作，依法履行会计核算和会计监督职责，在发生道德冲突时，应当坚持会计准则制度，能够抵抗各种压力、抵制各种诱惑，敢于同违反会计准则制度的思想和行为作斗争，自觉抵制各种会计造假、舞弊行为，坚决维护国家财经纪律和市场经济秩序。

【点拨指导】

经济越发展，会计越重要。随着经济的发展，会计工作在社会经济活动中发挥着越来越重要的作用，社会经济发展对会计人员的要求越来越高，会计人员的社会地位也随之提升。会计人员应当充分认识会计工作的重要性，树立会计职业的荣誉感，这是做到"勤勉尽责、爱岗敬业"的基本前提和要求。

【点拨指导】

会计人员如果对会计职业缺乏正确的认识，缺乏对会计职业的荣誉感，就容易出现懒惰、消极、拖沓、敷衍、马虎、推脱等不良的工作态度和行为。这也是会计人员不"勤勉尽责、爱岗敬业"的具体表现。

【点拨指导】

会计工作和数据相关，涉及复杂繁多的各类账证表，因此，会计工作是一项细致烦琐的工作，需要会计人员认真仔细、谨慎小心，具备严肃认真的工作态度，树立一丝不苟的工作作风。会计人员应当端正自己的工作态度，要为本单位做好账，认真仔细地对待每一项会计工作。会计人员在工作中如果不具备"认真、仔细"等良好的工作态度，容易出现工作上的失误，对单位和个人都会带来损失。

【点拨指导】

会计人员热爱会计工作是做好会计工作的基础。即使会计人员对会计职业不感兴趣，也要树立"干一行爱一行"的观念，发现并培养对会计职业的兴趣，激发对会计职业的热忱，在会计岗位上默默耕耘。

【点拨指导】

会计人员既然选择学习了会计专业知识，从事了会计工作，就应当安心于会计工作岗位，对自己的会计职业负责。只有安心于本职工作，才能静下心来潜心研究专业知识和技能，经过长期在某一会计专业或者方向上的积累，才能成为会计界的专家。会计人员对待本职工作的态度至少要任劳任怨、吃苦耐劳、不计个人得失，最好是为他人着想、心甘情愿、乐于奉献自己。

【点拨指导】

会计人员如果不去安心工作，没有心甘情愿的工作态度，就不能成为会计行业领域中经验丰富的专家、高端人才或者领军人才。

【特别提示】

《会计基础工作规范》第十八条规定，会计人员应当热爱本职工作，努力钻研业务，使自己的知识和技能适应所从事工作的要求。

【点拨指导】

会计人员如果缺乏对会计工作的热爱，就会失去对会计工作本身的兴趣，就不会积极主动地研究会计专业知识，更不会积极主动地提升会计专业能力。

【点拨指导】

《会计法》第四条规定，单位负责人对本单位的会计工作和会计资料的真实性、完整性负责。有时单位负责人会为了某种目的，授意、指使、强令会计机构、会计人员伪造、变造会计凭证、会计账簿和其他会计资料，提供虚假财务会计报告，这种情况下，会计人员应当坚决抵制，这不仅是对国家和社会公众负责，也是对自己负责，同时又是对单位负责人负责。

【点拨指导】

会计人员如果不"忠于职守、敢于斗争，自觉抵制会计造假行为"，就可能会损害投资者、债权人、企业管理层、政府部门、金融机构、社会公众及其他各利益相关者的利益。

【特别提示】

《会计基础工作规范》第十七条规定，会计人员在会计工作中应当遵守职业道德，树立良好的职业品质、严谨的工作作风，严守工作纪律，努力提高工作效率和工作质量。

【例5-2】 甲公司会计人员张某在会计工作中认真执行准则制度，保证会计信息的合法、真实、准确、及时、完整，受到上级主管部门的好评。

要求：从会计职业道德的角度，分析评价张某的行为。

答：会计职业道德规范中"坚持准则，守责敬业"的基本要求包括：(1)严格执行准则制度，保证会计信息真实完整；(2)勤勉尽责、爱岗敬业，忠于职守、敢于斗争，自觉抵制会计造假行为，维护国家财经纪律和经济秩序。

张某在会计工作中认真执行准则制度，保证会计信息的合法、真实、准确、及时、完整，体现了"坚持准则，守责敬业"的会计职业道德规范要求。

(三) 坚持准则，守责敬业的地位

坚持准则，守责敬业是对会计人员的履职要求。

【举例说明】

体现"坚持准则，守责敬业"的会计职业道德要求的有：立场坚定；坚守原则、坚守准则；实事求是、一切从实际出发、不偏不倚；为人不做亏心事，半夜敲门心不惊；干一行爱一行；安心工作，心甘情愿；严肃认真，一丝不苟；忠于职守，尽职尽责；对工作极端负责，等等。违背"坚持准则，守责敬业"的会计职业道德要求的有：打准则擦边球；钻准则漏洞；跟着感觉走；先入为主；看领导脸色办事；当一天和尚撞一天钟；马马虎虎；得过且过；推一步走一步；拖拖拉拉；推诿扯皮；这山望着那山高；都是熟人不会错，等等。

【例5-3】 甲公司为中标一项工程，拟向建设单位有关人员支付好处费10万元。甲公司市场部经理刘某持董事长张某的批示到财务部领取该笔款项。财务部经理李某严格按照会计准则办事，拒绝拨付该款项，并诚恳地向董事长张某和市场部经理刘某讲明利害关系。最终甲公司董事长张某收回了该项批示。

要求：从会计职业道德的角度，分析评价李某的行为。

答：会计职业道德规范中"坚持准则，守责敬业"的基本要求包括：(1)严格执行准则制

度，保证会计信息真实完整；(2)勤勉尽责、爱岗敬业，忠于职守、敢于斗争，自觉抵制会计造假行为，维护国家财经纪律和经济秩序。

财务部经理李某严格按照会计准则办事，拒绝拨付该款项，并诚恳地向董事长张某和市场部经理刘某讲明利害关系，体现了"坚持准则，守责敬业"的会计职业道德规范要求。

三、坚持学习，守正创新

(一)坚持学习，守正创新的含义

坚持学习是指会计人员通过坚持自学、接受培训、考取相关证书和实践等途径，持续不断地提升会计职业知识和技能水平，以达到获取并保持足够的会计专业胜任能力的目的。

守正创新是指会计人员既要按着常规规划和发展自己的会计职业，却又不故步自封、僵化守旧，而能够不断适应新情况、新事物，能够与时俱进、开拓创新，努力推动会计事业高质量发展。

(二) 坚持学习，守正创新的基本要求

1. 始终秉持专业精神，勤于学习、锐意进取，持续提升会计专业能力

会计专业知识量是比较大的，知识更新变化也非常快，因此，会计专业能力的获取和保持不能一蹴而就，也不能一劳永逸，会计人员必须持之以恒、锲而不舍地学习、积累、更新和提升，做到勤学多思、勤问苦练、"活到老学到老"。会计人员应当树立危机意识，强化忧患意识，要主动学习、实践、潜心钻研、精益求精，不断考取会计专业相关证书，投入会计工作实践，提升会计专业技术职务，使自身的会计专业能力不断提高。同时，会计人员不应硬着头皮盲目去学，而应学会思考、梳理和总结，学会抓重点和关键，掌握并运用现代化的学习手段，尽量跟着名师名家学，注重在实践中不断锻炼。只有这样，会计人员才能成为一名合格甚至优秀的会计人才，才能在会计人才市场的竞争中立于不败之地。

【点拨指导】

《会计法》第三十八条规定，会计人员应当具备从事会计工作所需要的专业能力。《会计人员管理办法》第四条规定，会计人员具有会计类专业知识，基本掌握会计基础知识和业务技能，能够独立处理基本会计业务，表明具备从事会计工作所需要的专业能力。《会计基础工作规范》第十四条规定，会计人员应当具备必要的专业知识和专业技能，熟悉国家有关法律、法规、规章和国家统一会计制度，遵守职业道德。

【特别提示】

广义的会计专业能力包括会计理论水平、会计实务操作能力、财务分析能力、财务管理能力、职业判断能力、主动更新知识能力、会计信息处理与提供能力、沟通协调能力以及会计实践经验等。

【点拨指导】

会计人员应当具备从事会计工作所需要的专业能力，这是《会计法》对会计人员最基本的要求。如果一个会计人员连从事会计工作所需要的专业能力都不具备，那么不管会计人员主观上如何想要做好会计工作，实际上也没有能力去做好。会计人员应当不断提高会计专业知识和技能水平，能够独立处理相关会计业务，这是会计人员做好会计工作的前提。

2. 不断适应新形势新要求，与时俱进、开拓创新，努力推动会计事业高质量发展

随着社会经济的发展，经济业务事项趋于复杂化，很多新的商业模式随之出现，加之跨国经营越来越普遍，单位对会计人员专业能力的要求越来越高，对于中高端会计人才的需求越来越大，会计人才之间的竞争越来越激烈。会计人员要想在会计行业内不断发展，就必须勇于接触新准则、新政策、新事物、新现象，不断更新自身会计专业知识和技能，不断适应新形势、新要求，与时俱进、开拓创新，努力推动会计事业高质量发展。

【点拨指导】

在实际工作中，部分会计人员在学习态度上不思进取，在理论知识和业务技能水平上满足现状，在工作上不精益求精；部分会计人员认为会计准则、税收政策等法律法规变化太快，学多了也可能用不上，过几年可能又过时了，还不如工作需要时"临阵磨枪"，目前只要能够应付日常工作、不出差错就行；还有一些会计人员认为懂得越多，领导安排的工作也越多，还要承担责任，倒不如安于现状，会做基本的会计工作就行。以上这些都是违背"坚持学习，守正创新"的会计职业道德要求的表现。从长远来看，这类会计人员不是被淘汰，就是不能被重用，更危险的是因为业务不精通，一旦出现工作上的差错，很可能"亡羊补牢，悔之晚矣"。

（三）坚持学习，守正创新的地位

坚持学习，守正创新是对会计人员的发展要求。

【举例说明】

体现"坚持学习，守正创新"的会计职业道德要求的有：曲不离口，拳不离手；勤学多思、勤问苦练；努力学习、锐意进取；学而不厌；活到老学到老；与时俱进、开拓创新，等等。违背"坚持学习，守正创新"的会计职业道德要求的有：三天打鱼，两天晒网；一曝十寒；困而不学；不求甚解；朽木不雕；不学无术；临时抱佛脚；凡事差不多就行，何必那么认真呢？等等。

【归纳总结】

根据《财政部关于印发〈会计人员职业道德规范〉的通知》（财会〔2023〕1 号），将新时代会计人员职业道德规范要求总结提炼为三条核心表述，即"坚持诚信，守法奉公""坚持准则，守责敬业""坚持学习，守正创新"。三条要求逻辑清晰、层层递进：第一条"坚持诚信，守法奉公"是对会计人员的自律要求；第二条"坚持准则，守责敬业"是对会计人员的履职要求；第三条"坚持学习，守正创新"是对会计人员的发展要求。《会计人员职业道德规范》提出'三坚三守'，强调会计人员'坚'和'守'的职业特性和价值追求，是对会计人员职业道德要求的集中表达。①

【特别提示】

财政部会计司有关负责人指出：各地区各有关部门应当把学习贯彻《会计人员职业道德规范》作为当前和今后一个时期加强会计职业道德建设的首要任务。一方面，通过组织开展形式多样的学习活动，充分利用各类媒体平台，大力宣传《会计人员职业道德规范》精神，帮助广大会计人员全面理解《会计人员职业道德规范》内容，准确把握《会计人员职业道德规范》提出的要求，使其成为广大会计人员普遍认同和自觉践行的行为准则。另一方面，

---

① 资料来源：http://www.gov.cn/xinwen/2023-01/31/content_5739420.htm.

（续上）

将《会计人员职业道德规范》作为会计人才培养教育的重要内容，在会计人员继续教育、会计人才培养培训项目中加强职业道德课程建设，引导会计人员深入学习和认真践行《会计人员职业道德规范》。推动高校财会类专业加强职业道德教育。指导用人单位加强会计人员职业道德教育，将遵守职业道德情况作为评价、选用会计人员的重要标准。依法成立的会计人员自律组织可以根据《会计人员职业道德规范》制定职业道德准则。此外，各地区各有关部门还要积极营造良好职业道德环境。加强典型宣传和警示教育，通过鼓励先进、树立典型，激励广大会计人员自觉遵守《会计人员职业道德规范》，形成见贤思齐、争当先进的生动局面；推动建立会计人员失德失信行为惩戒机制，加强对典型失信案例的警示教育，形成扶正祛邪、惩恶扬善的行业风气。①

【例5-4】 甲公司为提升会计人员职业技能水平，每月安排会计人员参加至少两次会计理论与实务的培训。由于甲公司近期业务增多，国家会计税收政策变动较大，导致会计人员工作非常繁忙，因此，甲公司会计主管张某向总经理王某提出：会计部门中的部分人员可以申请不参加或少参加学习，以节省时间来完成会计日常工作。

要求：指出甲公司会计主管张某的建议是否合理，并说明原因及提出解决方案。

答：会计职业道德规范中“坚持学习，守正创新”的基本要求包括：(1)始终秉持专业精神，勤于学习、锐意进取，持续提升会计专业能力；(2)不断适应新形势新要求，与时俱进、开拓创新，努力推动会计事业高质量发展。

甲公司会计主管张某的建议不合理，违背了“坚持学习，守正创新”的会计职业道德要求。会计人员不能因工作繁忙或者其他原因而不参加或少参加学习。对于“甲公司近期业务增多，国家财会税收政策变动较大，导致会计人员工作非常繁忙”这一情况，甲公司会计人员更应当参加会计理论与实务的培训。甲公司可以采取的解决方案是：进一步招聘会计员工，增加会计部门的人员配置，避免会计人员的高强度工作，保证每一位会计人员都能通过接受培训等各种方式不断提升会计专业能力，从而保证会计人员做好会计工作。

【点拨指导】

在《财政部关于印发〈会计人员职业道德规范〉的通知》(财会〔2023〕1号)发布之前，我国近几年的会计相关考证教材《初级会计实务》《财经法规与会计职业道德》等教材中规定：会计职业道德规范(原会计职业道德规范)的主要内容包括爱岗敬业，诚实守信，廉洁自律，客观公正，坚持准则，提高技能，参与管理和强化服务。笔者认为原会计职业道德规范的前六条“诚实守信，廉洁自律，客观公正，坚持准则，提高技能”基本上可以融入新会计职业道德规范②的“坚持诚信，守法奉公；坚持准则，守责敬业；坚持学习，守正创新”这三条中；原会计职业道德规范的后两条“参与管理、强化服务”，虽然表面上在新会计职业道德规范中没有体现，但实际上贯穿于新会计职业道德规范的始终，尤其体现在“坚持学习，守正创新”这条新会计职业道德规范中。会计人员遵守会计职业道德规范的目的之一，就是通过“参与管理、强化服务”来提高会计工作水平和会计信息质量，努力推动会计事业高质量发展，有利于促进本单位和整个社会的经济发展。

---

① 资料来源：http://www.gov.cn/xinwen/2023-01/31/content_5739420.htm.

② 这里的新会计职业道德规范指的是《财政部关于印发〈会计人员职业道德规范〉的通知》(财会〔2023〕1号)中规定的会计职业道德规范。

第三节　会计职业道德教育

【学习指南】

学习本节内容，读者需要熟悉会计职业道德教育的含义和途径，掌握会计职业道德教育的形式和内容。

一、会计职业道德教育的概念

会计职业道德教育是指结合会计工作的特点，为促使会计人员和准会计人员形成会计职业道德品质、履行会计职业道德义务，有目的、有组织、有计划、有条理、有系统、有针对性地对会计人员和准会计人员施行的会计职业道德教育活动。

会计职业道德教育是会计职业道德活动的一项重要内容，是提高会计职业道德水平的重要方式和途径。为做好会计职业道德教育工作，一方面，大中专院校以及会计培训机构等会计人才的培养单位、会计工作的监督和管理部门、会计行业自律组织、单位负责人都应当承担起对会计人员和准会计人员直接或间接进行会计职业道德教育的责任；另一方面，会计人员和准会计人员自身也应当履行不断提高会计职业道德修养水平的义务，将外在的会计职业道德规范转化为内在的会计职业道德修养。

二、会计职业道德教育的形式

会计职业道德教育的形式主要包括接受教育和自我教育。

（一）接受教育

接受教育属于外在教育，是指会计人员和准会计人员通过接受大中专院校以及会计培训机构等会计人才的培养单位、会计工作的管理部门、会计行业自律组织、单位负责人等对其进行以会计职业道德规范为核心内容的正面教导，来强化会计职业责任和义务、规范会计职业行为、维护国家和社会公众等相关利益者利益的教育。

（二）自我教育

自我教育属于内在教育，是指会计人员和准会计人员在会计职业活动和会计专业学习过程中，按照会计职业道德规范的基本要求，在自身内在道德品质方面进行自我学习、自我批评、自我省察、自我改进、自我训练、自我调整、自我提升，从而达到一定的会计职业道德境界的教育。

三、会计职业道德教育的内容

（一）会计职业道德观念教育

会计职业道德观念教育是指学校、社会、媒体、会计人员所在单位等通过各种途径和手段，大力宣传并普及会计职业道德的基本知识，增强会计人员和准会计人员的会计职业责任感和会计职业荣誉感，稳固并提升会计职业节操水平，在全社会普遍形成“遵守会计职业道德者光荣，违背会计职业道德者可耻”的道德风尚。

1. 会计职业责任感

会计职业责任感是指会计人员和准会计人员对会计工作所负责任的认知、意志和信念，以及与之相应的遵守会计职业道德规范、承担责任及履行义务的自觉态度。加强会计职业责任感教育，有利于促使会计人员和准会计人员积极努力提高专业知识和技能水平以胜任会计工作，重视会计核算水平和会计信息质量，增强其社会责任感和职业义务感，做到在没有他人监督、没有社会舆论压力、没有额外激励措施的情况下，仍然能够很好地履行会计职业道德义务。

2. 会计职业荣誉感

会计职业荣誉感是指特定组织积极对会计人员遵守职业道德行为予以肯定和褒奖，会计人员能够从特定组织获得的与会计职业业绩相关的积极评价，以及会计人员因意识到这种肯定、褒奖和积极评价所产生的道德情感。加强会计职业荣誉感教育，能够使得到会计人员充分认识本职会计工作在社会经济生活中的重要地位和价值，从而逐步形成会计职业的光荣感、名誉感、自豪感和幸福感。

3. 会计职业节操

会计职业节操是指会计人员在从事会计工作过程中必须遵从的最低职业道德底线和行业行为规范。会计职业节操水平涉及对整个会计行业的职业道德的要求尺度，稳固并提升会计职业节操水平不仅是整个会计行业的任务，而且也是每一位会计人员的责任。会计人员应当不惧压力，不受利诱，在任何时候、任何情况下都要诚信为本，操守为重，守法奉公，不贪不占，防微杜渐，尽职尽责，坚持准则，不做假账。

【点拨指导】

加强会计职业道德观念教育，主要通过大力宣传并普及会计职业道德的基本知识来实现，这是会计职业道德教育的必要条件。

（二）会计职业道德规范教育

会计职业道德规范教育是指对会计人员和准会计人员开展以会计职业道德规范为内容的教育。前面已学习过，会计职业道德规范的主要内容包括“坚持诚信，守法奉公”“坚持准则，守责敬业”“坚持学习，守正创新”。会计职业道德规范教育是会计职业道德教育的核心内容，其范围广泛、形式多样，贯穿于会计职业道德教育的始终。

（三）会计职业道德警示教育

会计职业道德警示教育是指对会计人员和准会计人员开展关于违反会计职业道德行为和会计违法行为典型案例的宣传、讨论和学习，给会计人员和准会计人员予以启迪、震慑和警戒的教育。会计职业道德警示教育是会计职业道德教育的重要补充，有利于向会计人员和准会计人员普及会计职业道德和会计法律基本知识，提高会计人员和准会计人员的会计职业道德水平和会计法律意识，提高会计人员和准会计人员分辨是非、弃恶择善的能力。

（四）与会计职业道德相关的其他教育

与会计职业道德相关的其他教育主要有思政教育、品德教育、法制教育等。

（1）思政教育的重点是贯彻习近平总书记“法律是准绳，任何时候都必须遵循；道德是基石，任何时候都不可忽视。必须坚持依法治国和以德治国相结合，使法治和德治在国家治理中相互补充、相互促进、相得益彰”等重要讲话，进一步全面、系统地加强与会计人员和准会计人员的思政教育相关的职业道德教育和培训，提高广大会计人员和准会计人员思想政治水平和职业道德水平。

(2) 品德教育的重点是引导会计人员和准会计人员自觉运用包括会计职业道德规范在内的各种道德规范来指导和约束自己的行为，形成诚信、负责、自律、稳定的道德品格。

(3) 法制教育的重点是引导会计人员和准会计人员了解和熟悉与会计职业相关的法律法规，尤其是学习与会计职业道德相关的法律法规，增强会计职业道德观念和会计法律意识，成为一个知法、懂法、守法的公民。

四、会计职业道德教育的途径

（一）接受教育的途径

1. 岗前会计职业道德教育

岗前会计职业道德教育是指对将要从事会计职业的人员（准会计人员）进行的会计职业道德教育，包括会计类专业学历教育中的会计职业道德教育及会计类专业非学历教育中的会计职业道德教育。

(1) 会计类专业学历教育中的会计职业道德教育。会计类专业的在校学生是未来会计专业队伍的潜在人员，他们中的一部分（准会计人员）在毕业以后将从事会计工作。会计学历教育阶段是准会计人员的会计职业道德观念和会计职业中是非善恶判断标准的初步形成时期，因此，设置会计类专业的大中专院校是会计职业道德教育的重要阵地，是岗前会计职业道德教育的主要基地，在会计职业道德教育中具有基础地位。

【特别提示】

根据《财政部关于印发〈会计人员职业道德规范〉的通知》（财会〔2023〕1号）的要求，应当推动高校财会类专业加强职业道德教育，将《规范》要求有机融入教学内容；应当指导用人单位加强会计人员职业道德教育，将遵守职业道德情况作为评价、选用会计人员的重要标准。

【点拨指导】

事实上，不仅应当推动高校财会类专业加强职业道德教育，还应当推导中职院校财会类专业加强职业道德教育。

(2) 会计类专业非学历教育中的会计职业道德教育。会计类专业非学历教育（主要包括会计培训机构提供的会计培训、财政部门组织的会计培训等）主要包括会计专业技术初级资格、会计专业技术中级资格、会计专业技术高级资格、注册会计师执业资格等考前培训，以及会计真账实操岗前培训等。在此过程中，会计类专业非学历教育机构肩负着会计职业道德教育的责任。

【点拨指导】

《会计法》第三十九条规定，会计人员应当遵守职业道德，提高业务素质。对会计人员的教育和培训工作应当加强。

2. 岗位会计职业道德继续教育

岗位会计职业道德继续教育是对已从事会计职业的会计人员进行的会计职业道德继续

教育，主要通过会计专业技术人员继续教育来实现。我国会计专业技术人员继续教育的政策依据为《会计专业技术人员继续教育规定》(财会〔2018〕10 号)。

会计专业技术人员继续教育(简称会计人员继续教育或会计继续教育)是指对具有会计专业技术资格的人员或不具有会计专业技术资格但从事会计工作的人员进行以保障会计专业技术人员合法权益、不断提高会计专业技术人员业务素质和职业道德水平为目标的再培训、再教育。

【特别提示】

《会计专业技术人员继续教育规定》(财会〔2018〕10 号)第九条规定：会计专业技术人员继续教育内容包括公需科目和专业科目。公需科目包括专业技术人员应当普遍掌握的法律法规、政策理论、职业道德、技术信息等基本知识；专业科目包括会计专业技术人员从事会计工作应当掌握的财务会计、管理会计、财务管理、内部控制与风险管理、会计信息化、会计职业道德、财税金融、会计法律法规等相关专业知识。会计专业技术人员继续教育内容的公需科目和专业科目分别包含“职业道德”和“会计职业道德”的内容。

【点拨指导】

根据《财政部关于印发〈会计人员职业道德规范〉的通知》(财会〔2023〕1 号)的要求，应当指导用人单位加强会计人员职业道德教育。

(二) 自我教育的途径

自我教育的途径具体包括以下内容。

1. 慎独慎欲

慎独是指会计人员在独自工作、无人监督时，仍然能够谨慎行事，自觉按照各种会计职业道德规范行事。

慎欲是指会计人员应当树立正确的世界观、人生观和价值观，节制自己不合理的欲望。

会计人员应当做到慎独慎欲，自觉严格地要求自己，在追求自身利益的时候，不能损害单位、国家和社会公众的利益。

【特别提示】

会计职业道德修养的最高境界是“慎独”。

2. 慎省慎微

慎省是指会计人员省察自己的思想、言语和行为，自我反思、自我解剖、自我总结，努力进行是非观、善恶观和知行观的自我斗争，不断地自我提升、自我超越，逐步树立正确的道德观念，塑造高尚的道德品质，提高自己的精神境界。

慎微是指会计人员从微处、小处着眼，在微处、小处自律，勿以善小而不为，最终积小善成大德。

3. 自警自励

自警是指会计人员时刻自我谨慎、自我戒备、自我告诫、自我警醒，抵制各种错误思想和观念对自己的侵袭，防备各类试探和诱惑对自己的攻击。会计人员在会计工作中要时刻警醒，不断抵制享乐主义、个人主义、拜金主义等错误思想，树立正确的世界观、人生观和价值观，加强自身的道德修养。

自励是指会计人员要以崇高理想和信念鼓舞自己、激励自己。会计人员在会计工作中要坚定崇高的会计职业道德理想和信念，并以此勉励自己，树立正确的会计职业道德观。

五、会计人员诚信教育与信用档案建设

（一）会计人员诚信教育

1. 强化会计职业道德意识（约束）

针对会计工作特点，进一步完善会计职业道德规范，引导会计人员自觉遵纪守法、勤勉尽责、参与管理、强化服务，不断提高专业胜任能力；督促会计人员坚持客观公正、诚实守信、廉洁自律、不做假账，不断提高职业操守。

2. 大力加强会计诚信教育

财政部门、中央主管单位和会计行业组织要采取多种形式，广泛开展会计诚信教育。将会计职业道德作为会计人员继续教育的必修内容，大力弘扬会计诚信理念，不断提升会计人员诚信素养。要充分发挥新闻媒体对会计诚信建设的宣传教育、舆论监督等作用，大力发掘、宣传会计诚信模范等会计诚信典型，深入剖析违反会计诚信的典型案例。引导财会类专业教育开设会计职业道德课程，努力提高会计后备人员的诚信意识。鼓励用人单位建立会计人员信用管理制度，将会计人员遵守会计职业道德情况作为考核评价、岗位聘用的重要依据，强化会计人员诚信责任。

（二）会计人员信用档案建设

1. 建立严重失信会计人员“黑名单”制度

将有提供虚假财务会计报告，做假账，隐匿或者故意销毁会计凭证、会计账簿、财务会计报告，贪污，挪用公款，职务侵占等与会计职务有关违法行为的会计人员，作为严重失信会计人员列入“黑名单”，纳入全国信用信息共享平台，依法通过“信用中国”网站等途径，向社会公开披露相关信息。

2. 建立会计人员信用信息管理制度

研究制定会计人员信用信息管理办法，规范会计人员信用评价、信用信息采集、信用信息综合利用、激励惩戒措施等，建立会计人员信息纠错、信用修复、分级管理等制度，建立健全会计人员信用信息体系。

3. 完善会计人员信用信息管理系统

以会计专业技术资格管理为抓手，有序采集会计人员信息，记录会计人员从业情况和信用情况，建立和完善会计人员信用档案，构建全国统一的会计人员信用信息平台。

第四节　会计职业道德建设的组织与实施

【学习指南】

学习本节内容，读者需要熟悉会计职业道德建设的组织与实施中的财政部门的组织推动、会计行业的自律、社会各界的监督与配合，掌握会计职业道德建设的组织与实施中的企事业单位的内部监督。

加强会计人员职业道德建设，对长期以来会计职业活动实践中形成的职业道德要求进

行总结提炼和大力宣传，引导会计人员形成正确的价值追求和行为规范，对于提高会计工作水平和会计信息质量，加强社会信用体系建设，推动经济社会高质量发展具有重要意义。[①]

会计职业道德建设的组织与实施需要做好以下四个方面：财政部门的组织推动、会计行业组织的自律、企事业单位的内部监督、社会各界的监督与配合。

一、财政部门的组织推动

各级财政部门应当负起组织和推动本地区会计职业道德建设的责任，把会计职业道德建设与会计法制建设紧密结合起来。

【知识链接】

《会计法》第七条规定，国务院财政部门主管全国的会计工作，县级以上地方各级人民政府财政部门管理本行政区域内的会计工作。

【点拨指导】

根据《财政部关于印发〈会计人员职业道德规范〉的通知》（财会〔2023〕1号）的要求，各地财政部门、中央有关主管单位应当组织开展形式多样的学习活动，充分利用各类媒体平台，大力宣传《规范》精神，帮助广大会计人员全面理解《规范》内容，准确把握《规范》提出的要求，将有关要求落实到具体会计工作中，使其成为广大会计人员普遍认同和自觉践行的行为准则。

二、会计行业组织的自律

我国会计行业组织（又称会计人员自律组织、会计行业自律组织、会计工作的行业自律管理组织）应当充分发挥行业自律的作用，改革和完善会计行业组织的自律机制，有效发挥自律机制在会计职业道德建设中的促进作用。

【知识链接】

会计行业组织包括中国册会计师协会、中国会计学会、中国总会计师协会等。

【特别提示】

会计行业组织主要通过“自律”（而非“他律”）的机制实现对其会员的管理与约束。

三、企事业单位的内部监督

各单位应当建立、健全本单位内部会计监督制度。会计机构、会计人员对违反《会计法》和国家统一的会计制度规定的会计事项，有权拒绝办理或者按照职权予以纠正。各单位应当建立内部牵制制度、内部会计管理制度、稽核制度，防范会计舞弊风险，督促会计人员遵守会计职业道德和国家统一的会计制度。

【知识链接】

《会计法》第四条规定，单位负责人对本单位的会计工作和会计资料的真实性、完整性负责。

---

① 资料来源：http://www.gov.cn/xinwen/2023-01/31/content_5739420.htm.

四、社会各界的监督与配合

加强会计职业道德建设，不仅是提高会计人员职业道德水平的一项基础工作，而且是一项复杂的系统工程。加强会计职业道德建设，不仅是某一地区财政部门、某一具体会计行业组织、某一企事业单位的任务，而且是各地区、各部门、各组织、各单位的共同责任。

应当加强各级组织、广大群众、新闻媒体对会计职业道德的监督，广泛开展会计职业道德的宣传教育，以职业道德模范引领良好道德风尚，以正确舆论营造良好道德环境，在全社会会计人员中倡导高尚的会计职业道德信念，推进全社会会计人员提高自身的职业道德修养。

第五节　会计职业道德的检查与奖惩

【学习指南】

学习本节内容，读者需要熟悉会计职业道德的检查与奖惩的意义及其机制。

一、会计职业道德检查与奖惩的意义

会计职业道德检查与奖惩是促使会计人员遵守会计职业道德规范的必要途径，也是推进会计职业道德发挥效用的必要手段，具有重要的意义。会计职业道德检查与奖惩的意义主要表现在以下三个方面。

（一）有利于促使会计人员遵守会计职业道德规范

会计职业道德奖惩机制的运作方式是：将会计职业道德规范与会计人员的个人利益得失挂钩。具体来说，对遵守会计职业道德规范的会计人员，予以奖励；对违反会计职业道德规范的会计人员，予以惩罚。对会计职业道德规范的遵守，不能仅仅依靠会计人员自身的觉悟和境界，还必须建立合理的奖惩机制，从正反两个方面促使会计人员遵守会计职业道德规范和法律，抵制违反会计职业道德规范和法律的会计行为。

【点拨指导】

奖惩机制把会计职业道德规范与个人利益结合起来，体现了权利与义务统一的原则。

（二）具有裁决和教育作用

会计职业道德的检查与奖惩不仅对会计人员的会计行为是否符合会计职业道德规范作出裁决，而且奖励符合会计职业道德规范的行为，惩罚违反会计职业道德规范的行为。通过对会计职业道德的检查与奖惩，一方面使得符合会计职业道德规范的会计行为发扬光大、蔚然成风；另一方面使得违反会计职业道德规范的会计行为人人唾弃、千夫所指。因此，会计职业道德的检查与奖惩不仅具有道德裁决的作用，而且具有教育教化的作用，促使会计人员清楚且直接地体验到遵守会计职业道德规范的价值以及违反会计职业道德规范的损失。

（三）有利于形成抑恶扬善的社会环境

会计职业道德是职业道德的一种，也是整个社会道德体系的一个重要组成部分，因此，会计职业道德的优劣，对社会道德风气的优劣会产生一定的影响，同时社会道德风气的优劣，同样也会制约会计职业道德。

建立并实施会计职业道德奖惩机制，是会计行业抑恶扬善的重要手段。奖励、表扬、推崇自觉遵守会计职业道德规范和会计法律制度的行为，惩罚、批评、谴责违背会计职业道德规范和会计法律制度的行为，有助于广大社会民众明辨是非、抑恶扬善，从而形成良好的社会道德风气，同时良好社会道德风气的形成又反过来进一步促使会计职业道德水平的提升。

二、会计职业道德检查与奖惩机制

（一）财政部门的监督检查

各级财政部门应当承担组织和推动本地区会计职业道德建设的责任，利用行政管理上的优势，对本地区会计职业道德情况实施必要的行政监管。其主要措施有：

1. 将执法检查与会计职业道德检查相结合

财政部门作为《会计法》的执法主体，一方面对各单位会计人员遵守会计法律制度情况进行监督检查；另一方面对各单位会计人员遵守会计职业道德情况进行监督检查。

财政部门在检查中，如果发现会计人员存在违反会计法律制度的行为，不仅要给予会计人员相应的行政处罚或刑事处罚，而且还要给予会计人员相应的会计职业道德惩戒。

【点拨指导】

财政部门在检查中，如果发现会计人员存在违反会计法律法规的行为，应当根据《会计法》等法律法规所规定的法律责任进行惩罚。如果发现会计人员存在违反会计职业道德的行为，根据具体的情况可以采取以下道德惩戒措施：①在会计行业某一特定范围内进行通报批评；②责令完成一定学时的继续教育课程；③暂停从事会计工作；④在会计行业内部相关报刊上予以曝光。

【特别提示】

法律惩罚和道德惩戒分别发挥着不完全相同的作用，两者应当双管齐下，不能相互替代。

【知识链接】

《会计法》第三十二条规定，财政部门对各单位的下列情况实施监督：①是否依法设置会计账簿；②会计凭证、会计账簿、财务会计报告和其他会计资料是否真实、完整；③会计核算是否符合本法和国家统一的会计制度的规定；④从事会计工作的人员是否具备专业能力、遵守职业道德。

2. 将会计专业技术资格考评、聘用与会计职业道德检查相结合

各级别会计专业技术资格考试的报名条件分别包含“坚持原则，具备良好的职业道德品质”“具备良好的职业道德，无严重违反财经纪律的行为”等要求。会计专业技术资格考试管理机构在组织报名时，应当对参加报名的会计人员遵守会计职业道德的情况进行检查。会

计专业技术资格考试管理机构如果发现报名者有不遵守会计职业道德记录的，应不予报名；已经报名的，应取消其报名资格。另外，副高级会计师资格实行考试与评审相结合制度，正高级会计师资格实行评审制度，在评审过程中也应当重点关注和检查会计人员遵守会计职业道德的情况，并以此作为评审的重要指标。会计人员遵守会计职业道德情况应当作为会计人员聘任会计专业职务的重要考核依据。

【知识链接】

会计专业技术资格，是指担任会计专业职务的任职资格，简称"会计资格"会计专业技术资格分为初级资格、中级资格和高级资格三个级别，分别对应初级、中级、副高级和正高级会计职称(会计专业职务)的任职资格。目前，初级、中级资格实行全国统一考试制度，副高级会计师资格实行考试与评审相结合制度，正高级会计师资格实行评审制度。

3. 将会计人员表彰奖励制度与会计职业道德检查相结合

各级财政部门在表彰奖励成绩显著的会计人员时，不仅应当考虑会计人员的工作业绩，而且还应当考虑会计人员遵守会计职业道德规范的情况。

【知识链接】

《会计法》第六条规定：对认真执行本法，忠于职守，坚持原则，做出显著成绩的会计人员，给予精神的或者物质的奖励。

（二）会计行业组织的自律管理与约束

会计行业组织是对会计职业道德进行自我管理与约束的自律性组织。会计行业组织的自律是一个群体概念，是会计行业组织对整个会计行业的会计行为进行自我约束、自我控制、自我惩戒的过程。建立并健全会计行业组织的自律机制，是在财政部门进行会计职业道德建设基础上的必要补充。

目前，我国会计行业组织的自律机制尚不健全，对违反会计职业道德规范的会计人员的惩戒力度还不够。因此，必须进一步健全会计行业组织的自律机制，确保会计行业更加健康地发展。

【知识链接】

《会计人员管理办法》第九条规定，依法成立的会计人员自律组织，应当依据有关法律法规和其章程规定，指导督促会员依法从事会计工作，对违反有关法律法规、会计职业道德和其章程的会员进行惩戒。

（三）奖惩机制的建立

对会计人员遵守会计职业道德规范的情况进行检查、考核与奖惩，建立和完善奖惩机制，对自觉遵守会计职业道德规范的会计人员给予奖励，对违反会计职业道德规范的会计人员给予惩罚。

【特别提示】

奖惩结合的方式优于只奖不惩、只惩不奖、不惩不奖的方式。奖惩结合可以带来正反两方面的激励效果。因此，在对违反会计职业道德规范的会计人员给予惩罚的同时，还应当对自觉遵守会计职业道德规范的会计人员给予表彰。

【点拨指导】

根据《财政部关于印发〈会计人员职业道德规范〉的通知》(财会〔2023〕1号)的要求,用人单位应当将遵守职业道德情况作为评价、选用会计人员的重要标准。

我国已经建立了健全失信会计人员联合惩戒机制,明确联合惩戒对象、信息共享与联合惩戒的实施方式和惩戒措施。联合惩戒对象,主要指在会计工作中违反《会计法》《公司法》《证券法》以及其他法律、法规、规章和规范性文件,违背诚实信用原则,经财政部门及相关部门依法认定的存在严重违法失信行为的会计人员(以下简称会计领域违法失信当事人)。信息共享与联合惩戒的实施方式,是指认定联合惩戒对象名单的相关部门和单位通过全国信用信息共享平台将会计领域违法失信当事人的相关信息推送给财政部,并及时更新。

联合惩戒的措施主要如下:

(1) 罚款、限制从事会计工作、追究刑事责任等惩戒措施。对于严重失信会计人员,依法取消其已经取得的会计专业技术资格。会计人员有违反《会计法》《公司法》《证券法》等违法会计行为,依法给予罚款、限制从事会计工作等惩戒措施;属于国家工作人员的,还应当由其所在单位或者有关单位依法给予撤职直至开除的行政处分;构成犯罪的,依法追究刑事责任,不得再从事会计工作。

(2) 记入会计从业人员信用档案。对会计领域违法失信当事人,将其违法失信记录记入会计人员信用档案。

(3) 将会计领域违法失信当事人信息通过财政部网站、"信用中国"网站予以发布,同时协调相关互联网新闻信息服务单位向社会公布。

(4) 实行行业惩戒。支持行业协会商会按照行业标准、行规、行约等,视情节轻重对失信会员实行警告、行业内通报批评、公开谴责、不予接纳、劝退等惩戒措施。

(5) 限制取得相关从业任职资格,限制获得认证证书。对会计领域违法失信当事人,限制其取得相关从业任职资格,限制获得认证证书。会计人员职称评价标准要突出评价会计人员职业道德。坚持把职业道德放在评价首位,引导会计人员遵纪守法、勤勉尽责、参与管理、强化服务,不断提高专业胜任能力;要求会计人员坚持客观公正、诚实守信、廉洁自律、不做假账,不断提高职业操守。完善守信联合激励和失信联合惩戒机制,违反《会计法》有关规定,以及剽窃他人研究成果,存在学术不端行为的,在会计人员职称评价过程中实行"一票否决制"。对通过弄虚作假取得的职称一律撤销。

(6) 依法限制参与评先、评优或取得荣誉称号。对会计领域违法失信当事人,限制其参与评先、评优或取得各类荣誉称号;已获得相关荣誉称号的予以撤销。在会计专业技术资格考试或会计职称评审、高端会计人才选拔等资格资质审查过程中,对严重失信会计人员实行"一票否决制"。

(7) 依法限制担任金融机构董事、监事、高级管理人员。对会计领域违法失信当事人,依法限制其担任银行业金融机构、保险公司、保险资产管理公司、融资性担保公司等的董事、监事、高级管理人员,以及保险专业代理机构、保险经纪人的高级管理人员及相关分支机构主要负责人,保险公估机构董事长、执行董事和高级管理人员;将其违法失信记录作为担任证券公司、基金管理公司、期货公司的董事、监事和高级管理人员及分支机构负责人任职审批或备案的参考。已担任相关职务的,依法提出其不再担任相关职务的意见。

（8）依法限制担任国有企业法定代表人、董事、监事。对会计领域违法失信当事人，依法限制其担任国有企业法定代表人、董事、监事；已担任相关职务的，依法提出其不再担任相关职务的意见。

（9）限制登记为事业单位法定代表人。对会计领域违法失信当事人，限制登记为事业单位法定代表人。

（10）作为招录（聘）为公务员或事业单位工作人员参考。对会计领域违法失信当事人，将其违法失信记录作为其被招录（聘）为公务员或事业单位工作人员的重要参考。

（11）作为业绩考核、干部选任的参考。对会计领域违法失信当事人，将其违法失信记录作为业绩考核、干部选拔任用的参考。

（12）作为金融机构融资授信的参考。对会计领域违法失信当事人，将其违法失信记录作为对其评级授信、信贷融资、管理和退出等的重要参考。将会计领域违法失信当事人信息纳入金融信用信息基础数据库。

（13）作为保险机构厘定财产保险费率的参考。对会计领域违法失信当事人，将其违法失信记录作为保险机构厘定财产保险费率的参考。

（14）作为设立保险公司的审批参考。依法将会计领域违法失信当事人的违法失信记录作为保险公司设立及股权或实际控制人变更审批或备案的参考。

（15）作为纳税信用管理的参考。在对会计领域违法失信当事人纳税信用管理中，将其失信状况作为信用信息采集和评价的审慎性参考依据。

（16）作为设立证券公司、基金管理公司、期货公司等的审批参考。对会计领域违法失信当事人，依法将失信责任主体的违法失信记录作为证券公司、基金管理公司及期货公司的设立及股权或实际控制人变更审批或备案，私募投资基金管理人登记、重大事项变更以及基金备案的参考。

（17）作为境内上市公司实行股权激励计划或相关人员成为股权激励对象事中事后监管的参考。对会计领域违法失信当事人，将其违法失信记录作为境内上市公司实行股权激励计划或相关人员成为股权激励对象事中事后监管的参考。

（18）作为申请从事互联网信息服务的审批参考。对会计领域违法失信当事人，将其违法失信记录作为申请从事互联网信息服务的审批参考。

（19）限制获取政府补贴性资金和社会保障资金支持。对会计领域违法失信当事人，限制其申请政府补贴性资金和社会保障资金支持。

（20）限制参与国家科技项目研究或管理工作。对会计领域违法失信当事人，限制其参与国家科技项目研究或管理工作。

（21）加强日常监管检查。将会计领域违法失信当事人，作为重点监管对象，加大日常监管力度，提高随机抽查的比例和频次，并可依据相关法律法规对其采取行政监管措施。

【本章小结】

会计职业道德包括会计职业道德概述、会计职业道德规范的主要内容、会计职业道德教育、会计职业道德建设的组织与实施和会计职业道德的检查与奖惩五个方面的内容。本章知识点较多，但难度不大。读者应重点关注会计职业道德规范八项主要内容的概念和基本要求、地位，并需要做适当的记忆和区分。

【过关训练】

一、单项选择题

1. 下列各项中，不属于会计职业道德规范中“坚持诚信，守法奉公”的基本要求的是(　　)。

A. 牢固树立诚信理念，以诚立身、以信立业

B. 严于律己、心存敬畏

C. 学法知法守法，公私分明

D. 严格执行准则制度，保证会计信息真实完整

2. 下列会计职业道德教育的各种途径中，具有基础地位的是(　　)。

A. 会计继续教育　　B. 会计职业荣誉教育

C. 会计自我教育　　D. 会计类专业学历教育

3. 下列会计人员的行为中，属于违反会计法律制度的是(　　)。

A. 会计人员钱某上班经常迟到早退

B. 会计人员王某沉溺于赌博，不爱提高其职业技能

C. 会计机构负责人孙某满足于记账算账，不利用大量而丰富的会计信息参与本单位经营管理

D. 会计人员张某挪用公款炒股

4. 会计职业道德警示教育的主要形式是(　　)。

A. 典型案例的宣传、讨论和学习　　B. 理论教育与课堂教授

C. 理论教育和自我教育　　D. 实际情况讨论和分析

5. 会计行业组织对整个会计行业的会计行为进行自我约束、自我控制、自我惩戒的过程是(　　)。

A. 警示教育　　B. 规范教育

C. 会计行业组织的自律　　D. 岗前教育

二、多项选择题

1. 下列各项中，既违反会计法律制度，又违背会计职业道德规范的有(　　)。

A. 出纳人员小吴利用职务便利挪用公款炒股

B. 会计人员小林平时喜欢吃喝应酬，不爱学习钻研会计业务

C. 会计机构负责人胡某按照单位领导授意，销毁有效期内的会计档案

D. 会计人员小张上班经常迟到，工作拖沓敷衍

2. 岗前会计职业道德教育包括(　　)。

A. 会计类专业学历教育中的会计职业道德教育

B. 会计类专业非学历教育中的会计职业道德教育

C. 形势教育

D. 法制教育

3. 会计职业道德规范中“坚持学习，守正创新”的基本要求包括(　　)。

A. 严格执行准则制度，保证会计信息真实完整

B. 牢固树立诚信理念，以诚立身、以信立业，严于律己、心存敬畏

C. 始终秉持专业精神，勤于学习、锐意进取，持续提升会计专业能力

D. 不断适应新形势新要求，与时俱进、开拓创新，努力推动会计事业高质量发展

4. 下列各项中，属于财政部门对会计职业道德情况实施行政监管的主要措施的有(　　)。

A. 会计职业道德检查与会计法执法检查相结合

B. 会计职业道德检查与会计人员表彰奖励制度相结合

C. 会计职业道德检查与会计专业技术资格考评、聘用相结合

D. 采用多种形式开展会计职业道德宣传教育

5. 广义的职业道德涵盖了(　　)之间的关系。

A. 从业人员与服务对象　　B. 从业人员与职业

C. 职业与行业　　D. 职业与职业

三、判断题

1. 坚持学习，守正创新是对会计人员的发展要求。(　　)

2. 会计职业道德教育的主要形式包括接受教育和自我教育。(　　)

3. 岗位会计职业道德继续教育是对已从事会计职业的会计人员进行的会计职业道德继续教育，主要通过会计专业技术人员继续教育来实现。(　　)

4. 会计人员在任何情况下都不能向外界提供或者泄露本单位的会计信息。(　　)

5. 在甲公司董事长的施压下，会计人员王某执行了本公司一项明显违反会计准则规定的财务收支方案，王某的行为违背的会计职业道德规范是“坚持准则，守责敬业”。(　　)

四、案例分析题

甲公司因技术改造，资金周转困难，需要向银行贷款6 000万元。甲公司总经理对财务主管王某说：“现在公司资金紧张，急需向银行贷款，因此，财务部门提供给银行的会计报表一定要漂亮点，请你负责技术处理一下。”王某开始感到很为难，心想，自己是甲公司财务主管，对总公司的财务状况和偿债能力十分清楚，做这种技术处理是很危险的。在总经理的反复“开导”下，王某认为，总公司领导一直以来对自己十分照顾，自己目前的职位就是总经理提拔的，并且公司给自己的报酬也比较高，现在公司有难处，应该知恩图报，况且自己身为会计师，做一些技术处理应该不会有太多的难处。于是王某编制了一份漂亮的会计报表，并最终获得银行贷款6 000万元。

要求：根据上述资料，回答下列问题。

(1) 作为财务主管，王某违背了(　　)的会计职业道德规范。

A. 守法奉公　　B. 坚持学习　　C. 坚持准则　　D. 守正创新

(2) “坚持准则，守责敬业”的基本要求有(　　)。

A. 严格执行准则制度，保证会计信息真实完整

B. 勤勉尽责、爱岗敬业，忠于职守、敢于斗争，自觉抵制会计造假行为，维护国家财经纪律和经济秩序

C. 牢固树立诚信理念，以诚立身、以信立业，严于律己、心存敬畏

D. 学法知法守法，公私分明、克己奉公，树立良好职业形象，维护会计行业声誉

(3) 会计职业道德观念教育，应包括的内容有(　　)。

A. 大力宣传并普及会计职业道德基础知识

B. 增强会计人员和准会计人员的会计职业责任感和会计职业荣誉感

C. 开展以“坚持诚信，守法奉公”“坚持准则，守责敬业”“坚持学习，守正创新”为内容的教育

D. 在全社会普遍形成“遵守会计职业道德者光荣，违背会计职业道德者可耻”的道德风尚

(4)“坚持诚信，守法奉公”是对会计人员的(　　)要求。

A. 自律　　B. 他律　　C. 履职　　D. 发展

(5) 会计职业道德建设的力量有(　　)。

A. 财政部门的组织推动　　B. 会计行业组织的自律

C. 社会各界的监督与配合　　D. 企事业单位的内部监督

参 考 文 献

[1] 财政部会计资格评价中心. 初级会计实务[M]. 北京：经济科学出版社，2023.
[2] 财政部会计资格评价中心. 经济法基础[M]. 北京：经济科学出版社，2023.
[3] 何荣华. 财经法规与会计职业道德[M]. 北京：中国财政经济出版社，2016.
[4] 全国会计从业资格考试辅导教材编写组. 财经法规与会计职业道德[M]. 北京：经济科学出版社，2016.
[5] 梁文涛. 会计职业道德[M]. 北京：中国人民大学出版社，2021.
[6]《财政部关于印发〈会计人员职业道德规范〉的通知》(财会〔2023〕1 号)，2003.
[7] 倡导"三坚三守" 推进诚信建设——我国首次制定会计人员职业道德规范. 新华社北京 2023 年 1 月 31 日电. 资料来源：http://www.gov.cn/xinwen/2023-01/31/content_5739420.htm.